POLITICS AND PROPAGANDA
WEAPONS OF MASS SEDUCTION

대중을 유혹하는 무기 정치와 프로파간다

니콜라스 잭슨 오쇼네시 지음 | 박순석 옮김

한울
아카데미

이 도서의 국립중앙도서관 출판시도서목록(CIP)은 e-CIP 홈페이지(http://www.nl.go.kr/ecip)에서 이용하실 수 있습니다.(CIP제어번호: CIP2009003120)

Politics and propaganda

Weapons of mass seduction

NICHOLAS JACKSON O'SHAUGHNESSY

Manchester University Press

Politics and propaganda
weapons of mass seduction
by Nicholas Jackson O'Shaughnessy

ⓒ 2004 Manchester University Press
All rights reserved. Korean Translation edition ⓒ 2009 by Hanul Publishing Group Published by arrangement with Manchester University Press, Oxford Road, Manchester, UK.

이 책의 한국어판 저작권은 Manchester University Press와의 독점계약으로 도서출판 한울에 있습니다. 저작권법에 의해 한국 내에서 보호를 받는 저작물이므로 무단전재와 무단복제를 금합니다.

옮긴이 서문

 이 책은 맨체스터 대학교 출판부에서 2004년 12월에 출간한 니콜라스 잭슨 오쇼네시의 *Politics and Propaganda: Weapons of Mass Seduction*을 한국어로 옮긴 것이다. 저자는 이 책에서 '프로파간다' 혹은 '선전'이라는 개념어가 세계적 사건들과 현대의 정치문화를 설명하는 하나의 열쇠라고 주장하고 있다. 대중의 의견이 무엇보다 중요한 민주주의 사회에서 그들을 '유혹하는' 설득의 기술을 프로파간다라는 말로 이해해야 할 이유를 설명하는 것이다.
 그의 설명을 한국 상황에서도 들어볼 필요가 있다는 것이 옮긴이의 생각이다. 최근 1~2년 사이에 한국 사회는 민주주의 사회에서 대중의 인식과 판단이 얼마나 중요한지를 새삼 깨닫고 있다. 특히 2008년 광우병 촛불집회는 여론의 형성과 그에 기반을 둔 직접행동이 지닌 사회적 의의를 보여준 큰 사건이었다. 동시에 그 사건은 프로파간다가 대중의 의견 형성과 행동에 어떤 영향을 미치는지를 보여준 좋은 예이기도 하다.
 애초에 대중은 광우병과 한미 쇠고기 협상에 대해 확정적인 생각을 지니지 않았다. 광우병 발병 가능성이나 협상의 내막에 관한 사실관계에서도 100% 확실한 것이 없었다. 그런 상황에서 정부는 자신에게 유리한 설명을 구태의연하게 선전하기 시작했고, 이것이 미국과의 협상에 실망스러워하는 시민들의 정서에 불을 질렀다. 분개한 몇몇 사람들로부터 역逆선전이 시작되었다. 과학적인 사실과 감정에 호소하는 내용이 뒤섞인 인터넷 게시물들은 매우 효과적으로 사람들을 설득해갔고, 결국 정부의 협상 결과에 반대하는 대중의 의견이 형성되었다. 확고한 여론을 만든 시민들의 선전 효과는 거기서 그치지 않았다. 실망하고 화가 난 국민 대 무책임한 정부라는 대결구도는 하나하나가 곧 국민인 대중을 시위에 직접 참여하게 만들었다.

2008년 촛불시위처럼 극적인 사례는 매우 드물지만 '프로파간다'라는 개념이 사건의 이해를 돕는 이슈들은 많다. 대중의 인식에 들어오는 사건들은 대부분 입장과 해석이 다양할 수 있고, 매혹적인 프로파간다는 그 틈을 비집고 들어와 대중의 의견에 영향을 미치기 때문이다. 이렇게 사회현상을 이해할 수 있는 열쇠가 되는 개념이 우리의 의식에 살아 있는 언어로 포함될 때 그것이 가져올 수 있는 또 다른 효용이 있다.

이 쓸모 있는 개념은 한국이 사회적 자의식을 강화하는 데 기여할 수 있다. 대중의 판단이 중요한 사회에서 대중이 어떤 의견을 갖도록 설득해낸 것이 무엇인지를 이해하는 것은 중요한 관심사이다. 그것을 이해해야만 우리는 여론의 형성 과정과 그 결과에 대해 적실하고 의미 있는 성찰을 할 수 있기 때문이다. 여론 형성에 직접적인 영향을 준 것이 프로파간다가 아니라 냉철한 분석과 명명백백한 사실들일 수도 있다. 하지만 그것이 프로파간다였을 때는 유혹에 넘어간 – 또는 유혹에 참여한 – 대중의 심적 상태와 의견의 변화 추이를 되짚어볼 필요가 더 커진다. 이처럼 대중이 성찰을 통해 자신에 대한 인식을 고양할 때 민주적인 사회의 자의식이 성숙할 것이다. 이 돌아보기 과정에는 '프로파간다'라는 개념이 필요하고 그 개념에 대한 새로운 설명 또한 필요하다.

이러한 뜻에서 이 책을 번역했다. 번역출판을 맡은 도서출판 한울, 특히 기획실 윤순현 과장과 편집부 윤상훈 씨에게 감사드린다. 더불어 이 책을 알게 해준 경희대 홍기준 교수와 출판사에 출판을 제의하는 과정에서 부족한 역자를 도와준 친구 이익재, 선배 정성훈, 그리고 시작부터 끝까지 옆에서 힘이 되어준 서이슬에게 고마움을 전하고 싶다.

지은이 서문

　이 책은 새로운 것을 선보이는 것이 아니라 오래된 개념을 재등장시키려는 시도이다. '프로파간다propaganda'는 이미 고루해졌고 사망선고를 받은 개념이다. 자조적이며 미디어에 정통한 사람이 이런 역사의 잉여물에 대해 어떻게 과거의 순진했던 세대처럼 반응할 수 있었을까? 이 용어는 그것이 반영한 현실이 외관상 존재하지 않게 되면서 사라졌다. 하지만 아이디어는 죽지 않고 다만 잠들어 있을 뿐이다. 프로파간다는 오사마 빈라덴Osama bin Laden의 도발적인 비디오테이프부터 종군기자의 도취된 모습에서는 물론, 반세계화 운동의 명확한 논조부터 정보조작의 제국과 미국 선거광고에서의 뜨거운 논쟁에 이르기까지 사건의 배후 및 중심에 있다. 지금 우리가 살고 있는 이런 이미지의 장場을 상기하기 위해 사용할 수 있는 다른 문학적인 표현법이 또 있을까? 유행의 변천은 의복뿐 아니라 개념에도 적용된다.

　그래서 이 책은 오늘날 '프로파간다'라는 단어가 지닌 의미와 내용, 의의를 분석한다. 역사, 특히 그 단어의 역사는 여전히 존재하지만 분석의 초점은 현대 세계의 상황에 맞춰져 있다. 이 책의 부제에 있는 '유혹' — 라틴어로 자신에게 끌어당긴다는 의미 — 은 그 과정의 기술적인 면을 설명하기 위해 의도적으로 고른 단어이다. 많은 경우에 효과적인 프로파간다는 매혹적인 프로파간다이다. 프로파간다는 보통 거짓이 아닌 — 거짓은 그 목적에 대해 도구적이지 않기 때문이다 — 설득이며, 진실을 찾는 것은 그 목적이 아니다. 그 어디에도 '꾸밈없는 진실'이란 없으며 미디어의 성공은 사실과 그 전달 과정에 달려 있다. 지금 우리의 현실이 진정

존 설 John R. Searle의 가정대로 사회적으로 구성되었다고 한다면 이는 분명 커뮤니케이션과 그 일부인 프로파간다의 구성적 역할에 대해 암시하는 바가 있다.

프로파간다를 완벽하게 설명하는 이상적인 책은 아직 나오지 않았다. 이 책도 그렇지 않으며, 그렇게 보이려고 하지도 않는다. 하지만 이 책은 여러 가지 면에서 독창적이다. 프로파간다에 대한 개념적인 접근으로 시작해 이를 당대의 사례연구에 적용하고 2001년 9월 11일 이후 시작된 새롭고 끊임없는 갈등 속에서 프로파간다가 차지하는 역할에 대한 평가로 끝맺는다. 또한 이 책은 주제를 지금까지보다 더 넓게 다룰 필요를 인식하고 있다. 그 개념에 대한 인식이 지금까지는 전체주의 정권이나 전쟁 시기의 과장된 표현에만 국한되어왔기 때문이다. 램프턴과 스타우버(Rampton and Stauber, 2003)가 지적했듯이 "대중매체, 홍보 활동, 광고, 테러 행위 모두가 공통으로 지닌 것은 전달 방법에 대한 편파적인 접근법으로서 '프로파간다 모델'이라는 말로 가장 잘 표현된다".

이 책은 현상을 설명하는 데 그치지 않고 더 나아가 설명에 부합하는 깊이 있는 해석에도 초점을 둔다. 이는 기술記述적인 동시에 분석적인 접근법이다. 예를 들어 한 가지 중요한 착상은 다음과 같다. 효과적인 선전가는 엽색꾼처럼 공격적이지 않고 넌지시 암시하며, 기존의 가치관에 직접적으로 도전하지 않고 의도를 포장해 전체적인 균형을 맞춘다. 그리고 프로파간다 문구는 문자 그대로 받아들여지도록 의도된 것이 아니라 공유되기를 바라는 환상을 재현하고자 작성된다(우리가 대립항을 만듦으로써 자신을 정의할 때, 많은 경우 적대감이라는 환상이 활용된다).

마지막으로 많은 친구, 멘토, 동료에게 고마운 마음을 전하고 싶다. 특히 컬럼비아 대학교의 모리스 홀브룩Morris Holbrook, 위스콘신 대학교의 지니 그랜트 무어Jeannie Grant Moore, 케임브리지 대학교 곤빌 및 카이우스 칼리지의 나이절 앨링턴Nigel Allington, 드폴 대학교의 브루스 뉴먼Bruce Newman, 오타고 대학교의 필 해리스Phil Harris에게 감사의 뜻을 표한다. 이들은 이 책을 참을성 있게 기다려왔다. 이제 그 책을 세상에 낸다.

차례

옮긴이 서문 • 5 / 지은이 서문 • 7 / 서론 • 11

제1부 정의와 그 의미 추론

제1장 의미의 문제 29

제2장 프로파간다를 해석하기 65

제2부 개념 정리

제3장 기본 삼위일체: 수사법, 신화, 상징 107

제4장 프로파간다의 외피들 174

제3부 프로파간다 사례연구

제5장 독점하는 프로파간다 221

제6장 정당 프로파간다 243

제7장 프로파간다와 상징 정부: 영국의 경험 263

제4부 전쟁 마케팅

제8장 9·11과 전쟁 289

제9장 대중을 속이는 무기: 프로파간다, 미디어 그리고 이라크 전쟁 313

맺는말 • 355 / 참고문헌 • 366 / 찾아보기 • 383

프로파간다라는 개념

2003년 봄이 오기 전까지 프로파간다라는 개념은 중요하지 않은 정도가 아니라 쓸데없는 것으로 분류되었다. 그때까지 프로파간다는 설득, 의사소통이론, 동의의 조작 같은 새로운 학술용어에 둘러싸여 개념적 정체성을 찾을 수 없었다. 사람들이 흔히 떠올리는 프로파간다란 흑백 텔레비전, 볼셰비키와 나치 돌격대원의 반복적인 이미지였다. 하지만 되풀이되는 문화적 현상인 사회적인 재각성이 시작되었다. 문화란 이미지가 다른 것을 능가하며, 상징이 중요하고, 대중적 인물의 머리카락이 정치적 상징화의 매개가 되는 공간이기 때문에, 이러한 현상들을 상호 연결할 수 있는 한물간 어휘가 다시 살아나는 데는 오랜 시간이 걸리지 않았다. 우리 사회 곳곳의 복잡하고 새로운 현실을 일관되게 이해할 수 있게 해주는 개념을 거의 잃어버릴 뻔했다. 프로파간다를 통해 이해할 수 있는 새로운 현상이란 IT 회사를 띄워주는 월스트리트 분석가부터 거짓을 포장하는 데 사용되는 첨단기술, 회계와 재무 전문직의 발전(아서 앤더슨Arthur Anderson, 엔론Enron, 월드컴Worldcom, 타이코Tyco), 정보 제공자부터 픽션 나레이터, '특정 견해'로 몰아가기(아직 확정되지 않은 사건에 확정적인 꼬리표를 붙이기)에 이르기까지 다양하다.

그때 이라크가 등장했다. 마치 립 반 윙클Rip Van Winkle* 처럼 프로파간다라는 말은 새로운 시대에 깨어났다. 논평자들은 종군기자들의 활동부터, 카타르Qatar의 정교한 프로파간다 부서, 동맹국들의 '의지의 연합Coalition of Willing' 및 기타 낡은 미사여구, 후세인과 빈라덴의 관계와 대량살상무기에 대한 거짓 신화에 이르기까지 도처에 퍼져 있는 선전원의 움직임을 파악해야 한다고 주장했다.

이 책은 프로파간다라는 용어에 탄력성을 더하고자 했다는 점에서 다른 책들과 다르다. 기존 문헌에서는 프로파간다를 논쟁 중에 발생하는 길고 신랄한 비난이나 '흑색선전' 같은 노골적인 개념으로 그 의미를 잘못 한정했다. 그러므로 여기서 '프로파간다'는 공공연한 논박과 같은 의미를 지닌 것이 아니고, 분명 정치적으로 중립적인 분야인 연예오락 또는 다큐멘터리를 포함하는 많은 문화적인 현상의 이해를 돕는 개념이라는 점을 지적할 수 있다. 그리고 문화적인 현상을 통한 설명은 프로파간다라는 주제를 좀 더 복잡하게 하는 동시에 풍성하게 만들기도 한다. 파울 요제프 괴벨스Paul Joseph Goebbels는 아마도 이 점에 동의할 것이다. 그는 『뮌하우젠 남작의 모험 The Adventures of Baron Munchausen』이나 『운 좋은 아이들Lucky Kids』 같은 읽을거리에 은밀하게 선전 내용을 넣고

---

* 미국 작가 워싱턴 어빙Washington Irving의 단편소설 제목이자 동명의 주인공. 이하 별도의 표시가 없는 주는 옮긴이 주.

자 했었기 때문이다(Rentschler, 1996).

  프로파간다를 인식할 때 한 가지 분명한 문제는 당시 시점에서 구별하기가 쉽지 않다는 점이다. 프로파간다는 사회적 상황에 자연스럽게 녹아 있어 알아차리기 어렵다. 그 용어를 비판적인 토론에서 다시 사용하면 가려진 사실에 빛을 비추는 역할을 한다는 점에서 장점이 된다. 포크스(Foulkes, 1983)는 "상식이 되어 자신을 영속시키는, 눈에 보이지 않는 프로파간다"에 주의를 집중하며 조지 오웰George Orwell을 인용한다. "모든 예술은 어느 정도 프로파간다이다." 그래서 포크스A. P. Foulkes는 나치에 대해 이렇게 쓴다.

> 나치는 오랫동안 진정한 역사적 존재가 아니었다. 나치는 지금 연예오락계의 어스름한 곳에 머무르고 있다. 대중의 무의식 속에서 나치의 무장 친위대는 우주침입자나 줄루 족 전사와 함께 존재한다. …… 프로파간다가 만卍자 표장을 흔들고 '승리 만세Sieg Heil'를 외치며 우리를 향해 진군해오는 경우는 많지 않다. 프로파간다의 진짜 힘은 자신을 감추고 자연스럽게 보이는 능력에 있다. 보이지 않게 그 사회의 가치체계 및 일반적으로 인정된 권력상징과 완벽하게 하나가 되는 것이다.

  지난 세대가 보여준 노골적인 프로파간다는 지금 사람들에게 웃음거리밖에 되지 않는다.

  프로파간다가 세상사에 미치는 역할은 현대의 개념 정의에 내재한 한계 때문에 제한적으로 해석되었다. 이 책에서는 프로파간다를 다시금 명확하고 포괄적인 실재로 거듭나게 규정하고, 과학기술시대를 살아가는 인간에게 퍼져 있는 특성인 프로파간다의 새로운 영역을 주장하고자 한다. 말은 인식을 지배하기 때문이다. 지칭하는 어휘가 없으면 그 대상을 인지하지 못한다. 프로파간다라는 단어는 상당한 기간에 걸쳐 기능이 정지된 채 '설득' 또는 '옹호' 같은 용어로 대체되고 있었다. 사람들은 현실을 현재 사용 중인 언어와 개념적 공식을 통해 바라본다. 그 언어와 공식들은 외관상 떨어진 것들을 연결해 일관성을 갖게 한다. 결국 우리가 보는 것들을 통해 그 개념은 더욱 풍성해진다. 이를 이해하지 못하면 우리는 '정보조작'부터 아프가니스탄과 이라크에서의 전쟁에 이르는 현대 커뮤니케이션 사건들의 연결고리를 보지 못한다.

새로운 어구를 정치용어사전에 넣을 뿐 아니라 그 용어의 의미를 명확히 밝히고 개념적인 해부를 하려는 시도는 결코 사소한 일이 아니다. '용어'가 정확해졌을 때 의미를 좀 더 명확하게 구분하는 논쟁과 경험주의적 연구를 위한 좀 더 명확하고 엄격한 기본 바탕 등이 뒤따를 수 있다. 말은 우리의 도구이다. 예를 들어 '대통령 책임제 정부'라는 관용구는 토니 블레어Tony Blair가 비판받을 때 많이 사용된 말로서 많은 의미와 논쟁 가능성을 압축해 담아낸다. 영국의 미국화, 개인숭배, 내각 정부와 의회 책임성의 종말도 그런 논쟁이 될 수 있다. 개념이란 옳거나 틀리거나 절반만 사실일 수 있다. 하지만 개념이 없다면 우리가 희미하게 이해하는 현상을 묘사할 장황한 문구를 찾다가 요지를 더욱 잃을 수 있다.

본문의 내용

이 책은 이야기와 묘사 위주가 아니라 개념적인 접근법을 통해 구성되었고, 분몬은 설명적인 도식을 완성하고 있다. 프로파간다의 기본 개념인 신화, 상징화, 수사법이 상세히 논의된다. 이들은 개념의 핵심 또는 포장에 생명을 주고 체계를 갖추게 하는 것으로서 자세히 논의된다. 핵심 내용이자 외피인 요소란 과장, 이데올로기, 감정, 교묘한 처리, 기만, 이상향 추구, 타자화, 적 만들기이다. 그 후 이 책의 초점은 이러한 요소들을 구현하고 있는 최근의 정치적 현상을 분석하는 사례연구로 향한다. 분석 대상은 '상징 정부', '단일 쟁점 집단', 네거티브 캠페인, 그리고 최근 아프가니스탄과 이라크에서 벌어진 전쟁이다. 그러므로 체계가 되는 패러다임은 신화, 상징화, 수사법이라는 기본 개념과 과장, 판타지, 감정, 적, 교묘한 처리, 기만, 이상향의 핵심 요소로 구성된다.

주요 논지에 대한 간략한 검토

프로파간다를 정의 내리기

이 책에서 처음 시도하는 프로파간다 정의는 그 단어가 전문용어로서 미묘한 뉘앙스를 지니기에 분명 쉽지 않은 일이다. 특히 전문용어 '프로파간다'가 불명예스러운 말로 간주된다는 점이 문제이다. 하지만 정의를 내리는 것은 중요하다. 어떻게 정의하는지는 그 대상에 대해 어떤 생각을 지녔는지를 밝혀주기 때문이다. 물론 어떤 의미에서 이 책 전체는 프로파간다와 그 영역에 대한 정의이다. 이는 슘페터(Schumpeter, 1996)가 말한 것과 같이 우리가 동의하지 않는 모든 의견을 의미하는가? 의도하지 않은 프로파간다가 있다. 예를 들면 보도 사진이 그렇다. 그리고 누군가에게는 프로파간다인 것이 다른 이에게는 아닐 수도 있다. 의미란 협상이 가능한 것이다. 프로파간다의 논쟁 대상도 범위의 문제이다. 많은 것이 프로파간다일 수 있다. 예를 들어 맥도날드McDonalds의 포장지는 프로파간다일 수 있다. 교육, 특히 중등 교육은 프로파간다의 또 다른 무대이다. 특정 정부의 교육 목표는 객관적인 진리 교육으로 가장된다. 이처럼 프로파간다를 좀 더 융통성 있게 정의하면 기존의 통상적인 비평에서는 포함되지 않던 국가의 활동 국면에 대해서도 다룰 수 있다. 통계를 조작하거나 정보를 통제하는 공직자 범죄는 분명 프로파간다 범주에 문제없이 들어갈 수 있다. 국가는 확실히 프로파간다의 주모자이다. 민주주의 제도 안에서 국가는 강제적인 기제를 사용할 수 없거나 그것만으로는 효력이 부족하기 때문이다. 민주주의를 채택하지 않은 정부가 존재하지만 모든 정부는 최소한 그 국민의 수동적인 묵인을 필요로 한다.

'프로파간다'는 그저 주장을 표현하는 방법의 하나일 뿐 아니라 교훈적인 경향과 이데올로기적 특성으로 인해 단순한 마케팅과는 구분된다. 마케팅은 소비자의 반응에 뿌리를 두는 반면 프로파간다는 스스로 강력한 주장을 한다. 또한 특정 문화적 패러다임에 맞추어 재해석될 수 있지만 거의 항상 자체적인 이데올로기를 지닌 것이 바로 프로파간다이다.

프로파간다를 설명하기

지금까지 정의 내린 현상을 설명하려는 시도가 이어진다. 핵심적인 주장은 다음과 같다. 선전원들은 우리의 선입견을 각색하며 우리 안의 깊고 때로는 부끄러운 뭔가를 향해 말을 걸어온다. 그러므로 프로파간다는 우리가 적극적으로 참여하는 공동 제작의 결과물이 된다. 우리가 속으로 반쯤 믿고 있는 것을 프로파간다가 표현하는 것이다. 프로파간다는 우리가 공유하는 판타지나 자기기만의 음모에서 나타나는 자극과 그에 대한 반응이라는 도식을 따르지는 않는다. 또한 프로파간다의 원동력은 유토피아적 비전이 지닌 설득력이다.

유토피아에 대한 환상이 많은 프로파간다에 잠재적으로 깔려 있다. 유토피아에 대한 갈증은 세상의 질서가 완벽하거나 완벽할 수 있다는 환상을 낳는다. 이는 사회주의 리얼리즘 회화나 광고 산업 같은 다양한 현상에서 명백하게 나타난다. 그리고 선전원들이 신봉하는 설득의 기술이 대체로 감정적이라는 사실을 간파해야 프로파간다의 성공을 이해할 수 있다. 감정은 이성의 반대라고 할 수 있으며, 프로파간다의 힘은 주로 감정적 호소의 힘이다. '이성적인' 프로파간다는 불가능하지는 않지만 구현되기 어렵고, 프로파간다는 논증보다는 강력한 주장이나 확신에 찬 단정에 의해 호소력이 커진다. 선전원들은 특히 공포나 노여움 같은 감정을 이용하고 합리적인 유형의 의사결정자를 멀리한다.

기본 개념: 수사법, 신화, 상징화

프로파간다의 기본 개념으로 보이는 요소에 대한 광범위한 고찰은 실제적인 사례연구의 개념적 근거가 된다. 이러한 요소가 없는 프로파간다는 상상할 수 없다. 효과적인 프로파간다는 세 가지 요소 모두를 종합적·기술적으로 활용한다. 제3장에서는 이 용어의 정의와 의미 및 그에 대한 논쟁을 살펴보는 한편 그들이 프로파간다에서 차지하는 핵심 역할을 고찰한다.

수사법

제3장은 오랫동안 효력을 발휘했던 설득의 수사법에 대한 설명으로 시작한다. 우리는 수사가 어떻게 작동하는지에 관심이 있다. 효과적인 수사법의 구성요소는 어떤 것들인가? 의미를 함께 만든다는 생각, 모호성이 지닌 힘, 가치체계에 정면으로 도전하기보다는 내적으로 전복적인 힘을 지닌 수사, 플라톤의 시대부터 내려온 두려움과 찬양이 담긴 페리클레스의 표현 ― "세 치 혀로 재간을 부려 설득하는 법" ― 이 보여주는 수사적 기교의 파괴력에 대한 의심 같은 주제를 살펴본다. 또한 설득력 있는 수사법의 핵심 수단으로서 은유법의 중요성에 특히 주의를 기울일 것이다.

그 외에도 관심을 기울여야 할 개념들이 있다. '반향'의 개념(토니 슈워츠Tony Schwartz), 좋은 수사법은 '마음속에 연기를 피운다'는 것, 수사적 기교는 단순히 한 의미에 머무르지 않고 능동적으로 의미를 창조한다는 생각, 이와 관련된 수사적인 미래상의 개념(예를 들어 '스타워즈'나 '악의 축'), 수사법의 여성화에 대한 캐슬린 홀 제이미슨Kathleen Hall Jamieson의 논제, 강한 당파적 발언이 일상적으로 들어감으로써 자연스럽고 중립적이며 객관적으로 보이는 것이 지닌 힘, '관료'들의 수사와 같은 쉽게 간과하는 수사법(오늘날 선전원의 언어는 목적한 바 대로 사람을 혼란스럽게 하는 요소를 지닌다. 영국 광우병 사태에서의, 동물에서 인간으로 감염된다는 '확실한 증거는 없다' 등의 문구가 그렇다) 및 마호가니 제품의 '윤리적 절도'를 옹호한다는 압력단체의 예와 같이 인식을 바꾸기 위해 언어를 사용하는 프로파간다(새로운 관점을 부여하는 언어적 전략으로 비윤리적인 것을 윤리적인 것처럼 보이게 하는 뒤틀린 병치)가 관심 대상이다.

수사법의 정치적·사회적 영향력은 결정적이다. 예를 들어 환경 문제와 유전자 조작 식품('프랑켄슈타인 식품')에 대한 논쟁과 미국의 '가치관 내전'에서 사람들을 설득하기 위한 언어 사용전략이 있다. 레이건과 챌린저호 참사 같은 중대한 수사적 사건은 역사적인 영향력을 보였다. 혈통 오염의 이미지를 사용한 히틀러나 '치욕 속에 살게 될 날'이라고 말한 루스벨트의 영향력 있는 은유법, 사람들을 인간적 현실에서 괴리시키기 위해 의도적으로 사용되는 '부수적 피해 Collateral damage' 같은 현대 전쟁의 애매한 기술적 용어 사용이 보여주는 전쟁의 수사법도 그렇다.

신화

또한 프로파간다는 수사를 통해 형상화된 신화 없이는 존재할 수 없다. 문화 그 자신의 대화라고 정의되는 신화는 한 사회의 핵심 가치를 이야기 형태로 표현한다. 우리는 신화를 사회의 통합과 유지에 핵심적인 것으로 보며, 한 사회의 신화를 파괴하는 것은 사회를 파괴하는 것으로 본다.

신화가 역사에 미치는 영향력은 실로 중대하다. 예를 들어 제1차 세계대전 말엽 독일에서 민주당원이 '배반할 것'이라는 군국주의자의 신화가 그랬다. 또한 프로파간다를 하는 핵심적 방법은 신화를 만들고 지속하는 것이었다. 미국 헌법에 무기를 소지할 권리가 기술되어 있다는 신화가 그렇다. 실제로 그런 기술은 없지만, 있다고 여기는 대중의 믿음이 미국의 총기 사용 제한에 대한 논쟁에서 커다란 영향을 미쳐왔다. 하지만 신화는 유동적이다. 이는 만들어지고 가공되며 되살아날 수 있다. 프로파간다는 이러한 과정을 수행한다. 신화는 항상 열린 구성으로 되어 있기 때문이다. 그래서 그동안 괴벨스의 호르스트 베셀 Horst Wessel[*] 또는 에이즈가 소수자를 해치기 위해 미국 과학자들에 의해 의도적으로 계획되었다는, 소련이 퍼뜨린 신화가 제작될 수 있었던 것이다.

그리고 신화와 역사는 때때로 생략된다. 사람들은 역사를 객관적으로 바라보지 않고 제각각의 연출에 따른 프리즘을 통해 바라본다. 영국 여왕 엘리자베

---

[*] 나치스 당가를 만든 청년 작곡가. 그가 공산주의 계열에 속한 어느 전과자의 기습으로 죽자 괴벨스는 그를 민족사회주의 순교자의 표상으로 삼아 영웅으로 만들었다.

스 1세는 우리가 그녀를 어떻게 바라봐야 하는지를 정해놓았다. 바로 비단과 보석으로 둘러싸인 오만한 흰색 마스크이다. 역사에 대해 우리가 갖고 있는 이미지는 그 역사의 프로파간다가 만들어낸 것이다. 우리는 핀란드 역에 도착한 레닌이 직공 모자를 쓰고 있었으며 인터내셔널가가 그를 반겼다고 상상한다. 하지만 인파가 몰려 그 열차를 '둘러싸지' 않았으며, 그는 홈부르크homburg 모자를 쓰고 있었고, 악단은 라마르세예즈를 연주하고 있었다(Figes, 1997). 그러므로 과거는 스스로 신화화한 것이다. 그리고 때때로 그것은 현재에 중대한 결과를 낳기도 한다.

상징

상징은 응축된 의미이다. 예를 들면 소비자 브랜드는 상징이며 그들의 놀라운 힘은 곧 상징의 힘이다. 상징은 보는 이가 스스로 발견하고 인식할 수 있게 하는 지름길이다. 매달린 시체가 투영된 단안경을 쓴 독일군 장교의 캐리커처(Rhodes, 1993)가 훨씬 더 선명하고 간결하게 나치를 비난할 수 있다면 그들을 고발하는 논문을 왜 읽겠는가? 비 非문자의 의미 도구인 상징은 읽는 것을 싫어하는 사람과 의사소통하는 데 사용될 수 있다. 상징은 신화를 표현하고 윤색하며, 단순화하거나 부활시킬 수 있으며, 실제로 빈번하게 그렇게 하고 있다. 그것들이 선전원에게 매력적인 것은 끊임없는 복제가 가능하고 매우 싼값에 인식을 얻어낼 수 있기 때문이다. 예를 들면 전쟁 시기에 승리의 브이V 신호가 그렇다. 또한 상징들은 그들의 원래 의미에 고정되지 않아서 그 의미를 정확하게 짚어내는 것을 피하고 다양한 해석의 가능성을 열어둔다는 점도 선전원들에게 매력적이다. 또한 상징들은 타고난 유연성을 지니기에 새로운 의미를 부여받고 재창조될 수 있다.

상징과 상징전략을 현명하게 택하고 만들어내는 것은 선전원의 작업 중 중요한 부분이다. 정치적인 프로파간다 텍스트에는 상징들이 흩어져 있다. 에이젠슈타인Eisenstein이 영화 〈전함 포템킨Battleship Potemkin〉에서 말 그대로 얼굴 없는 차르의 근위병을 넣은 상징적 구조가 그 예이다. 우리의 대중문화도 그렇다. 말보로 카우보이는 알기 쉬운 예이다. 이오지마에 꽂힌 미국 국기가 그라운드 제로에서까지 게양되는 것처럼 상징은 다시 살아날 수 있다(Goldberg, 1991). 심지어는 새로운 해석은 물론 반대되는 해석도 부여될 수 있다.

프로파간다의 핵심 요소

신화, 수사법, 상징화의 삼위일체는 프로파간다의 다른 주요 요소를 뒷받침한다. 비교적 자세히 다룰 중요한 주제 중에서도 특히 다음 주제들이 주요 대상이 된다.

조작과 기만

프로파간다를 교묘한 조작이라고 하는 것은 이 용어의 특성을 정의 내리는 데 꼭 필요한 작업이지만 이것만으로는 부족하다. 포퓰리스트들의 전문용어로 프로파간다는 조작, 심지어 사기와 동일시되며, 절대로 진실을 추구한다고 간주되지는 않는다. 객관적인 '사실'은 관련성이 없거나, 있더라도 능수능란한 주장에 종속된다. 속임수는 프로파간다를 정의 내리는 데 필수적인 특징은 아니지만 프로파간다에 대한 대중의 인식에서는 중대한 부분이다. 책략과 위조는 광범위하게 퍼져 있다. 1924년 영국의 총선거에서의 '지노비예프의 서간'[*] ─ 현재 위조라는 주장에 대해 논쟁이 있다 ─ 부터 현재 미국의 일부 선거광고처럼 기술적 수단을 사실 왜곡에 사용하는 것에 이르기까지 광범위하다. 이 책에서 다루는 조작의 한 측면은 프로파간다가 환상을 공유하도록 우리를 초대한다는

---

[*] 영국노동당의 참패를 초래한 편지. 보수 계열 신문을 통해 공개된 이 '코민테른 서간'은 영국 노조와 군대에 무장봉기를 호소하는 내용이 담겼으며 러시아의 정치가 지노비예프가 서명한 것으로 알려졌다.

생각이다. 프로파간다가 믿음을 요구하는 실수를 항상 저지르지는 않는다. 그 대신 프로파간다는 과장된 표현을 통해 공통된 경험 속으로 초대한다.

조작의 또 다른 측면은 검열과 배제 또는 정보 통제이다. 예를 들어 1차 걸프전에서 인가된 저널리스트들은 엄격히 감독을 받았고 다른 이들은 철저히 취재에서 배제되었다. 그러므로 오늘날 다른 중요한 형태의 프로파간다는 정보에 대한 접근을 막는 국가 검열이라는 이름으로 남아 있다. 그 외에는 연구보고서와 통계 등을 사용해 인식을 조작하는, 관료들의 소극적인 프로파간다 유형이 있다.

사회적인 적대의식을 만들기

프로파간다는 우리가 적을 필요로 하기 때문에 생겨난다. 적은 그저 있는 것이 아니라 불가피하게 존재한다. 그들은 우리의 가치관을 정의하며 가치관에 일관성을 부여한다. 그리고 우리를 자극해 행동하게 한다. 일이 잘못되었을 때 책임을 물을 대상을 만든다. 그것들이 공통적으로 지닌 인간적 모습은 간단한 암호로 단순화될 수 있다. 공산주의에서 자본가의 실크 모자 이미지가 그런 기호이다. 사실 적대자가 없는 프로파간다를 상상하기는 힘들다. 마음을 잡아끄는 서사구조에서 적이란 없어서는 안 되는 것이기 때문이다. 하지만 적을 누구로 선택할지는 신문편집인뿐 아니라 할리우드 제작자에게도 본래 정치적인 문제이다.

현대 프로파간다 사례연구

이 책의 개념적인 틀은 제3부에서 당대의 프로파간다의 장場에 대한 일련의 분석에 적용된다. 목록으로 열거하자면 끝이 없다. 하지만 여기서 볼 수 있는 사례는 우리의 정치문화를 구성해왔으며 지금도 그 방향을 인도하고 있는 중요한 프로파간다 현상들을 대표한다. 과거에 겉으로 명백히 드러나던 순진한 프로파간다는 오늘날 더욱 교묘한 형태로 대체되었다. 예술작품이라는 것을 숨기는 예술에 더 가까워졌다. 정보조작, 짤막한 방송용 편집영상, 네거티브 광고, 단일 쟁점 집단은 설득이라는 논쟁 방식이 확산되어 결국 우리 대중문화의 프로파간다화로 귀결될 것을 시사한다. 심지어 비즈니스도 그 소용돌이로 빨려든다.

단일 쟁점 집단

단일 쟁점 집단에서 논의를 시작하는 것은 그들이 거대한 힘을 지닌 초입법적 권력을 대변하기 때문이다. 그들은 우리의 시대를 만들고 있으며 바로 프로파간다의 기술에 정통함으로써 이를 이루어냈다. 승리는 최대 다수에게 가는 것이 아니라 가장 큰 목소리를 내는 쪽에 돌아간다. 쟁점 집단의 사회적·정치적 프로파간다의 결과는 매우 현실적이고 실체를 지닌다. 여론은 대부분의 문제에 양면적이기 때문에, 대개 최종 승리는 프로파간다를 가장 잘 수행한 쪽에 돌아간다. 많은 주류 정치 이슈 ― 환경보호, 페미니즘 등 ― 는 정당이 제기한 것이 아니라 단일 쟁점 집단과 그들의 능수능란한 전도 기술에 의해 비롯한다. 낙태 문제 같은 주요 이데올로기 및 가치관 내전은 정당 밖에서 프로파간다라는 수단을 통해 발발했다.

네거티브 광고

'프로파간다'라는 단어만큼 미국 선거 캠페인을 기술하기에 적절한 것이 없다. 그리고 이 영역은 적 만들기라는 문제에 대한 논의가 명백하게 관련된 부분이다. 네거티브 정치 광고는 시험을 마친 발명품이며 오늘날 프로파간다의 사악한 표본이다. 한때 이는 미국 정치에서 우선적으로 선택하는 양식인 것처럼 보였다. 모두가 윌리 호튼Willie Horton 광고*에 대해 알고 있다. 하지만 부정성이 미국 주류 정치에 얼마나 배어들었는지 국제적으로는 잘 알려져 있지 않다. 시민들의 괴리감에 대한 진통제는 이성적인 담론이 아니라 30초의 통렬한 비난이다. 경멸의 문화는 프로파간다가 목적한 바가 아닐지 몰라도 그 성과라고는 할 수 있다. 하지만 네거티브 광고에도 설득력 있는 옹호자들이 있다.

상징 정부

캠페인에는 돈이 든다. 대부분의 국가에서 정치인과 정당은 물질적으로 빈곤해 대중매체를 구매하는 능력이 제한된 행위자이다. 그러므로 정치인들은 프로파간다 기술을 최대한 활용해 자신에게 유리한 미디어의 기사를 얻고자 경쟁한다. 대중적인 사안에 단 하나의 완전한 설명은 존재할 수 없다는 사실을 알기 때문에 통치 전문기술은 기능적인 관리나 정책적 기업가정신이 아니라 점점 더 발표기술, 즉 '특정 견해'를 만드는 기술이 되어가고 있다. 이러한 현상은 편승효과를 노리는 미디어의 민감성과도 관련된다.

민주주의는 강제보다는 설득을 요구하는 정치 시스템이자 사회적 사조이다. 그리고 사건 해석은 조작되거나 때로는 미리 정해질 수 있다는 점을 염두에 두어야 영국에서 블레어 정부가 어떻게 이 기술을 선보였는지를 알아볼 수 있다. 그들은 행정 홍보처의 책임자 중 절반을 매우 당파적인 인물로 교체했다. 하지만 우리는 정보조작을 더 큰 주제의 일부로 간주한다. 수사적인 수준에서만 문제의 명백한 해결책을 찾는 모습에서 드러나는 상징 정부, 만들어진 이미지에 몰두한 정치인, 사건들을 상징적으로 만드는 것, 정치에서 사상과 이데올로기의 역할을 평가 절하하는 활동 모두가 정보조작을 포함한다.

---

* 흑인 죄수였던 윌리 호튼은 수감 중 얻은 귀휴 기간에 백인 여성을 강간한다. 공화당은 이 사건과 그의 이미지를 이용해 TV 광고를 만든다. 그 메시지는 민주당의 범죄 문제에 대한 대응이 유약하다는 것이었다.

전쟁 마케팅

아프가니스탄·이라크 전쟁

두 전쟁은 동기나 수행 면에서 모두 정보 전파의 목적, 즉 프로파간다에 의해 촉발되고 조직되었다. 앞에서 제시한 개념적 틀이 이러한 사건의 의미를 밝히기 위해 다시 한 번 활용된다. '비대칭적' 전투는 군용기를 두고 벌어질 뿐 아니라 때때로 이미지를 놓고도 벌어지는 것 같다. 빈라덴은 테러리스트로는 유일하게 자신의 동지와 적이 바로 알아들을 수 있는 상징적인 언어로 말을 한다. 새로운 동지를 규합하는 것은 물론 적을 위협하기 위해 행동만이 아니라 이미지를 활용한다. 특히 빈라덴 자신이 일련의 역할 연기를 수행하며 개인숭배를 만들기도 하는 것이다. 9·11 같은 행동으로서의 프로파간다뿐 아니라 과장, 분노, 증오를 받을 적과의 전통적인 언쟁법도 활용한다. 생생한 비디오 영상과 시골 촌뜨기가 세계적 초강대국에 대항하는 것처럼 비치는 탈레반의 자세를 두고 몇몇 해설자는 일찍부터 탈레반·알카에다가 프로파간다 전쟁에서 이기고 있다고 논평했다. 미국은 방어를 못하고 있다. 국제적 프로파간다를 후원하고 있는 전 세계적인 인식 속에서 미국이 헤게모니를 계속 쥐고자 한다면 프로파간다 기술을 마스터해야 했다. 이라크에서 미국은 전단, 무선 방송국 같은 매우 오래된 방식의 프로파간다와 '종군기자', 카타르에 설치한 할리우드 세트, 적 지휘관에게 이메일을 보내 직접 접근하는 것과 같은 매우 새로운 방식을 결합하고자 노력했다. 물론 미국 내에서는 수치심을 잊은 채 충성심으로 가득한 미디어의 선동도 있었다. 결국 일관되게 관점이 응집되는지의 문제 혹은 전쟁 시기 이미지를 통제하는 문제의 중요성 같은, 프로파간다에 대한 통찰들이 새로이 떠올랐다.

후기

이 책은 최근 사건의 추이에 영향을 미치며 역사 속에서는 길잡이 역할을 해온 프로파간다의 무시하지 못할 영향력을 간략히 재검토하면서 끝을 맺는다. 분명 프로파간다 캠페인의 실패 사례를 분별하기는 어렵지 않다. '측정'은 여전히 극복하기 어려운 문제로 남지만 프로파간다의 중대한 성공 사례는 우리를 주저하게 한다. 최종적인 결론은 없다. 이런 논쟁은 결코 결론이 나지 않고 그저 계속될 뿐이다. 하지만 프로파간다가 역사 속에서 항상 존재해왔다는 것과 마땅히 그 진짜 이름으로 불려야 하며, 시민들이 이에 대한 인식을 갖도록 보통 교육 과정의 일부가 되어야 할 만큼 중요한 사회현상으로 남아 있다는 사실에는 의심할 여지가 없다.

제1부 정의와 그 의미 추론

의미의 문제
A question of meaning

 이 장에서는 '프로파간다'라는 용어의 의미를 하나하나 파헤친다. 그 과정은 용어의 일상적인 용례와 함축적 의미 때문에 상당히 복잡하다. 우리는 이성적 설득, 조작, 의도, 외연과 같은 몇 가지 예비 범주를 통해 정의를 내릴 방향을 정하고 대강의 의미를 결정한다. 더 나아가 프로파간다와 대중매체의 복잡하고 양면적인 관계를 살펴봄으로써 좀 더 정확한 의미를 짚어낸다. 그와 동시에 미디어 텍스트는 프로파간다와 관련된 이데올로기라며 결정론적인 선고를 내리는 분석방법의 한계도 평가한다. 그러고 나서 교육, 예술, 관료, 전쟁, 저널리즘 같은 다양한 문화의 장에서 프로파간다라는 용어가 지닌 신축성이 어떻게 드러나는지를 간단히 논의한다.

프로파간다를 정의하기

프로파간다에 대한 주장들

이 장은 재미가 없다. 프로파간다를 설명하려는 책이라면 우선 용어를 정의해야 한다. 하지만 이는 매우 힘든 작업이다. 먼저 프로파간다의 정의에 관한 근본적인 논란을 요약할 수 있는 핵심 주장을 되짚어보는 데서 시작한다. 프로파간다 개념에는 수많은 역사적인 사례가 있으므로 그 정의는 최종적인 것이 아니라 언제나 변화의 여지가 있다.

정의의 문제: 합의가 없다

다른 단어의 의미와는 달리 프로파간다의 정의에 대한 집단적 일치가 없는 것이 현실이다. 이 책에서는 그 용어에 대한 여러 해석 중에서 가장 합당한 것을 골라내고자 한다. 프로파간다는 사회적 현상이기 때문에 이에 대한 정의는 그 단어의 사회적 중요성을 규정하는 것이며, 개념의 효용에 대한 가치 판단이기도 하다. 용어에 대한 엄밀한 과학적 근거나 법적 권위는 없고 오직 역사적인 용례만이 있기에, 의미 자체에 대한 논란도 존재한다. 프로파간다를 정의하려는 시도는 '개념의 지뢰밭'으로 신중하게 잠입하는 것이다. 사실 프로파간다 정의는 그에 대한 견해를 표현하는 것이다. 프랭클린(Franklin, 1998)이 보기에는 프로파간다와 정보 전달에 논쟁의 여지가 없는 구별이란 존재하지 않는다. 슘페터(Schumpeter, 1996)는 현대 사회의 '프로파간다'는 "우리가 싫어하는 출처에서 나온" 모든 주장을 가리킨다고 했다. 그에 영향을 받은 닉 존스 Nick Jones는 프로파간다와 어떤 기관이 정보를 전달하는 데는 차이가 없다고 보았다(Singh, 1989). 마케팅에서 '판매'에 해당하는 것이 학교에서는 '교육'이고, 교회에서는 '전도', 정치에서는 '선전', 군대에서는 '주입'인 것이다. 포크스(Foulkes, 1983)는 프로파간다가 정의 내리기 어려운 이유 중 하나는 많은 경우에 그 인식이 프로파간다를 하는 이들의 상대적이고 역사적인 관점에 영향을 받는다는 데에 있다고 평가한다. 그래서 많은 연구자가 전쟁 같은 극한적인 상황으로 조사대상을 국한한다. 더 나아가 포크스는 프로파간다에 대한 인식은 관찰자를 관찰 대상인 정보 전달 행위와 갈라놓는 이데올로기적 거리가 작동한 결과라고 주장한다.

프라트카니스와 애런슨(Pratkanis and Aronson, 1991)에 따르면 이 용어를 처음 사용한 것은 1622년 교황 그레고리우스 15세가 반종교개혁 시기에 포교성성 Sacra Congregatio de Propaganda Fidei을 세우면서이다. 강경책이 실패한 후 사람들이 교회의 가르침을 '자발적으로' 받아들일 수 있게 하려는 유화책으로 시행한 것이 프로파간다였다.

> 그러므로 프로파간다라는 말은 신교도 국가에서는 나쁜 의미를 지니게 되었고 가톨릭 지역에서는 교육이나 설교와 같은 긍정적인 의미로 받아들여졌다. …… 프로파간다라는 용어는 20세기 초까지는 널리 쓰이지 않다가 제1차 세계대전 시기와 이후 전체주의 정부에 의해 사용된 설득의 전술을 묘사하는 데 사용되었다.

구어적인 용법

하지만 프로파간다는 항상 도가 지나치다는 생각과 연관되는 구어적인 용법이자 과장, 극단, 연설의 수사를 내포해 남용되는 용어이기에 이를 정의 내리는 일은 더 복잡해진다. 제2차 세계대전 전에 만들어진, 마리화나에 반대하는 영화 〈리퍼 매드니스Reefer Madness〉(1936)는 문제를 프로파간다의 탓으로 돌리는 히스테리적인 경우를 대표한다. 그런 경우가 지나치면 소문이나 인간적인 양심에 걸리는, 도를 넘어선 거짓말이 된다. 홀로코스트는 일어나지 않았다거나 9·11이 CIA나 이스라엘의 계획이며, 달과 화성 착륙은 할리우드 스튜디오에서 촬영되었다는 식의 이야기가 그렇다. 또한 이른바 '흑색'선전이라 불리는 것으로 선키스트 레몬에 대항한 일본의 캠페인 사례도 있었다. 일본 농업 관계자들이 미디어를 통해 미국 레몬은 오렌지제*를 탔다는 루머를 퍼뜨린 것이다(≪시카고 트리뷴 Chicago Tribune≫, 1995년 6월 12일자). 프로파간다의 의미를 짚어내기가 힘든 주요한 이유는 그 개념의 어떠한 정의도 구어적 용법에서 떼어내 생각할 수 없다는 점에 있다. 과장이라는 측면은 분명 프로파간다 사용의 한 모습이지만 프로파간다의 핵심 요소를 표현한 것이라고 보기는 힘들다. 그런데도 그러한 구어적 용례들을 아예 제쳐두고 생각할 수는 없다.

그 용어는 객관적으로 논의하기가 힘들다. 개념의 의미가 역사 속에서 누적되어 왜곡되기 때문이다. 예를 들면 프로파간다와 제3제국 the Third Reich과의 관련성은 감정을 배제한 분석을 수행하기 어렵게 한다. 드레셔(Drescher, 1987)는 '프로파간다'는 많은 경우에 무력 전쟁이나 냉전이라는 상황에서 정부가 만들어낸 거짓말이라는 이미지를 떠올리게 한다고 주장한다. 특히 보통 미국인들은 프로파간다를 권위주의 또는 전체주의 정부와 관련된 활동이라고 생각하는 경향이 있다. 드레셔가 지적한 것처럼 사실 프로파간다는 진실을 포함할 수 있다. 분명 프로파간다는 환호보다는 야유를 듣는 유형에 속하기는 한다. 책략, 교활, 표리부동이라는 요소가 프로파간다에 존재한다는 생각은 객관적인 정의들에서도 분명히 나타난다.

긍정적인 결과를 내는 프로파간다가 존재할 수는 없는가? 많은 이가 프로파간다라는 양식을 본래부터 부도덕한 것이라 여기며, 심지어 전시의 프로파간다는 도시 폭격 같은 필요악과 함께 역사적 망각의 장소로 보내져야 한다고 생각한다. 하지만 좋은 프로파간다의 예는 상상 이상으로 많다. 그리고 프로파간다가 단지 우리 사회의 기능장애를 정신병적 증상으로 보여주는 것은 아니다. 좋은 프로파간다가 존재할 수 있다. 예를 들면 법적 강제에 대한 대안적인 전략

---

* 월남전에서 미군이 쓴 고엽제.

이 될 때 그렇다. 이는 비합법 마약이라는 사회악에 대한 대처법과 흡연에 대한 사회적 대응 방법에 대한 비교에서 증명되었다.

프로파간다라는 아이디어의 범위와 복잡성은 통속적이고 일상적인 의미만을 담고 있는 편협한 정의에서는 무시되기 일쑤이다. 그 단어는 가치중립적이지 않다. 또한 이 단어를 수사적으로 사용하는 데 그치지 않고 비판적으로 쓰기 위해서는 함축적인 연관성을 잘 따져봐야 한다. 뭔가를 '프로파간다'로 지칭한다고 해서 반드시 그것이 무익하다고 말하는 것은 아니다. 그것은 훌륭한 것일 수 있다. 그 의도를 정당화하려는 시도에 가치가 있기 때문이다. 말은 도구이다. 도구를 효과적으로 사용하는 데 필요한 것은 사용하는 도구의 한계를 인식하는 것이지, 손에 지니지 않은 완벽한 도구를 찾는 것이 아니다. '프로파간다'라는 용어가 개념적으로 부족할 수 있지만 그렇다고 해서 가치가 없는 말이라고 할 수는 없다.

명료성

일반적으로 프로파간다는 명확하게 메시지를 전달한다. '명료성'은 프로파간다를 정의하는 데 반드시 포함되어야 할 특성은 아니지만 분명히 어떤 표준이 될 수는 있다. 프로파간다는 이런 모순을 지닌다. 간단한 해답을 제공하기 위해 복잡하게 전달해야 하는 것이다. 쉬크(Schick, 1985)는 프로파간다를 '가시적인 상징체계를 지닌 매체'와 관련짓는다. 따라서 포크스(Foulkes, 1983)는 사회주의 리얼리즘과 같은 프로파간다 교리는 그 시스템이 해답을 이미 가지고 있는 문제와 갈등만을 묘사할 수 있었다고 주장한다. 또한 이러한 현상이 서구의 대중문화에도 해당된다고 말한다.

마이클 마이어 Michael Meyer는 『수사·언어·이성 Rhetoric, Language and Reason』(1994)에서 속임수와 프로파간다는 그들이 다루고 있는 문제가 마치 이미 해결되었다는 듯이 말한다고 주장했다. 하지만 효과적인 프로파간다라면 문제가 해결되었다고 생각한다는 사실을 감출 것이다. 마이어는 이를 프로파간다의 무비판적 특성 탓으로 돌린다. 다른 방식의 주장과 이념은 자기 회의의 요소를 드러낼 수도 있지만 프로파간다는 그럴 수 없다. 다른 비평가들은 이렇게 본다. 언어는 그 본래적 구조와 장치보다는 그것이 옹호하는 이데올로기에 의해 프로파간다가 된다. 프로파간다는 수치심이 없는 주장이다.

정보 전달과 논리적인 설득을 구별하라

하지만 프로파간다는 많은 경우에 다른 것과의 대비를 통해 정의된다. 또한 이성적 설득이 아니라 감정적 호소가 프로파간다의 핵심이라 여겨진다. 실제로 논리적인 프로파간다를 상상하기란 쉽지 않다. 프로파간다도 때로는 논리의 형식을 흉내 내서 합리적으로 보일 수 있지만 이들이 같은 것은 아니다. 프로파간다는 설득 과정에서 본능적이고 감정적인 호소가 우위에 있음을 보여준다. 그것은 억지스럽고 심지어 비이성적이기까지 한 우리의 감수성 깊은 곳으로 찾아온다. "땅이 없는 사람들을 위한, 사람들이 없는 땅"은 초기 시오니스트들에게는 비전이자 매혹적인 슬로건이었다. 이는 이런 수사적 선전이 있기 전까지는 분명 존재하지 않았던 현실을 불러오기 위한 것이다. 하지만 이런 신화적 진실이 수사의 연금술에 의해 누군가에게 깊이 간직된 사실이 되고, 그 꿈이 역사적 상황을 묵살할 때 파괴적인 결과를 낳을 수 있다. 실제 이 경우에는 한 국가의 모든 국민이 임의로 국토에서 사라져버리게 했다.

그리고 위대한 작가는 어떤 유능한 정치인보다도 훨씬 더 유창하고 분명하게 우리의 깊은 감정을 표현해낼 수 있다. 따라서 문인은 저널리스트 또는 정치인보다 더 나은 선전원이다. 마레코(Marreco, 1967)는 예이츠의 희곡 『캐슬린 니 홀리한Cathleen ni Houlihan』(1902)이 더블린의 노동계급에 끼친 정치적인 영향을 기술하면서 다음과 같이 평가한다.

그러므로 예이츠는 모드 곤Maud Gonne에게 영웅 마이클 길레인Michael Gillane 에게 나타나는 신비한 노파 역할을 맡도록 설득한다. 그 늙은 여인은 1798년[*]의 뒤숭숭한 시기에 결혼 전날 나타나 그로 하여금 아일랜드를 위해 모든 인간적인 행복을 포기하게 한다. 이 장면의 모드 곤을 본 사람들은 누구나 마이클이 노파를 따라나서는 장면을 결코 잊지 못한다. 그의 아버지가 늙은 여자가 길 아래로 가는 것을 보았느냐고 물었을 때 그는 이렇게 대답했다. "보지 못했어요. 하지만 어린 소녀 하나를 보았는데 그녀는 여왕의 걸음걸이를 하고 있더군요."

기존의 여러 분석은 '프로파간다'는 그보다 일상적인 '의사소통', '정보 전달', 또는 '설득'과 큰 차이가 있다고 주장한다. 엘룰(Ellul, 1973)은 프로파간다와 의사 전달을 분명히 구분한다. 모란Moran은 그들을 서로 반대되는 것으로 본다 (Shick, 1985). 1930년대 후반 미국에서 영향력을 지녔던 프로파간다 연구소의 이름은 좀 더 감정적으로 중립적인 '정보통신' 대신에 의도적으로 '프로파간다' 라는 단어를 고른 결과이다. '프로파간다'라는 용어가 때때로 다른 설득방식을 대신해 잘못 쓰이는 경우가 있다. 하지만 그것은 설득 같은 단어와 유의어가 아니며 실제로 독특한 주장 방법이다. 선전이 아닌 설득의 예가 많다. 기존 연구들은 프로파간다를 설득과 구별한다. 가령 조웨트와 오도넬(Jowett and O'Donnell, 1992)은 "프로파간다는 보편적인 사회적 과정과 관련된 데 반해 설득은 개인적인 심리 과정으로 여겨진다"라고 했다. 이들은 프로파간다는 '대중 암시'이고 이의 대상은 군중이며, 이 점이 프로파간다를 설득과 구별한다고 말한다.

또한 프로파간다는 '정보 전달'이라는 말로 자주 표현되는 논리적 설득이나 '이성'과는 반대되는 것으로 여겨진다. 그래서 일부 논평자들은 정치의 언어에는 기본적으로 양극성을 찾을 수 있다고 주장한다. 즉, 정치적인 언어에서는 두

---

[*] 아일랜드 봉기가 일어난 해.

가지 필수적인 전략이 있다는 것이다. 하나는 수사적·감정적으로 호소하는 프로파간다이고, 다른 하나는 소극적·이성적인 정보 전달이다. 프로파간다는 분명 이성적인 설득은 아니다. 이성에 대한 호소가 있다면 그것은 또 다른 프로파간다 전략이라고 할 수 있다.

우리가 일반적인 '옹호'와 구별되는 정의를 내릴 때 프로파간다는 제한된 정의나 사전적인 정의보다는 '직관적 의미'를 지니게 된다. 말하자면 '딱 보면 알아채는' 인식이다. 우리는 얼마간 프로파간다가 아닌 것을 통해 프로파간다를 찾아내고 정의하려 든다. 논의가 끝난 담론으로서의 그 개념은 프로파간다가 지적 교환이라는 견해는 배제한다. 스미스 등(Smith et al., 1946)은 프로파간다와 교육을 구별한다. 프로파간다는 논쟁적인 이슈에 대한 견해와 관련되며, 교육은 비논쟁적인 이슈에 대한 견해와 관련된다는 주장이다. 샐먼(Salmon, 1989)에 따르면 "이 구별에서 문제되는 것은 현재 상태를 비논쟁적이라고 가정하는데, 이는 그저 그 사회의 가진 자들을 위해 복무한다는 점이다". 샐먼은 교사들과 다른 이들도 교묘하기는 마찬가지이며 설득하려는 의도를 숨긴 채 사회적으로 인정받은 신분으로 인해 혜택을 받는다고 믿는다.

또 다른 비평가들은 '프로파간다'는 '단순한 의사 전달'과 개념적으로 다른 점이 없다고 본다. 다만 '의사 전달'은 전달 과정상에 편견이나 과장 또는 기만이 있는지를 구분하지 않고 단지 모든 형태의 전달 활동을 가리키는 데 반해, 프로파간다는 '의사 전달'보다 더 구체적인 의미를 지니고 있다는 것이다. 말하자면 집합과 그 하부 집합의 관계이다. 쉬크(Schick, 1985)는 프로파간다는 가치 판단에서 자유로운 의사소통의 한 하부 집합이라고 주장한 커뮤니케이션 이론가 조지 고든George Gordon을 인용한다. "목적이 선하면 선한 것이고 목적이 악하면 악한 것이다." 프로파간다와 의사소통을 구별하지 않는 것은 언어 그 자체가 가치 판단에서 자유롭기를 바라는 것이다. 하지만 언어는 의미를 밝히는 도구여야 한다. 그렇지 않으면 우리는 실용성이 무뎌진 무미건조한 표현을 표현 도구로 받아들여야 할 것이다. 테일러(Taylor, 1990)가 보기에 "프로파간다는 단순히 어떤 생각이나 의견이 특정한 목적을 가지고 다른 누군가에게 전달되는 과정이다. 연설, 설교, 노래, 예술작품, 라디오 전파, 텔레비전 화면, 한 사람 또는 수많은 사람 같은 요소는 정의를 내리는 데 전혀 문제가 되지 않는다". 사실 그는 이기심을 그 용어의 핵심 정의로 보는 것 같다. "프로파간다는 정보를 전달하는 사람들의 이기심을 충족하고자 통신수단을 이용해 메시지, 아이디어 또는 이데올로기를 전하는 것이다. …… 프로파간다는 무엇보다 정보원의 목적을 달성하기 위해 계획된 것이다." 이와 같은 정의들은 프로파간다 자체의 핵심 개념을 설명하기보다는 단지 특정 형태의 프로파간다를 가리킨다.

정교한 조작

프로파간다는 객관적인 진실 추구와는 대조를 이룬다. 진실 자체는 목적이 아니라 또 하나의 수사적 공식이다. 하지만 프로파간다는 (대중이) 간직하고 있는 믿음을 정면으로 공격해 성공하는 경우는 거의 없고, 전복을 통해 가장 효과적으로 작동하지도 않는다. 모든 프로파간다는 솜씨 좋게 다루어져야 한다. 또한 잘 조종된 프로파간다가 아니라면 말하는 것에도 의미가 없다. 그런 경우라면 개념적으로 쓸모가 없기 때문이다. 예를 들어 엘리자베스 1세는 그녀가 단행한 신교 개혁으로 성처녀 마리아를 예찬할 수 없게 된 국민들이 슬퍼한다는 사실을 알아차렸다. 그래서 천상의 처녀를 지상의 처녀로 대체하고 자신의 별명을 '처녀 여왕'이라 널리 알렸다. 이는 더 나은 정책이었다.

대부분의 학자는 '프로파간다'라는 용어와 조작이라는 관념을 관련짓는다. 속임수라는 측면을 프로파간다의 핵심으로 본다. 드레셔(Drescher, 1987)는 "관련 정보를 공개하지 않는 것은 문외한을 끌어들이고자 하는 것이기 때문에 프로파간다적"이라고 말한다. 프라트카니스는 프로파간다의 근원은 오랜 과거에는 천주교의 종교개혁에 있었고 근대적인 형태는 표리부동에 있다고 주장한다. 특히 제1차 세계대전에서 영국이 보인 기만적인 모습이 그렇다. 즉, 그 뿌리는 허위에 있다. 그는 지금 그것이 상징의 조작과 개인의 심리에 의해 영향을 받는다고 본다.

조웨트와 오도넬(Jowett and O'Donnell, 1992)은 프로파간다를 "목적에 부합하도록 의사를 전달하기 위해 미리 제조된 상징조작을 세심히 정해놓은 것"이라고 정의한다. 프로파간다는 의도적이고 체계적인 시도로서 "선전원이 의도한 반응을 얻어내기 위해 선전 대상과 견해를 공유하며 그들의 인식을 조작하고 행동을 결정하려 한다". 그 단어는 부정적인 함의를 갖게 되었으며 "현재는 전달자가 상대를 교묘히 속이는 의사소통 형식을 가리킨다. 이 과정은 많은 경우에 조작하려는 노력을 알아차리지 못한 사이에 이루어지며 전달받는 이가 아니라 정보원에게 이득이 돌아간다".

필립 보드맨(Boardman, 1978)도 속임수에 초점을 맞추어 프로파간다에 대해 다양한 정의를 내린다.

> 초기 로마 가톨릭에서의 중립적인 의미부터 프로파간다는 수사적 기교라는 말처럼 믿을 수 없고 사람을 현혹하거나 진짜 동기를 잘못 전하는 언어와 언어전략을 의미하게 되었다. …… 프로파간다는 그릇된 교리에 영향을 주거나 거짓 이데올로기를 위해 봉사하는 언어이다. 슬로건이 되기가 쉽지만 경우에 따라서는 백서, 선언서, 사설, 책의 형태를 띨 수 있다.

또한 그는 더 나아가 프로파간다를 다음과 같이 정의한다. "프로파간다는 한때 정치적 권고나 애국적인 연설을 가리켰을지도 모르지만 지금은 대체로 주장 자체나 화자의 동기에 속임수 요소가 포함되어 있는 것을 의미한다. 그러므로 정치적 변론과 프로파간다의 경계는 매우 흐릿하다."

이런저런 기존의 분석들은 몇몇 선별된 예를 통해 프로파간다의 정의를 좀 더 정교하게 만들기는 하지만 저속함은 공통분모로 나타난다. 이는 일상적인 의미의 프로파간다가 무엇인지를 보여주는 것이다. 프로파간다는 분명 옹호나 주장 그 이상을 의미하지만 '조작'은 참으로 모호한 용어이다. 이는 사실을 의도에 따른 사실 선별에서 사기라는 과격한 수단에 이르는 모든 것을 아우른다. 모든 주장은 교묘하게 처리된다. 이러한 논의에는 프로파간다는 좀 더 과격한 방법을 통해 의도한 바를 수행한다는 생각이 깔려 있다. 그런 지나친 조작은 효과적인 설득에는 필요할 수 있으나 진실이라는 대의에는 해롭다.

의도

'의도'는 프로파간다의 정의에 필수적인가? 의도하지 않은 프로파간다를 만들어낼 수는 없는가? 이 문제는 사소하지 않다. 프로파간다라는 용어가 포괄할 수 있는 현상의 범위가 넓어지면 의도라는 요건이 더는 필요하지 않을 것이기 때문이다. 동기로서의 의도라는 특성은 자기성찰의 기회를 주는데, 이는 자신들은 진실을 말하는 사람일 뿐 선전원이라고는 생각하지 않은 채 전도하고 설득하려는 이의 대다수가 지니지 못한 것이다. 하지만 이런 점을 받아들이는 것도 정의 내리기를 복잡하게 만든다. 용어의 개념적 범위가 넓어져서 저널리스트와 텔레비전 프로듀서 같은 이들의 일까지 포함하면 실제로 누군가는 자신이 하고 있다고 인식하지 못하는 이유로 비난을 받게 된다. 예를 들어 저널리스트 폴 존슨Paul Johnson이 『종형 곡선The Bell Curve』의 견해를 선정적으로 전파한 것(≪스펙테이터Spectator≫, 1995년 2월 18일자)은 그의 생각으로는 결코 프로파간다가 아니었다.

프랑스의 프로파간다 이론가 자크 엘룰(Ellul, 1973)은 모든 편향된 의견을 프로파간다로 간주한다. 설사 그 선입견이 무의식적일지라도 말이다. 그는 의도성을 척도로 삼지 않는다. 그러므로 엘룰은 프로파간다와 편견은 거의 동일하다고 간주한다. 이는 상당히 과격한 견해이다. 모든 프로파간다는 분명 편견이지만, 모든 편견이 반드시 프로파간다인 것은 아니다. 이런 생각에는 논쟁의 여지가 많다. 정보를 전달하는 사람이 그 메시지가 작동하는 방식을 깨닫지 못하는데도 프로파간다라고 할 수 있을까? 가장 효과적인 프로파간다는 때때로 가장 무의식적이다. 프로파간다 생산자가 그의 산물을 프로파간다라고 인식하지 못하더라도 프로파간다의 소비자나 역사가는 어떤 텍스트가 프로파간다로서 작동한다는 사실을 판단할 수 있다. 대영제국의 영광을 찬양했던 한때의 모든 학교 교과서와 일화들은 그 저자들에게는 프로파간다가 아니었다. 그들은 진실을 말하거나 당당히 양심의 목소리와 소명을 따른다고 생각했다. 즉, 그들의 행위가 낳은 결과에는 속임수가 있었지만 의도에는 조작이 없었다. 그러므로 의도와 프로파간다의 관계에 대해서는 명쾌하게 답할 수 없다고 볼 수 있다. 특히 자신을 지식의 전달자이거나 설득하는 사람이라고 여길 수는 있어도 결코 선전원이라고는 생각할 수 없는 교육자와 연관을 짓는다면 더욱 힘든 과제가 된다.

대부분의 분석은 이에 동의하지 않는다. 그런 비평가들에게 프로파간다는 의도를 통해 정의된다. 그 전달자가 특정 대상에게 특정한 정치적 효과를 노리고 수행하는 것이 프로파간다이다. 리(Lee, 1986)에게 프로파간다는 의사 전달이다. 여기서 의사 전달은 의도적인 것을 가리킨다. 테일러(Taylor, 1990)는 "나에게 프로파간다는 사람들을 의도된 방식으로 생각하고 행동하도록 설득하려는 의식적인 시도를 의미한다"라고 주장한다. 하지만 필자는 프로파간다가 우발적이거나 무의식적일 수 있는 경우를 인정한다. 지금 필자는 공격적 목적을 위해 특정 설득기술을 사용하려는 의도적이고 논리적인 판단에 대해 논의하고 있다. 그렇다면 이런 분석들은 영향력을 행사하려는 계획적인 의도가 프로파간다를 구별 짓는 특성이라고 볼 것이다. 하지만 그 같은 특성은 다른 많은 의사 전달 활동에도 해당된다. 실제로 의사를 전달하는 사람이 그 메시지의 결과에 전혀 무관심한 경우를 찾기는 어렵다. 만약 프로파간다가 단지 분명한 목적이 있는 의사 전달이라고 한다면 대부분의 주장이 이에 포함될 것이다.

의도하지 않은 프로파간다는 항상 만들어진다. 사실 가장 효과적인 프로파간다 중에도 그런 경우들이 많다. 그리고 프로파간다는 부메랑 효과를 내어 원래 논점과 반대되게 상대편에 의해 사용될 수도 있다. 영국의 로버트 반시타트 Robert Vansittart 경의 『암울한 기록 Black Record』(1941)에서의 논박은 정확하게 그런 경우이다. 이 책은 독일 정부뿐 아니라 독일 민족을 맹렬히 비난했고 괴벨스 박사는 이를 곧바로 간행해 배포했다. 베트남전 당시 미국의 한 장교는 "마을을 구하기 위해서는 파괴해야만 한다"라고 말해 화를 자초했고, 이 내용은 전 세계에 퍼졌다.

프로파간다가 역逆프로파간다가 될 수 있는 또 하나의 예는 조지 부시 미국 대통령이 이라크전 종전을 선언하고자 항공모함 링컨 함에 착륙한 일이다(사실 대규모 전쟁보다 이후의 게릴라전에서 사망한 미국인이 더 많다). 이는 존 케리 John Kerry 상원의원에게는 아주 좋은 홍보자료였다(≪뉴욕 타임스 New York Times≫, 2003년 11월 11일자). 광고는 항공모함의 '임무완수 MISSION ACCOMPLISHED'를 짧게 비추고는 비행갑판 위에서 황록색 비행복을 입고 왼쪽 겨드랑이에 헬멧을 쑤셔 넣은 부시 대통령을 비춘다. 곧이어 고무적인 음악이 깔리기 시작한다. 광고는 케리의 생애에서 중요한 시점을 사진으로 보여주고 아나운서는 그의 이력을 읽어 내려간다. 사우스캐롤라이나의 항공모함 요크타운 앞에서 대통령 출마 선언을 하는 모습, 젊은 해군장교로서 무공훈장을 받는 장면, 투표자들과 얘기를 나누는 모습, 청문회에서 발언하는 모습과 집무실에서 서명하는 모습이 펼쳐진다. ≪뉴욕 타임스≫는 다음과 같이 논평했다. "광고의 이미지는 시청자에게 딱 한 번만 전해지는 것이 아니다. 사실 방송 대본의 내용은 반복적으로 그 이미지와 연관된다. 캠페인 전략가들은 이를 두고 순간 자체가 호소력을 제공하며 또한 케리의 군인 및 정치인으로서의 폭넓은 경험을 강조하는 광고의 시작을 알리기 때문이라고 말했다."

프로파간다는 간접적일 수 있고 텍스트는 의도가 중립적일지라도 프로파간다로 변모할 수 있다. 예를 들어 포토저널리즘에서의 상징이 그렇다. 베트남 전쟁의 주요 이미지들은 세계 여론의 양심을 건드렸다. 네이팜탄으로 화상을 입은 맨몸의 소녀가 공포에 질려 뛰는 이미지, 남베트남군의 로안 장군이 무기력한 베트콩 용의자의 머리에 총격을 가하는 장면, 켄트 주립대학교에서 시위 중 죽은 사망자 옆에서 무릎을 꿇은 대학생을 찍은 존 필로John Filo의 사진(Goldberg, 1991) 등이 그 예이다. 사진을 찍고 이를 세상에 알린 이들의 의도가 무엇이었든지 간에 이 사진들은 잔학 행위에 대한 고전적인 프로파간다로서 많은 매체를 통해 전 세계로 퍼져나갔다. 그 사진들이 만든 인식의 틀은 당시에는 우리가 전쟁을 해석하는 방식에 영향을 미쳤고 지금은 우리가 그 전쟁을 기억하는 방식에 영향을 미치고 있다.

프로파간다의 의도 문제를 환기하는 정보 전달 도구에는 다큐멘터리가 있다. 이는 현재 뜨거운 이슈인 객관적인 의도 문제를 미리 알리는 것이다. 다큐멘터리 영화 제작자가 사명감도 없이 그 일을 하리라고 생각하는 사람은 없겠지만, 진실을 전달하는 데 목적이 있음이 분명하기 때문에 다큐멘터리는 거짓말을 만들어내기에 특히 적당한 매체이다.

텔레비전 다큐멘터리는 주제 등을 선택하는 방식에 의해 프로파간다로 전환될 수 있고 이는 프로듀서의 의식적인 계획이 없어도 가능하다. 안락사에 대한 BBC 2 텔레비전의 다큐멘터리 〈요구에 의한 죽음Death on Request〉에 대해 평론을 쓴 레슬리 가너Lesley Garner는 이 영화에서 그려진 스스로 선택한 죽음은 여전히 도덕적인 스펙트럼상에서 한쪽 가장자리에 있다고 지적한다. 그 스펙트럼의 끝은 원하지 않는 불구자나 노인을 의도적으로 죽이는 것이라고 할 수 있다(≪데일리 텔레그래프Daily Telegraph≫, 1995년 3월 16일자). 이 경우에는 제작자가 네덜란드의 운동신경장애 환자인 주드Joode를 통해 인위적으로 생명을 끊는 것을 매우 감동적인 다큐멘터리로 만들었다. 우리는 고통스러워하는 환자의 모습에 마음이 움직이고, 안락사 집행자의 인간애를 이해하게 된다. 하지만 이 영화는 단 하나의 사건을 다룬 것이고, 안락사 문제의 복잡한 측면에 대한 미묘한 차이를 언급하거나 논쟁을 다루지는 않는다. 당파적인 의견이 주장에서 프로파간다로 변모하는 것은 어느 단계인가? 공공연하게 안락사를 지지하는 프로파간다 영화인 〈나는 고발한다I Accuse〉는 흥미로운 비교 대상이다.

볼프강 리베너 Wolfgang Liebener가 감독한 이 영화는 1941년 8월 29일에 처음 상영되었다. 히틀러의 1939년 비밀 안락사법령을 시행하던 나치 관리가 리베너에게 이를 설명하고 영화 제작을 요청했다. 괴벨스는 그들 정권의 정책에 반대하는 불안 요소를 감지하고 있었고, 특히 로마 가톨릭 신자들 중에 그런 이들이 많았기 때문이다.

〈나는 고발한다〉는 여러 경화증 증세를 지닌 한 젊은 여자가 삶이 점점 피폐해지는 것을 견디지 못해 생의 끈을 놓고자 하지만 의사들은 이를 거부해 결국 남편이 그녀의 뜻에 따라 삶을 마감시키는 이야기이다. 그녀의 남편은 법정에 선다. 마지막 장면은 나치 정권이 안락사에 대해 퍼뜨리려던 주장을 보여준다. 의사는 이 장면에서 그의 마음을 바꾼다. 헤르츠슈타인 Robert Edwin Herzstein 은 이렇게 평한다.

> 이 대화 장면은 매우 효과적이다. 감정뿐 아니라 지성에 대한 호소력이 있으며 겉보기에는 이 문제에 대한 결정을 관객들이 직접 내릴 수 있도록 계산되어 있다. 이 영화에서는 누구도 영웅이나 악당으로 그려지지 않았다. 관객들은 극장을 떠나며 피고인 남자와 그의 행동을 연민한다. 이러한 반응을 이끌어내는 것이 바로 정권의 목적이었다.

〈나는 고발한다〉에서 잔인하게 보이도록 만들어진 것은 안락사를 시킨 이가 아니라 안락사를 금지하는 법이다. 이 독일 영화는 아주 영리하게 만들어진 프로파간다이다. 불확실함을 제기함으로써 여론의 변화를 부추기도록 계획된 것이다.

두 영화는 모두 속수무책으로 고통을 받는 사람이 스스로 죽음을 결정하기를 원한다는 소재를 사용하고 있다. 그렇다면 1995년의 다큐멘터리도 프로파간다인가? 나치의 영화는 희생자의 선택권이 없는 경우에도 안락사를 정당화하기 위해 만들어졌고, 선택이 가장 중요하다는 구실도 잘 만들어진 거짓일 뿐이었다. 〈요구에 의한 죽음〉은 그러한 부정한 의도가 없다는 점에서 대조된다. 하지만 수사적인 메커니즘은 비슷하다. 두 영화 모두 안락사에 대한 논쟁을 단순화하고 그 핵심에 놓인 모호성을 무시하기 때문이다.

무엇이 프로파간다인지 아닌지를 판단할 때는 그 기법과 의도뿐 아니라 역사적인 상황도 고려해야 한다. 가령 리처드 애튼버러Richard Attenborough의 영화 〈간디Gandhi〉(1986)는 프로파간다와 관련된 많은 장치를 사용했다(Carnes, 1996). 이상화, 영국을 희화화하기, 인과관계는 단순화하고 적의 잔악함을 길게 늘어놓는 방법이 사용되었다. 하지만 그 영화는 프로파간다가 아니다. 영화 속에서 비판하는 제국주의는 오랫동안 기능이 정지되었고 영화가 현재 세계에서 상징적인 주장으로 보일 만한 근거도 없기 때문이다. 이런 점에서 이 영화는 애튼버러의 다른 작품인 〈자유의 절규Cry Freedom〉[*]와는 다르다. 만약 〈간디〉가 영국의 인도통치 시기에 만들어졌다면 실제로 이 영화는 프로파간다였을 것이다.

정의의 범위

하지만 프라트카니스와 애런슨(Pratkanis and Aronson, 1991)은 학자들이 이 문제를 더 상세하게 연구함에 따라 프로파간다가 전체주의 정부에만 국한되거나 그 내용이 단순히 솜씨 좋은 속임수에만 머무르지 않는다는 것을 많은 이들이 깨닫게 되었다고 지적한다. 프로파간다라는 개념은 진화했다. 그것은 어떤 관점의 전파이며 최종적인 목표는 수용자로 하여금 이 입장이 원래부터 자신에게 속했던 것처럼 자발적으로 받아들이게 하는 데 있다. 많은 비평가들은 프로파간다를 매우 넓게 정의 내린다. 예를 들면 리(Lee, 1986)는 다음과 같은 이

---

[*] 남아프리카의 인종차별정책의 실상을 폭로한 1987년의 영화.

유로 신문을 프로파간다에 포함한다.

신문은 현존하고 피상적인 문제를 강조하며 사회적으로 중요한 경제적·정치적인 변화를 무시한다. …… 국제적인 사건은 판에 박은 문구로 처리하거나 희화화하고, 긍정적인 것인지 부정적인 것인지로 대강 구분한다. …… 공직이나 개혁을 위한 정치 캠페인은 단순화해 저명인사의 개성 위주로 극화한다. 이때 근본적인 논점은 회피되거나 꾸며지거나 편향되어 다루어진다.

이렇게 본다면 '특정 정책에 관한 주장을 증명하거나 특수한 목적을 지닌 사회전략을 짜는 일을 맡은 연구자들의 개발' 같은 것도 프로파간다가 될 수 있을 것이다.

이와 비슷한 주장으로 엘룰(Ellul, 1973)은 프로파간다를 모든 것에 영향을 미치는 것으로 파악한다. 드레셔(Drascher, 1987)는 엘룰의 정의가 너무 광범위하다고 주장하며, 그런 식이라면 모든 정보 전달 방식을 프로파간다로 볼 수 있을 것이라고 비판한다. "엘룰의 관점에서 보면 모든 것이 프로파간다이다. 이러한 정의에서는 '아무것도 프로파간다가 아니다'라고 주장해도 똑같을 것이다." 드레셔는 엘룰이 다국적 기업도 프로파간다로 볼 것이라고 주장하는데 기업은 분명 표현상 간접적일 뿐 분명 정치적이다.

모든 꼬리표는 수사이다. 그 안에 새겨진 것은 하나의 관점인 동시에 소유권의 표시이지만 꼬리표는 유연성이 있기에 개념적인 재포장이 가능하다. '프로파간다'라는 어휘는 정의뿐 아니라 재정의가 필요하다. 이제 우리는 프로파간다를 ≪슈튀르머 Der Stürmer≫,[*] 레니 리펜슈탈 Leni Riefenstahl,[**] ≪프라우다 Pravda≫,[***] ≪이즈베스티야 Izvestia≫,[****] 또는 정당 정치 방송에만 관련지을 수

---

[*] 1923년 독일에서 창간된 반유대인 주간신문.
[**] 나치 치하에 활약한 영화감독 겸 배우.

는 없다. 오늘날 프로파간다는 여러 가지 가면을 쓰고 자신을 재창조한다. 동물의 권리를 다룬 객관적인 뉴스 보도 영상으로 나타나며 최근 매니지먼트의 유행 또는 사이비 과학에 대한 통속적인 보고서로도 나타나는 것이다. 다시금 이를 분류하는 것은 프로파간다가 장악한 새로운 가능성들을 경계하기 위해서이다.

프로파간다, 해석, 대중매체

인식

프로파간다를 논의하거나 정의하려는 시도는 반드시 연예오락 사업과의 특별한 관련성을 고려해야 한다. 연예오락은 역사적으로 가장 성공적인 프로파간다 장르이다. 서사적인 힘은 강한 흥미를 이끌어내고 때로는 그 의도를 숨기기 때문이다. 하지만 오락을 목적으로 만든 작품이 정치적인 의제까지 다룰 수 있는 경우는 매우 드물다. 조심스럽게 또는 노골적으로 다루어지는 차이는 있으나 정치적이라는 점에서는 다르지 않다. 질로 폰테코르보Gillo Pontecorvo의 〈알제리 전투The Battle of Algiers〉(1966) 또는 중국의 반식민주의 서사영화 〈아편전쟁The Opium War〉(1997)이 그 예이다.

하지만 최근 유행하는 '모든 것은 정치적'이라는 견해는 거부한다. 대부분의 오락 작품은 정치 문제를 피하거나 그렇지 않으면 서사적인 목적이나 윤리적인 내용을 다루기 위해 정치를 활용한다. 공공연하게 정치적인 경우는 드물다. 정

*** 1912년 러시아 혁명세력의 기관지로 창간되어 이후 전국적인 일간지가 되었다. '프라우다'는 진리眞理를 뜻한다.
**** ≪프라우다≫에 버금가는 러시아의 일간지로 1905년에 창간되었다.

치는 사람들의 방어기제를 작동하기 때문이다. 많은 연예오락 작품에서 그려지는 인종차별 폐지, 화합, 공동체의 다양한 부분에 대한 사회적인 존중과 같은 넓은 사회주의적 자유주의는 작품의 도덕적인 면을 표현한다. 이러한 윤리는 드러내놓고 찬미할 수 있을 것이다. 그것은 단순히 선의의 서사적 설정인 경우가 많다. 하지만 그것은 프로파간다는 아니다. "모든 연예오락은 프로파간다이다"라는 말은 어불성설이다. 연예오락은 상업적인 목적에 의해 생산되고 따라서 늘 그렇듯이 현재 상태를 그려내기 때문이다. 프랑크푸르트 학파는 모든 연예오락이 지배적인 사회질서에 복무하는 프로파간다라고 보았다. 대중을 즐겁게 하여 노예상태를 지속하는 데 공헌한다는 것이다. 이는 지나친 단순화이다. 문화적인 상품으로서 연예오락은 반드시 참신함을 추구하고 따라서 파괴적인 면을 담는다. 현재 상태를 계속해서 찬양하는 것은 따분할 것이기 때문이다.

드레셔(Drescher, 1987)는 우리가 프로파간다라고 분류하는 것은 수용자의 인식이 작동한 결과이기도 하다고 주장한다. "같은 메시지는 상황에 따라 객관적인 정보의 기능을 할 수도 있고 설득력 있는 주장이 될 수도 있다." 그리고 "메시지가 어느 경우에 사실, 프로파간다, 귀찮은 소음 중 무엇으로 해석될지는 수용자의 관점에 달려 있다. …… 발신인도 한 가지 이상의 기능을 할 수 있는 메시지를 전달할 수 있다. …… 또한 메시지는 한 국가에서는 사실의 진술로 여겨지고, 다른 국가에서는 설득하려는 특성을 지닌 정보라고 여겨질 수 있다". 그래서 드레셔는 "어떤 이에게는 단순한 애국적인 찬양으로 들리는 말이 다른 이에게는 이기적이고 선전의 의도를 담은 말로 받아들여질 수 있다"라고 주장한다(Boardman, 1978). 분명히 프로파간다인 많은 사건이 '각각의 독자들에게 달리 해석될 것이다'. 정보와 모호함을 동시에 주는 이중적인 경우도 있다. 다음과 같은 신문지상 표제가 그러한 예이다. "3월의 인플레는 3.2퍼센트 상승이라는 이자율 하락의 동향을 지속했다." 영화는 일부 관객이 그것을 프로파간다로 받아들일 수 있다는 정도까지는 프로파간다이다. 이는 관객이 선택 가능한 전체 의미 중에서 골라낸 의미이기 때문이다. 프랑스 혁명 전날의 귀족들을 풍자한 모차르트의 〈피가로의 결혼〉 같은 음악이나 문학작품은 프로파간다로 사용될 수 있다(Perris, 1985). 그리고 정치적인 프로파간다로서 그 작품들은 더욱 기만적이고 위험하다. 의도가 언어적이지 않고 음악적인 옷을 입었기에 의미는 전달되지만 이를 정확히 따지기는 애매하기 때문이다.

데리다(Derrida, 1981)는 어떤 단일한 해석도 최종적일 수 없다고 주장했다. 그는 텍스트의 의미를 재구성하지 않고 해체함으로써 이를 증명했다. 텍스트의 해체란 그것이 모호하지 않게 해석될 수 없다는 것을 보여준 것이다. 물론 이런 주장은 실제로 논의의 여지를 남기지 않은 여러 역사적인 프로파간다에는 통하지 않는다. 하지만 전쟁 프로파간다 영역에서도 해석의 여지가 있는 예들을 만나게 된다. 파월Powell과 프레스버거Pressburger의 〈블림프 대령의 삶과 죽음Life and Death of Colonel Blimp〉(1943)과 같은 영화의 미묘함은 우리에게 의미의 층위들을 만나게 해준다. 그리고 쿡(Cook, 1992)은 많은 상업광고의 메시지와 줄거리가 특히 준準언어를 통해 이중적인 의미를 담을 수 있는지를 설명했다. 예를 들어 캘빈 클라인Calvin Klein 광고는 말 그대로 옮기면 매우 저속한 의미로 보일 수 있다(O'Shaughnessy, 1995). 이는 의미의 창조 과정에서 사람들이 수동적인 수용자가 아니라 적극적인 참여자가 된다는 호브랜드C. I. Hovland의 명제와도 통한다(Hovland and Janis, 1959). 이런 관점의 가장 극단적인 형태는 "모든 의미는 궁극적으로 텍스트와 수용자의 공동작품"이라는 견해이다(Kellner, 1995).

분명한 프로파간다 사건이 다른 형태로 변할 수도 있다. 사람들의 소재에 대한 해석, 즉 그 반응은 생산자가 의도한 것이나 논리적인 예상과는 다를 수 있다. 예를 들어 핵전쟁 이후에 대한 이야기를 그린 텔레비전 드라마 〈그날 이후 The Day After〉의 경우가 그랬다. 이 영화는 미국 텔레비전 역사상 세 번째로 많은 시청자들이 봤는데 그런 점에서 사회적인 의미가 있다. 이 영화가 핵 억지력 정책에 반대를 불러올 것이라는 예상이 있었다. 하지만 결과는 그 반대였다. 레이건을 위험한 대통령이라고 생각하는 사람들의 비율이 36퍼센트에서 27퍼센트로 눈에 띄게 줄어들었다. 이는 몇 가지 차원에서 설명될 수 있다. 첫째, 영화는 파국적인 핵전쟁을 환기하려는 프로파간다가 아니었다. 사실상 그 영화는 완충제 역할을 했다. 둘째, 핵에 의한 파괴 속에서도 살아남을 수 있는 것으로 그려져 사람들을 놀라게 했다. 미국인들은 핵전쟁은 완전한 파괴를 의미한다고 생각하고 있었기 때문이다. 셋째, 영화는 상당히 유명해져서 시청자들이 조그만 조작에도 민감한 상태였고 드라마는 점점 용두사미가 되었다. 핵심적인 문제들에는 조그만 속임수도 없었다.

게다가 이데올로기는 그 자체로 지금까지보다 더 복잡한 문제이다. 문화적인 텍스트가 이데올로기적으로 선전적이라고 말할 때는 이데올로기를 명확한 것이라고 가정한다. 하지만 이데올로기는 이데올로기적 다원주의의 복잡한 장에서 만나고 통합될 수 있다. 사람들이 포괄적인 이데올로기를 가지고 있을 때는 우파나 좌파의 입장을 견지할 때보다 정치적 의견이 덜 명확해진다. 이는 1960년대 반체제 문화가 정치적 주류에 흡수되면서 나타난 결과 중 하나이다. 예를 들어 람보의 긴 머리, 큰 수건, 큰 가슴 같은 특징은 그런 과정에 기인한다 (Tasker, 1993). 또한 웹스터(Webster, 1988)는 "지방은 현재의 생태주의자와 과거의 '혈연과 지연'을 강조하는 우파를 통합하는 상징이다"라고 지적한다.

프로파간다와 해석

메시지의 제작자는 그 메시지에 의도된 기능을 수행하기 위해 수용자에게 의지한다. 수용자들이 그 메시지를 어떻게 해석하는지를 안다고 가정하는 것이다. 의미는 항상 기호적 방법으로 교섭된다. 전지전능한 저자가 전 세계 누구나 알아들을 수 있는 부호로 위에서 그저 내려주는 것이 결코 아니다(Hodge and Kress, 1988). 바로 이 점 때문에 많은 고전적 프로파간다가 설득력을 얻지 못한 채 실패했다. 예를 들어 구소련의 프로파간다는 의견 수정을 위에서 주입하려 했던 것이다. 반대로 괴벨스는 프로파간다를 오락물로 위장하려 했다. 전통적인 기호학은 관련된 의미를 '텍스트 자체에 동결되고 고정되어 있는 것'으로 그 의미를 오인한다. 그래서 일반적이고 중립적이며 전 세계에 통하는 암호체계를 가지고 그 의미를 분석해 추출할 수 있다고 생각했던 것이다(Hodge and Kress, 1988).

미디어 텍스트는 하나의 고정된 의미를 갖고 있지 않고 해석 과정을 거쳐야만 한다. 예를 들어 람보는 그것이 탄생한 사회적이고 정치적인 컨텍스트 안에서 해석되어야 한다. 그래서 한 프로파간다 사건의 전체적인 의미는 그것이 만들어진 사회를 검토했을 때에만 나타나게 된다. 많은 문화 이론가들처럼 켈너(Kellner, 1995)는 청중은 "사전에 정리된 의미를 받아들이는 수동적인 수용자"가 아니라고 주장한다. 켈너가 보기에 정보통신 영역과 문화 영역은 구분될 수 없으며 이 둘은 상호작용하는 시스템이다.

의미 독해에는 지배, 교섭, 대항이라는 방법이 있다. 이는 선전원에게 의도되지 않은 독해라는 문제를 제기하고 청중은 프로파간다 텍스트에서 원래 기대된 자극을 받지 못할 수 있다. 예를 들어 프로파간다 텍스트는 대항 프로파간다의 중요한 공급원이다. 나치의 서사영화 〈의지의 승리 Triumph of the Will〉는 반反나치 프로파간다가 찾아 쓸 수 있는 이미지를 채워두고 있었다. 청중은 지배적인 해석 방식에 저항해 스스로 의미를 찾기 위해 이미지들을 전용할 수 있다. 예를 들면 뉴욕 홈리스 센터에 있는 사람은 경찰에 대해 호의적인 영화를 두고 적대적일 수 있다. 이는 그람시의 헤게모니와 반反헤게모니 모형과 일치한다(Kellner, 1995). 그리고 더할 나위 없이 명백한 프로파간다 영화인 마이클 무어 Michael Moore의 〈로저와 나 Roger and Me〉를 일본인 학생 한 그룹에게 보여주었을 때 그들은 그네들 나라의 경영진에 대해 조금 우호적인 반응을 보였다(Bateman et al., 1992).

의미의 교섭

영화의 요소 중 많은 부분은 정확한 연구를 하기가 쉽지 않다. 묘사할 수는 있지만 미묘한 특성이 분석을 힘들게 한다. 작품의 '분위기'를 어떻게 분석할 것인가? 지배적인 이데올로기에 따라 독해되기도 하고 때로는 그것을 전복하는 영화 스타일 장치들이 어떤 관념적인 기능을 한다고 볼 수 있는가? 태스커(Tasker, 1993)는 대중영화를 판단하는 '진실성의 기준들'을 비판한다. 그 기준들은 판타지와 같은 용어의 복잡함을 받아들이는 경우가 거의 없다. 새로운 비평가들은 표면적인 틀에 중점을 두는 것이 대중적인 텍스트에 대한 정치적인 이해를 돕는다고 주장한다. 특정 형식적 장치는 내재적이거나 본질적인 의미를 지니지 않기 때문에 위와 같은 텍스트는 지배 이데올로기가 전적으로 작동하는 공간이 된다는 것이다.

대중매체를 프로파간다라고 비난하는 것은 보통 실패로 끝난다. 내용에서 이데올로기를 파악하기 어렵기 때문이다. 하지만 만약 프로파간다가 정치적으로 고정되어 있는 것이라면 대중영화에서는 찾기 힘들 것이다(Tasker, 1993). 소비상품으로서 미디어는 반드시 이데올로기적으로 혼합된 소비 대상을 만족시켜야 하기 때문이다. 그러므로 그들은 이데올로기적으로 날카롭고 분명한 하나의 소리만 내지 않는다. 오히려 여러 가지로 해석할 수 있는 곳으로 애매하게 초대하는 것이다. 연예오락은 프로파간다의 중요한 공급원이며 동시에 프로파간다를 수수께끼처럼 감싼다. 좌파와 우파 비평가들에게 프로파간다로 묘사된 많은 오락물이 청중에게도 같은 방식으로 소비되는 것은 아니다. 실제로 비평가들은 이데올로기 전쟁에서 수사적인 총탄을 찾기 때문이다. 비평가들은 텍스트 안에서 선전원이 손쓴 흔적을 찾고자 지나치게 집중한다. 그래서 그들은 연예오락물을 이데올로기적 목적을 위한 것으로 단순화한다. 영화 〈마이클 콜린스Michael Collins〉가 자동차 폭탄과 다른 내용을 꾸며냈다는 이유로 이를 비난한 사람들이 그런 부류이다. 연예오락 산업계는 반동주의자부터 뉴욕의 방랑자까지 정치적으로 다원적인 청중에게 오락을 제공한다는 점을 익히 알고 있다. 해석은 열려 있다. 프로파간다라는 분류는 사실이 뒷받침하지 않는데도 고정된 해석을 강제로 부과하는 것을 의미할 수도 있다. 만약 그 '사실들'이 서사구조, 텍스트의 겉치장, 스타일 장치, 대화, 행위자 등이 그 모든 역할에서 지금의 역할로 가져온 의미가 만들어내는 전체적 효과를 포함한다면 말이다. 결과는 쉽게 프로파간다라고 분류할 없는 복잡성이다.

지배적인 이데올로기를 담고 있다고 해서 반드시 프로파간다가 되는 것도 아니다. 〈더티 해리Dirty Harry〉(1971)에 출연한 클린트 이스트우드의 페르소나가 그 예이다. 사람들이 그것을 프로파간도로 전용한다 해도 같은 효과를 내는 것은 아니다. 예를 들어 〈블랙호크 다운Blackhawk Down〉(2002)은 기본적으로 평범한 액션 영화로 용기, 전우애, 자기희생을 찬양한다. 이 영화는 애국적인 의식이나 반대로 군인들이 치러야 했던 정치적 정책의 실패에 대한 비난으로 '읽힐' 수 있을 뿐이다. 레이건 시대의 〈탑건Top Gun〉(1986)은 이 영화가 지녔던 유연성으로 인해 더 쉽게 프로파간다로 분류될 수 있다.

앨리슨 그리핀(Griffin, 1995)은 이를 웨일스 어 TV 드라마 〈산골짜기 사람들 Pobol y Cwm〉과 관련지어 설명한다. 이 프로그램은 다양한 입장을 세세하게 그려놓았고 결국 지배적인 이데올로기를 보여주었지만, 민족주의자들이 보기에는 그들을 지지하는 내용으로 사용될 수 있는 것들이 포함되어 있었다. 달리 말하면 프로파간다에서의 의도와 교섭된 의미라는 문제를 제기한 것이다. "서로 경쟁하는 힘들과 대사 이면의 뜻은 지역적인 이슈와 관련된 드라마의 이데올로기적 복잡성을 보여준다." 1988년부터 시리즈에서 중요하게 다루어진 사회적·정치적인 문제를 포함한 다양한 이슈는 '부정적이게도 미해결'이고 '두서 없는 투쟁의 장으로서' 〈산골짜기 사람들〉에서의 의미는 정해진 형태로 전달되지 않았다. 시청자들은 비결정적인 소재에서 결정성을 '만들어냈다'. 좋은 예가 있다. 버밍엄 출신의 터프한 술집 주인 론 언스워스Ron Unsworth는 마을로 이사해 와서는 술집에 스트립쇼를 열려고 한다. 하지만 지역 주민들은 그를 그

대로 두려고 하는 것으로 비춰진다. 그리핀에 따르면 "학생들은 이 시리즈의 몇몇 요소는 영국에서 들어온 침입자에 반대하는 프로파간다라고 해석했다". 그는 응답자들이 영국인이 이사해 오는 것에 적대적인 일화들을 말했다는 점도 덧붙였다. "응답자들이 '침략' 줄거리를 읽어내고 그 이야기가 그러한 이데올로기적 주장으로 안내하고 있다는 데에는 거의 이견이 없었다." 다양한 해석에 열린 텍스트에 대해 너무 과도하게 생각할 수도 있다. 텍스트가 여러 가지로 해석될 수 있더라도 가장 유력한 독해 방법은 무엇인지를 인식하는 것이다.

데이비드 소번(Thorburn, 1988)은 미디어 텍스트에서 선전원의 흔적을 찾으려는 경향에 대해 주의해야 할 몇 가지 중요한 문제를 논의한다. 말하자면 '영화의 담론을 지배하는 이데올로기적 구조를 대사에서 찾으려는 유행'에 대한 비판이다. 그는 이런 시도가 영화를 만든 이와 소비하는 관객의 경험과 생각에서 너무 멀어지는 위험이 있다고 믿는다. 또한 그는 "매체의 심미적 요소에 무감각한 학문적 연구는 설득력이 급격히 약화될 것"이라고 덧붙인다. 특히 1960년대 스파이 시리즈와 미국의 제국주의를 관련시킨 바노우 Barnouw의 해석을 비판한다. 바노우가 〈겟 스마트 Get Smart〉를 미국의 프로파간다라고 간주했기 때문이다. 소번은 그 여섯 편의 시리즈 중에서 네 편은 전복적이고 풍자적인 에너지가 있었는데도 바노우가 어조나 분위기와 같은 미적 요소를 무시한 탓에 잘못 해석했다고 주장한다. 바노우는 진지한 스파이 영화에 내재한, 음모론적 세계관에 대한 풍자와 같은 대안적 해석을 전혀 인식하지 못한 것이다.

소번은 바노우가 미국인들은 비양심적인 음모를 꾸미며 또 그런 이해를 요구하는 이들 속에서 살고 있는 것으로 시리즈를 해석하는 것을 비판한다. 악역은 극을 해석하는 데 핵심적인 요소가 아니라 이데올로기적인 우화에서 표면적인 특징일 따름이다. 그는 그러한 해석들이 기실 텔레비전에 대한 사회과학적 분석에 널리 퍼져 있다고 주장한다. 예를 들면 애넌버그 커뮤니케이션 스쿨이 그렇다. 더 세련된 학파인 레이먼드 윌리엄스 Raymond Williams와 그 모방자들도 텔레비전의 이데올로기적 하부구조를 고도화된 자본주의를 위한 변명으로 치부한다. 소번은 이데올로기적 힘은 명령을 내리는 것이 아니라고 주장한다. 반면 제3제국에서 텔레비전은 프로파간다 도구로서 의도적으로 사유私有를 금지하고 공적인 목적으로만 사용하게 했다. 텔레비전과 영화는 '합의된 이야기'이다. 즉, 텍스트와 그 원형들, 경쟁 작품, 작가, 청중, 사회경제적 질서 사이의 수많은 상호작용의 결과로 만들어지는 것이다. 이러한 공공성이야말로 이들이 결국 독창성을 잃고 평범해지는 이유이며, 공동체의 지혜를 만들 수 있는 힘의 근원을 설명해준다. "문화적으로 이어져온 합의는 이데올로기적으로 단순한 구조물이 아니고 공통의 서사라는 문화적으로 승인된 경험 속에서 지속적인 시험과 리허설, 개정작업을 거친 가치와 가정들의 매트릭스인 것이다."

프로파간다의 종류와 범위

지금까지 살펴보았듯이 비평가들은 '프로파간다'라는 말에 해당하는 정의의 범주에 대해 달리 생각하고 있다. 그렇다고 독립적이고 기능적인 의미를 지니지 못할 만큼 넓은 정의를 내릴 수도 없다. 하지만 지금의 프로파간다에 대한 이해는 그 의미를 제한하는 잘못을 하고 있다. 그 너비가 얼마나 되는지를 설명하기 위해 우리는 전쟁, 건축, 음악, 관료제 같은 다양한 주제에 프로파간다라는 이름을 부여하는 것에 대해 논의할 것이다. 심지어 의도된 사건을 특정한 날에 터뜨리는 것도 프로파간다적인 가치가 있다. 실제로 그렇게 정해지는 경우가 있다. 9월 11일은 '911'이 미국에서 긴급전화번호를 의미한다는 점을 염두에 둔 알카에다가 악의를 품고 고른 날이다. 웨미스Wemyss 제독이 광고업계 중역의 직감에 도움을 받아 제1차 세계대전의 종전을 알릴 순간을 11월 11일 11시로 정한 것은 또 다른 예이다. 심지어 동전도 프로파간다로 기능할 수 있다. 프랑스 비시 정권은 자신의 가치관을 간략하게 표현하기 위해 동전에 새긴 문구를 그동안 시대에 맞지 않던 '자유, 평등, 박애'에서 새로운 신조인 '교회, 가족, 국가'로 대체했다. 메시지를 전파하는 것뿐 아니라 부정하는 것도 프로파간다이기 때문에 검열제도 역시 프로파간다의 기능을 한다. 예를 들면 어떤 판례 제목도 "미국 정부 대 미국 혁명의 정신"만큼 이상할 수는 없는데, 1917년에는 영국을 미국의 적이라고 묘사하는 것은 독립전쟁이라는 맥락을 고려하더라도 3년이라는 적지 않은 형량을 받을 만한 죄였다(Kammen, 1978).

프로파간다와 예술

프로파간다라는 개념을 상세히 분석하는 문제는 그 범주를 정하는 것에 있다. 인간 활동의 많은 장場에는 프로파간다라는 내용이 포함되어 있기 때문이다. 예를 들어 프로파간다를 논의할 때 건축이 빠질 수 없다. 건축 개념을 포함하는 것이 프로파간다의 범주를 확장하는 것은 아니며 다만 정의를 완전하게 만들려는 시도이다. 그 자신이 프로파간다의 거장인 아돌프 히틀러Adolf Hitler가 건축에 열성적이었다는 사실은 그 한 쌍의 열정이 서로 관련되어 있음을 보여주는 명백한 증거이다. 대량의 전통적인 프로파간다 산업과 알베르트 슈피어Albert Speer*의 모조 가톨릭, 스탈린의 바로크, 이탈리아 파시스트 건축의 승리주의에서 나타난 건축 대공사 모두를 후원하는 것이 이름난 독재자들의 특징이다. 건축은 전체주의 독재자의 프로파간다만으로 그치지 않는다. 루티엔스Lutyens의 뉴델리New Delhi는 사실 영국의 인도 통치가 끝나가는 것을 알리는 몬태규 첼름스퍼드Montague Chelmsford 보고서가 발표되고 나서 세워지기는 했지만 제국적인 오만함을 보여주는 놀라운 시도였다. 그것은 돌로 만든 프로파간다이다.

예술은 프로파간다 기능을 할 수 있기에 프로파간다라고 하는 것은 결코 겸

---

* 나치 정권하의 이름난 건축가로서 히틀러와 함께 '독일 민족 대회당'을 지었는데 이는 르네상스 시대 '성 베드로 대성당'의 재현이었다고 한다.

양이 아니다. 때때로 위대한 예술작품에 프로파간다 의도가 있었다는 것은 명백하다. 엘 그레코El Greco와 티티안Titian은 반反종교개혁의 프로파간다 집행자로서 로마 가톨릭 교회의 부, 권력, 부흥을 찬양했다. 이와 비슷하게 다비드는 나폴레옹의 선전원으로서 그의 통치권의 화려한 빛을 재현했다. 셰익스피어는 포괄적으로 튜더 왕조, 특히 엘리자베스 1세를 위해 그 훌륭한 왕조와 정통성을 창안해 왕실을 기쁘게 한 변증자이자 선전원이었다. 그러므로 예술은 '선전원'이라고 말하는 것이 예술을 조잡하게 묘사하는 것만은 아니다. 프로파간다라고 해서 비평가들이 좋아하는 미묘한 요소들이 배제되지는 않는다. 예를 들어 바이런이 『쉬옹의 죄수The Prinsoner of Chillon』를 통해 일깨운 지독한 낙담과 숙명은 그 자체로 예술이며 한 인간의 운명에 대한 우울한 분석이다. 하지만 동시에 그런 절망을 사람들에게 준 전체주의 정권에 대한 열렬한 독설이다. 말하자면 프로파간다로서 그 의미는 개인적인 동시에 만인에게 공통된 정치적인 것이다. 그리고 예술은 정치적인 목적을 위해 의도적으로 매수될 수도 있다. 예를 들어 영국 외무부 산하 정보국은 오웰의 반反공산주의 우화인 『동물농장Animal Farm』을 여러 나라 언어로 번역했으며, 그 결과 텔루구 어와 노르웨이 어로 읽을 수도 있었다(Adams, 1993).

범주: 학문과 교육

보통 프로파간다는 교육과 나란히 놓여왔다. 프로파간다와 교육의 차이는 "프로파간다는 사람들에게 무엇을 생각할 것인지를 가르치는 반면, 교육은 어떻게 생각하는지를 가르친다는 생각"에서 찾을 수 있다(Smith et al., 1946). 실제로 교육은 프로파간다에 대한 방어수단으로 보이지만 테일러(Taylor, 1990)는 반대 의견을 시사한다. "그들은 때로는 하나가 되거나 같은 것일 수 있다." 예를 들어 나치의 수학 교과서는 문제를 낼 때 급강하 폭격기의 각도를 계산하라는 식으로 묘사했다(Grunberger, 1991). 모든 교육 프로그램은 선입견을 지닌다.

예를 들어 스페인에서 1588년 무적함대의 패전은 사소하고 부차적인 문제로 그려진다. 하지만 교육에 관한 많은 논쟁은 궁극적으로 이데올로기에 관한 것이고, 잠재적으로는 프로파간다로서의 교육 활용에 관한 것이다. 일부 비평가는 근대 교육의 내용은 좋게 보아 세속 인본주의 이데올로기이고 나쁘게 말해 자유주의 프로파간다라고 주장한다. 예를 들어 일부 보수주의자에게 "이른바 영국사의 대부분은 전 유럽에 공통적인 무정형의 사회사 집합과 크게 다르지 않다"(크리스 맥거번 Chris McGovern, ≪데일리 텔레그래프≫, 1997년 1월 18일자). 이를테면 넬슨에 대해 말하는 것은 무방하지만 이것이 트라팔가 전투를 의미한다고 가정하는 것은 안 된다. 이는 갑판 아래의 상황과 같은 것이다. 그렇다면 프로파간다는 무엇인가? 중등교육은 당파성이 강한 가치체계에 의해 과잉 결정된다고 할 수 있다. 그 자체로는 공격적이거나 전복적이지 않지만 전쟁 등의 영역에서 경쟁을 통한 국가적 성공을 강조하는 가치관이 잘 드러난다. 강의계획서에는 상당히 민족주의적 관점이 건전해 보이게끔 조치된다. 사회사를 정치사의 대립항으로 보는 것은 가치의 우선순위를 조작하는 것이며, 이는 전문 역사가 사이에서 중요한 논쟁주제이다. 그러한 토론이 역사가 커뮤니티에서 여전히 결판이 나지 않았는데, 어째서 청소년 대중교육에서는 결론이 난 것처럼 간주해야 하는가?

교육사가에게 매우 익숙한 어느 세계에 우리가 들어와 있는 것 같지 않은가? 즉, 교육을 지배적인 통설을 영속시키기 위해 활용하는 것이다. 지금은 그 지배적 통설이 자유주의이지만 19세기와 20세기 초반에는 민족주의와 제국주의가 아니었던가? "교과서의 목표는 솔직하고 간단하게 말해 애국주의를 되풀이해 가르치는 것이다"(Kammen, 1978). 빅토리아 시대의 학생은 국가적인 전쟁 영웅과 그들의 승리에 대해 모든 것을 알고 있었다. 그는 그 지식을 떠받치는 이데올로기, 즉 영국의 대의는 항상 정의롭고 제국은 인류의 개선을 위해 존재한다는 생각도 이미 흡수했다. 이와 비슷하게 그가 배운 문학은 — 시처럼 많은 경우 암기해야 했을 문학 — 이런 이데올로기를 강화했다. 헨리 뉴볼트 Henry Newbolt

의 「드레이크 드럼Drake's Drum」과 「생명의 등불Vita Lampada」 또는 「코룬나에서의 존 무어 경의 매장The Burial of Sir John Moore at Corunna」 또는 「복수를 위한 마지막 싸움The Last Fight of the Revenge」 같은 것들을 배웠을 것이다. 상황에 따라 정해지는 문학작품이 조금씩 달랐겠지만 사회사는 가르쳐졌다고 하더라도 아서 브라이언트(Bryant, 1942)에 그쳤을 것이다. 그렇다면 다른 시대의 교육에서는 찾을 수 있는 프로파간다적 요소가 우리 시대의 교육에는 없다고 볼 수 있을까? 또 특정한 시기의 교육 시스템에서는 오직 하나의 이데올로기만 번영할 것인가? 이데올로기적 다원주의의 가능성은 없는가? 프로파간다와 교육 사이의 구분에 관한 문제는 다른 어떤 분야보다 학계에서 더 첨예한 갈등의 소지가 있다. 학문 분과는 어떤 경우에 특정 목적이나 집단을 변호하는 주장이 되는가? 그리고 그것은 언제 프로파간다가 되는가? 학문은 진실에 대한 공평무사한 추구가 될 수 있지만 자원 분배를 두고 벌어지는 사나운 전투에 참가할 수도 있다. 그들의 목표, 임무, 발견, 그리고 학문 분과는 팔리거나 때로는 과잉 판매된다. 예를 들어 어떤 것이 실제로 '과학'이라고 주장하는 것도 그럴 수 있다. 일례로 사회생물학이 그렇다.

저널리즘

프로파간다의 분석에 관해서라면 빠져서는 안 될 괴벨스 박사는 "세계에서 가장 민주적인 신문이라는 ≪더 타임스The Times≫도 프로파간다를 수행한다"라고 지적하는데 이는 정당하다. "그 프로파간다란 특정 사실을 의도적으로 더 중요하게 다루고 지도자들과 그들에 대한 코멘트의 중요성을 강조하며 다른 주제들을 주변적인 문제로 다루는 방식으로 이루어진다"(Herzstein, 1978). 괴벨스는 그 자신이 노골적인 프로파간다를 경멸했기 때문에 이를 이해하고 있었다. 그는 알프레트 로젠베르크Alfred Rosenberg의 『신화Mythos』를 '이데올로기적인 트립'으로 치부했다. 전통적인 저널리즘과 프로파간다로서의 저널리즘의 구분은 데이비드 맥키(McKie, 1995)가 1992년의 총선에 대한 ≪데일리 미러 Daily Mirror≫와 ≪선 Sun≫의 스타일 비교를 살펴보면 된다.

≪선≫은 ≪미러≫와는 거의 비교되지 않는 스타일과 냉철한 기지로 캠페인을 벌였다. ≪선≫의 허세와 ≪미러≫의 예측 가능성의 차이는 ≪미러≫가 선거날 당일 아침에 "변화를 위한 시간"이라고 한 것과 ≪선≫이 "키녹 Neil Kinnock이 오늘 이긴다면 전 영국에서 마지막으로 나오는 사람이 불을 좀 꺼줄 수 있겠는가"라고 쓴 차이에서 드러난다. 기사에 실린 사진은 전구에 닐 키녹의 머리가 들어 있는 그림이었다.

카테고리: 직접 행동

프로파간다라고 하면 강력한 기업, 국가, 언론계 거물, 전체주의 제국 같은 거대 조직과 관련지어 생각하기 쉽다. 20세기 역사의 궤적을 생각해보면 프로파간다를 무한한 힘을 가진 단일 조직의 활동으로 보는 것은 놀라운 일이 아니다. 그리고 우리는 다른 설득 도구인 강제라는 방법을 사용하지 않는 것만으로도 감사해야 할지 모른다. 하지만 20세기 후반 프로파간다의 특성은 여러 가지 면에서 근본적으로 바뀌었다. 특히 프로파간다는 이제 권력을 가진 자만의 특권이 아니다. 정보통신 기술, 특히 인터넷은 대중이 스스로 글을 발표할 수 있게 만들었다. 이제는 모두가 선전가가 될 수 있다. 반드시 돈이 필요한 것도 아니다. 필요한 것은 오직 결단력이다.

이렇게 보았을 때 프로파간다라는 아이디어는 누군가에게는 더 악마적인 것이 되겠고 또 누군가에게는 더 용인할 만한 것이 된다. 프로파간다는 국가와 조직체가 그들의 권력과 연속성을 유지하기 위해 사용하는 수단에 그치지 않고, 힘이 약한 적들인 시민이 그들에게 대항할 수 있는 도구가 될 수도 있다. 이를테면 직접 행동의 프로파간다가 있으며, 컴퓨터를 구입해 활용할 수 있는 이들은 사이버 프로파간다를 할 수 있다. 장르로서의 현대 프로파간다는 힘 있는 자나 미약한 자들 모두에게 도구가 된다. 상원에 로프를 타고 들어가는 레즈비언 활동가들처럼 프로파간다로서의 직접 행동은 충분히 도발적이어서 대중의 주의를 끌어낸다. 자신을 프로파간다의 희생자라고는 생각하지 않는 많은 지적인 시민도 단일 쟁점 집단에 속한다. 그런 그룹이 하는 모든 활동이 프로파간다는 아니지만 프로파간다라고 할 수 있는 그들의 활동이 항상 경멸할 만한 것은 아니다. 많은 경우에 그런 신참자들은 자신의 단체가 사실은 프로파간다에 관여하고 있다는 사실을 받아들이지 못한다. 직접 행동의 가장 극단적인 형태로는 테러리즘이 있으며 진정한 아일랜드 공화군 Real IRA 같은 단체로 대표된다. 더 작은 규모로는 동물 해방 전선 Animal Liberation Front[*]이 있다. 그런 단체들은 법적인 변화는 피한다. 그들은 전통적인 프로파간다를 수행하며, 여기에 폭력적인 행동을 더한다. 슈미드와 그라프에 따르면 "테러리즘은 폭력성만으로는 이해될 수 없다. 그것은 먼저 프로파간다라는 차원에서 이해되어야 한다. 하지만 폭력과 프로파간다는 공통점이 많다. 폭력은 강제에 의해 행동의 변화를 추구한다. 프로파간다는 설득을 통해 동일한 목적을 달성하고자 한다. 테러리즘은 이 둘의 조합이다"(Crelinston, 1989).

관료주의 프로파간다

전쟁과 혁명에서의 프로파간다만이 유일하게 활용되는 것이라고 간주되어서는 안 된다. 오히려 프로파간다의 특정한 표현형이라고 보는 것이 맞다. 다른 종류의 프로파간다로는 관료주의 프로파간다를 예로 들 수 있다. 이는 정부 부처가 선전하는 공식 보도뿐 아니라 그들이 정보를 조작하는 방법도 포함한

---

[*] 동물 해방 전선은 동물실험 및 상품화에 반대하는 국제단체로서 동물구호를 위해 비합법적인 수단도 불사해 영국과 미국에서는 테러 단체로 규정됨.

다. 그런 이유로 1980년대 '실업Unemployment'의 정의는 영국 정부에 의해 50번이나 바뀌었다. 알사이드와 존슨(Altheid and Johnson, 1980)은 관료 조직이 공식 발표를 통해 스스로 정당화하는 세계를 만든다고 주장한다. 그들은 관료들이 통계, 연간보고 등의 '공식적인' 정보(Rakow, 1989)들을 이용해 어떻게 사회적으로 구성된 현실을 만들어내고 다시 확인시키는지를 기술한다. 어느 편에도 속하지 않는 정보 같은 것은 없는가?

정부에 의해 지휘된다는 의미에서 정치적인 형태의 프로파간다는 그동안 핵심 독재 정권이 없어지면서 전보다 덜 노골적이며 공공연하지 않은 것이 되었다. 하지만 이렇게 관료주의 프로파간다라는 형식으로 음흉하게 남아 있다. '조사'는 조작되고 정보는 분식된다. 예를 들어 대기 오염 측정은 자동차가 없는 도로에서 실시될 수 있다. 객관적인 '자료'도 이데올로기적일 수 있다. 이른바 '학부모 헌장'은 보수적인 전 교육부 장관 존 패튼John Patten의 찬조에 힘입어 영국의 전 가정에 보내졌다. 그리고 정보는 검열되거나 억제될 수 있는데 심지어 오래된 정보도 그렇다. 영국 정부는 오랫동안 제1차 세계대전 시기의 정보를 비밀로 해왔다. 그런 정보에는 로저 케이스먼트Roger Casement 경의 재판 세부 사항, 루시타니아호의 침몰, 또는 당시 아일랜드에 대한 자료가 있다. 예를 들어 1884년부터 1922년까지 더블린 성*으로 아일랜드 민족주의자들의 활동에 대해 세세히 보고한 첩보원장의 정체는 무엇인가? 우리는 아직도 모른다(Bennett, 1995).

관료들의 일부 활동은 실제로 프로파간다이다. 그들의 권력을 강화하고 거치적거리는 것을 없애는 목표를 지닌 행동이다. 각 부처는 자신과 그 권력의 극대화를 위해 힘을 사용한다. 그리고 관료 정치의 성공은 예산 규모와 직원 수로 측정된다. 부처는 자기 보전을 통해 영구적으로 존재하려는 자기 정당화 조직

---

* 아일랜드 정부청사가 위치한 곳으로 그 정부를 상징.

이고 정보의 통제를 통해 이러한 목적을 달성하려 한다. 무능력은 가리고 비밀은 폭로되지 못하도록 에너지를 쏟아붓는다.

관료주의 프로파간다는 모든 사회에서 삶의 진실이다. 관리들은 거짓말을 하고 발뺌하며 그들이 피워대는 연기는 프로파간다의 레이더망을 벗어난다. 일반적으로 프로파간다라고 생각되는 것의 반대이기 때문이다. 높은 목소리로 논박하는 것이 아니라 조용하며 틀이 짜여 있고 비밀스러운 것이다. 전통적인 프로파간다는 선정적인 언어와 동일시되지만 여기서는 분명 그 반대이다. 관료의 언어는 매우 침착하며 그래서 조용히 넘어간다. 관료의 프로파간다는 판단을 흐리게 하며 난해하고 회피하며 부정하는 언어를 즐겨 사용한다. 특히 '합리적'으로 보이고자 한다. 행정부의 전문용어는 강한 이데올로기적 속성을 숨긴다. 계획안들은 논리적이며 자명한 것처럼 보이도록 만들어진다. 실제로 나치의 모든 기획은 관료의 관용 표현에 의해 자주 가려졌다. 보고서나 통계 같은 '중립적' 매체는 이데올로기적인 메시지를 전달한다. 관료주의 프로파간다의 '정상성'은 가짜 합리주의를 통해 고조된다. 이를테면 영국에서 광우병 사태가 터졌을 때 광우병이 동물에서 사람에게로 전해질 수 있다는 '명백한 증거는 없다'는 주장이 그렇다(Harris and O'Shaughnessy, 1997). 더욱이 관료들의 언어는 주관성을 배제했기에 그 화자는 개인이 아니라 체제가 된다.

프로파간다로서의 전쟁

전쟁은 커뮤니케이션이다. 전쟁은 적을 물리적으로 완전히 끝장내기보다는 오히려 항복하도록 설득하는 데에 목적을 둔다. 그러므로 전투의 목표는 적의 사기 저하이다. 전투 활동은 프로파간다 목표에 의해 조직화되고, 바로 이런 이유로 어느 정도는 비효율적으로 수행된다.

많은 경우에 전략은 상징적인 목표에 따라 결정된다. 그 지역이 가장 통과하기 쉬운 길인지, 방어하기 쉬운 곳인지보다는 상징적인 의미가 중요하다. 제2

차 세계대전의 전략들은 특히 상징의 무대이다. 예를 들어 마크 클라크Mark Clark 장군이 1944년에 이탈리아 북부로 나아가지 않고 로마를 장악한 것은 케셀링*에게 전열을 정비할 수 있는 여유를 주었다. 클라크는 그 퇴로를 차단할 수도 있었지만 로마를 점령하는 것이 지닌 선전으로서의 가치에 더 관심이 있었다. 스페인 내전에서 톨레로 성을 점령한다는 프로파간다적 필요에 의해 프랑코의 전략은 뒤죽박죽이 되었다. 이 점은 역사상 무수히 많은 예가 뒷받침하고 있다. 프로파간다로서의 가치가 중대한 군사적 목표이고 논리적·군사적 계산을 압도하는 경우도 많은 것이다. 특히 히틀러는 국방군 최고 사령부가 포위되었는데도 스탈린그라드에서 전략적 후퇴를 하지 않았다. 그와 반대로 스탈린은 어떠한 대가를 치르더라도 볼가 강 우안을 지키려고 했다. 스탈린그라드는 제2차 세계대전의 상징적인 요충지였다. 그리고 그곳의 미래에 의해 전쟁의 미래가 결정되었다. 제1차 세계대전에서 그런 곳은 아마도 베르됭Verdun이다.

그러므로 프로파간다와 전쟁은 떼려야 뗄 수가 없다. 20세기에 전쟁은 막대한 수의 민간인 동원을 의미했다. 그들을 설득해야만 했다. 예를 들어 1944년이 끝나갈 무렵 괴벨스 박사는 나폴레옹과의 전쟁 시기에 포위된 프로이센에 대한 서사영화 〈쾰베르크Kolberg〉**를 만들기 위해 많은 수가 죽어가는 전방에서 현재 영국군의 규모와 맞먹는 10만 명을 후퇴시켰다(Herzstein, 1978). 프로파간다는 전쟁에서의 실패를 모호하게 덮기도 하는데 처칠이 됭케르크Dunkirk에서의 물리적인 패배를 도덕적인 승리로 전환한 것이 그러했다.

상징이 국가적 신화와 관련되면 무시무시한 경쟁의 장이 된다. 나치 집회의 거대한 무대였던 뉘른베르크Nurenberg는 군사적으로는 가치가 없었지만 악명 높은 공습 대상이 되었다. 전투는 그것이 만들어낼 수 있는 이미지만을 추구할

---

  * 제2차 세계대전 당시 독일 장군.
  ** 프로이센의 도시 쾰베르크가 나폴레옹의 군대에 맞서 마지막까지 투쟁해 기적적으로 승리한다는 내용.

수도 있다. 1968년 북베트남에 의한 텟 Tet 공격*은 군사적으로는 실패였으며 분명 미국이 승자였다. 하지만 미국의 대중은 베트콩이 미국 대사관 가까이에 나타난 것만으로도 그와 다르게 생각했다(Gustainis, 1988). 이 승리는 미국의 패배가 되었다. 그렇게 인식되었기 때문이다. 이렇게 프로파간다는 전쟁 활동의 한 부문에 그치는 것이 아니다. 군사행동 자체가 본래부터 선전 활동이며 혹은 그 일부인 것이다.

프로파간다의 의미와 정의에 대한 논쟁에는 종결이 있을 수 없다. 그리고 그런 결론이 있다고 하더라도 그것은 틀렸다고 생각할 이들이 항상 존재할 것이다. 하지만 이 단어가 의미가 없다면 달리 어떤 용어로 그것이 묘사하는 현상들을 논의할 수 있겠는가? 더 중립적인 형식이나 체계화는 일관성을 부여하지도 지적인 방향을 제시하지도 못한다. 어휘는 분류체계이다. 그리고 만약 그것이 괴벨스부터 지방 신문의 '분실/습득물' 칼럼에까지 같은 개념적 범위의 모든 것을 포함한다면 정의는 무익한 것이 된다. 단어는 인식에 초점을 맞춘다. 묘사할 언어를 가지지 않은 것을 '안다고' 말할 수 없다. 또한 이 특정 단어가 없다면 도처에 널린 그것의 작동을 간파할 수 없다. 예를 들어 파타키 주지사는 한때 뉴욕의 학교들이 아일랜드 감자대기근을 계획적인 원인에 의한 홀로코스트로 가르쳐야 한다고 말했다. 이때 그는 유대인 홀로코스트의 역사적인 중요성을 손상했을 뿐 아니라 아이들에게 잘못된 수업을 한 것이다. 2,000만 명을 사망에 이르게 한 마오쩌둥의 대약진(1958~1961)과 비견할 만한 감자대기근에서 부차적으로 얻을 수 있는, 경직된 근본주의적 경제 이데올로기를 강요한 폐해의 교훈은 완전히 잃어버렸다. 학생들이 프로파간다가 기본 텍스트인 곳에서 교육을 받고 나면 유식해지는 대신 무식해진다. 그런데도 왜 그 용어를 쓰지 않아야 하는가?

---

* 음력설에 있었던 공격으로서 구정 공세 Lunar Tet라고도 부른다.

프로파간다를 해석하기
Explaining propaganda

왜 프로파간다인가? 이 장은 그 해답을 찾는다. 설사 그 대답을 찾지 못한다고 해도 이 질문을 좀 더 잘 이해할 수 있게 될 것이다. 더 정확히 말하면, 왜 프로파간다가 지금 시대에도 지속되는지를 이해하게 된다. 비록 그 영향력을 측정하는 것이 불가능해서 항상 논쟁의 여지가 남지만 프로파간다 텍스트와 사건들이 역사 속에서 중요하다는 데에는 의심의 여지가 없다. 하지만 전쟁과 독재자들의 세대가 지나간 지금까지도 사회적인 동원의 방법으로 프로파간다가 뚜렷하게 지속되고 있다는 사실은 우리에게 어떤 해석을 요구하고 있다. 보도기관이 모두 통제를 받았던 지난날의 전체주의 독재 정권이나 지금의 '은자의 왕국' 북한만 보면 사회통제를 위해 어디서나 프로파간다가 존재하는 현상에 대한 더 상세한 설명이 필요하지 않다. 그보다 이해하기 어려운 것은 더 잘 교육을 받았으며 대중매체의 불협화음 속에서 성장한 세대가 만들어내는 민주주의 속에서 여전히 프로파간다가 번성하는 이유이다. 서구 국가들의 문화적인 교육은 모든 종류의 대변자와 광고인의 아첨에 지적으로 대응하는 법을 배우는 것을 포함한다. 실제로 우리가 그들의 많은 메시지를 걸러내는 법을 배우지 않았다면 우리의 이성은 물론 온전한 정신마저 보전하기 힘들었을 것이다. 하지만 선전원들은 우리의 불안을 이용해 감정적으로 호소하고 환상을 자극하며, 쉽사리 믿어버리는 경향을 악용해 프로파간다를 계속하고 있다. 우리는 믿음을 갈구하고 그 요청은 수용된다.

지금까지 논의된 것처럼 프로파간다는 역사적으로 아주 최근에 생겼다거나 잠시 있다가 사라진 현상이 아니다. 가령 십자군은 1095년 클레르몽Clermont에서 교황 우르반 2세Urban II의 설교 이후 교회의 프로파간다에 의해 폭포수처럼 쏟아지듯 앞으로 나아갔다(Taylor, 1990). 교회는 중세 초기 유럽에 해가 되는 태만한 기사들의 파괴적인 에너지를 없애고자 했다. 인간이 처음으로 공동체를 구성하고 그들의 결속을 다질 수 있는 상징체계를 만들 능력을 지닌 이후로는 어떤 사회에서든 프로파간다를 확인할 수 있다. 하지만 20세기는 특히 프로파간다의 세기라고 부를 만하다. 마치 20세기가 '과학의 세기' 또는 '미국의 세기'라고 불리는 것만큼 타당성을 지닌다. 20세기 초반의 역사적 추동력으로서의 프로파간다의 의의를 설명하는 것은 어렵지 않다. 대중의 문자 해독 능력 성장이 도시화와 산업 및 새로운 정보통신 기술의 개발과 맞물려 권력기관도 대중에 명령을 내리기보다는 그들과 더 자주 협의해야 하는 상황이 되었다. 위계적 사회질서에 이의가 제기되었으며 변동이 생겼다. 이제 설득하는 능력은 지휘능력에 필수적으로 수반하는 요소가 되었다. 독재자들은 설득의 기술이 더욱 중요해지는 것을 알아차렸다. 그들의 경찰국가는 경찰들에 의해서만 감시되는 것이 아니라 프로파간다에 자극을 받아 정보를 제공하는 시민들의 도움으로 감시·관리된다. 더욱이 국가는 그 시민들에게 총력전을 위한 총체적인 동원, 징병제, 사회적인 소유와 심지어 공영화에 이르기까지 더 많은 것을 요구하고 있다. 폭력으로 위협하는 것만으로는 독재자들이 좇는 목표를 달성할 수 없다는 인식에서 대중설득의 필요가 생겨난다.

하지만 이는 왜 오늘날 프로파간다가 더 교묘하고 공공연한 정치문화에서 성공하는지는 설명하지 못한다. 이성과 과학기술에 기반을 두었다고 하는 사회에서 프로파간다가 지속되는 현상에 대한 기본적인 설명은 경험주의적 증거가 없어도 열렬한 감정적 호소는 얼마간 힘을 발휘하며, 비이성적 믿음은 한 번 생겨나면 그대로 버틴다는 것이다. '이성적인 대중'에 대한 시카고 학파의 생각은 18세기 계몽주의 시대에 그 뿌리를 두고 있다. 하지만 대중을 비이성적이라고 보는 견해도 있다. 그리고 이런 관점들은 정보통신 기술을 통해 조작이 일어날 수 있다는 우려를 제기한다(Robins et al., 1987). 이런 연구에 따르면 "현대의 국가는 불가피하게 프로파간다 국가이다". 대중은 일반적으로 논리와 논증법을 숙지한 비평가들이 아니고 그렇게 되도록 훈련을 시켜주지도 않는다. 그들은 거짓을 발견하고도 여전히 진실하다고 믿는 것처럼 행동할 수도 있다. 프로파간다에 대한 연구들은 대중이 어떤 메시지가 편향된 것이 명백해졌을 때에도 그에 대해 호의적으로 대응할 수 있다는 것을 일관되게 증명한다.

또한 프로파간다는 유토피아적이다. 이 장르를 포괄적으로 설명할 일련의 특징을 찾을 수는 없지만 모든 프로파간다 텍스트는 이상향을 지니고 있다는 점에서 유토피아적 발상은 그런 보편적인 특성에 가장 가깝다고 할 수 있다. 프로파간다는 보통 이상주의를 발현하는 것이고, 이상주의는 목표에 대한 상상 없이는 생각할 수 없다. 그런 세상에 대한 그림이 바로 이상주의자들이 갈구하는 목표인 것이다.

그러므로 이 장에서는 먼저 이론적인 논증을 펼친다. 첫째, 오늘날 프로파간다가 지속되는 것은 특히 자극에 감정적으로 반응하는 특성에 기인한다. 즉, 거의 모든 활동 단계에서 우리에게 영향을 미치는 것은 이성적인 호소보다는 감정적인 호소라는 주장이다. 둘째, 이상향 구현에 실패한 참상은 냉소주의를 낳지만 뭔가가 완전해지는 이상향의 모습은 여전히 활동가들과 그들의 목표를 각성한다는 것이다. 셋째, 우리가 정보를 다루는 방법인 인식 과정에는 여전히 우리 사회가 프로파간다에 허약한 이유를 밝혀줄 특성들이 있다. '기권된 신념', 자기기만과 환상, 그리고 해석과 관점의 전환이 여전히 가능하다는 특성이 그런 예이다. 이 장의 두 번째 부분에서는 장르로서의 프로파간다가 어떻게 지속되는지를 현대적인 상황을 통해 설명한다. 바로 강제적인 통제의 불법화, 편협한 충성심의 자극, 급격한 정보 증가, 정치적인 의사표현의 지배적 양식으로서의 단일 쟁점 집단의 대두이다. 이러한 상황 속에서 모든 충성은 한시적이다. 다시 말해 탈퇴 가능성은 항상 존재하고 따라서 신의는 빌려준 것이며 언제나 다시 교섭되어야 한다. 그러므로 설득 활동은 그치지 않고 프로파간다는 줄어들기보다는 더욱 많아진다.

왜 프로파간다인가?: (1) 이론적인 접근

감정: 이성보다 우위에 선 감성

대부분의 프로파간다는 내용상 이성적이기보다는 감정적이다. 히틀러에게 설득이란 집단 정서를 만들어내는 것이었다. "그들은 여자 같다. 여자의 정신적 상태는 추상적인 논리보다는 자신들에게 부족한 부분을 채워줄 강력한 힘을 바라는 감정에 의해 결정된다. 이처럼 대중도 애원하는 자를 싫어하고 명령을 내리는 자를 따른다"(Blain, 1988). 감정이 프로파간다의 핵심이다.

정치적인 선택이나 소비자의 선택 모두 사람의 결정은 감정적이 아닌 이성적이라는 개념은 경제학뿐 아니라 정치학과 마케팅 분야에서도 지배적인 패러다임이었다. 아직도 경제학자들은 인간은 효용을 극대화하는 이성적인 의사결정자라는 모델을 고집하고 있다. 하지만 설(Searle, 1995)이 주장한 것처럼, 식당에서 무엇을 먹을지를 정할 때 우리에게 미리 잘 정해진 선호 목록이 있어 더 높은 무차별 곡선*에 도달하기 위한 계산을 한다는 것은 믿기 어려운 일이다 (O'Shaughnessy and O'Shaughnessy, 2003). 로렌스 무어Laurence Moore의 『신 판매Selling God』와 마크 갤런터 Mark Galanter의 『숭배Cults』는 사람들은 메시지에 논리적 내용이 전혀 없는 상태가 되어도 그를 믿을 수 있고, 호소는 단순히 사회적이며 감정적인 만족이라는 것을 증명했다. 벨맨(Velleman, 2000)은 정치적·사회적 의사결정과 소비자의 의사결정을 여러 가지 선택지의 장점과 단점을 계산한 결과로 보는 이론들에 반대한다. 대신 결정을 위한 숙고가 그 과정을 가장 잘 설명한다고 본다. 상품이든 다른 무엇이든지 간에 각 대안에 대해 자신이나 다른 이가 지닌 이미지를 생각한다는 것이다. 만약 의사결정이 정말로 다양한 대안에 대한 기술에 따른 것이라면 프로파간다의 설득력은 그것들을 구성하는 데에 있다. 확신은 어떤 실제적인 이해와는 상관없이 전적으로 신임에 따른 것일 수 있다. 이는 교육수준이 낮은 계층에서 특히 확실히 나타난다. 그들은 호감을 통해 발견하는 방법을 사용하는 경향이 있다. 즉, 기본적으로 내재적인 선호 모델을 통해 마음에 드는 것을 고르고 그 선택을 정당화할 다른 증거들을 찾는다. 근거를 찾고 나서 확신하는 것이 아니라 그 반대이다.

이성적 의사결정 모델은 명백한 사실을 압도할 수 있는 감정적 편견의 힘을 평가 절하한다. 우리는 어떤 사실이 객관적으로 진실임을 알면서도 거짓이라고 비난할 수 있는 주관적인 능력이 있다. 로진 등(Rozin et al., 1986)에 따르면 디스크 모양의 사탕은 사람들이 기꺼이 먹지만 짐승의 똥 모양으로 만들면 먹는 사람이 크게 줄어든다. 이와 비슷하게 사람들이 보는 앞에서 설탕을 상자에 옮겨 담고 그 상자에 임의로 '시안화나트륨'이라고 적는 경우에도 그처럼 반응한다. 알려진 사실도 부정적인 연상 작용과 그것이 만들어내는 강렬한 감정을 완전히 지울 수는 없다. 감정적 호소가 설득에 미치는 영향력도 얼마간은 불확실성을

---

* 미시경제학에서 개인의 동일한 만족이나 효용을 나타내는 곡선으로서, 두 재화가 주는 만족도를 수량화해 계산할 수 있다.

제거할 수 없는 어려움 때문에 생기는 것이다. 불안함에는 논리적인 출구는 없고 오직 다수의 위험요소만 있기 때문이다. 유전자 조작 식품의 경우를 보자. 관심 있는 시민들은 여전히 어리둥절해한다. 어떤 이들은 이런 농작물이 제3세계를 빈곤으로부터 해방시킬 수 있는 가능성을 지적한다. 또한 그들은 살충제 사용이 줄고 필요한 경작지도 줄어 자연환경이 더 번성할 것이라고 주장한다. 그들에 대항하는 이들 역시 '프랑켄슈타인 식품'이라는 간단한 수사로 이 논쟁을 종결지으려 한다. 이전에 우리는 사람들이 특정 결과가 발생할 가능성에 비례해 반응하지는 않는다고 주장했다(O'Shaughnessy and O'Shaughnessy, 2003). 논리적 가능성의 평가와는 별개로 존재 자체가 주는 감정이 존재한다. 사실 어떤 결과가 발생할 가능성이 실제로는 제로라고 하더라도 그것을 상상하는 것만으로도 감정이 일어난다. 어떤 결과가 일어나기 매우 힘들다는 것을 알고 있을 때에도 항상 희망적인 관측이라는 것이 있다. 그리고 불안과 불확실이 만들어내는 시장에서는 사실에 근거하지 않은 확신과 보장이 활황이다.

오늘날 이성이 대중적인 담론에서 과거보다 더 큰 영향력을 발휘한다고 할 만한 이유가 없다. 어떤 이들은 현재 문화적인 흐름은 행동 방식상 외향적인 감정 주도형으로 가고 있고, 따라서 설득 방식도 그렇게 되어가고 있다고 주장할 수도 있다. 캐묻기 좋아하는 미디어나 고백이 주가 된 토크쇼가 그 예이다. 많은 반反과학주의적 분위기의 대중적 표현은 이성과는 멀어지고 있다. 유전자 조작 식품에 대한 반대는 그 자체로는 비이성적이지 않지만 지나치게 과장된 표현이 사용된다. 만약 인간이 정말로 이성적인 의사결정자라면 프로파간다는 거의 필요하지 않을 것이다. 모든 결정은 목표를 내포하기 때문에 그 결정들은 가치와 그에 따르는 감정을 끌어내고 그런 가치관들을 강화한다. 결정은 선택과 교환에 관련되고 이들이 가치로부터 자유롭거나 감정이 없는 경우는 매우 드물다. 이성 하나에만 의지한 프로파간다는 매우 이상하거나 아마도 유별난 것이 될 것이다. 사회적이고 표면적인 동의는 논리적인 설명만으로도 얻을 수 있겠지만 확신과 그 확신에서 나오는 참여는 얻어낼 수 없을 것이다. 실제로 수사와 감정은 아리스토텔레스 시대에도 이성과 논리와는 반대되는 것으로 여겨졌다. 심한 경우에는 여성적인 것과 남성적인 것이라는 성적인 구분까지 있었다. 설득과 프로파간다는 전략적으로 이성에 호소할 수도 있지만 보통 이런 논리적인 설명 과정은 주변적인 것이다. 논리적인 증명이 누군가를 전적으로 확신시키기는 힘들다. 그것이 모든 의심과 불확신을 잠재울 수는 없기 때문이다. 이런 의심이 있기에 확신과 뒤이은 설득 과정이 필요하다. 우리는 그것과는 반대로 상징적 논리로는 단 하나의 해답만이 있다고 주장했다(O'Shaughnessy and O'Shaughnessy, 2003). 연역 과정에서 해결책은 증명되고 오류는 노출되는 것이다. 하지만 실제 생활에서 결정이란 사소한 것이든 이후의 삶을 바꿀 만큼 중요한 것이든 반드시 여러 가지 관점과 해석을 고려해야 한다. 바로 그렇기 때문에 설득이 가능하다.

그러므로 프로파간다는 전반적으로 이성이 아닌 감성에 호소한다. 그것은 앞에 놓인 명제들에는 논쟁이 있을 수 없다는 것처럼 독단적인 주장에 의해 추진된다. 르봉Le Bon 식으로 표현하면 "군중을 움직이려는 연설자는 폭력적인 확신을 사용해야 한다"(Herzstein, 1978). 교조적 주장은 확신을 주며 가치 판단할 문제에 진실이나 법칙의 지위를 부여한다. 또한 페티 등(Petty, Cacioppo and Goldman, 1981)의 생각과는 반대로 사람들은 전문가나 성직자 또는 정치가 같은 이들에게 그들의 생각을 안심하고 위임할 때 설득된다. 강력한 주장을 계속하면 의식은 마비되고 그릇된 사실도 정상적인 것처럼 받아들인다. 그 주장은 내적인 대화에 끼어들어 반대되는 주장을 막는다. 프로파간다는 어렴풋하게 만들어지지 않는다. 그렇지만 그에 담긴 주장은 충분한 근거를 갖추지 못한 경우가 많다. 그래서 상대의 주장은 반박되기보다는 패러디된다. 인신공격에 기대는 경우도 많다. 반복, 단순화, 흑백 대립을 통해 상대방을 편협하거나 이기적으로 표현한다. 예를 들어 레이건은 논거를 제시하기보다는 일화나 은유를 사용하고는 했다. 이기심이 없는 행동을 한 일부 시민들을 소개하면서 적하滴河효과[*]와 래퍼 곡선[**]의 이상향을 선전했다. 증거의 타당성을 따지거나 구체적인 설명은 없고 다만 조작되고 날조되었다. 프로파간다 텍스트는 지적인 추상화를 위한 인식과 능력이 부족하며 그런 추상적 생각에 적극적으로 반대한다. 가설과 복잡한 논법을 멀리하며 증거에 대한 계량과 논쟁을 피한다. 선전원의 관심사는 우리의 생각이 아니라 느낌이다.

완전히 이성에 바탕을 두어 호소함으로써 감정조작에 대한 두려움을 이용하는 프로파간다와 광고의 예도 무수히 많다. 이는 물론 그 자체로 감정적인 호소이다. 특히 정부는 비극적인 과실이 발생했을 때 이런 방법을 쓰는 경향이 있다. 그들의 이성과 흠을 잡힌 사람들의 감성을 대조하는 것이다. 그리고 정부나 대기업이 어떤 잘못을 저질렀으나 스스로 그것을 깨끗이 인정할 수 없을 때 또 다시 이런 방식의 프로파간다는 선전원의 핵심적인 수사가 된다. 핵 실험의 피해자, 걸프전 증후군, 광우병, 특정 약품 또는 다른 사건의 피해자 등의 문제를 가리지 않는다. 하지만 분명 정교한 목표를 지닌 프로파간다는 이성에 경의를 표할 필요가 있음을 이미 오래전부터 보여주었다. 테일러(Taylor, 1990)가 시사한 바처럼 "제2차 세계대전에서 연합군의 프로파간다는 금발의 야수[***]나 황화 黃禍[****] 전략을 포기하지 않았지만, 사람들이 무엇을 위해 싸우며 무엇을 지키고 있는지를 설명할 필요를 중요하게 고려했다". 괴벨스조차 지적으로는 정체된 나치 미디어의 부족한 부분을 채우기 위해 '지적인' 주간지 ≪제국 Das Reich≫의 창간을 재촉했다.

---

[*] 적하효 trickle-down effect. 넘치는 물이 바닥을 적시듯 대기업이나 고소득층의 경제적 성과는 결국 중소기업 및 저소득층에게도 혜택이 된다는 것.
[**] 래퍼 곡선 Laffer-curve. 세율이 적정 수준을 넘으면 세수가 감소하므로 이때는 세율을 낮추어야 한다는 아서 래퍼 Arthur Laffer 교수의 이론. 이를 근거로 레이건 행정부는 조세인하정책을 폈으나 재정적자를 증가하는 결과를 낳았다.
[***] 독일 민족을 가리킴.
[****] 황화 Yellow peril. 황색인종이 백색인종을 압도한다는 공포심. 비이성적인 프로파간다의 예.

유토피아

많은 프로파간다는 유토피아의 존재를 기록하고 있는 것으로 보인다. 그것은 오랫동안 희망해오던 이상향일 수도 있고 과거에 어쩔 수 없이 묻힌 이상향일 수도 있다. 다수의 정치적 과격론자는 낙담한 몽상가이다. 그리고 완전한 세상 또는 완벽한 세계의 질서가 가능하다거나 과거에 존재했다는 환상이 프로파간다의 뒤에 가려진 채 존재한다. 이것이 프로파간다의 엄정함과 어떠한 타협의 제안도 거부하는 이유를 설명한다. 어떤 이상향을 머릿속에 그렸든지 간에 불완전한 세계에서는 언제나 그렇듯 그것은 그들의 손을 항상 벗어나는 것이다. 현실세계의 혼란, 유동성, 타협을 참지 못하는 것이 바로 프로파간다의 상태를 두드러지게 한다. 그래서 활동가들은 귀가 먼 사람으로는 최초의 미스 아메리카가 된 헤더 왓슨Heather Watson이 농아의 대사가 되는 것을 반대했다(≪선데이 텔레그래프≫, 1995년 3월 26일자). 문화적인 농아를 강경하게 옹호하는 이들은 그녀가 독순술을 배워 장애를 눈치채기도 힘들 정도라는 사실에 분개했다. 현재의 통설은 수화만을 농아의 의사소통 수단으로 받아들이고 있다. 농아 옹호자들은 저항했다. 그녀는 그녀가 알지 못하는 문화를 지닌 사람들을 대표할 권한이 없다는 것이었다. 한 농아 이데올로기 주창자는 그녀가 임상적으로는 농아일지도 모르지만 농아의 사회적 정체성을 지니지 않았다고 했다.

완전함에 대한 비전이 진정으로 신념을 지켜낸다. 그것은 새로이 도시화되는 20세기 대중의 불안을 달랬고 인간이 필요로 하는 의미와 통일성 있는 가치체계를 갖게 했다. 이는 아마도 근본주의가 지닌 세속적인 세계의 이중성에 대한 경멸을 설명해줄지도 모른다. 사회주의 리얼리즘 예술부터 소비자 광고의 바보 같은 황홀경까지 '분명하지 않은 장면'은 편집된다. 셔드슨(Schudson, 1982)의 용어로 말하면 모든 가능한 세상의 최고 중에서도 한없이 좋아 보이는 것Panglossian best만 모아놓은 것이다. 애덤스 등(Adams et al., 1986)은 1984년 레이건의 선거 캠페인을 "낭만적인 목가주의의 조작"이라고 분석했다. ≪타임Time≫에 실린 한 사진에는 '레이건 고향Reagan country'이라는 큰 벽면사진 아래 서 있는 레이건의 모습이 있었다. 언덕, 농장, 강은 레이건이 명백히 지지하는 검소, 근면, 애국심 등의 미덕을 상징하는 것이다. 그러한 이미지는 텔레비전 광고와 캠페인용 전기물에도 등장했다. "그는 우리에게 미국은 방랑을 했고 전통적 농촌 생활의 상징은 떠나온 우리의 뒤에 남겨진 것을 말하는 방식이 되었다고 말했다." 하지만 이런 유토피아의 필요성이야말로 개념적으로나 스타일상으로 모든 프로파간다를 결합한다. 최초의 순수하고 완전한 세계에 대한 열망은 사실 타락 이전의 인류를 기대하는 환상이다.

미르체아 엘리아데(Eliade, 1991)가 보기에 우리는 현재 순간과는 아주 다른, 다가갈 수 없거나 영원히 잃어버린 뭔가를 열망한다. 엘리아데는 그 열망이 파라다이스 자체라고 주장한다. 이에 따르면 많은 프로파간다의 허세와 초라함 뒤에는 파라다이스의 추구, 그것을 잃어버렸다는 분노, 한때는 그것이 정말로 있었다는 반쯤은 만들어진 생각이 있다고 한다. 예를 들어 루빈은 엄청난 영향력을 지닌 레이철 카슨Rachel Carson의 『침묵의 봄The Silent Spring』(1962)을 다음과 같이 요약한다(Kevles, 1994). "그러한 대중화에는 절제운동에서와도 비슷한 매우 강력한 전도 분위기가 나타난다. 즉, 자연을 보호하기 위해서만이 아니라 어떤 개인적인 구원을 이루기 위해 환경보호주의를 권하는 것이다." 노스텔지어는 이런 파라다이스의 한 형식이다. 엘리아데의 관점에서 보면 가장 영락한 노스텔지어는 파라다이스에 대한 향수를 들추어낸다. 필자가 생각하건대 이것은 많은 정치문화에도 통하는 진실이다. 후기 로마시대에 공화정 시기의 신선하며 금욕적인 영웅적 미덕을 갈망하던 것이 그런 예이다. 이것은 낭만적인 결론에 그치지 않는다. 예를 들어 비에너(Wiener, 1981)는 그의 『영국문화와 산업정신의 쇠퇴English Culture and the Decline of the Industrial Spirit』에서 잃어버린 농촌풍경에 존재했던 즐거운 잉글랜드 풍습에 대한 갈망이 문화에 침투해 있는 방식을 설명했으며, 이는 부정적인 결과를 만들었다고 보았다. 제2차 세계대전 중에 이런 목가적인 영국은 다시금 포스터나 〈미니버 부인Mrs. Miniver〉

같은 영화에서 상징으로 쓰인다. 하지만 노스탤지어는 프로파간다에서 지속적으로 나타나는 것을 설명할 적당한 말이 아니다. 웹스터(Webster, 1988)가 포퓰리스트의 수사에 대해 말한 것처럼 프로파간다는 "노스탤지어라고 하기보다는 과거를 전략적으로 동원하는 것"이라고 보는 것이 중요하다. 실제로 선전원에게 과거는 역사적인 과거와는 크게 관련이 없다. 예를 들어 나치가 원래의 '게르만족'을 만들어낸 것은 대부분 허구적인 것이었다. 그리고 웹스터는 미국의 '뉴라이트'는 모순 덩어리라고 주장한다. 그들은 신자유주의 자유시장의 수사를 위해 신화화된 과거의 사회 공동체를 끌어들인다. 레이건은 "현재 유행하는 말투로 과거의 가치들을 말한다". 그리고 "그가 대표하는 국가처럼 모순을 보여준다. 이를테면 그는 청교도 윤리를 설교하는 소비문화의 영웅이다".

인류학자 메리 더글러스(Douglas, 1996)는 이성적인 사람이 해야 하는 가장 기본적인 선택은 어떤 사회에서 살 것인가 또는 달리 표현하자면 선호하는 삶의 방식을 결정하는 것이라고 주장한다. 사람들은 계속해서 자신이 생각하는 이상적인 방식의 공동체를 만들려고 하는 것으로 보인다. 누구에게든 자신이 생각하는 이상적 공동체는 상위 가치이고 그에 대한 감정적인 애착이 주요 관심사가 된다. 더글러스는 인간은 선천적으로 정도가 심한 몽상가라고 주장한다. 그녀는 모든 소비자 구매를 조정하는 원리는 서로 다른 삶의 방식 간 경쟁이라고 추론한다. 이는 분명 소수의 견해이다. 하지만 만약 그렇다면 대부분의 프로파간다에 내재된 공상적 이상주의는 단순히 프로파간다를 설명할 수 있는 하나의 요소에 그치는 것이 아니라 아마도 그 설득력을 만드는 핵심이라고 할 수 있을 것이다.

언제나 설득에 열려 있다: 왜 설득 활동이 멈추지 않는가?

우리는 항상 설득에 열려 있다. 최소한 잠재적으로는 그렇다. 따라서 그 설득의 한 변형이라고 할 프로파간다에도 열려 있다. 때로 우리는 가장 소중히 지키던 원리 또는 이상을 거역할 수 있다. 원리란 구체적인 명령이 아니라 일반적인 규정이라서 어떤 특정한 경우에는 일탈의 가능성을 열어두기 때문이다. 우리는 환경에 대해 걱정하는 소비자면서도 때로 실수할 수도 있다. 레비틴과 밀러(Levitin and Miller, 1979)가 보여주었듯이 전체적인 이데올로기와 구체적 선택의 관계는 굳건하지 않다. 우리의 선택은 우리의 원칙들로부터 선형적으로 투사된 것이 아니다. 만약 그렇다면 우리의 매우 완고한 신념이 우리의 모든 행동에 스며 있을 것이다. 수많은 결정이 복잡하고 궁극적으로 통일성을 지니지 않는다. 바탕에 깔린 수많은 신념과 가치 중에는 서로 모순된 것도 있고 상황에 따라 강도가 바뀔 수도 있기 때문이다. 만약 우리의 원칙들이 세부적인 명령들이 아니고 막연하고 총체적인 규칙들이라면 설득 가능성은 항상 존재한다. 일반적인 규칙을 구체적인 사례에 적용하는 데 잠재적인 개방 상태가 있기 때문이다. 프로파간다가 항상 이용할 수 있는 융통성의 공간이 생기는 것이다.

프로파간다의 기술은 관점을 바꾸는 데에 있다. 견해를 바꾸려면 다른 해석을 해야 한다. 감정을 자극하는 상황을 다른 방식으로 해석해 사람들이 그 의의를 재평가하게 하는 것이다. 이는 사실의 진실성이 아니라 그 의미에 대한 논쟁이다. 그리고 가치 자체에 도전하는 것이 아니라 재해석되는 가치 판단에 대한 것이다. 이 과정은 근본적으로 감정적이다. 드 소우사(De Sausa, 1990)가 말한 논리적인 추론의 결과가 아니라 청중들로 하여금 어떤 관점을 공유하거나 특정 경험을 상기하도록 설득하려는 감정적인 주장이다. 양측이 같은 관점을 의식적으로 공유한 후에야 이성적인 주장과 논리적인 추론이 시작된다. 교묘한 선전원은 강한 공격으로 시작하지 않는다. 설득 대상과 가치는 그대로 두고 새로운 해석이 어떻게 오래된 가치와 결합되는지를 강조할 것이다. 예를 들면 아일랜드 조지안 협회Irish Georgian Society는 시골 지역의 집들을 식민통치 유적으로 보존하는 데 반대하는 민족주의자의 편견에 대항하고자 그 집들이 아일랜드 기술자들과 장인들의 수공작품이니 의의가 있다고 주장했다. 이런 식으로 효과적인 프로파간다는 전복적이다. 전복을 통해서만 효과적인 설득이 시작될 수 있기 때문이다. 예를 들어 상업 광고는 재해석을 통해 죄책감을 완화한다. 특히 부모처럼 과거의 권위 있는 자들이 부여한 규칙들을 어길 때 그렇다. 그래서 KFC는 핵심적인 마케팅 문제를 죄책감이라고 판단하고 "식사가 너무 기다려져서 기분이 좋다"라는 슬로건으로 그것을 달래려 했다(Aaker and Meyers, 1989). 이렇게 해석을 바꾸려고 시도한 예들을 그동안 줄곧 보았다. 예를 들어 미국에서 사형제 폐지론자들은 사형을 정부의 무능력을 보여주는 또 하나의 사례라고 혹평한다. 정부가 다른 활동보다 더 공정하고 효과적으로 사형을 집행한다고 어떻게 믿을 수 있겠는가? 그들은 자유주의의 대의를 위해 정치적 언어로 말하고 있는 것이다.

프로파간다는 가치들을 바꾸려 하지 않고 그것들을 끌어들이려 한다. 모든 주창자는 가치체계가 하루 사이에 바뀔 수 없다는 것을 알고 있다. 가치들은 그와 경쟁하는 주장들에 노출되고 심사숙고한 결과에 따라 조금씩 움직여간다. 가치들은 변하기 어렵다. 이는 사실처럼 바로 정정될 수 있는 것이 아니기 때문이다. 우리는 존 스튜어트 밀John Stuart Mill*이 설파한 자유의 '논거'들을 찾아보지 않고 자유에 대한 그의 빛나는 변호를 다시 읽는다. 가치는 옳다고 증명되거나 옳지 않다고 할 수 없는 것이다. 그들은 모두 전체 구조의 일부이다. 하나를 바꾸는 것은 한 시스템에서 모든 변수의 관계를 바꾸는 것이다. 즉, 잠재적으로 인생을 변화시키는 사건이다. 프로파간다는 단지 그러한 가치들을 다시 해석해 뭔가 다른 가치 판단으로 이끌고자 한다.

실행하지 못한 믿음

프로파간다는 비이성적이지만 효과적일 수도 있다. 그것은 개인이 불이행한

---

* 영국의 정치경제 사상가. 1859년에 자유주의자들의 고전인 『자유론On Liberty』을 썼다.

신념들을 동원하기 때문이다. 버려진 사상과 정지된 이데올로기의 파편이 여전히 살아남아 우리의 마음속 깊은 곳에서 그늘이 된다. 그들은 돌아올 수 있다. 예를 들어 상황이 바뀌면 최근에 세워진 신념체계에 도전하고 때로는 그것을 파괴하기도 한다. 이것이 오늘날 반유대주의가 거의 보이지 않는데도 그것을 과거의 사실로만 치부할 수 없고 미래에 발흥할지도 모른다며 두려워할 수밖에 없는 이유이다. 이는 학계에도 적용된다. 거부된 개념과 이론들은 그들의 지적 거부 이후에도 사라지지 않고 남아서 톰슨(Thomson, 1979)이 '추방된 괴물들'이라고 부른 것이 될 수 있다. 예를 들어 베버의 프로테스탄트 윤리와 자본주의의 기원에 관한 논제가 그렇다.

그러므로 프로파간다의 유효성은 많은 신념과 태도의 존재가 우리에게 알려지지 않았다는 사실이 설명해줄 수도 있다. 프로파간다는 '반향을 울릴' 때 자주 효과를 낸다. 일상적인 의식의 밑에 함께 깔려 있는 공포와 열망을 표면화하는 것이다(Schwartz, 1973). 여기에 톰슨의 『찌꺼기 이론Rubbish Theory』이 관련된다. 이 이론은 어떤 관련 신념을 다음 실천의 계획 단계로 옮기지 못한 사람들은 그 믿음을 '버려둔다'고 설명한다. 이런 신념은 마음속에 '비밀스럽게' 남아 불이행한 신념의 형태로 존재한다. 프로파간다가 호소하는 대상이 바로 이런 신념이다. 묻힌 지 오래된 적의를 깨우는 것이다. 발칸반도의 예가 여기에 딱 들어맞는다. 그곳에서는 제2차 세계대전의 상황에서 벌어졌던 전투가 다시 벌어졌기 때문이다. 이름표와 전투용 위장전술도 예전의 것들이 재연되었다. 고정관념도 이런 식이다. 죽지 않고 단지 동면한 고정관념에 프로파간다가 다시 활기를 불어넣는다. 예를 들어 클린턴은 '높은 세금과 많은 지출' 정책을 시행하지 않았지만 민주당의 그런 이미지는 공화당에 의해 항상 쉽게 부활한다.

프로파간다의 영향력은 아주 오랫동안 이어질 수 있다. 어떤 주장의 패배가 분명해졌거나 이미 좌절되었을 때에도 그를 고집하도록 독려한다. 절망적인 주장들도 그 안에 생명력을 지니고 있다. 그것이 프로파간다의 영구적인 힘의 근거이다. 이런 현상에는 여러 가지 이유가 있다.

우리는 정말로 뭔가를 달성하려는 열망을 가지고 있지만 우리의 목표가 현실화되지 않으리라는 것을 알게 되는 경우도 있다. 하지만 절망적인 운동을 계속하는 것은 우리가 비전을 실현하려고 뭔가를 하고 있다고 느끼게 하기 때문이다. 주장은 패배할 수 있지만 조용히 사라지지는 않는다. 실패한 주장은 역사의 장에서 위세를 떨치고는 다음 세대로 넘어간다. 행동의 표현적 의미를 간과하면 기대이론*은 힘을 잃는다. 표현적 의미는 감정적이다. 표현적 행동은 수단적 행동과 대비된다. 수단적 행동은 어떤 과업을 수행하고자 하는 도구인 데 반해 표현적 행동은 우리가 느낌이나 감정을 표출하게 해준다(O'Shaughnessy and O'Shaughnessy, 2003).

둘째, 신념은 새로운 정보에 의해 바뀔 수도 있는 반면 감정은 항상 그 신념과 일치되는 것이 아니다. 지난 프로파간다가 만들어낸 명령을 계속 지닐 수도 있다. 신념은 자체의 보존 기간뿐 아니라 그것이 죽고 난 후의 생명도 있다.

자기기만

자기기만에서 프로파간다의 역할은 그의 생명력의 근거를 설명해준다. 정당 활동가든 모르몬교 선교사든지 간에 선전원은 프로파간다를 통해 내부 결속을 다진다. 달리 말하면 프로파간다를 생산한 이들의 심리적인 필요를 충족하는 것으로 그 기능이 변질될 수 있다는 것이다. 그래서 헤르츠슈타인(Herzstein, 1978)은 "1944년에 이르면 괴벨스는 대중을 위한 것만큼이나 자신과 지휘부를 위한 프로파간다를 만들었다"라고 말했다. 그는 후기 나치 영화작품과 "죽음 안의 승리"라는 슬로건은 '구원의 비전'을 의미한다고 주장한다. 컬러 영화 〈희

---

* 개인은 목표를 이룰 수 있다고 생각할 때 비로소 성과지향적 행동을 한다는 동기이론.

생제의 Rite of Sacrifice)의 마지막은 영원의 세계가 천상의 코러스로 유혹하는 장면이다. 이런 영화들은 나치 엘리트에게 마지막을 상징하는 것이었다. 독일 미래세대와 역사의 판단이 부여할 불멸에 대한 믿음을 통해 현재의 비극을 넘어서는 것이 목적인 것이다.

그러므로 자기기만은 프로파간다의 또 다른 결과물이다. 또한 그것은 의도적인 목표일 수 있다. 우리는 자기기만의 공모자가 될 수 있다. '자기기만'은 어떤 진실에 대한 반감에서만 생겨나는 것이 아니라 특정한 허위에 대한 호감에 의해서도 생겨날 수 있다. 이는 특히 자기기만을 통해 윤리적인 딜레마를 중화할 수 있을 때 그렇다. 예를 들어 어떤 이들은 로마 가톨릭을 믿는 것이 한때 아일랜드에서 불법이었다고 믿는다. 하지만 그랬던 적은 없었다. 자기기만은 사실을 직시하기를 거부하는 것이나 전혀 사실과 다르지만 자신을 위해 해석하는 것과 관련된다. 능숙한 선전원이 이런 방법을 자주 사용한다. 천박한 해석을 뒷받침하는 그럴듯한 이유를 제공하거나 '사실들'을 부정하는 것이 목적이다. 그리고 그 잠재력은 무궁무진하다. 예를 들어 역사가 데이비드 어빙David Irving은 아우슈비츠를 눈에 띄게 높은 사망률을 보인 강제노동 수용소라고 묘사한다(≪데일리 텔레그래프≫, 1994년 4월 13일자). 아마도 그는 정말 그렇게 믿는 것 같다. 그리고 모든 역사적 증거를 비틀어 해석한다. 히틀러가 집단학살을 직접적으로 명령했다는 기록은 없다고 주장할 수 있다(이는 사실이기는 하지만 정황상 의미 없는 주장이다). 예를 들어 세계를 향한 유대인들의 음모를 뒷받침할 증거가 없다는 주장에 대해 반유대주의 편집증 환자들은 바로 그것이 유대인들의 교활함을 증명한다고 말할 것이다. 이를 자기기만 또는 부조리로 볼 수 있다. 하지만 또 다른 설명도 가능하다. 진실은 참을 수 없이 고통스러울 수 있다. 따라서 자기기만이란 살아남기 위해 필요한 전략이 된다. 우리가 선전원에게 유혹되는 것은 그들이 대처법을 주기 때문이다. 그래서 사람들은 모든 증거가 반대로 드러나는데도 자신의 확신을 버리지 못한다. 그렇기 때문에 독일인들은 제2차 세계대전에서 나치 조직의 죄악은 충분히 받아들이지만 독일군은 본질적으로는 품위가 있었다고 계속해서 믿는다. 많은 사람은 군대가 나치의 극악한 행위에 공모했다는 사실을 받아들이는 데 큰 어려움을 느낀다. 이런 주제로 열린 전시회(2001년 9월 베를린 현대예술원에서 열린 '국방군의 범죄행위: 전멸 전쟁의 여러 차원들, 1941~1944')에 격분하는 반응이 이를 증명한다. 더 나아가 자기기만은 지배적인 가치들을 고수하는 것이라고도 할 수 있다. 그것들에 대해 의문을 제기하는 것에 대한 사회적인 거북함과 완강하게 반대할 때 느끼는 난처함을 피하는 것이다. 자기기만은 집단현상이며 개인에게는 적용되지 않을 수 있다. 만약 프로파간다가 공동체의 한 집단에 효과를 내기 시작하면 전체 공동체에 실제적인 영향을 미칠 수도 있다. 다수 역시 가장 대표적인 의견이 아니라 가장 강성한 의견에 그저 '묻어가려는' 유혹을 느끼기 때문이다.

환상

과장법은 신념을 요구하는 실수를 저지르지 않는다. 오히려 우리는 환상을 공유하도록 초대받는다. 때론 노골적이고 심지어 편집증처럼 보일지라도 그 환상은 우리의 현실 인식에 영향을 미친다. 과장법의 한 형태는 잔악 행위에 대한 전형적인 프로파간다이다. 예를 들어 제1차 세계대전에서 영국은 독일인이 지방을 얻으려고 사람의 몸을 녹인다고 주장했다. 그러한 과장된 표현은 사람들이 그것을 꼭 그대로 믿어서라기보다는 어쩌면 완전히 인식하고 있을 자기기만의 과정에 적극적으로 공모자가 되기 때문에 효과를 낸다. 그들은 자신들의 가장 어두운 공포와 분노를 시각화하고자 한다. 프로파간다가 그런 역할을 한다. 즉, 특정 상황에서 객관적인 요소들과는 달리 독립적으로 존재하는 정치적인 진실이 있는 것이다. 프로파간다는 과장이다. 모든 프로파간다가 그런 것은 분명 아니다. 과장은 프로파간다의 조건이라기보다는 표현 방법이기 때문이다. 과장 - 환상의 목적은 사람들로 하여금 어떤 사건이나 마주침 또는 사람을 떠올리게 하여 스스로 설득하게 하는 것이다. 그들은 이러한 상상 과정을 통해 뭔가를 믿거나 바라도록 스스로 말하게 된다. 많은 소비자 광고도 환상을 공유하려는 초대이다. 그 제품을 사용하는 상상이 내적인 대화를 이끌리라고 기대하는 것이다. 과장법은 구舊유고슬라비아의 해체 과정에서 세르비아 미디어의 수사적인 반사행동이 되었다. 세르비아가 코소보를 침략하기 얼마 전 세르비아 미디어는 이즈벳Izvet이 회교도 국가를 세울 것이라고 주장하는 프로파간다를 내보냈다. 짐머만(Zimmerman, 1995)은 세르비아인이 BBC 같은 객관적인 정보원에 접근할 수 있었음을 지적하면서 사람들이 진실을 알고 싶어 하지 않았다고 주장한다. 뉴스와 프로파간다의 차이를 아는 듯했던 그들은 정작 선택할 수 있게 되었을 때 대부분 프로파간다를 받아들였다.

즉, 프로파간다는 많은 경우 공동생산이며 사람들은 이를 이용해 확신을 거두지 않을 수 있다. 그들은 그들처럼 똑같이 거짓말을 하고 있는 미디어를 보고 있으며 공적 영역의 더 큰 거짓말을 통해 자신의 거짓말을 유지한다. 비평가들이 프로파간다에는 속임수가 있다고 할 때 그들은 아마도 대중을 수동적인 수용자로 생각하는 듯하다. 일부 프로파간다는 이러한 자극적인 형태에 더 닮아 있을지도 모르지만 프로파간다의 작용 과정은 그보다 더 미묘하다. 사람들이 자발적으로 속는다는 생각은 인간을 이성적인 의사결정자로 보는 관념을 뿌리부터 흔든다. 하지만 분명 이것이 세르비아, 르완다 그리고 다른 곳에서 벌어진 일이다.

많은 프로파간다는 거의 그 정의의 한 부분이라고 할 정도로 과장을 포함한다. 실제로 적극적인 와전과 때때로 사기라고 할 정도의 명백한 거짓을 만들어 내기도 한다. 우리는 적극적인 위조와 기만의 영역에 있는 것이다. 하지만 선전원들은 청중이 거짓말을 인식하고 있을 때에도 거의 공공연하게 선전할 수 있다. 그들은 스스로 얼마간 희생양이라고 할 수 있는 행동에 자발적으로 공모자가 되는 것이다. 다시 한 번 말하지만 그들은 분노에 대한 공통의 환상을 공유하도록 초대된다. 그리고 이 점을 놓친 비평가들은 청중이 어떤 기법이 사용되었는지 모를 것이라고 가정하고 너무도 쉽게 대중을 '속기 쉬운'과 '순진한'이라는 어휘로 묘사한다. 이런 예로는 '모핑'*이 있다(Johnson, 1997). 해럴드 시 Harold See 교수가 1996년 앨라배마 고등 법원의 선거에 나섰을 때, 한 광고에서 스컹크가 사라지거나 해럴드 시의 이미지로 '모핑'되면서 "당신은 1마일이 떨어진 곳에서도 뭔가를 맡을 수 있다. …… 해럴드 시는 앨라배마 사람들이 배심원단에 출석할 수 있을 만큼 충분히 똑똑하다고는 생각하지 못한다"라는 글을 함께 보여주었다. 그의 얼굴에 찍힌 것은 '교활한 시카고 변호사'라는 말이었다. 자칭 '가족의 가치를 위한 위원회'는 시See가 과거에 관한 비밀이 있으며 가족을 버린 적이 있다고 말하는 광고를 제작했다. 시는 이런 주장에 강력히 반박했고 실제로 그가 승소했다. 캘리포니아에서의 다른 사례는 당시 12세였던 폴리 클라스Polly Klaas의 살해사건과 관련이 있다. 1996년 민주당의 의회선거후보 중 한 명인 월터 캡스Walter Capps 교수는 광고방송의 공격을 받았다. "폴리 클라스의 살인자가 받아 마땅한 사형을 받았을 때 두 사람이 실망했다. …… 살인자 리처드 앨런 데이비스. 그리고 월터 캡스." 광고는 데이비스와 캡스의 이미지를 보여주었는데 데이비스의 이미지에는 '살인자', 캡스에게는 '자유주의자'라는 이름표가 붙었다. 데이비스와 캡스는 말하자면 한 쌍으로 '입후보'한 것이다. 빅 파지오Vic Fazio 의원은 지난 수십 년 동안 사형제에 반대하는 표를 낸 적이 없는데도 데이비스의 얼굴이 컴퓨터 그래픽을 통해 자신의 얼굴로 변형되는 것을 봐야만 했다(Johnson, 1997).

---

* 컴퓨터 그래픽으로 화면을 차례로 변형하는 특수 촬영 기술.

왜 프로파간다인가?: (2) 현대의 상황

사회 관리 · 통제

프로파간다는 현대 세계에서 사회통제의 한 형태로 작동한다. 사회적 강제와 그보다 소극적인 형태인 사회적 설득을 대신하는 것이다. 어느 정도의 사회 관리는 항상 필요하지만 이는 형태와 범위 및 출처를 고려했을 때 자유주의적이기도 하지만 편협할 수도 있다. 프로파간다는 '연성' 사회통제이고 감옥은 '강성' 사회통제이며 일반적으로 가장 극단적인 방법이다. 엘룰(Ellul, 1973)은 과학기술사회에서 프로파간다가 필요해졌다고 본다. 그리고 그 목적은 "과학기술 시스템에 통합시키는 것"이다. 그는 기술 속에서 살면서 기술에 대항하라고 가르쳐야 한다고 믿었다. 많은 이가 그의 말을 되풀이했다. 즉, "프로파간다는 사회통제의 형식과 구조 속에 포함된다"(Robins et al., 1987). 프로파간다는 후기산업사회에서 사회 구성원을 구성하고 통합하며 또한 개인주의적인 대중에게 권위를 부과하는 사회적인 핵심 요소로 보인다. 그렇지 않다면 "공공단체는 있으면서 어떻게 공공심이 없겠는가?" 그리고 이는 "강제라는 기제가 비합법화되었기" 때문이다(Robins et al., 1987). 현대 사회는 매우 불균질하지만 바로 그러한 이유로 "동의를 만들어내는 방법은 개발되어야 할 중요한 기술 중 하나이다". 그리고 이 기능을 하는 저렴한 방법이 프로파간다이다(Lasswell, 1971).

사회변화

변화는 불안을 수반한다. 그리고 과거에 사회적 대변동에 의해 발생한 불안정에 호소하는 프로파간다가 생겨났다. 그러한 불안은 국가적인 경향을 만들 정도로 커질 수 있다. 나치즘 같은 사악한 사회적 운동을 검토한 캔트릴(Cantril, 1963)의 고전적인 연구는 전 국가적 분위기의 발달 과정을 밝혀냈다. 그러한 신경성 비관주의가 만연한 상태에서 우리가 잃어버렸거나 빼앗긴 안도감과 감정적으로 기댈 곳을 찾는다. 노스텔지어에는 정치인이나 광고가 이용할 수 있는 아주 큰 시장이 있다. "사회변화는 특히 감정적이다. 그것을 겪지 않는 사람은 아무도 없기 때문이다"(O'Shaughnessy and O'Shaughnessy, 2003). 그러므로 선전원은 소란스럽고 적응되지 않는 현재를 상상 속의 황금시대와 대조한다. 이런 현상이 로마인의 경우에만 있었던 것이 아니다. 문학적이고 정치적인 수사는 종종 제국의 타락을 킨키나투스Cincinnatus* 같은 인물이 구현한 공화정 시대에 가공된 엄격하고 금욕적인 미덕과 대비하는 것이다. 현재를 비판하기 위해 과거를 전략적으로 동원하는 그들의 선례를 모방하는 이들이 이후에 많이 생겨났다. 사회적 가치기준이 침식되고 익숙한 것이 붕괴되며 오랜 충절이 배반당하고 옛 진실이 왜곡되면 세상의 풍조는 불안이 압도하고 사람들은 단순 명료한 확신과 안도감에 매달린다. 이때 사람들은 논리적인 주장보다는 권위주의적 인물이나 가르치듯 단정적인 견해에 의해 설득된다.

그래서 "왜 프로파간다인가?"라는 의문은 부분적으로는 사회적 불안의 정도를 참고해 대답할 수 있다. 예를 들어 나치의 프로파간다는 독일에 700만 명의 실업자가 생기기 전까지는 큰 반향을 불러일으키지 못했다. 사회가 전반적으로는 안정적이지만 특정 하위 집단은 그렇지 않을 수도 있다. 예를 들어 1990년대 초기까지 중간 관리자들이 누리던 높은 직업 안정성은 회사와의 상호적인 충의와 함께 사라져갔다. 갑자기 그들은 감축되었고 그들의 불안감을 위한 것처럼 보이는 새로운 형태의 일화적이고 반反경험주의적인 대중적 인쇄물이 나타났다.

---

* 로마의 군인으로서 국가가 위기에 처했을 때 임시 독재 집정관으로 선출되었으나 전쟁 이후에 자리에서 스스로 물러나 자영농으로 돌아갔다.

정보 과부하

선전적 형태의 설득이 출현하는 또 다른 이유는 오늘날의 삶이 매우 복잡하다는 데에 있다. 다양한 정보의 출처와 그들이 요구하는 판단, 결과적으로 정보들을 빠르게 소화해야 할 필요성이 주는 압력이 큰 것이다. 인터넷과 이메일, 다이렉트 메일* 등으로 인해 우리의 인지적 환경은 정보로 가득 차 있다. 20세기 전반에 걸친 경향은 정보원의 무한한 증식이다. 초고속 정보통신망과 200개 채널을 지닌 위성 텔레비전, 그리고 그들의 융합은 상상할 수 없던 새로운 경지로 우리를 이끌고 있다. 이런 상황에서 프로파간다가 제공하는 것은 인지적 지름길이다. 우리는 필요에 의해 지적 구두쇠가 된다. 우리는 소비자 선택부터 다른 국가의 정치에 대한 의견까지 모든 분야의 이슈에 대해 다른 이의 조언에 의지할 필요가 있다. 그렇지 않으면 생활이 불가능할 것이다. 메이휴(Mayhew, 1997)가 말했듯 "영향력이 어떻게 효력을 발휘하는지에 대한 현실적인 설명은 사람들이 다른 이의 의견을 스스로 검증하지 않고 일상적으로 받아들인다는 사실을 무시할 수 없다는 것이다". 만약 모든 이슈에 대한 모든 의견과 사소한 결정을 질문하고 조사해야 한다면 우리는 단 하루도 일할 수 없을 것이다. "바로 이런 다른 이의 의견에 대한 의지가 동의를 조작할 수 있는 가능성을 열어준다."

양면적 의견

선전원의 기회는 본질적으로 여론의 혼란과 임시성에 기인한다. 의견이 없는 사람은 거의 없지만 대개 약하게 유지할 뿐이다. 이런 이유로 소수의 강력한 신봉자로 구성된 조직은 논쟁에서 아주 격렬하게 싸운다. 그런 예는 미국의 무

---

* 회사나 백화점이 직접 소비자에게 우송하는 광고 인쇄물.

기 소지권 논쟁부터 영국의 여우 사냥에 대한 찬성 측과 반대 측의 설전까지 다양하다. 아마도 우리는 이성적인 지적 노동과 마음을 열어두고 있어야 하는 도덕적 노동을 피하고자 하는 것일지도 모른다. 더욱이 정보 전달은 소음과 밀도 있는 상황을 관통해야 한다는 조건이 프로파간다라는 방법에 의지할 이유가 된다. 프로파간다에 우리가 귀를 더 기울이게 되기 때문이다. 우리는 지나침에 관한 한 토크빌적인 인간이 된 것이다. 오직 선정적인 것이 내향성과 사소한 관심사로부터 우리를 일깨운다. 또한 안도감을 주지만 동시에 우리를 지루하게 하는 익숙한 것으로부터 벗어나 다양성을 추구하려는 잠재적인 요구가 내재한 것으로 나타난다.

오늘날 모든 종류의 정치적 참여는 레저 시장의 일부가 되었다. 그래서 소비자와 재화를 두고 다른 레저 활동들과 경쟁한다. 지금까지 자동적인 지지기반을 주던 계급구조와 정당 간의 차이가 무너져 이제는 유권자의 충성이 임대되는 새로운 소비자 중심주의를 낳았다. 구매력과 뉴미디어의 결합은 모든 종류의 선택과 대중의 당파심을 약화시켰고, 물려받은 지혜와 공동체의 신화적 구조는 그들의 쇠퇴와 함께 작동이 만료되었다. 설득의 영역이 열려 있다. 그 공간을 차지하려는 다양한 압력의 교섭은 사람들을 취약하게 만든다. 그리고 지역 고유의 지혜가 프로파간다에 대한 대항을 대표했던 반면 전통적 방식에서 멀어져가는 현재의 지식 취득 방법은 프로파간다의 우위에 힘을 보탠다. 이동할 수 있고 도시화된 사회는 문화적·윤리적으로 진공상태가 되고 전통이 자리를 비운 공간을 논쟁이 채운다. 즉, 프로파간다의 한 가지 동기는 과학기술 중심의 시장 민주주의 사회에서 빈곤해진 사회적 통합 메커니즘이다. 공동체의 오랜 정체성이 삭제되고 사회적 계층이 쇠퇴하면서 의식화儀式化되고 상속받은 충성도 종말을 맞는다. 선생, 성직자, 부모 또는 공동체의 강제와 사회적 압력 같은 전통적 권위의 명령이 아니라 적극적인 설득이 더 중요해지는 것이다. 모든 권위가 임시적이고 협상의 대상이 될 때 설득이 중심에 놓인다.

단일 쟁점 집단들

오래된 획일적 확실성과 그들의 표현이었던 사회조직의 분열이 빚어낸 또 다른 징후는 단일 쟁점 집단들*이다. 그리고 그들의 편재성은 프로파간다 이면의 추진력이다(제5장 참조). 이는 20세기 후반에 나타난 정치적 현상이다. 그들이 만들어지고 유지되며 입법 과정에서 의제 설정이라는 영향력을 발휘하는 것은 바로 프로파간다라는 도구를 활용한 결과이다. 단일 쟁점 집단들은 감정적인 행동 요구에 대한 조직적인 응답이다. 그러므로 더 나아가 프로파간다의 결과는 감정적 호소의 제작소가 된다. 단일 쟁점 집단의 문헌과 만들어진 이미지를 다른 용어로는 묘사하기 어려울 것이기 때문이다. 실제로 그 단체 중 일부는 정치 정당보다 더 크다. 동물의 권리, 낙태 등의 이슈는 주류 의제 사이에 끼어들어 그들의 자리를 빼앗는다(Richardson, 1995). 많은 이에게 정당보다 단일 쟁점 집단에 충실한 것이 주는 감정적인 만족감이 더 크다. 이데올로기적인 타협이 적기 때문이다. 그들은 즉각적으로 감정적 호소를 쏟아낸다. 쟁점은 정치 정당과는 달리 인격화될 수 있기 때문에 그것이 '우리의' 문제가 되고, 참여는 쾌락주의적 소비 활동이자 사회적인 표현 행위가 되기도 한다. 그러므로 단일 쟁점 집단에 참여하는 것에는 상징적인 면이 있다. 그것은 사회적인 자아를 표현하는 방법 중 하나로서 우리 정체성의 일부가 된다.

뉴스 생산

프로파간다가 현대 사회에서 확산되는 또 다른 이유는 신문이 영웅과 악당이 있고 거기에 교훈까지 담은 간결한 이야기를 필요로 한다는 데 있다. 아마도

---

* 이른바 비정부기구NGO나 이익집단을 가리킨다. 특히 이 글에서는 한 가지 정치적인 이슈를 공론화하는 집단을 염두에 둔 표현이다.

계획적인 의도는 없었겠지만 그렇게 해서 프로파간다 전장에 뛰어들려는 것이다. 이렇듯 이야기를 필요로 하는 것은 신문의 구성과 그 문화 자체에 고유한 특징이다. 또한 그런 요구는 뉴스 '생산'의 절대적인 필요성과 유동적이고 일정한 모양이 없는 생활 속 사건들에 구조와 의미를 부여할 수 있는 원형적 신화를 필요로 하는 인간의 뿌리 깊은 욕구 모두에서 비롯된다. 플롯, 캐릭터, 극적 긴장감, 강렬한 결말과 감명 깊은 교훈이 있는 좋은 이야기를 사랑하는 것은 모든 문화권에서 공통적으로 나타났고 아주 오래전부터 이루어진 인간적 활동 중 하나였다. 그래서 조지프 퓰리처 Joseph Pulitzer가 19세기에 구성적 장치로서의 이야기가 지닌 가치를 처음 발견한 이후에 그것은 신문 담론의 지배적인 양식이 되었다. 이 점 때문에 신문기사가 곧 프로파간다가 되는 것은 아니지만 적어도 신문이 종종 스스로 선전기관이 되는 이유를 분명하게 설명해준다. 신문은 영웅, 악당, 스캔들, 교훈, 윤리적인 행위자이자 분배정의를 가져오며 권력의 오만에 대한 징벌을 내리는 역할을 필요로 한다. 그래서 자신의 기사를 이따금 프로파간다와 구분할 수 없게 만든다.

이런 멜로드라마 같은 탐색의 서사는 주어진 상황에 선행하는 복잡한 것들을 무시한다. 그것들은 간단한 이야기나 은유로는 표현될 수 없기 때문이다. 뉴스는 진정 말 그대로 '생산'된다. 자료는 미리 짜인 서사구조에 맞추어 가공된다. 그리고 모든 미묘한 차이는 무시된다. 오랫동안 발전해온 문제인 미국의 저축대출조합 사태 같은 사건은 마치 갑자기 발생한 것처럼 그려진다. 이에 따라 어떤 부도덕한 개인이나 집단 및 그들에 대항하는 영웅을 식별하고 결말까지 생각해둘 필요가 있다. 그리고 만약 악당을 식별할 수 없다면 '아직 증거는 없다' 같은 표현과 함께 암시의 수사로 그들을 만들어낼 수도 있다. 크레린스턴(Crelinston, 1989)이 말한 것처럼 "언론계와 뉴스를 연구하는 사람 모두 뉴스와 연예오락의 구분선이 그리 뚜렷하지 않다는 것을 점점 더 인식하고 있다".

이런 현상을 가리키는 하나의 용어는 '뉴스 생산' 접근법이 될 수 있다. 그리고 '뉴스 생산'은 프로파간다와 개념적으로 동일하지는 않지만 둘은 명백히 유사성을 지니고 있으며 때때로 하나가 되거나 같은 경우도 있다. 이를 탓할 만한 사건은 — 만약 비난을 해야 한다면 — 퓰리처가 조용한 서사에 감정을 도입한 것이다. 그는 뉴스에 드라마를 집어넣었다. 그리고 플롯과 스토리 그리고 개성까지 덧붙였다. 그때까지의 신문은 정부의 활동을 편견 없이 설명하는 데 그쳤지만 퓰리처는 선언적인 헤드라인, 큰 사진, 눈길을 잡아끄는 그래픽을 사용했다. 논리적 설명보다는 감정적인 긴박감이 더 추구되었다(Vanderwicken, 1995). 크레린스턴이 주장하는 것처럼 "사건의 전후관계를 설명하는 것은 사람들을 지루하게 만든다". 뉴스는 경쟁이 심한 시장에서 팔리는 상품이라 그것이 성공하려면 활기차고 독창적이며 감동적이고 쉽게 이해되어야 한다. 사실상 이 점들은 프로파간다의 고전적인 특성들이다.

때때로 자유 언론도 '지배적인 견해'를 표현하고 다른 의견들을 비정상적으로 보이게 하는 데 공모할 수 있다. 이처럼 한 의견이 주요 신문들에서 보편적으로 다루어질 때 그 기술뿐 아니라 효과도 프로파간다와 닮게 된다. 닐 키녹이 이끄는 노동당이 여론조사 결과에서 우위를 보였던 1992년 영국 총선의 경우가 그렇다. 언론계는 그를 희생시키기로 결정했다. 예를 들어 ≪선≫은 8면짜리 화려한 특집 "키녹가에서의 악몽"이라는 기사를 내보냈다(제6장 참조).

포스트모더니즘

프로파간다가 계속되고 심지어 르네상스를 맞은 현상은 포스트모더니즘 이론들과 관련지어서도 이해할 수 있다. 포스트모더니즘의 세계가 프로파간다 영역이기도 하다. 예를 들면 프랑스의 극단적인 포스트모더니즘 이론가들은 객관적인 기준이라는 개념을 거부하는 경향이 있다. 그들에게는 절대성과 진실의 압도적 권위는 없고 모든 것은 해석의 문제가 된다. 이성이란 더욱 의심스러운 것이기 때문에 동시에 감정적인 판단이 큰 힘을 얻게 된다. 예를 들어 계몽시대의 이성에 대한 존경과 막스 베버의 이성적 통찰력은 우리 감정의 유효성에 대한 신뢰에 의해 대체된다. 이것을 주장하는 데 이론가들은 그들이 깨달은 세계의 모습을 묘사할 뿐 아니라 지적인 수준에서도 정당성을 증명한다. 더 급진적인 이론가들은 객관적인 진실의 개념을 포기하면서 오히려 프로파간다를 신임한다. 절대적 기준이 없다면 균형 잡히고 엄밀한 분석이더라도 감정적인 추측보다 더 나은 설명이라고 할 수 없다. 프로파간다 텍스트는 상당한 인정을 받게 된다. 그 의미와 중요성이 진지하게 다뤄지며 그것이 프로파간다라는 이유로 멸시를 받지 않는다. 더욱이 어떤 진실도 절대적이지 않기 때문에 진실에 대한 추구가 목적으로서 덜 중요해지거나 심지어 전혀 중요한 목표가 아니게 된다. 프로파간다와 포스트모더니즘의 관계는 실제와 가상의 혼동에 놓여 있다. 포스트모더니스트에게 진짜와 가짜의 구분선은 식별되지 않는다. 우리는 시뮬라크르* 또는 하이퍼리얼리티** 의 세상을 살고 있다. 이미지가 말을 압도하며 텔레비전이 활자보다 더 중요한 시대이다. 전통과 공동체는 사라지고 정체성을 밝혀줄 것은 과장된 상징체계에 머물러 있다. 포스트모던이라는 상황은 프로파간다에 영감을 주며 또한 그것을 설명해준다. 프로파간다는 이미지와 상징을 제조하는 데 초점을 맞춘 창조적인 과정이기 때문이다.

프로파간다를 설명하기: 사회과학에서 얻은 통찰

프로파간다에 대한 연구를 고찰하는 데 사회과학에서 발견된 통찰을 무시할 수 없다. 여기서 다루는 통찰은 간결하고 임의적인 요약이기에 추론적이지만

---

* 모든 실재의 인위적인 대체물을 가리키며 가상실재 또는 모조라고도 한다. 장 보드리야르 Jean Beaudrillard의 시뮬라시옹 이론 참조.
** 초과실재. 보드리야르에 따르면 우리는 실재보다 더 실재적인 허구인 하이퍼리얼리티의 세계에 살고 있다.

프로파간다의 연구 분석을 위해 앞으로 활용될 가능성이 있다. 우리는 심리학과 사회학이 프로파간다의 해석에 깊이를 더할 수 있는 주요한 방법들의 일부를 요점 정리한다. 프로파간다는 첫째, 사회적인 맥락 안에서 경험된 사회적인 현상이며, 둘째, 거짓말 같은 것에 진실성을 더하는 비이성적인 현상이기 때문이다.

심리학의 설명

행태주의(O'Shaughnessy, 1992 참조)

• **고전적 조건부여**__ 모든 형식의 행태주의는 한 가지 가정에 바탕을 두고 있다. 어떤 행동은 그에 상응한 반응을 하도록 조건 짓는 외부 환경적 요소에 의해 발생한다는 것이다. 고전적 조건부여는 무의식적 반응이 일어나 자동적으로 관련 결과를 일으킬 것이라고 가정한다. 그리고 전통적인 견해는 모든 조건화는 무의식적인 학습이라고 설명한다. 끊임없이 반복하는 식의 주장과 이념은 프로파간다의 조건화 효과에 기여할 수도 있다. 나폴레옹과 히틀러는 가짜 고전주의적 상징을 사용했지만 말보로 카우보이 같은 광고의 상징도 있다. 그리고 그러한 상징들은 때때로 조건 반사적인 반응을 낳을 수도 있다. 이전부터 가지고 있던 매우 중요한 연상 관계나 존 불John Bull[*]의 상징과 그에 부여되는 연상의 범위라는 예에서처럼 민족적이고 국가적인 전형적 상징의 경우에 조건화는 분명 타당한 개념이 된다. 또한 고전적 조건부여는 수사법에서도 사용되는데 그 수사적 용어는 '디킨스적 조건', '라흐만[**] 같은 지주'와 같은 표현

---

[*] 전형적인 영국인의 상징. 1712년 스코틀랜드의 J. 아스버넛이 쓴 정치풍자집 『존 불의 역사』에 등장한 이후 여러 문학작품에서 영국인의 다양한 성격을 드러내는 상징으로 쓰였다.

[**] 피터 라흐만Peter Rachman. 20세기 중반의 영국 지주로서 임차인들에게 혹독했

에서처럼 마음을 확 잡아끄는 연상을 만들어낸다.

• **자발적 조건부여** __ 자발적 조건부여는 조건화에 대한 좀 더 자유주의적인 생각을 대표한다. 모든 살아 있는 유기체는 임의로 규정된 행동이 강화될 때마다 다시 일어날 가능성이 증가한다. 반응이 강화되지 않으면 반대로 소멸을 맞이한다. 자발적 조건부여는 사람들이 의식적인 심의나 기대되는 결과 때문에 행동하기보다는 과거의 비슷한 행동을 뒤따랐던 결과 때문에 행동한다는 가정을 따른다. 자발적 조건부여는 고전적 조건부여보다 프로파간다의 작동을 설명하는 데 더 유용하다. 광고는 종종 특정 자동차와 같이 제품에 대한 사회적인 동의를 보여줌으로써 반응 강화를 노린다. 또한 특정 방취제 브랜드에 대해서는 사회적인 불만을 보여주기도 한다. 이런 반응 강화는 프로파간다와 비슷하다. 프로파간다 영화는 충성이나 영웅적 행위 같은 훌륭한 행동이 어떻게 보상을 받으며 바라지 않은 행동은 어떤 벌을 받는지를 기록한다. 그들은 이상화된 행동 유형을 이상적인 인물을 통해 그려내고 그렇지 않은 이들을 헐뜯는다. 프로파간다의 기능은 과거의 즐거움과 오래된 원한까지 상기해 다시 활기를 띠게 하는 것이다. 북아일랜드에서의 신교와 가톨릭의 노래, 신화, 행진과 같은 의례들은 다음 세대에 각 종파의 집단의식을 주입하려는 강화의식이다. 아돌프 히틀러는 아마도 행태주의적 프로파간다 이론에 전적으로 동의할 것이다.

사회심리(Webber, 1992 참조)

• **자아에 대한 사회적 인식** __ 자의식이 줄어들면 행동할 때 우리의 가치관과 부합하지 않는 행동을 더 많이 하게 된다. 자기인식이 줄어든 상태를 몰개성화라고 한다. 이는 집단에 몰입하는 것, 신체적·사회적 익명성, 또는 자극적이거나 혼란스러운 조건 같은 상황에서 발생한다. 이런 상황에서는 개인적인 본

다고 알려짐.

래 모습이 미치는 영향력이 적어진다. 집단에 몰입하게 하는 것은 소련의 '피오네르'*와 같이 선전원이 지배권을 가진 조직을 갖추었을 때 달성할 수 있다. 신체적·사회적 익명성과 혼란스러운 조건 같은, 모든 집단감정을 위한 조건들이 뉘른베르크 집회에 있었다. 자크 엘룰Jacques Ellul은 이런 유형의 전도 조직에 입회시키는 것이 프로파간다에 얼마나 중요한지를 강조했다. 프로파간다는 가입자 명단을 필요로 한다. 텔레비전 전도와 같은 프로파간다는 정확히 이런 군중의 존재에 대한 의식 때문에 성공할 수 있다. 사람들은 IRA 같은 조직에 가입한 후에 혼자라면 절대 계획하지 못할 행동들을 감행한다. 나치는 특히 집단에 초점을 맞추어 누구나 조직에 회원으로 가입하게 했다. 대학교수도 마찬가지여서 그들에게 신체적 적성을 요구하며 처벌도 가했다(Grunberger, 1991).

- **자발성** __ 자기 동기부여는 일관성을 가지려는 욕망을 감춘다. 프로파간다에서 특히 강한 호소는 자기 정당화의 요구이며, 그렇게 정당화해야 할 것들이 실제로 많다. 예를 들면 광고는 우리의 사치와 쾌락주의에 면죄부를 주려고 한다. 그렇기에 구매 후의 정당화가 중요한 목표가 된다. 로널드 레이건은 사회적 불평등에 대해 수사적인 정당화를 제공했고, 시장 근본주의자들은 미국을 향해 실업률이 높을수록 국가에 이롭다고 말했다. 또 다른 중요한 자기 동기부여는 자아존중감의 보호이며 이 또한 프로파간다의 기능이다. 그리고 이는 개인뿐 아니라 국가에도 적용된다. 프로파간다는 사물을 왜곡하는 거울이다. 레이건의 프로파간다는 사람들에게 아첨하고 그들의 관심을 공공예산의 낭비에서 다른 곳으로 돌렸다. 심지어 처칠의 수사도 때때로 국가적인 만족감을 위한 알랑방귀였다.

- **사회적 정보** __ 우리는 특히 타인에 대한 정보를 필요로 하며 이를 위해 여러 종류의 사회적 정보에 기댄다. 그래서 어떤 특색을 묘사하는 표현은 항상 예

---

* 소비에트 연방의 공산당원 양성단체로서 10세에서 15세의 소년들이 구성원이다.

외를 무시하는 잘못을 저지르는데도 특색에 대한 인식과 행동에 대한 일반화는 보편적으로 나타난다. 선전원들은 위인의 특성을 모든 리더들의 행동을 해석하는 효율적인 도구로 활용한다. 금욕주의(아돌프 히틀러), 남자다움(마오쩌둥), 국부國父(드 발레라de Valera), 여자 가장家長(골다 마이어Golda Meir), 패밀리맨(블레어), 강인한 지도자(대처), 애국자(부시 2세), 전쟁영웅(부시), 성인(간디), 지식인(엘리너 차우세스쿠Elena Ceausescu), 남성스러움(반나신의 무솔리니) 같은 표현이 그런 예이다. 평범한 사람도 정권이 선호하는 특성을 나타내기 위해 선택된다. 이런 특성들은 적대적인 프로파간다를 위해서도 사용되는데, 이를테면 나치 프로파간다에서는 쾌락에 빠진 처칠을 볼 수 있고 반대편에서는 괴벨스의 신체적 장애를 볼 수 있다.

고정관념은 일반화이다. 특히 어떤 개인이 지닌 특성이 그가 속한 집단 모두에게서 찾을 수 있는 것으로 생각하는 것이 그렇다. 고정관념은 많은 비난을 받지만 필연적인 현상이기도 하다. 그들은 발견적·인지적 지름길로서 복잡한 것과 모호한 것을 단순화하고 균형 잡힌 판단을 내려야 하는 지적인 노동으로부터 우리를 면제한다. 그래서 알렉산더 코르다Alexander Korda는 영국인을 정밀하게 묘사하지 않고 외국인들이 그들에 대해 지닌 인식과 일치하게 그렸다. 그리고 이것은 그에게 불변의 원칙이었다. 전형의 생산은 분명 선전원의 활동 중 하나이다. 사회주의 노동영웅이나 대처주의 기업가 등이 그 예이다. 정치적·국가적 적이 캐리커처로 다루어진다는 것은 특히 중요하다. 나치의 선전은 영국 이미지의 전형에 제국주의의 잔인함이나 지배계급의 연약함이라는 덧칠을 했다. 그들은 스스로 영국 금권정치라고 부른 것을 노골적으로 풍자했다. 그런 이미지는 틀림없이 유대인들과 결탁한 것으로 그려지곤 했다. 영화 〈로스쉴즈 The Rothschilds〉에서 다윗의 별*은 영국 지도와 겹쳐졌다. 반대로 영국인들은

---

* 유대교의 상징(✡).

독일인들을 곧잘 로봇으로 묘사했다. 한 영국의 프로파간다 영화는 나치 돌격대원들의 행진 장면을 노래 「람베스 워크The Lambeth Walk」[*]에 맞추어 앞으로 뒤로 돌리는 장면을 넣었다.

정신분석 심리학(O'Shaughnessy, 1992 참조)

여기서 핵심이 되는 것은 심리의 비밀스럽고 비의식적인 부분과 특히 신경증에 대한 설명이다. 주장하는 바는 무의식적인 동기가 원인 기제라는 것이다. 이드, 자아, 초자아는 균형이 깨지고 억압이 일어나며 신경증은 그들을 화해시키려고 한다. 안정성은 더 나은 이해를 통해 성취된다. 행태주의보다 나은 정신분석학 이론의 매력은 동기의 복잡함에 대한 통찰을 제공한다는 데에 있다.

프로파간다는 정신분석학자들이 크게 기여할 수 있는 부분이다. 프로파간다로서의 합성가족 형성은 특히 그들의 관심을 끈다. 또한 아버지라는 인물은 전체주의의 중심 테마였다. 파이프를 입에 문 스탈린의 모습에 투영된 모습은 명백히 인정 많은 아저씨 같은 이미지이다. 그런 전능한 가부장은 고통과 불안의 시기에 사람들에게 위안을 주는 인물로 비춰진다. 가부장은 프로파간다에서 찬미되는 아버지 역할을 맡는다. 이런 역할극에 또 다른 필수적인 부분은 국민들은 아이들처럼 느끼고 행동한다는 것이다. 독재자는 마치 가부장이 그런 것처럼 엄하지만 애정이 깃든 손길로 그들 삶의 세세한 부분을 챙겨준다. 예를 들어 아돌프 히틀러는 베를린 지하철 공사 중에 사고로 죽은 노동자들에게 국장을 치러주었다(Grunberger, 1991). 그럼으로써 나치 지배하의 노동자 지위를 고양함은 물론 인자한 아버지 표상으로서 자신의 역할 또한 강조했다. 부성을 제공하는 것은 독재자만이 아니다. 아버지의 대리인은 역사 속에서 구해지기도

---

[*] 람베스Lambeth는 독재나 파시즘과는 거리가 먼 노동계급의 문화와 시장을 상징하는 영국 런던의 한 도로이다. 「람베스 워크」는 1937년 뮤지컬 〈미 앤드 마이 걸Me and My Girl〉의 삽입곡이다.

하며 그들은 저승에서도 가장과 같은 역할을 할 수 있다. 나치 영화는 빈번하게 이런 식으로 비스마르크나 프리드리히 대제 같은 총통의 대리인을 활용했다. 물론 전체주의 프로파간다에서 가부장적 질서를 표현한 또 다른 방식은 독재자들이 아이들과 함께 영화나 사진에 나오는 것이었다.

프로파간다로서 정치적인 '가족'을 만드는 것은 아버지 표상을 만드는 것을 넘어선다. 때로는 아들의 표상도 등장하는데 특히 혁명론자들 사이에서 그런 경우를 찾을 수 있다. 예를 들어 카스트로와 게바라 또는 히틀러 소년단Hitler Youth의 단장으로서 발드르 폰 쉬라흐Baldur von Schirach에게 주어진 역할이 그렇다. 또한 어떤 의미에서 보면 그 프로파간다가 투사하고자 했던 것처럼 레닌과 스탈린의 관계가 그렇다. 이런 프로파간다의 초점은 부성의 요소를 표현하는 데에 있다. 전능한 권력자의 자애로운 시선 아래에서 국민들은 아이들로 퇴행하고 의사결정의 고통은 그들의 손에서 떠난다. 물론 어머니의 표상도 있다. 프로파간다는 국가 그 자체를 다산의 풍요로운 어머니로 자주 그려왔다. 실제로 전쟁 프로파간다에서 여성들은 남성들의 연인과 아내의 역할보다는 어머니 역할을 더 자주 맡는 것 같다. 그리고 선전의 의도를 지닌 전쟁 영화는 사회적으로 관련을 맺게 된 개인들로 구성된 군부대를 묘사할 때 그들에게 일종의 군대 내의 가족성과 그 역할을 부여한다. 그래서 어머니 역할, 막내 역할 등이 있는 것이다. 그리고 전체 군대는 대가족이 된다. 그러한 영화들은 가족의 생활주기까지 반영하는데 '아이들'이 자라서 반항하고 결국 가족의 주도권을 잡는다. 특히 미국 영화에서 그런 군인 집단들은 다른 민족성과 국내 하위집단들을 의미하며 국가는 가족이라는 생각을 암시적으로 보여준다.

프로파간다를 채우는 가족 개념의 또 다른 변이형은 피지배자들 또는 '하위의' 국민들을 아이들로, 식민지를 가진 인종에게는 아버지 역할을 맡기는 것이다. 아이들인 피지배 국민들은 순진하고 열광적이며 뭔가 이상하게 재잘거리지만 동시에 훈육과 보호를 필요로 하는 것이다. 예를 들면 폴 로브슨Paul Robeson이 출연한 〈샌더스 오브 더 리버Sanders of the River〉 같은 영화에서 이러

제2장 프로파간다를 해석하기 97

한 특성을 모두 찾을 수 있다. 헝가리에서 벨라 쿤Bela Kun의 단명한 공산정부 통치하의 영화 정치위원이었던 알렉산더 코다Alexander Korda 감독은 아마도 그가 영국 제국주의를 위한 프로파간다를 만들고 있었다는 사실을 부인할 것이다. 하지만 다른 이들은 그처럼 생각하지 않을 것이다.

정신분석학자들은 프로파간다에서 성性이 유인책이며 또한 위협으로서 중요하다는 점에 흥미를 가질 만하다. 피지배 국민들과 인종들은 성적인 위협으로 그려진다. 그들은 지배적인 집단의 순수성을 오염시킴으로써 그 고결함까지도 해칠 수 있기 때문이다. 나치는 피지배 국가의 성적으로 매력적인 남성과 여성이 주는 위협을 특히 걱정했다. 그래서 피지배 국민들을 문란한 이들로 인식시키는 것이 중요했다. 나치 프로파간다는 사람들에게 인종적인 오염의 무시무시한 위험성을 경고하고자 애를 썼다. 예를 들면 아프리카인 군인을 보유한 프랑스는 '유럽의 인종적 독살범'으로 그려졌다(Herzstein, 1978).

우리가 경계해야만 할 것은 적의 성적 매력만이 아니다. 사회적으로 적을 만드는 과정의 일부로서 그들을 성적인 침해자들로 묘사했다. 그리고 이런 성적 침범이라는 주제는 특히 잔악함에 대한 프로파간다에서 특히 강했다. 적은 강간범으로 암시되거나 때로는 노골적으로 그려진다 — 예를 들면 1918년의 할리우드 영화 〈베를린의 야수, 카이저The Kaiser Beast of Berlin〉. 전쟁과 섹스는 밀접하게 관련되어 있고 제1차 세계대전의 프로파간다에서 독일의 잔악 행위는 여성에 대한 공격으로 그려졌다. 그리고 간호사 에디스 카벨Edith Cavell[*]의 처형에 대한 영국군의 반응은 같은 종류의 분노로 포장되었다(제4장 참조). 적을 성적인 침해자로 그리는 것은 여러 프로파간다에서 공통적인 유행으로 보인다. 예를 들면 이탈리아 파시스트의 포스터에는 유인원처럼 생긴 흑인 미군이 아름다운 여성의 고전주의 조각상을 들고 있다(Rhodes, 1993). 정황적 의미는 명백하다.

---

[*] 제1차 세계대전 중 벨기에에서 영국군과 프랑스군을 치료하고 중립국 네덜란드로 탈출할 수 있게 해주었으나 독일군에 발각되어 사형되었다.

물론 성폭행 위협은 양쪽에게 프로파간다로 사용될 수 있다. 방어하는 측에서는 분노를 일으키기 위해, 공격자 측에서는 공포를 불어넣기 위해 사용하는 것이다.

적은 단순히 성적인 침해자가 아니라 순수한 여성을 강간하는 것으로 그려진다. 당신이 보호하는 여성은 '순수'하다는 것은 거의 전쟁 선전의 불문율이다. 성행위는 암시적으로만 나타난다. 그 여성들은 충성스럽고 매우 도덕적이다. 이런 특징은 거의 보편적이어서 그들을 침해하는 것은 모두를 더 화나게 한다. 하지만 그런 여성들은 남성들에게 성역할 부담을 주기도 한다. 즉, 나가서 싸우라는 것이다. 제1차 세계대전 시기에 등장한 "우리는 당신이 크리켓을 하는 걸 보았어요. …… 우리는 그대를 잃고 싶지 않아요. 하지만 그대가 가야만 하는 걸 아는걸요"라는 노랫말은 "영국의 여성들은 그대에게 가서 싸우라고 말한다"나 "당신의 남자친구는 카키색 군복을 입고 있는가?"와 같은 슬로건과 함께 선전 포스터와 영화에서 자주 반복되는 이미지이다. 그러므로 군 생활은 남성성의 정의가 되고 군인이 되지 않는 것은 남자이기를 그만두는 것이자 거세되는 것 – "아빠는 전쟁 때 뭐하셨어요?" – 이 된다. 영국에서는 징병제가 세계대전 중에야 도입되었기 때문에 이러한 방식의 설득은 국가적으로 매우 중요했다는 점도 기억해야 한다. 입대 선전에서의 호소는 전통적인 남성성에 대한 것이었다. 성별로 역할이 주어졌다. 남자는 용감히 싸우고 여자는 남아 집을 돌보는 것이다. 그들의 순결에 대한 암시뿐 아니라 조국의 순결도 나타났으며 둘은 동일시되었다. 여성은 자유와 같은 추상적인 관념을 구현하기도 했다.

선전 방법에는 공공연히 성애적인 층위가 있다. 예를 들어 혁명은 성적인 '해방'과 연결된다. 볼셰비키 혁명 초기나 1968년 파리에서 그러했다. 혁명에는 자유연애와 모든 '압제'가 해제되었다는 인식의 선언이 수반된다. 지배계급뿐 아니라 내부의 도덕적 질서도 전복된다. 새로운 질서가 수립되거나 부르주아지의 반격이 시작되기 전의 시기에 아방가르드와 방랑정신을 꽃피운다. 물론 성적 매력은 소비자 광고에서 특히 유행이지만 모든 형태의 프로파간다에 존재한다. 예를 들어 나치는 독일의 마릴린 먼로인 크리스티나 소더바움Christina Soderbaum을 그들의 영화에 자주 출연시켰다. 선전영화는 종종 매력적인 여자들과 남자들 간의 낭만적인 관계를 전면에 내세우는 이야기로 성공하는 경우가 많다. 그리고 선전 메시지는 배경과 줄거리에 은밀히 숨겨진다. 실제로 이는 프로파간다의 잠재력을 보여주며, 아마도 그 최고 형태인 예술로서 울림을 지닌 것에 대한 찬사이다. 유명한 영화인 〈카사블랑카Casablanca〉도 프로파간다 장르의 최고급 표본이라 할 수 있다 – 물론 그렇게 분석되는 경우는 드물다.

독재자들 역시 명백히 성적 스타일을 드러낼 수 있다. 그들의 성적 능력에 대한 소문의 유포부터 무솔리니가 국민들 앞에서 맨가슴으로 퍼레이드를 하는 것 – 이는 좀 더 부르주아적인 아돌프 히틀러에게는 저속한 것으로 놀라움을 주었다 – 까지 다양하게 나타난다. 에로티시즘은 프로파간다에서 유력한 요소일 수 있다. 나치예술을 서투르게 꾸민, 브뢰겔* 화풍의 농부와 대지 모습으로 감각적인 환상을 자극하기는 힘들겠지만, 나치의 초상화집에는 벌거벗은 여인과 운동선수의 나체 이미지도 많이 있다. 실제로 힘의 상징으로서 남성의 육체는 나치 예술과 프로파간다에서 중요한 특색을 이룬다. 이는 이후 세대의 데님과 화장품 광고에서도 보인다. 오늘날 하겐다즈Häagen-Dazs와 캘빈 클라인Calvin Klein은 그런 관련을 잘 이해할 것이다. 지배민족의 우월성과 성적 능력 사이에는 분명 등식이 성립한다. 하지만 프로파간다에는 포르노그래피적 요소가 명백히 포함된다. 율리우스 슈트라이허Julius Streicher의 〈돌격Der Sturmer〉의 헛소리부터 1917년 4월 혁명 이후 인쇄되어 유포된 라스푸틴Rasputin**과 황후의 구애라는 선정적인 이야기들까지 그 예는 다양하다(Figes, 1997).

정신분석학자들의 관심이 될 만한 프로파간다의 또 다른 특성은 이상적이고

---

* 16세기 네덜란드 지역 화가로 농민생활에 대한 그림을 많이 그렸다.
** 러시아의 성직자이자 신비주의자로 혈우병을 앓고 있던 황태자를 고쳐 니콜라이 2세와 황후 알렉산드라의 총애를 얻었다.

세상에 의해 더럽혀지지 않은 순수를 회복하려는 강박관념이다. 전체주의는 자궁과 같은 피난처로의 퇴행을 바라는 것이라 표현할 수 있다. 프로파간다는 우리에게 완전한 세계가 가까이 다가왔다고 끊임없이 확신시킨다. 그런 완전한 세계는 전체주의의 무수한 유토피아부터 광고 산업이 투영한 물질적으로 풍요롭고 건전한 세계의 모습으로 나타난다.

사회학의 해석(O'Shaughnessy, 1992 참조)

사회 인류학

빈틈없는 선전원은 사람들이 지니고 있는 편안하고 개인적이고 잘 짜인 진실된 전체 틀을 손상시키려 하기보다는 자신의 메시지를 상대방의 개념적인 세계와 조화되도록 전달한다. 관련된 이에게 어떤 행동이 의미하는 바를 해석함으로써 행동을 해석하는 모든 방법을 가리키기 위해 현상학이라는 용어가 사용된다. 우리에게는 사람들이 주어진 환경을 묘사하고 구조화하기 위해 사용하는 개념들을 조사해볼 필요가 있다. 그리고 이는 선전원에게 핵심 작업이 되어야 한다. 그렇지 않으면 우리의 암호는 해독되지 못하고 의미는 소극적으로 오해되거나 적극적으로 적대감을 낳을 것이다.

교환이론

교환이론은 행태주의에서 보상 개념을 빌려오고 비용으로 처벌 개념을 대체한다. 중요한 것은 정치적 소비자들이 유용성을 최대화하는 경제적 인간으로서 얼마만큼 행동하는지에 달린 것이 아니다. 문제는 정치적 행동이 인간의 동기에 대한 그런 제한된 시각으로 얼마나 적절히 설명될 것인지이다. 느낌, 가치, 정서, 의무감과 같은 중요한 것들을 무시하는 교환행동주의는 사회적인 행동을 "보상을 최대화하고 비용을 절감하는 행동주의적 쾌락주의"로 축소한다(O'Shaughnessy, 1992). 물론 교환이론이 분명히 적용되는 상황이 있다. 소비자 광고는 때때로 경제적인 호소에 초점을 맞추어 현명한 가격을 강조한다. 이와 비슷하게 프로파간다는 많은 상황에서 개인적인 이득이나 자기보존이라는 점에 초점을 맞춘다. 혁명론자의 선전은 앙시앵 레짐ancien regime[*]이 전복되었을 때 생길 수 있는 물질적인 보상을 특히 강조한다. 그래서 레닌의 러시아 혁명 슬로건은 "농민에게 땅을, 군인에게 평화를, 노동자에게 빵을"이었다. 부르주아지, 귀족, 유대인과 같은 일부 계층의 재산을 징발한다는 생각은 분명 프로파간다가 이용할 수 있는 고유한 매력이다. 좀 더 일반적으로 정당 정치 선전과 마케팅은 언제나 경제적인 이득을 강조했다. 그래서 레이건은 "당신은 지금 4년 전보다 잘살고 있습니까?"라고 물었다. 이는 여러 가지 정당 프로그램을 시행하기 위해 가치나 이상주의에 호소하는 것보다 더 중요한 추동력이 될 수 있다. 하지만 그들은 전향자를 만들지는 못하고 임대된 충성을 추구하는 데에 그친다. 말하자면 그들은 가격만 가지고 경쟁하려 하는 회사와 같은 딜레마에 빠져 있는 것이다.

전쟁은 이기심을 계산하는 것이 프로파간다의 중요한 차원이 되는 특별한 상황이다. 전쟁 선전의 목적은 적으로 하여금 항복하게 하는 것이다. 그래서 안전을 보장하는 것은 매우 중요한 방책이다. 하지만 그와 동시에 사람들이 자신의 생존에 대해 심각하게 우려하고 있을 때 편재하는 공포에 호소하는 것 역시 중요한 책략이 된다. 독일의 프로파간다는 독일 전쟁기계, 부대행진, 폭격비행단의 거대한 파괴력을 강조해 다른 잠재적인 참전국을 겁주었다. 그런 공포에 대한 호소가 실제로 참전국들을 위협했다면 그것은 가장 강력한 나라와 한편이 되려는 바람을 활용한 동맹 제안이기도 했다고 할 수 있다.

사적인 목표는 전쟁 선전의 유일한 초점은 아니라는 것이 강조되어야 한다. 이타적인 동기와 사회적 의무 개념도 중요하다. 교환 구조주의는 블라우(Blau,

---

[*] 구제도를 일컫는 말. 프랑스 혁명 당시 혁명세력이 신분제와 가톨릭 지배체제 등의 구체제를 혁파되어야 할 옛 제도라고 부른 데서 유래했다.

1964)의 교환이론이다. 이 이론은 '보상' 개념을 확대해 사회적인 동의나 존중 그리고 다른 이들에 대한 영향력으로서의 존경과 같은 무형의 것들을 포함시켰다. 그러므로 교환 구조주의는 아마도 많은 전쟁 프로파간다를 잘 표현해주는 용어이다. 즉, 존경의 필요를 강조하고 사회적인 관심과 같은 것을 포함하도록 보상 개념을 확장한다. 이탈리아의 모병 포스터에 전통적인 봄버진 옷*을 입은 어머니가 그의 아들을 독려하는 모습을 담은 것이 그러한 예이다(Rhodes, 1993). 하지만 여기에서도 초점은 여전히 이기주의이며 정치적 설득에서 이타주의의 유용성은 고려되지 않고 있다. 괴벨스는 제2차 세계대전 중 공동체 정신에 호소할 때 가장 효과적인 연설을 했다. 부상당한 이들과 폭격피해를 입은 이들의 구호와 '월동 원조' 등의 상황에서 그러했다. 히틀러는 초기에 고상한 척하는 선전은 항상 실패할 것이라고 말했지만 나치의 프로파간다가 인간의 고결한 본능에 호소했을 때 가장 설득력 있고 성공적이었다는 점은 역사의 패러독스이다.

결론

프로파간다는 사회현상에 대한 우리의 반응과 우리와 사회의 관계를 조정하는 방법이다. 그것은 사회와 따로 떨어뜨려 생각할 수 없다. 그것은 개인들에 의해 해석되지만 그들의 반응은 다른 이들에 의해 영향을 받는다. 선전이 활용하는 불만이란 개인적일 뿐 아니라 사회적이며 더 큰 공동체의 것이다. 그러므로 사회학과 사회심리학의 일부 통찰들을 검토하는 것이 유용하다. 하지만 사회학이나 심리학 모두 프로파간다로 통하는 만능 '열쇠'를 주지는 못한다. 자물

---

* 빅토리아 시대 미망인의 상복감으로 많이 쓰인 원단인 봄버진 천으로 만든 옷이다.

쇠를 열 암호로서의 보편적인 이론을 찾는 이들은 결국 실패한다. 프로파간다가 표현되는 여러 가지 스타일, 호소, 속임수의 유형들은 다양한 방법으로 접근되어야 한다.

제2부 개념 정리

기본 삼위일체 수사법, 신화, 상징
An essential trinity: rhetoric, myth, symbolism

수사법, 신화, 상징은 역사 속에서 대부분의 프로파간다를 떠받치는 세 가지 요소이다. 개별적인 선전 텍스트는 예외가 있을지 몰라도 전체 선전 프로그램은 이 중 한 가지라도 빠져 있는 경우를 상상하기 힘들다.

탁월한 수사법은 결코 폐기되지 않는다. 수사가 효과적으로 영향력을 행사하기 위해서는 대상의 태도나 감정에 '반향'을 일으켜야만 한다(Schwartz, 1973). 효과적인 수사는 대체로 발신인과 수용자가 함께 만든다. 수사는 대상에 이르는 경제적인 방법이다. 언론이 이를 중계하기 때문이다. 이 장에서는 수사의 영향력이 기본적으로 은유의 힘에서 나온다고 주장한다. 그러나 우리는 정보 조작과 같이 새로 출현한 수사법에 대해서도 논의할 것이다. 그리고 특히 로널드 레이건의 수사와 대통령직 수행에 대해서 검토할 것이다.

상징은 이 삼위일체에서 또 다른 한 요소이다. 궁극적으로 우리가 주장하는 것은 다음과 같다. 상징은 응축된 의미로 정의될 수 있고 바로 그것이 경제적인 형식의 프로파간다이다. 상징은 언어와는 달리 보편적으로 이해되기 때문이다. 그리고 상징은 정확하게 따지는 것을 피하고 여러 가지 다른 방식으로 '읽힐' 수 있어 다양한 의미를 부여받는다. 오래된 상징도 다시 사용될 수 있는데 그것은 상징이 고유의 유연성을 지니고 있기 때문이다.

신화의 힘은 서사의 힘이다. 프로파간다는 지적인 도전을 거부하고 신화의 구조 속에 숨는다. 오래된 신화는 재창조될 수 있으며 새로운 신화도 창작된다. 즉, 신화 창작의 영역이 열리는 것이다. 신화들은 문화의 자기변론이며 그것들은 프로파간다의 핵심적인 부분이다 — 예를 들어 고정관념은 일종의 신화이다.

수사법과 프로파간다

이성이 홀로 우리 인식의 틀을 짜는 경우는 거의 없다. 확신에 이르게 하는 것은 바로 감정이다. 수사는 감정적인 설득이며 그래서 그 핵심은 감정이다. 수사는 프로파간다의 부분이지만 그와 자주 혼동된다. 두 어휘는 여러 가지 개념적인 문제들을 지니고 있다. 수사 역시 때때로 남용되는 용어이며 우리가 동의하지 않는 어떤 주장을 가리킬 때 사용될 수 있는 말이기 때문이다. 상징 및 신화와 함께 수사는 프로파간다에서 핵심적인 역할을 하며 셋은 서로 얽혀 있다. 수사법에는 신화와 관련된 상징적인 호소들이 들어가 있다. 수사 - 상징 - 신화의 삼위일체는 모든 프로파간다의 개념적인 해부도이다.

그러므로 수사와 프로파간다의 관계에서 둘의 미묘한 차이를 구분하기는 어렵다. 모든 수사는 프로파간다라는 지적인 주장도 있을 것이기 때문이다. 우리가 얼마나 정밀하게 수사를 정의하고 둘이 공유한 개념적인 범위를 구분하느냐에 많은 부분이 달려 있다. 특히 수사라는 개념에 언어적인 것뿐 아니라 시각적이고 물리적인 것까지 포함했을 때 특히 그렇다.

수사는 한때 유럽 교육의 기초였다. 예를 들어 이튼 칼리지Eton College에서는 매년 주요한 행사 중 하나로 '연설회'를 열었다. 이 자리에서 학생들은 옷을 갖춰 입고 과거의 명연설들을 직접 연설한다. 수사는 지금도 예전만큼 중요하고 기본적인 기능이 이슈의 핵심을 소개하고 강조하는 것이라는 점은 여전하다. 하지만 형식은 바뀌었다. 예를 들어 오늘날 수사의 핵심 초점은 핵심 내용이어서 형식은 간결하게 응집된다. 따라서 이제 수사의 기술은 압축이다.

언어적이며 시각적인 수사는 역사의 기록이 시작된 이후로 선전원 문장 기술의 중요한 부분이었다. 아테네에서는 모든 성인 남성 시민이 의회와 재판 과정에 참여할 수 있었기 때문에 웅변술의 가치가 매우 높았다. 또한 수사법을 가르치는 소피스트들은 교육 및 연설문 작성 등을 할 수 있었다. 언변으로 설득하는 것은 소피스트의 중요 교육 과정이었으며 법률제도와 그리스 비극에도 핵심적인 요소였다. 설득과 설득이 완력보다 우월하다는 인식은 고급문화의 상징이었다. 페리클레스가 장례식에서 했던 연설은 "아테네인들이 자발적으로 정치적 의사결정을 토론에 따라 하기로 한 것을 찬미했다"(Emlyn-Jones, 1987). 수사의 마력은 오래도록 공포의 대상이었다. 수사 자체를 주제로 다룬 오래되고 저명한 작품들이 있으며 그 연구와 실행은 그리스와 로마를 지배했다. 그리스인들은 웅변의 힘에 매혹되었으며 또한 그를 두려워했다. 연설은 "진실을 말하기보다는 많은 사람들을 기쁘게 하고 설득하는 기술적인 글이다"(Emlyn-Jones, 1987). 고르기아스Gorgias는 그의 『찬사Encomium』에서 설득력 있는 언변에 감동받은 헬레나는 강력한 마약에 취한 것만큼이나 무기력했다고 묘사하고 있다. 말하자면 이것은 "설득의 심리학에 대한 최초의 이론적인 논의"였다.

초기의 비평가들

매우 이른 시기부터 수사에 대해 비평하는 이들이 있었다. 고대인들에게는 독립적인 하나의 진실이 있고 수사는 강력하며 위험한 것으로 보였다. 이와 똑같은 많은 주장들이 오늘날에도 반복된다. 수사에 의한 믿음과 감정이 사실보다 중요하게 취급되는 고대의 유래를 그런 이들은 거의 알지 못한다. 설득의 기술은 논쟁거리가 되었다. 달변이 늘 진실을 비추는 것은 아니라는 것을 깨달은 것이다. 아리스토파네스Aristophanes는 『구름The Clouds』에서 소피스트들을 "제자들에게 올바르지 못한 언변을 통해 상황을 조작하는 법을 가르친다"라고 묘사했다(Emlyn-Jones, 1987). 투키디데스Thucydides는 한 쌍으로 된 연설을 준비해 청중들이 둘 중 하나를 선택할 수 있게 했고 그의 클레온은 의회가 달변의 피해자가 되고 있다고 고발했다. 그래서 에믈린 존스에 따르면 아테네에서 연설이란 진실과는 별개로 작동하는 설득력을 의미했으며 인간의 정신에 압도적인 영향을 미치는 약물에 준하는 힘이었다. 말을 뜻하는 미토스Mythos의 또 다른 의미는 '주장'이었다. 페이트메이peithmei는 '나는 설득이 되었다'를 뜻하지만 동시에 '나는 따른다'를 의미해 데니스denies는 경탄할 만하고 설득력 있는 웅변가를 의미한다. 그래서 페리클레스는 말한다. "일종의 설득이 그의 입에 달려 있다. 그는 우리에게 마술을 건다. 그는 그의 청중에게 독침을 남기고 떠나는 유일한 연사이다."

수사는 가짜 이성이다. 수사는 자기정당화를 위한 감정적인 환상을 만들고자 창조된 이성이다. 수사는 이성이 따지고 드는 것을 피하기 위해 이성의 상징을 활용하는 것으로 보였다. 플라톤은 연설자들이 지식보다는 확신을 지니고 있다고 공격했는데 이는 오늘날 국회의원들에게 경종을 울리는 비판이다. 그는 진실은 설명과는 상관없이 설득력을 지닌다고 생각했다. 5세기 후반 아테네에 관해 말하자면 "설득 기술들이 바탕을 두고 있는 심리적·존재론적 가정들에 대해 이처럼 철저히 의문이 제기된 시기가 없었다"(Emlyn-Jones, 1987). 수사를 비판하는 또 다른 이유는 그것이 객관적 실재를 찾는 데서 동떨어져 '단순히' 옹호성 주장에 불과한 것으로 타락했다는 점이다. 그래서 플라톤은 철학적인 사상과 그 허울 좋은 상대역인 수사를 철저하게 구분했다. 플라톤은 고르기

아스와 소피스트들의 수사에 대한 찬양을 경멸했으며 그것을 아첨으로 사기 치는 기술로 보았다. 분명 그것은 지식의 한 종류가 될 수는 없었다. 진실과 거짓을 구별하지 않으며 용인된 지식을 분석하지도 어떤 주장의 정당성을 따지지도 않기 때문이다. 설득이 바로 수단이며 그 자체로 최종적인 목표인 것이다.

질문의 사용에 대해 생각했을 때 수사는 추론의 한 형태이기를 그만둔다. 모든 추론은 아직 해답이 없더라도 질문을 제기한다. 최소한 그 대답이 있는 것이다. 이성은 대답과 그 연결에 의해 작동한다. 하지만 수사는 질문과 대답의 관계에만 초점을 맞춘다. 아리스토텔레스에게 설득이란 많은 부분 수사적인 것이었다. 그래서 그는 수사를 감정과 이성을 종합하는 것으로 보았다. 둘 모두 관련이 있기 때문이다. 그에게 수사는 우리가 확신할 수 있는 지식episteme이 아니라 의견doxa에 관한 것이다. 아리스토텔레스에게 설득이란 다음과 같은 여러 가지 특성이 종합된 것이다.

1. 에토스Ethos: 주장의 재치, 언어의 선택, 설득력, 눈맞춤 같은 확실성의 신호들을 포함한 진실성(명성, 기술적인 전문성, 신뢰)
2. 로고스Logos: 메시지의 이성적인 내용과 그 호소력
3. 파토스Pathos: 감정과 그에 기반을 둔 호소력

포스트모더니스트들의 주장은 이러한 주장의 정통 후계자라고 할 수 있다. 모든 의사소통은 수사적이기 때문에 수사와 이성 사이의 어떤 구분도 진실되지 않다는 푸코(Foucault, 1975)의 주장이 그러한 예다.

19세기에 교육받은 사람들과 심지어 그 이후에 받은 이들이라도 수사에 대한 고전적이고 엄격한 수업을 받은 경우가 많다. 그들이 품은 생각의 내용은 수사적인 틀과 완전히 구분될 수 없다. 예를 들어 마르크스와 프로이트의 이론이 지닌 영향력은 부분적으로는 그 설득 방법론 학습의 결과이다. 프로이트가 웅변술을 보인 경우는 드물었지만 그는 소질 있는 연설가였다. 그의 집안 배경과

교육 과정은 고전문학에 탄탄한 바탕을 마련해주었다. 퀸틸리안Quintillian과 키케로Cicero에 대한 수업이 여기에 포함되었다. "마르크스와는 달리 프로이트는 수사에 대한 그의 관심을 증명할 만한 아리스토텔레스의 『수사학Rhetoric』 번역을 젊은 시절에 남기지 않았다. 그런데도 프로이트에게는 아리스토텔레스가 어느 분야에나 통하는 설득 도구에 대한 연구라고 정의했던 수사학의 고전적 개념에 대해 프로이트가 익히 알았으리라고 믿을 만한 충분한 이유가 있다"(Patterson, 1990). 프로이트는 독일어와 라틴어 수업에서 수사를 배웠으며 그 수업들은 수사적인 낭독법을 특히 강조했었다. 프로이트를 포함한 그 수업의 우수 학생들은 따로 선발되어 학부모들과 전교 학생들이 보는 앞에서 연설을 했다. 이 자리에서 그는 브루투스의 연설을 암송했다(Patterson, 1990).

왜 수사인가?

지금이 수사의 새로운 부흥기라는 주장이 있어왔다. 상품, 정치, 레저와 연예오락에서 개인의 선택과 기회의 폭이 넓어지면서 '설득' 문화의 등장과 함께 사회에서 정보 전달이 더욱 중요해지고 있다. 또 다른 요인은 교회와 정부와 같은 권력기관의 권위가 떨어지고, 과거에는 문화적 관습 – 공고한 계급제도와 일부 엮여 있었던 – 을 계승했으나 이제는 스타일이나 행동양식의 선택지가 진열된 슈퍼마켓에서 선택할 수 있게 된 것이다. 마이어(Meyer, 1994)는 수사의 부흥은 회의주의적인 현재를 반영하는 수많은 증거 중 하나로 볼 수 있다고 주장한다. 확실한 원리를 잃어버린 지금, 거의 모든 것에 의심을 제기할 수 있게 된 것이다. 모든 가치에 논의의 여지가 있으며 또 그런 방식으로 경험하고 나면 다른 방식은 일어나지 않는다. 바로 이런 역사적 상황에서 수사가 다시 나타났다. 그러므로 우리를 수사에 취약하게 만드는 것은 우리 시대의 불확실성이며 계승받은 명확한 뭔가가 없다는 사실이다. 유클리드 기하학의 영역을 제외하면 우리는 아마도 항상 설득의 영역에 있다고 말할 수 있다. 그러므로 수사의 새로운 용도는 오래된 확신이 줄어들었기 때문에 발전되었다. 모든 것에 의문을 제기할 수 있을 때 직접적인 설득 방법의 선호도는 낮아지고 필요한 것은 이성보다는 은유를 통해 설득하는 것이 된다.

많은 수사적인 호소를 가능하게 하는 우리의 거짓 믿음과 가짜 논리에 대한 허약함에 대해 견고한 경험주의적 연구를 해온 학자는 디에나 쿤(Kuhn, 1991)이다. 그녀의 주요한 발견 중 하나는 가짜 증거의 영향력이다. 의지하는 사람들에게 그것은 진짜 증거만큼 유력한 것으로 여겨진다. 물론 프로파간다는 그런 가짜 증거의 생산에 관련되어 있다. 가짜 증거가 되는 스크립트는 어떻게 원인과 결과가 발생하는지를 묘사함으로써 인과이론의 직관적인 개연성을 만들거나 고양한다. 그 이론의 증거를 제시하는 대신 인과적인 사건의 발생 순서를 자세하게 이야기하는 것이다. 즉, 사람들은 어떤 증거가 관련이 있는지를 생각할 수 없고 그들 위치의 타당성만을 계속 생각하는 것이다. 대부분의 프로파간다가 이를 취한다. 만족할 만한 반론을 생각해낸 이들은 그녀가 고른 표본집단의 절반쯤 되었다. 반론을 생각해내지 못한 이들은 그들이 현재 지닌 의견의 진실성을 정당하게 평가할 수 없다. 우리 식대로 말하자면 많은 사람들이 비판적으로 생각하지 못한 채 주어진 설명을 받아들이고 내재화하는 것이다. 쿤에 따르면 성공적인 반론이라도 많은 경우 확고한 편이 못 되어 기존 설명이 여전히 어느 정도 힘을 가지고 있도록 허용한다. 이것이 선전원에게 주는 메시지는 사람들이 일반적으로 프로파간다에 허약하다는 것이다. 쿤의 연구 결과는 잘못이 영속되었으며 앞으로도 지속될 수 있음을 보여주지만, 그와 동시에 사회의 프로파간다화를 막기 위해 분석적인 사고 과정을 교육해야 할 중요성을 일깨운다.

쿤은 사람들이 어떤 의견을 고찰하지 않고 받아들이면 그 이론을 진실로 이해했다고 하기는 힘들다고 주장한다. 증거를 찾는 것뿐 아니라 그것을 평가할 때도 사람들은 애초에 자신이 가지고 있던 신념이나 가정들에 의해 편향된 판단을 한다. 만약 그 증거가 이론에 완전히 동화되어 버렸다면 그 증거와 이론의 관계를 평가할 방법이 없어진다. 사람들의 신념은 그 믿음에 최초의 근거를 제공했던 증거가 불신임된 후에도 오래 지속된다. 이 사실은 고정관념이 지닌 반향을 설명할 수 있다. 이 모든 것이 대중적인 편견을 지속할 뿐 변화시키지 않는 프로파간다를 좋아하는 경향과 일치한다. 선전원에게 주는 교훈은 대중적인 편견과 조화되도록 자신의 아이디어를 배치하고 표현하라는 것이다. 사람들에게는 그것을 넘어서는 것은 생각하지 않는 어떤 한계가 있기 때문이다. 쿤Kuhn에 따르면 퍼킨스와 앨런(Perkins and Alan, 1983)의 연구 결과 등은 사람들이 이슈의 다른 면은 생각하지 않고 자신의 관점을 지지하는 논거만을 찾는 경향이 있음을 보여주었다. 결과적으로 오늘날 우리는 토의와 토론을 일방적 논박으로 대체한 듯 보이기도 한다.

은유

탁월한 수사는 본래 은유적이다. "특히 영어는 은유로 가득 차 있는데 매우 자연스럽게 감춰져 있어 그들이 은유라는 것이 잊힌다. 은유는 익숙한 것들을 낯설게 해서 생각을 다른 방향으로 움직인다"(Gibbs, 1994).

수사는 감각을 즐겁게 하고 철학은 진리를 추구한다는, 수사와 철학에 대한 관례적인 구분은 포장과 내용 사이의 구분을 보여준다. 하지만 플라톤의 『소크라테스의 변명』 역시 수사의 최고 권위작이다. 견고한 사상을 세세히 분해하려면 강력한 이미지와 은유가 필요하기 때문이다. 은유는 다양하며 양립되지 않아 보이는 실체들을 비교해 우리의 호기심을 자극하는 수수께끼를 만들어낸다. 은유는 그러한 수수께끼를 해결할 가능성을 제공한다. 그것은 보통 선명한 언어로 설명하며 그 모호함은 우리로 하여금 어렴풋이 이해하고 있는 것을 스스로 찾도록 초대한다. "다른 용어들을 한데 둠으로써 은유는 더 폭넓은 개념적 전체를 만든다." 우리는 심지어 이미지적인 용어로 생각을 해서 우리의 사고가 묘사적인 "은유, 환유 그리고 반어"로 표현된다(Gibbs, 1994). 은유가 없으면 설득은 힘이 빠진다. 은유가 사람들을 끌어들인다. 청자들은 그것으로 의미를 장식한다. 그들은 우리가 관찰하고 해석하는 방법에 영향을 미친다. 그러므로 그들은 우리의 지성적 반응만이 아니라 감성적 반응에도 영향을 미친다. 클라인(Klein, 1998)이 말했듯이 은유가 우리의 사고 틀을 짜고 연민과 감정적인 반응을 조건 짓는가 하면, 실제적인 과정에 거짓 유추를 끼워 넣어 우리를 심각하게 속일 수도 있다. 우리의 지성을 컴퓨터라 부르면 그 이미지로 인해 우리의 의사결정이 이성적인 계산이라고 생각하게 된다. 이것이 바로 그런 예이다.

오늘날의 수사에서 이미지는 과거 그림이나 문학적 표현만큼 전자적이다. 과거에는 대부분 말과 그들이 불러내는 이미지만으로 충분했다. 20세기의 사건들과 기술적 진보가 은유의 원천을 보충하고 확대했다. 그러한 표현과 단어에는 '하드웨어에 내장된 hard-wired'이나 '디폴트 프로그램 default program' 또는 역사적인 예에서 기원한 '대공세 blitz'가 있다. 하지만 메이슨(Mason, 1989)은 표현과 내용의 관계가 확고해지고 "모든 이가 그 관계에 익숙해지면 은유는 죽고 관심은 시들해진다"라고 말한다. 매일 이루어지는 의사소통은 은유를 통해 살아남지만 은유 뒤에는 이데올로기가 있다. '자연을 길들이다'라는 표현은 전문기술자들에게는 환영받겠지만 환경보호론자들에게는 비난을 받을 것이다.

은유가 정치 커뮤니케이션의 반응에 미치는 영향에 대한 몇몇 연구가 있었다. 이들은 연설에서 적절한 은유를 사용하는 것이 자신의 주장을 좀 더 오래 기억에 남게 하는 데 도움이 되며 사람들이 그 연설로부터 이끌어내는 결론에 지대한 영향을 끼칠 수 있다고 결론을 내린다. 그러므로 적절한 은유의 선택은 실제로 효과적인 수사의 열쇠가 된다. 은유들은 "의미론적 모순을 통해 '도덕'을 강조함으로써 윤리적인 애매함이나 혼동을 해결할 수 있다"(Mason, 1989). 선명한 이미지의 강점은 그들이 이전의 사고방식과 결별한다는 점이다. 멋진 이미지는 우리에게 어떤 상황을 매우 새로운 방식으로 볼 수 있게 해준다. 그것은 그저 단순한 주장이 절대 해낼 수 없는 것이다. 메이슨에 따르면 수사적 장치는 새로운 해석적인 도식으로 초대한다. 하지만 설득의 수사는 그것이 특정 관점에서 이해되었을 때에만 효과적이다. 그런데도 효과적인 수사적 표현 이후에 세상은 과거와는 달라 보일 것이며 그들 스스로 선택하지 못했을 방향으로 사람들을 이끈다.

은유는 아돌프 히틀러에 의해 사용된 주요 수사적 장치 중 하나였다. 은유는 히틀러주의자의 핵심적인 수사법이다. 그래서 『나의 투쟁』은 "의학적인 진료와 치료, 죄와 속죄의 종교의식, 살인과 복수의 드라마라는 은유로 구성되어 있다"(Blain, 1988). 우리는 은유의 중요한 특징 중 하나가 폭넓은 생각을 담을 수 있는 능력이라는 점을 알게 된다. 히틀러의 표현은 우화적이어서 그의 담론은 살인과 복수라는 은유를 따라 구성되었다. 히틀러의 수사에 나타난 다른 이미지 중에는 "중심 모티프로서의 피의 오염이라는 개념이 포함된다. 아리안과 비아리안의 구분은 인종적인 것이기 때문에 '피'는 의미가 잔뜩 담긴 용어이다. 그것은 인종적·생물학적·의학적·종교적·도덕적·살인적인 연상의 고리들을 응축하고 있다"(Blain, 1988).

법정에서의 논박은 가장 주목할 만한 수사의 무대이다. 인식을 지배하기 위해 말과 이미지를 동원하는 힘은 변호사의 기술 중 일부이다. 하지만 그들의 기억이 우리의 판단에 스며들어 착색할 정도로 그들은 그 작업을 효과적으로 해낼 수 있다. 간단히 말해 우리는 인상적인 이미지와 그 이미지가 지닌 관점을 잊을 수가 없다. 그것은 우리의 의식 속에서 산소를 공급받지 않고도 숨을 쉬며 살아간다. "이동주택 공원의 부풀린 머리를 한 천박한 한 여자"라는 문구를 읽고서 그와 같은 방식으로 빌 클린턴에 대해 생각하지는 못한다. 하지만 소년 학대에 대한 한 형사재판사건을 생각해보자(≪데일리 텔레그래프≫, 1997년 1월 15일자). 왕실 고문변호인인 알렉 칼라일 Alec Carlisle 검사는 피고를 묘사하려고 후크 선장의 은유를 아주 멋지게 골랐다. "레버렉 씨는 고발인들에게 자신을 저명인사이자 고상한 사람으로 소개하며 피해자들을 널빤지 위로 내밀던 때에도 그들에게 감명을 주었다고 주장한다"라고 표현했다. 칼라일은 이 이미지와 사건과의 어울림에 대해 더 자세히 설명했다. 마침내 우리는 피고인을 후크 선장으로 보기 시작한다. 그러지 않으려고 해도 그 이미지의 여운이 그를 후크 선장 외에 다른 것으로 볼 수 없게 만들었다. 이런 상황에서 객관적인 결정을 내릴 수 있다고 보기 어렵다. 레버렉은 분명 비단 가운에 넥타이를 하고 있었으며 MGB, 사냥개와 맵시 있는 옷을 지니고 있었다. 그는 "고집스럽고 골칫거리인 소아성애증 환자였다". 칼라일은 계속했다. "『피터팬』은 부모가 버린 아이들에 대한 실제 이야기였다. 그들은 잃어버린 아이들이라고 불렀다." 그리고 그는 배리J. M. Barrie의 후크 선장에 대한 묘사를 인용한다. "그는 가장 예의 바르게 행동할 때 가장 악의적이었다. 그리고 그 말씨의 고상함과 태도의 기품은 그가 다른 선원들과는 다른 부류임을 보여주었다. 그의 고상함은 먼 바다에서 널빤지 위로 몰아세우면서 항상 미안하다고 말하는 것으로 나타남을 알게 된 피해자들에게 잊지 못할 깊은 인상을 주었다."

그러므로 수사적 설득의 열쇠는 시각적 이미지를 생산하는 것이다. 쇼펜하우어가 보기에 시각적인 이미지는 그 주장이 잊힌 뒤에도 오래도록 남는다. 이미지들은 의미를 축적한다. 메이슨(Mason, 1989)은 생생한 은유가 "신호와 함께 도약하는" 스위치라고 말한다. 중요한 이슈들은 그러한 수사적 장치들을 통해 사람들을 휘어잡으려고 한다. 그들은 분석적인 증거가 없는 타고난 불확정성을 지니고 있기 때문이다. 은유는 기존 생각의 패러다임을 깨뜨려 새로운 것을 창안할 잠재력을 지니고 있다. 바로 그들의 생생함이 우리의 주의를 강렬하게 끌면 그것은 우리의 기억에 살아남기 때문이다. 그리고 이런 점에서 그들은 특별하다. 현존하며 또 많은 경우에 문화적으로 결정된 이데올로기를 뒤집는 것은 선전가로서 가장 하기 힘든 일이기 때문이다.

이름표

또 다른 방법은 언어에 주의를 깊게 기울이되 특히 이름표에 집중하는 것이다. 레이건 정부하에서 공화당은 수사rhetoric 위원회까지 두고 있었지만 이름표를 잘 고르는 것이 모든 수사적 선택 중에서 가장 중요한 것이었다. 그것을 잘 고르는 데 대한 보답은 상당한 것이다. 이름표는 착 달라붙어 시간이 지날수록 자연스러워져서 사람들은 그것을 전혀 이름표라고 의식하지 않는다. 사실에 대한 사회적인 판단을 표현한 것에 불과하지만 객관적인 묘사로 보이는 이름표들이 있다. 그들은 악의적일 수도 있고 찬미적일 수도 있다. 하지만 이데올로기 또는 관점이 그들 속에 새겨져 있는 것은 분명하다. 그래서 안락사는 '안락 + 죽음死'이고 낙태는 '중절 지지pro-choice' – 선택의 자유를 지지한다는 의미 – 가 된다. 최고의 기술은 이름표가 대중적인 담론의 일부가 되어 그 말이 사용될 때마다 무의식적인 프로파간다가 되게 하는 것이다. '태어날 권리' – 임신중절 반대 – 운동이 그런 예이다. "새로운 말과 개념을 알면 관점을 바꿀 새로운 사실과 생각도 볼 수 있기 때문에 말이란 항상 중요하다"(O'Shaughnessy and O'Shaughnessy, 2004).

이런 좋은 예는 '정치적으로 올바른'이라는 표현이다. 이 말은 은연중에 자유주의와 소비에트 국가의 강제를 관련시킨다. 이는 자유주의와 좌파의 부절제 가능성을 부정하려는 것이 아니다. 단지 좌파의 반대자들이 이름표를 잘 골랐으며 자유주의자들로 하여금 이를 사용하게 한 것은 상당히 중요한 승리라는 것을 보여준다. 말은 뭔가를 표현하지만 또한 판단하기도 한다. 서로 다른 말은 같은 현실을 둘러싸고 그 현실에 대한 서로 다른 판단을 구현할 수 있다. '창녀', '매춘부', '음탕한 여자', '정부情婦'는 모두 같은 행위를 가리키지만 다른 의미를 지니고 있다. 아편, 헤로인, 모르핀은 같은 약을 정제한 것이지만 그들의 문화적인 의미는 완전히 다르다.

말은 우리가 새로운 시각으로 사물을 보게 한다. 또는 그 변화가 이치에 맞지 않더라도 유행하는 은유와 결합할 수도 있다. '적하효과'라는 생각이 매우 인기 있었던 것은 그것이 경제적 현실을 정확히 묘사했기 때문이 아니라 사회주의자들의 사유재산 몰수에 대한 아주 훌륭한 응수였기 때문이다. 이름표의 파괴력을 보여주는 또 다른 예는 '테러리스트', '자유 투사', '게릴라'라는 수사적 표현들이다. 그들은 같은 현실을 표현하는 말이 얼마나 상반된 판단을 담을 수 있는지를 보여준다. 즉, 말은 민감성을 주는 개념으로서 본분을 다하기 때문에 만약 어떤 것을 표현하는 말이 없으면 그 현상의 실재를 보지 못하는 경우가 많다.

오늘날 수사의 중요한 기능은 수사적 모욕의 오랜 문화를 새로운 수사적 고양으로 대체한다는 것이다. 과거의 경련성 마비환자와 불구자라는 말은 그들의 쇠약함을 극적으로 표현한 '구걸하는 플라스틱 인형'이라는 표현과 함께 수사의 유형지로 추방되었다. 새로운 용어가 그들의 자리를 차지한다. 그래서 '퇴행성' 아동들은 '특별한 필요가 있는' 아이들이라 불린다. 이런 변화에는 우리가 그들을 새로운 방식으로 바라볼 수 있기를 바라는 희망이 담겨 있다. 그리고 그 용어들은 우리의 시각을 제한하고자 의도적으로 선택될 수 있다. 언어체계란 뭔가를 바라보는 방법인 동시에 뭔가를 보지 않는 방식이기도 하다. 그리고 현대 전쟁에서는 설득의 중요성이 커지면서 벌어진 현실을 가리기 위해 모조의 기술용어를 사용 – '부수적 피해 Collateral damage', '표적이 많은 환경 target-rich environment' – 하는 악영향을 일으켰다. 이는 공군원수 해리스 장군이 그의 직업의 본질에 대해 묻는 경찰에게 했다고 전해지는 대답("사람들을 죽이는 것")과는 매우 다르다. 우리는 "기만적인 수사의 대가"가 되었다. 또는 위선자가 되었다고도 할 수 있다.

수사적 전략[*]

전통적으로 사용된 수사적 장치는 여론 vox populi이라는 방법이다. 모든 사

---

[*] 원주 이 부분에 나온 잘 알려진 속담과 탁월한 경구들은 그들의 전기와 기타 역사적 자료들뿐 아니라 『옥스퍼드 문학인용 사전』(피터 켐프 엮음), 『옥스퍼드 인용 사전』(앤젤라 파팅턴 엮음), 『옥스퍼드 20세기 인용사전』(엘리자베트 노울스 엮음), 『[블룸스베리] 인용 전기사전』(존 데인티스 엮음)에서 수집한 것이다.

람이 생각하는 것을 표현하기 위해 특히 인상적인 어구나 극적인 순간을 찾는 것이다. 그래서 1939년에 레오 에이머리Leo Amery가 하원에서 아서 그린우드 Arthur Greenwood에게 "영국을 위해 발언하게, 아서"라고 외친 것은 이러한 인상적인 어구라는 기준에 도달했다. 영국이 인격화되어 조용하고 성난 목격자가 된 것이다. 효과적인 문학적 표현은 알렉산더 포프가 다음과 같이 간략하게 잘 표현했다. "누구든 그렇게 생각했으나 아무도 그렇게 표현하지 않은 것이다."

유명한 관용구를 만드는 것은 그만한 역사적 순간이 있어야 가능하다. 고양된 언어로 그 역사성에 함께 오르는 것이다. 그러한 순간에 루스벨트는 의인화 장치를 사용했다. "우리는 공포 말고는 두려워할 것이 없다", "운명의 회동", "치욕 속에 살게 될 날"이 그러한 예이다. 다른 이들은 풍자를 사용하기도 했다. 영국은 닭이고 독일이 그 목을 비틀어버릴 것이라는 괴링Hermann Goering의 주장에 대해 영국은 "닭도 닭 나름이고 목도 목 나름이다"라고 응수했다. 유비類比는 수사적 프로파간다에 또 다른 중요한 장치이다. 데이비드 로이드 조지 David Lloyd George가 청중들에게 영국의 공작 한 명의 몸값은 신형 드레드노트 전함 한 척이라고 계급적인 독설을 한 예가 있다.

수사는 때때로 문학적이거나 고전적인 표현을 변형하기도 한다. 체임벌린은 뮌헨에서 『헨리 4세』 1부를 인용했고("이처럼 초조한 위험에서도 우리는 이 꽃을 안전하게 딴다"), 마오쩌둥은 "온갖 꽃이 일제히 피고 여러 학파가 다투어 주장" 하도록 허가했다. 수사적 효과는 때때로 인용을 약간 비틂으로써 생긴다. 마거릿 대처는 "나는 방향을 바꾸지 않는다"[*]라고 했다. 무자비함은 물론 자주 나타나는 수사의 특징이다. 제임스 맥스턴 의원이 램지 맥도널드 수상에게 재치 있는 공격을 한 것("이봐, 앉아. 당신 정말 구제 불능이군")이나 처칠 역시 맥도널

---

[*] 마거릿 대처는 자신의 정책을 반대하는 여론과 그 표어 "U turn"에 대응하기 위해 이렇게 말했다. "원한다면 당신들은 방향을 바꾸시오. 나는 바꾸지 않겠소You turn if you want to. The lady's not for turning."

드 수상에게 한 것("내가 아이였을 때 …… 국무위원석에 줏대 없는 인간*이 서 있는 것을 보려고 50년을 기다렸군")이 그 예다. 좋은 수사는 물론 다시 사용할 수 있다는 큰 장점이 있다. '명예로운 평화'라는 표현은 베를린회의에서 디즈레일리가 처음 사용했는데 그 이후로 네빌 체임벌린Neville Chamberlain을 거쳐 리처드 닉슨까지 사용했다. '한 나라One Nation'는 닉슨을 포함한 많은 이들의 입에 오른 디즈레일리의 또 다른 표현이다.

가장 선명하고 적절한 이미지를 고르는 것은 모든 수사적 설득에 중요하다. 그래서 케인스의 로이드 조지**에 대한 묘사는 조지의 성격과 유창한 웨일스어 구사의 특징을 연상하게 하는 인상적인 것이었다. 케인스는 그를 고대의 어둡고 음침한 세계와 관련시켰다. 이미지는 열정적일 수 있다. "노동자들은 그들을 속박하는 고리 말고는 아무것도 잃을 것이 없다. 그들이 얻는 것은 전 세계이다. 만국의 노동자여, 연대하라." 또는 마오쩌둥의 대약진 정책 — 2,000만 명이 죽었다 — 처럼 진부하거나 레닌의 '역사의 쓰레기통'처럼 조소하거나 비스마르크의 '철혈'처럼 폭력적이다. 해럴드 맥밀런Harold Macmillan 수상의 '변화의 바람' 같은 진부한 이미지도 가끔은 인기를 얻을 수 있다. 노동당 어나이린 베번Aneurin Bevan의 "회의실로 벌거벗고 들어가다"의 예가 그렇다. 정치 커뮤니케이션에서 선택된 이미지는 필수적으로 전투를 준비하는 것일 수 있다. 대처주의 수사는 공격적인 이미지로 가득하고 일방적인 군축에 대항한 노동당 지도자 휴 게츠켈Hugh Gaitskell의 유명한 "싸우고 싸우고 또 싸운다"라는 말은 자유주의자들이 그러한 이미지에 면역되는 법은 없다는 것을 보여준다. 희생적인 이미지는 또 다른 대안이다. "내가 여러분에게 줄 수 있는 것은 피와 투쟁, 땀과 눈물이 전부입니다" 등이 있다.

---

* 히틀러에 대한 유화정책을 비판한 말.
** 영국의 정치가. 재무장관으로서 「국민보험법」, 「실업보험법」 등을 입안해 사회보장제도의 기초를 확립했다.

아주 탁월한 수사는 사실 한 가지 생각을 간결하게 표현했으나 그 역사적 상황의 원대함에 의해 고양된 것이다. 그래서 순교나 수난이 그러한 발언들의 배경으로 자주 나타난다. 하지만 아마도 가장 기본적인 상황은 전쟁에서 나타날 것이다. 베르됭에서 페탱 장군의 "독일의 월경을 허용하지 않는다"나 헤이그 백작이 1918년에 고집을 강조하며 사용한 수사인 "벽에 등을 기대고 우리의 대의를 굳게 믿으며 끝까지 싸울 것이다"가 그 예이다. 또는 에드워드 그레이 경은 1914년에 구슬픈 목소리로 "전 유럽에서 등불이 꺼지고 있다"라고 했다. 민주주의의 생애에서 중요한 순간들은 이보다 더 평범한 것도 특별한 말이 되도록 만들 수 있다. 그래서 하원의장이 찰스 왕의 호위대장에게 했던 말이 아직도 남아 있다. "나는 의회가 허락할 때가 아니면 볼 눈이 없으며 말할 입도 없다." 그리고 인도의 독립을 맞아 네루가 "자정을 알리는 시각에 세상은 잠자고 있지만 인도는 삶과 자유를 위해 깨어날 것이다"라고 말한 것 역시 그렇다. 대사건은 다른 표현과 다를 것이 없는 평범한 말로 기억되지만 그것이 표현한 사건에 의해 고양된다. 간호사 에디스 카벨은 1915년 자신의 처형 전날 밤 이렇게 말했다. "나는 애국심만으로는 충분하지 않다는 것을 깨닫는다. 그 누구에게도 원한이나 적의를 품지 말아야 한다." 그러므로 수사의 힘은 많은 경우에 '문맥적이다'. 즉, 다른 상황에서는 진부하거나 바보 같은 소리일 수 있다. "밖에 잠시 나가는 중입니다. 시간이 조금 걸릴 수도 있을 것 같네요"는 단순한 말이지만 이는 오츠Oates 대위의 말 – 스콧 남극탐험대의 동료들을 살리기 위해 자신은 분명히 죽게 될 것을 알면서도 밖으로 나가면서 한 말 – 로서 영국의 동시대인들에게 영감을 주었다.

수사가 의미를 만들어낸다

수사적 장치는 독자들이 텍스트에 특정 해석의 틀을 적용하도록 유도한다. 독자를 특정 입장과 태도로 초대하는 것이다. 그리고 그 안에서 보는 세상은 이

전에 보이던 것과는 분명 다르다.

언어는 우리의 생각을 표현하는 수단에 그치지 않는다. 언어는 그 자체로 의미를 창조하며 인식을 형성하는 능동적인 행위자이다. 만약 언어가 단순히 의사소통 도구였다면 그에 대한 관심은 지금보다 적었을 것이다. 움버슨과 헨더슨(Umberson and Henderson, 1992)의 말로 하면 "언어는 현실의 표현 그 이상이다. 그것은 경험을 적극적으로 구성한다 …… 언어와 언어적 장치는 우리가 뭔가를 생각하는 방식을 조직화한다". 만약 언어가 권력이라면 언어를 지배하는 것은 그 권력으로 가는 열쇠이다. 그러므로 이 가설에 따르면 언어는 현실을 반영하기보다는 해당 문화의 언어가 허용한 구조와 한계에 따라 현실을 창조한다. 포크스(Foulkes, 1983)는 "인디언 살해자를 문화적인 영웅에서 배제하는 것은 베트남에서의 미국 해병을 국가적 영웅에서 배제하는 상황을 만들 수 있다"라고 주장한다. 이름과 단어는 중립적이고 객관적인 도구가 아니다. 그들은 정도에 따라 다르겠지만 내재적인 이데올로기를 포함할 수 있으며, 그래서 그들의 사용은 한쪽으로 기운 인식을 강화할 수 있다. 그리고 그 말이 더 선명하고 울림을 가질수록 잠재적 편향성은 더 커진다.

현재 사용 중인 축적된 어휘들은 우리의 사고에 지대한 영향을 미치며 그 어휘들의 순환이 멈추면 사람들이 특정 방식으로 생각하는 경향은 줄어들 것이다. 예를 들어 찰스 디킨스가 글을 썼을 당시 영어에는 프랑스어의 '앙트레프레너 entrepreneur'와 같은 말인 '엔터프라이저 enterpriser'(기업가)가 있었다. 1970년대 이후에 위험을 감수하는 기업인 이미지가 다시금 많이 쓰였고 그런 개념을 표현할 단어를 프랑스어에서 빌려왔다. 그와 같은 의미의 영어 단어는 이미 사어가 되었기 때문이다. 그 말이 의미하는 사회적인 현실도 다시금 생각해보게 되었다. 포크스(Foulkes, 1983)에게는 심지어 사전도 프로파간다 기능을 할 수 있다. "그것은 지배적인 집단이 기록된 지식을 통제하고 언어사용 방식을 규정하려는 시도의 일부일 수 있다." 그는 "특정 사회적 맥락에서 언어는 그렇게 보이지 않으면서도 이데올로기를 반영하고 전파할 수 있다"라고 염려한다.

그는 덧붙여 말한다.

> 명백한 예는 현대 영어에 자본주의를 내포한 은유가 스며든 방식이다. 우리는 기회를 사용하고 경험에서 이득을 창출하며 차변과 대변을 평가해본 후 돈을 번다. 우리는 좋은 아이디어를 팔고 우리와 사이가 좋지 않은 다른 이들의 견해는 사들이기를 거부한다. 인기 가수와 정치인들은 자신의 재능을 자본화하라고 배운 값나가는 재산이다.

권력

물론 언어는 조지 오웰의 『1984』에서 제시된 중요 주제인 사상통제의 무기이다. 히틀러 치하의 독일에 대해 정말 궁금한 것은 그룬버거(Grunberger, 1991)가 묘사했고 클렘페러(Klemperer, 1998)가 그의 『자서전Diaries』에 썼듯이 어떻게 특정 표현에 구체화된 현실을 바라보는 임의적인 방법이 보편적으로 수용되는지이다. 독일제국은 그 세계의 요소들을 응축한 언어적 스타일을 전파했다. 그래서 공식적인 설득 과정이 덜 필요했다. 새로운 일상적인 수사가 나치의 어휘에 스며들었고 나치의 반대자들이 사용하는 어휘에까지 전해졌다.

히틀러는 문학적인 설명보다 구어의 정제되지 않은 힘을 믿는 사람이었다. 그래서 글을 강조하는 학자들을 비판했다. "종교적이고 정치적인 위대한 역사적 사건을 시작하는 힘은 먼 옛날부터 말이었으며 오로지 그것뿐이었다." 볼셰비키의 문학은 "수천의 선전원들이 단 하나의 사상을 사람들에게 쏟아 붓는 반짝이는 하늘"과 비교될 다른 어떤 것도 지니고 있지 않았다(Blain, 1988).

관점

대상 집단을 설득해 우리와 동일시하게 하려면 그들의 언어로 말하는 것이 필수적이다. 수사는 이미 논했듯이 목표 집단과 공유한 특정 문화적 패러다임에 뿌리를 내리고 있다. 또 다른 기술은 사회주의의 용어를 전용하고 문화의 창고에서 언어, 신화, 형식과 이미지를 끄집어내는 것이다. 그래서 히틀러는 "독일 청중에게 익숙한 문화적인 자산에서 내부 담론을 꾸며냈고"(Blain, 1988), 특히 종교가 주요 출처 중 하나였다. 버크는 히틀러가 극적 형식을 사용한 것은 선과 악의 대결이라는 종교적인 개념을 정치적으로 악용한 것이라고 주장했다(Blain, 1988).

수사 연구가 다시 활발해지는 것은 상당 부분 설득의 기술이 필요하다는 인식에 기인한다. 사람들이 단순히 정보의 전달자가 아니라 확고하고 다양한 사회적·이데올로기적 관점을 지녀 개화를 목표로 해야 하기 때문이다. 확실히 그것은 단순히 이성만 가지고는 되는 것이 아니다. 그래서 설득력이 강한 주장은 하나의 사고방식 밖이 아니라 그 안에서 일어나며 '정확한' 인식이 뒤를 따른다. 하나의 관점은 그만의 횡포를 부린다. 그것은 우리가 감정적으로 지지를 보내는 가치들의 집합이며 그래서 우리의 결정은 그 관점과 잘 어울려야만 한다. 결과적으로 설득하려는 자는 청중이 기존에 지닌 이데올로기적 경향에 맞추어 자신의 근거를 전달해야 한다.

관점은 수사에 의해 바뀐다. 그리고 이 점에 대한 인식이 수사법에 대한 연구에 새로운 중요성을 부여한다. 카임 페렐만(Perelman, 1982)과 브라이언 비커스(Vickers, 1988)의 연구가 그런 예다. 관점 전환의 한 방법은 우리의 당파적인 언어를 문화적인 주류에 포함하는 것이다. 즉, 이데올로기적인 것은 '정상적인' 것 사이에 숨겨져 있다는 것이다.

수사적 양면가치

많은 이들이 가장 효과적인 주장은 본래 공동 제작이라며 설득력 있고 확정적인 주장들을 했다. 이런 관점에서 보면 어떤 주장은 청자가 스스로 그 결론에 도달했을 때 더 설득력을 갖게 된다. 의미는 함께 만들었을 때 가장 설득력이 있고 주장의 영향력은 청자 개인에게 주어진 자유에 따라 다를 수 있기 때문이다. 강요받았다고 느끼면 그 주장에 공감하기 쉽지 않다. 듣는 사람이 거부할 자유도 있었을 때 그 주장이 더 강력해진다. 이것은 분명 정교한 프로파간다 형식의 한 가지 특성이다. 즉, 듣는 이의 자율성과 전해지는 주장의 교훈적 경향 사이에서 효과적으로 조율하는 것이며, 강요하지 않고 그 의미로 초대하는 것이다. 물론 이 모든 것은 청자가 화자가 의도한 것과 같은 결론에 도달할 수 있을 때에만 사실이다. 문제는 선전의 의미가 애매모호한 의미의 층에서 잡히지 않을 때가 있다는 데에 있다. 1997년 영국 총선에서 보수당의 '피 흘리는 사자' 포스터는 일반적으로 그 의미를 알기가 쉽지 않았다.

주장의 공동생산은 언어 자체의 모호함에 도움을 받기도 한다. "문제학적인 시각에서 언어는 지시적이며 반드시 그러한 것으로 가정되지만, 실제적인 언어 사용에서 대부분의 용어는 상황에 따라 다양한 의미를 가질 수 있는 정도로 모호함을 지닌다"(Meyer, 1994). 모호성은 때때로 의도적으로 사용되고 그러한 때에 청자는 자기 나름대로 텍스트를 이해한다. 토니 블레어가 "범죄에 강경하게, 범죄의 원인에 대해서도 강경하게"라고 말한 것은 실제로는 정확한 의미가 없는 것이며, 그의 "교육, 교육, 교육"이라는 말도 마찬가지이다. 그들이 무엇을 의미하는지 따져보면 그 의미의 공백상태가 노출된다.

수사법의 메커니즘

수사적인 표현은 중대한 설득 활동에는 필수적이다. 선명한 정의를 내놓는 수사를 통해, 유동적이거나 애매하고 추상적인 상황에서 갈피를 잡지 못하는 개인을 설득할 수 있다는 점이 중요하다. 수사는 잠시 붙들고 생각할 거리나 구체적인 이미지와 간략한 표현을 던져준다(Mason, 1989). 민주주의 사회에서 수사의 힘은 다른 사람들의 손에 달려 있다. 만든 사람은 수사가 어떻게 받아들여지며 재생산되는지를 통제할 수 없다. 원하는 목적지까지 유도되는 미사일이 아니기 때문이다. 물론 신문과 미디어는 힘 있는 '타인들' 중에서도 최고 권위를 가지고 있다. 현시대에 웅변의 주요 대상이자 우리가 의도한 대로 수사적 이미지를 확대재생산해주기를 바라는 대상인 것이다.

이 정도로 순환되고 기억되려면 수사는 간명하면서도 잘 기억되는, 키케로의 "카르타고를 파괴해야 한다 Delenda est Carthagine" 같은 문구여야 한다. 탁월한 수사 또는 최소한 반복적으로 사용되는 수사가 되려면 특히 적절한 이미지를 잘 골라야 한다. '반향'이라는 아이디어가 여기에 딱 들어맞는다. 효과적인 수사는 수면 위로 기포가 올라오며 마음속에서는 연기를 피운다. 그러한 이미지는 많은 경우에 정해진 답이 없으며 그 유연성이 호기심과 재검토로 이끌기 때문이다. 우리는 마음속에서 그것을 곰곰이 생각한다. 말은 결코 중립적이지 않다. 그들은 사방으로 촉수를 뻗치고 있다. 예를 들면 뭔가를 연상시키지 않는 이름의 브랜드를 고르는 경우는 없다.

담론은 구어이든 문어이든지 간에 내용뿐 아니라 특정 어조를 갖고 있다. 그리고 메시지만큼이나 어조도 의미를 전달하고 설득력을 지니고 있다. 오쇼네시와 오쇼네시(O'Shaughnessy and O'Shaughnessy, 2003)의 말처럼 "단어 선택은 새로운 관점을 제시하지만 특정 어조와 음조를 전하기도 한다. 말하자면 약을 광고할 때 라틴어나 과학 전문용어를 사용하는 것은 신빙성을 주기 위함이다". 그들은 덧붙인다.

특정 인상을 주는 단어라고 할 수 있는 어휘들이 있다. 말하자면 '짜증난', '부담되는', '반한', '곤혹스러운', '격노한', '무서운', '상처 입은', '강제된', '압도된', '피곤한', '걱정된' 등이다. 어떤 단어들은 매우 긍정적인 함축적 의미를 지닌다. '진보', '새로운', '안전한', '안보', '저칼로리', '무지방'이 그러한 반면 어떤 단어들은 부정적인 의미를 내포하고 있다. '구식의', '인공원료', '사용하기 어려운', '연비 낮은 차' 등이다. 겉보기에 뜻이 없어 보이는 어휘도 일종의 의미를 지니고 있다.

구체적으로 지시하는 바는 없을지라도 지니고 있는 느낌이라는 효력이 있다. 조너선 스위프트의 『걸리버 여행기』에 나오는 야후 Yahoo[*]처럼 새로 만들어진 문학적 표현이나 이름이 바로 그런 것이다.

우리는 만족스러운 은유, 폭발하는 이미지, 말의 폭포라는 표현에서 느낄 수 있듯, 수사를 가치가 있는 것이라고 간주한다. 구어적 의미에서는 실제로 그렇다. 수사는 설득하기 위한, 전략적이고 전술적인 언어 사용이다. 그러한 점 때문에 효과적인 설득은 의미를 잘 담은 표현이 아니라 정확한 맥락에서 벗어난 언어를 통해 가능한 것일 수 있다. 보드맨(Boardman, 1978)에 따르면 화자는 정보를 제공하는 척해서 '난해하고 일탈적인 언어로' 논점을 혼란시킬 수 있다. 이 언어는 별로 눈에 띄지 않으며 분명한 내용을 찾기 힘들다. 이는 전문용어와 관료주의를 연상시킨다. 또 다른 예는 "말을 잘 골라서 하는 것보다 말하지 않은 것을 통해 그 이상을 암시하는 방법이다". 그 실례는 닉슨 대통령이 부인하는 모습이다. "이러한 [부정행위들] 어떤 것도 구체적인 나의 동의나 승인하에 이루어진 것은 없다." 여기서 '구체적인'이라는 말이 지닌 수사적 역할에 주의해야 한다. 또한 보드맨은 캄보디아 건에 대한 닉슨의 발언을 예로 든다. 그는 분류와 한정이라는 방법을 사용한다. "문제의 원인이 있는 곳에 들어가면서 어느 미국인이 아무것도 하지 않으려고 하겠는가?" 사상이나 이데올로기가 일상적인 말처럼 '자연스럽게' 녹아들어간 조심스러운 수사 또는 심지어 '관료주의적인' 수사도 가능하다. 일상 담화는 가치중립적이지 않다. 거기에 바로 문화의 핵심 아이디어들이 숨겨져 있다.

효과적인 수사를 위한 단 하나의 공식은 없다. 서로 다른 선전원들은 각각 그 기술의 서로 다른 측면에 정통하며 그 다른 부분들이 각각의 상황과 다른 청

---

* 사람의 모습을 한 짐승 또는 짐승 같은 인간을 의미.

중들을 만족시킨다. 예를 들어 청중이란 일반 대중인가 아니면 분명히 구분되는 전문가 집단인가? 배심원 같은 일반 청중에게는 이미지를 만드는 것이 중요하다. 효과적인 이미지는 잘 들러붙는 특성을 지니기 때문에 우리는 그 이미지를 잊어버리지 않는다. 우리의 의식과 무의식 사이에 머물며 마음속 중간 지대에서 휙휙 들어왔다 나갔다 하는 것이다. 틀을 짜거나 특정 어휘에 관련시키는 것 역시 중요하다. 선택이나 결정이 어떤 틀에 끼워지는가는 그것의 해석과 판단에 영향을 미친다. 예를 들어 "투표자들은 ○○를 걱정한다"와 "투표자들은 △△에 대해서는 걱정하지 않아왔다"라는 표현은 차이가 있다.

대중논쟁이 출현했을 때부터 웅변가의 수사에는 자연스러운 호소력이 있었다고 주장할 수 있을 듯하다. 예를 들어 뭔가를 잃어버린다는 것은 수사의 역사에서 가장 효과적인 주제 중 하나였다. 바로 '보수保守*적인'이라는 말에 잘 숨어 있다. 그리고 이것이 허쉬먼(Hirschman, 1991)이 『반동의 수사 The Rhetoric of Reaction』에서 그러한 수사가 지녔다고 하는 세 가지 허위성에 초점을 맞추어 설명한 바이다.

1. 사악함의 문제: '진보'는 상태를 좋게 하기보다는 악화할 것이다.
2. 무익함의 문제: 돈만 낭비할 뿐 아무것도 바꾸지 못할 것이다.
3. 위기의 문제: 이득에 비해 비용이 너무 크거나 우리가 이미 갖고 있는 것을 희생해야 할지도 모른다.

또한 효과적인 수사는 권위 있는 출처들에 자주 호소한다. 예를 들어 미국의 연설가들은 해밀턴, 제퍼슨 등 국부들의 말을 인용했을 때 가장 효과적인 경우가 많다. 다른 문화권에서는 좀 더 특이한 다른 인물에게 수사적인 경의를 표하

---

* 보수란 뭔가를 잃어버리지 않도록 지킨다는 1차적인 의미가 발전해 현재는 우파라는 정치적인 입장을 의미하기도 한다.

기도 한다. 그래서 마즈루이(Mazrui, 1976)는 고전들과 마르크스 모두가 아프리카의 정치적 담론에 영향을 미쳤음을 보여주었다. 독립 이후 아프리카의 정치에서 수사는 키플링 Joseph Rudyard Kipling[*]과 다른 문인들의 그늘에서 벗어나 레닌과 다른 좌파 사상가들의 그것으로 이동했다. 키플링적인 전통과 레닌적인 전통 간 대립은 계속되고 있다. 특히 후기식민지시대의 정치적 행위에 나타난 문화적인 정신분열 현상이 두드러진다. 크와메 은크루마 Kwame Nkrumah[**]는 좋은 예이다. 그는 초기 저작에서는 테니슨을 인용하는 것으로 시작해 마르크스주의자의 표현과 상징으로 마지막 책들을 가득 채웠다. 또 다른 모호함의 예는 셰익스피어와 마르크스 사이를 오락가락하는 수사를 보여준 탄자니아의 줄리우스 니에레레 Julius Nyerere의 경우가 있다.

오스틴 Austin이 지적했듯 언어의 목적은 의사소통만이 아니다(Mason, 1989). 사실이거나 거짓인 – '진술적인' – 주장이 있는가 하면 그가 수행적 또는 발화수행이라고 부르는 것도 있다. 그것들은 극적이기 때문에 사실인지 거짓인지는 중요하지 않다. 영국의 디즈레일리는 정치가 글래드스턴을 "그럴듯해 보이지만 얄팍하고 자신의 장황함에 취한 약아빠진 연설가"라고 칭했는데 이때 그는 진위를 판단할 수 있는 뭔가를 주장한 것이 아니라 발화행위를 연기한 것이었다.

수사의 한 가지 기능이 '인간이 인간을 죽이는 것을 용이하게 하는 것'이라는 점을 기억해야 한다. 죽어간 그들은 우리가 결코 만난 적이 없고 개인적인 언쟁을 벌인 적이 없는 이들이다. 움버슨과 헨더슨(Umberson and Henderson, 1992)은 1차 걸프전 시기 ≪뉴욕 타임스≫의 전쟁 관련 기사 내용을 매우 적절한 시점에 분석했다. 사망과 살해에 직간접적인 언급이 있는지가 주요 초점이었다. 이 분석은 네 가지 중요한 논지를 이끌어냈다. ① 독자들로 하여금 죽음을 실감하지

---

[*] 『정글북』의 작가.

[**] 아프리카 통일운동의 지도자로 가나의 초대 수상과 대통령을 지냈다.

못하게 하고 전쟁에서 살해가 일어난다는 것을 부정하도록 조장하는 수사적 장치가 있다. ② 전쟁과 관련된 살해의 책임을 공식적으로 부인하고 대중에게 그런 사망은 최소한이라고 안심시킨다. ③ 대중들로 하여금 전쟁에서 사망자가 있을 것임을 미리 알게 하고 그런 죽음들은 정당한 것으로 볼 수 있게 하는 수사가 있다. ④ 실제 사망자 수는 모호하고 불분명하다. 이 전쟁의 결과로 매우 기억에 남을 만한 특정 문구들이 생겨났다. '부수적 피해 Collateral damage'[*]는 유명한 예이다. 전쟁은 군대의 사이비 과학용어로 묘사된 것이다. '이라크 자유작전 Operation Iraqi Freedom'과 그 다른 이름인 '충격과 공포 Shock and Awe'에 대해 램프턴과 스타우버(Rampton and Stauber, 2003)는 다음과 같이 말한다. 이런 하위 브랜드는 "그 사용자들이 모순된 두 가지 생각을 상징적으로 화해시킬 수 있게 한다. 한편으로 그 이론가들은 엄청난 살상력을 사용할 계획을 짜기 위해 그 용어를 사용한다. 다른 한편 그 힘의 심리적 효과에만 초점을 맞추어 그 살상력이 만들어낼 인간의 실제적 고통에 대해 청중들이 직접 곰곰이 생각해보지 못하게 한다".

새로운 수사법

시각적 수사는 의미 있는 전경과 배경을 통해 의미를 전하는 전신술 telegraphy이다. 시각적인 수사가 언어적인 수사를 교체했는가? 현재는 '시각적인 자극에 대한 해독력'이 언어로 잘 이해하고 표현하는 능력을 대체하는 것 같다. 레이건의 시각적인 주장 방법은 이런 대중문화의 새로운 공용어에 잘 부합된다. 시각적인 이미지가 지금의 보편적인 언어이기 때문이다. 『전자시대의 달변

---

[*] 예를 들면 군사시설을 목표로 가한 폭격으로 민간인들이 죽은 것을 그대로 표현하기보다는 이 용어를 사용하면 독자들은 실제 사망한 사람들의 고통을 인식하기 힘들어진다.

Eloquence in the Electronic Age』에서 캐슬린 홀 제이미슨(Jamieson, 1988)은 텔레비전의 영향으로 수사의 본질이 어떻게 바뀌었는지를 논의한다. 텔레비전의 수사에서는 시각적인 순간이 말을 대체한다. 그러한 심상(心象)은 비판력을 우회한다. 사실 우리는 설명하는 방식으로 텔레비전을 바라봐서는 안 되는 것이다.

레이건은 1980년의 취임연설에서 이런 좋은 예를 보여주었다. 그 연설은 그에 의해 워싱턴과 그 기념물들에 대한 여행담으로 바뀌었으며 카메라는 그가 말하는 곳을 따라 비추었다. 담론의 상징적인 형상은 일반 대중에게 특히 가치가 있다. 그 표현 형식들은 울림이 있으며 이질적인 사회를 소외시키지 않는다. 가치의 단정적인 표현을 피하기 때문이다. 레이건의 수사에서 이러한 상징적 장치들은 시각적인 우화 또는 도덕적인 이야기의 형식을 갖는다. 더 일반적으로는 그 주위의 실제 이미지 — 말하자면 노르망디 해변 또는 그와 청중들이 공통으로 이해할 수 있는 이미지 — 를 사용하는 시각적인 수사이다. 제이미슨은 레이건을 수사의 전자적 형식의 대가라고 묘사한다. 그녀는 레이건의 수사적 스타일을 지속적으로 정밀하게 분석했다. 레이건은 의미를 전하고 상징화하기 위해 물리적인 소도구들을 자주 사용했다. 그의 의사소통 전략에는 어떤 비유적인 기능을 할 수 있는 일반 시민들을 활용하는 것이 포함되었다. 예를 들면 한 젊은이는 홈리스 문제 대처 과정에서 돋보이는 문제 제기를 했다.

레이건은 그와 국민 모두가 최근에 경험해 공유하고 있는 시각적인 기억을 끄집어내곤 했다. 하지만 이 시각적인 장면이 성공적이려면 그 장치들은 더 큰 의미의 영역을 표현해야만 한다. 그래서 그의 설득 스타일은 많은 비언어적 의사소통 도구를 사용했다. 그가 사용하는 언어적인 요소들은 반드시 구어적이며 일상 회화와 같았다. 레이건이 가장 좋아했던 장치인 극적인 서사가 그들에게 전체 틀을 부여했다. 그리고 그 이야기에서 레이건은 스토리텔러가 된다. 물론 이렇게 함으로써 그는 역사 속의 연설가들과 가까워진다. 서사는 가장 근본적인 정보 전달 방법이기 때문이다. 레이건은 단지 그것을 텔레비전 시대의 정치적 설득에 맞게 개조하고 부드럽게 만들었을 뿐이다.

하지만 그 매체의 시각적인 성향에는 기만성이 잠재해 있다. 시각적인 상징은 반박을 피할 수 있기 때문이다. 제이미슨(Jamieson, 1988)은 시각적인 방법이 아닌 언어로 표현했다면 비웃음을 샀을 허버트 험프리Hubert Humphrey의 광고에 대해 평했다. 이러한 부정확함은 웅변가에게는 선물이다. 새로운 시각적 프로파간다는 언어를 쫓아내기 때문이다. 특히 선거 스폿광고*는 미묘한 뉘앙스를 표현하는 것이 아니다. 그들은 의미를 전할 뿐 설명하거나 암시하지 않는다(Jamieson, 1988). 이는 과거의 수사 형태와 대조된다. 예를 들어 아리스토텔레스의 『논증법Enthymemes』은 표현하지 않은 신념과 정보에 기대어 힘을 얻었다. 하지만 공유하고 있는 문화적인 정보가 줄어들면서 이러한 힘도 감소한다.

또한 제이미슨은 수사의 '여성화'를 주장한다. 제이미슨에 따르면 텔레비전은 나이 많은 남자 같은 수사 스타일을 장황한 것으로 만들었다. TV는 감정의 표현을 요구하는 매체이며 남성적인 스타일은 자유를 속박하는 것이다. 고대 세계에 웅변가들이 활용한 은유는 전쟁에서 얻은 것들이었다. 하지만 지금은 구애의 수사가 사용되고 대중의 담론은 의인화되었다 예를 들면 로널드 레이건이 자신의 비밀을 털어놓는 순간이 그렇다. 전통적인 수사는 반대로 그 행위의 형이하학적인 면에 의해 힘이 생겼다. 내용보다는 극적인 효과에 기댄다. 목소리의 활용, 표정과 말 그리고 몸짓의 매력적인 상호작용이 중요했다. 그것은 힘 있고 계획된 제스처가 필요한 물리적인 수사였다. 수사는 물리적인 표현이었고 언어적인 내용으로만 되는 경우는 드물었다. 하지만 강력한 수사는 이런 벽을 넘어설 수 있었다. 링컨의 게티스버그 연설은 그 자리에 있던 청중들에게는 사실 들리지 않았지만 시간이 흘러 제2차 세계대전 시기에 더 영향력을 행사했을 수 있다. 레더스(Leathers, 1986)는 메시지를 전달하는 비언어적인 경로의 목록을 제시한다. 예를 들면 미소를 짓거나 인상을 찌푸리는 것, 눈썹이

---

* 라디오나 TV 방송에서 프로그램 사이 또는 프로그램 진행 중에 하는 짧은 광고.

올라가거나 내려간 것, 눈을 감거나 크게 뜬 것, 코를 비틀거나 입을 오므리는 것, 이빨이 보이는 것, 턱이 빠진 모양, 이마에 주름살이 생기거나 긴장을 푼 것들이 모두 표정에 포함된다.

특정 수사적인 적용을 하는 모든 미디어에서 새롭거나 오래된 '남성적' 수사 형태가 없어진 것은 아니다. 그와는 거리가 멀다. 1990년대 미국의 정치 현상들 중 하나는 정치적 도구로서의 라디오의 발명이다. 사실 그것은 재발명이었다. 찰스 커글린Charles Coughlin*은 이미 70년 전에 최초이자 가장 극적인 해설자였기 때문이다. 라디오 토크쇼 진행자들은 단일 쟁점 집단과 함께 현재 미국에서 가장 중요한 정치인의 부류가 되었다. 그들이 제공하는 것은 순수한 프로파간다이다. 이것은 재강화의 도구이다. 새로운 이들을 모으는 것이 아니라 편협한 백인 남성 — 그들은 가장 많이 투표자로 등록되어 있다 — 에게 그들의 언어로 말하는 것이다. 그래서 그들의 노여움을 표출하고 자기 연민에 힘이 되어 준다. 총 1,000개의 라디오 토크쇼 프로그램이 있고 러시 림보Rush Limbaugh는 혼자서만 2,000만 명의 청취자를 보유했었다. 커츠의 표현을 따르자면 "이무스Imus, 하워드 스턴Howard Stern과 목소리가 큰 또 다른 사람들은 시끄러운 사회를 반영한다. 그 사회에서 저널리스트들은 토크쇼에 나와 서로를 비방하고, 감상적인 인간들은 주간 TV에 나와 자신의 친척들을 고발하며, 공격적인 광고에서는 정치인들이 서로 혹평하고 있다"(토머스 인스톨Thomas Install, ≪뉴욕 리뷰New York Review≫, 1994년 10월 6일자).

그리고는 매일 림보는 그날의 뉴스가 된 사건들을 가지고 미국 문화의 현 상태, 개인과 단체의 권리, 성적 도덕관, 자본주의와 민주주의의 기본 원칙들에 대해 그가 가지고 있는 더 큰 불만의 일부로 잘못 해석한다. 그는 위에서 언급한 각각의 주

---

* 미국의 로마 가톨릭 신부로서 1930년대에 라디오를 통한 주말 설교로 큰 인기를 얻었다.

제에 대한 토론을 악마적인 자유주의와 이상화된 공화당의 보수주의 간의 지속적인 당파적 갈등의 일부로 제시한다. …… 그 기만적 목적을 드러내기 위해 모든 활동과 견해를 따져봐야 할 의무이자 고귀한 책무가 자신에게 있다고 여긴다. ……

"나는 TV를 틀면 에이즈 문제는 내가 충분히 신경을 쓰지 않기 때문에 내 잘못도 된다는 얘기를 듣는 데 아주 신물이 난다. …… 콜럼버스가 항해를 한 지 500주년이 되는 이런 때에 나는 그가 쓰레기 취급을 받는 것에 짜증이 난다. 그가 인디언들에게 면역력이 없는 질병을 퍼뜨렸다는 얘기는 내게 참으로 쓸데없어 보인다. 우린 그걸 바꿀 수가 없다. 우린 여기 있을 뿐이다. 나는 서구 문화가 계속해서 비난받는 것에 넌더리가 난다. '이봐, 이봐. 서구 문화는 변해야 해'는 스탠퍼드 대학의 구호이다. 오늘날 제국주의자, 인종주의자, 성차별주의자, 광신자 그리고 동성애 혐오자라며 욕먹는 개척자들이 그들의 길을 개척하며 캘리포니아까지 대륙을 횡단하지 않았다면 스탠퍼드는 지금 어떤 모습일까?"

라디오 청취자들을 이데올로기에 따라 나누는 것은 선전원들에게는 선물인 한편 그러한 채널들은 다원주의와 정치적 상호교류라는 아이디어에 대한 거부를 대표한다. 미국은 아마도 민주주의를 채택한 것 같은데 라디오방송만은 일당전제주의가 된 것인가?

수사의 영향력

수사는 권력이다. 광고의 수사는 회사의 성공과 실패를 가를 수 있다. 예를 들어 상표 결정이 그렇다. 적절한 이름은 가격의 20퍼센트 프리미엄이나 심지어 50퍼센트까지도 쉽게 정당화할 수 있다. 달리 말해 사업계에서 수사의 힘은 금전적으로 측정될 수 있다. 선명함과 적확함을 지닌 잘 고른 이미지가 그저 상황에 '착 달라붙을' 뿐 아니라 세대를 넘어 출몰하는 정도에 따라 수사의 영향력이 설명된다. '유럽의 병자病者'라는 터키의 이미지가 그런 예다. 우리는 또한 그 수사를 통해 과거를 기억한다. 그래서 앵거스 콜더(Calder, 1991)의 『공습이라는 신화The Myth of the Blitz』 같은 저작들을 통한 수정이 있었는데도 대부분의 사람이 지닌 전쟁 시기 영국에 대한 기억은 처칠이 그려준, 해변과 구릉에서 전투를 벌이며 결코 항복하지 않는 장면이다. 달리 말해 수사는 후대에도 자신의 책무를 계속한다.

역사적으로 어떤 저자, 설교자, 정치인의 힘과 영향력은 부분적으로나 전적으로 수사적이었다. 예를 들면 환경보호 지지자들의 메시아 레이첼 카슨처럼 수사 활용 능력에 힘이 있는 것이다. 은유를 완벽히 활용한 그녀의 글은 논리적인 설명만으로는 결코 지닐 수 없는 영향력을 발휘했다. 산림보호와 해충박멸을 위해 사용되는 화학물질을 '죽음의 특효약'이라 부른 것이 그러한 예이다(Kevles, 1994). 처칠의 성공 역시 기본적으로 연설가로서의 성공이었다. 우리가 그의 '대단함'을 말할 때 그것은 분명 도덕적인 성품을 가리키기도 하지만 동시에 그의 표현력, 은유 및 의인화의 힘도 의미한다. 그래서 그는 볼셰비키 러시아를 이렇게 묘사했다. "스스로 추방되어 북극의 어둠에서 총검을 가는 그녀는 자초한 굶주림으로 허기진 입으로는 자신의 미움과 죽음의 세계관을 기계적으로 찬양한다"(Keynes, 1985).

수사와 아이디어

고프 메이슨(Mason, 1989)이 보기에 의견 영역에서는 수사가 항상 번창한다. 설득 활동이 영원히 멈추지 않기 때문이다. 확실한 증거가 요구되는 경우에는 수사도 분명 실패한다. 하지만 최종적인 결론에 도달할 수 없을 때에는 수사적인 주장이 우리가 가진 모든 것이다. 논증은 종종 설득하려는 시도라고 정의된다. 서로가 제시하는 근거에는 절대적인 수학적 정밀함이 따르지 않아 항상 불일치의 공간이 남기 때문에 논쟁이 벌어진다. 심지어 수학적인 증거의 정확성에 대해서도 논쟁할 수 있다. 그래서 모든 실제적인 담론은 설득과 관련이 있다. 수사의 선택은 아이디어의 전파에서 매우 중요한 것이었다. 그리고 20세기에 가장 번영한 지적인 이데올로기는 이데올로기를 지지한 이들이 가장 잘 표현했기 때문에 번영할 수 있었다. 그 지지자들은 사람들의 주의를 지배하고 유지할 수사적 장치의 필요성을 이해했다. 그들은 대중의 내향성을 꿰뚫고 내적인 생각에 불을 지를 수 있는 힘이 언어에 있다는 것을 직관적으로 느꼈다.

레이첼 카슨은 그런 이들 중 하나였다(Kevles, 1994). 그녀 최고의 논박인 『침묵의 봄』은 현대 환경주의 운동에서 다른 어떤 작품보다 더 많은 역할을 해냈다. 이것을 해낸 것은 그녀의 문학적인 힘이었다. 자신의 글에 대해서 그녀가 한 묘사는 상당히 정교한 형태의 프로파간다 정의가 될 수도 있다. 그녀는 "사실적인 지식과 깊은 감정적 반응을 매력적으로 조합하는" 글쓰기를 좋아했다. 그러한 프로파간다에서 사실들 자체는 정확하며 또한 풍부하게 사용된다. 그러한 점에서 그것은 부정직한 글은 아니다. 하지만 여전히 교묘하게 쓰인 글이라고 할 수 있다. 사실들은 미리 정해진 어떤 해석의 틀에 맞추어 선택된 것이기 때문이다. 또한 독자들에게서 의도된 감정적 반응을 이끌어내기 위한 이미지와 은유로 장식되었다. 그것은 '그저' 논박일 뿐이라고 할 수는 없겠지만 이성적인 분석이라고도 할 수 없다.

그러한 한 가지 장치는 의인화였다. 카슨은 "우리는 지구에 전적으로 의존하지만 그 대지와 바다는 우리를 필요로 하지 않는다는 깨달음"에 대해 썼다. 이렇게 자연을 인격화했다. 우리는 자연을 필요로 하지만 그 자신은 우리를 필요로 하지 않는 실제 사람이 된 것이다. 그렇게 우리의 의존성과 미약함이 강조된다. 이것이 바로 카슨의 프로젝트에서 중요한 부분이다. "그녀는 정부의 활동이 자연의 미래에는 더욱더 절망적인 것으로 보이게 했다." 카슨은 자연을 자주 인격화해 물고기와 동물에게 인간적인 감정을 부여해 그들에 대해 아는 바가 거의 없는 독자들에게 그들의 행동을 설명했다. 말하자면 "우리가 물고기, 새우, 해파리, 새를 실제로 느끼려면 그들의 행동과 인간 행동과의 유사성을 놓치지 말아야 한다"라거나 "예를 들어 나는 물고기가 그의 적들을 '두려워한다'

고 말하는데 그것은 물고기가 우리가 느끼는 것처럼 공포를 경험한다고 가정하기 때문이 아니라 그가 두려운 것처럼 행동한다고 내가 생각하기 때문이다"라는 식이다.

어떤 형태의 정보 전달도 수사와 관련을 갖는다. 정치적 수사보다는 훨씬 공공연한 면이 적지만 과학에도 수사가 사용된다(Prelli, 1989). 과학이 드러내놓고 수사를 사용할 수 없는 것은 과학은 진리를 추구하며 설득과는 관계없이 객관적이어야 한다는 깊이 새겨진 이데올로기를 지니고 있기 때문이다. 이는 물론 사실에 대한 오직 한 가지 해석만이 있다는 것을 가정한다. 여러 가지 관점이 존재할 수 있는 곳에는 설득과 함께 수사도 슬며시 들어온다. 과학의 가장자리나 과학이라고 하지만 훨씬 주관적인 방법론이 사용되는 영역의 경우에는 더욱 그렇다. 이는 사회생물학과 특히 정신분석 심리학에서 사실이다. 뉴사이언스[*] 학자들은 정치인들처럼 수사적인 장치를 활용함으로써 과학적인 근거와 분석이라는 엄정한 요구를 피할 수가 있다. 전후 상황과 청중들의 존재는 그것을 좀 더 신중하고 완곡하게 만든다. 예를 들면 1909년 클라크Clark 대학 강의에서 지그문트 프로이트가 그러했던 것과 같다(Patterson, 1990). 그의 담론 이면에는 무의식 개념이 있었지만 그에 대해 설명하지 않고 단지 유비로 이야기했다. 프로이트는 "그 유추의 바탕이 된 가정이 이미 증명된 것처럼 취급했다".

이와 같이 그가 이 강의에서 사용한 주요 수사법은 유추라는 장치였다. "그의 목적은 모든 것을 포함하는 심리이론을 내놓는 것이었다." 그는 엠마의 예로 시작하며 그것이 '전형적인 히스테리 환자'의 예라고 했다. "그 여자의 증상은 그 근원을 찾아 오래전 과거로 되짚어가면서부터 없어지기 시작했다. …… 징후는 과거에 일어났으며 지금은 잊어버린 경험에서 생겨난다." 프로이트는 채링크로스Charing Cross[**]의 유비를 묘사한다. 이것은 런던의 풍경에 대한 묘

---

　　* 종래의 자연과학의 사고방식을 반성하고 비판하며 물질의 세계와 정신의 세계를 재결합하는 통로를 탐색한다.

사와 함께 길고 상세히 얘기된 재치 있는 이야기이다. 채링크로스는 플랜태저넷 왕조의 엘리너 왕비를 기리는 기념물이다. '눈물이 많은 런던 사람'은 신경증에 대한 정확한 유비라고 프로이트는 주장한다. "하지만 현대의 근로조건이 요구하는 대로 업무를 처리하러 바쁘게 가거나 자신의 가슴 속에 있는 젊은 여왕을 생각하며 기쁘게 지나가는 대신에 오늘 하루 깊은 슬픔에 젖어 엘리너 왕비의 장례기념물 앞을 지나는 런던 사람에 대해 우리가 생각해야 하는 것은 무엇인가?"

패터슨은 이렇게 평한다. "히스테리적이고 실용적이지 못한 런던 사람은 상징적인 장애로 고생하는가? 각각은 과거와 균형 잡힌 관계를 맺는 데 실패한다. …… 건강은 과거와 현재 간의 직접적인 관계를 성립하는 것이다." 하지만 이렇게 주장한다. "유비類比를 사용함으로써 프로이트는 논리적인 증거를 제시해야 할 책임으로부터 스스로를 면제했다." 억압본능을 설명하는 프로이트의 비유도 있다. 강의를 방해하려는 사람에 대한 비유이다. 그 유비에서 그 사람은 강의실에서 쫓겨나가고 사람들은 그 문을 닫은 채로 잡고 있어야 한다. 하지만 문을 쿵쾅쿵쾅 두드리는 소리가 크게 들린다. 주임 교수가 그에게 잘 알아듣게 말하고 강의실의 자신의 자리로 조용히 돌아오게 된다. 이러한 비유는 그 심리기제와 치료법을 묘사해준다. 그리고 "그가 그 자신과 청중들을 하나로 그릴 수 있게 하는 비유방법을 고른 것은 우연한 것이 아니었다".

프로이트는 그 자신의 조심스러운 면을 강조함으로써 진실성의 이미지를 투사하고자 많은 신경을 썼다. 더욱이 그는 자신을 천천히 그리고 마지못해 정신분석으로 전향하게 된 것으로 묘사했다. 예를 들면 유아기의 성애性愛와 같은 개념에 대해 그는 '믿지 않는 것으로부터 시작한' 것이다. 그리고 그는 청중들을 치켜세운다. 그들의 주의 깊은 모습을 칭찬하는 것이다. 그는 전체 강의를

** 런던 시 번화가.

통합하고 자신을 청중과 동일시하기 위해 여행이라는 은유를 사용한다. 그 상징 안에서 그 자신은 청중들과 같고 단지 지적인 동료 여행객인 것이다. 의심을 지닌 다른 이들도 그가 그랬던 것처럼 같은 여행에 따라올 수 있다. "여기 신세계에서 뭔가를 기대하는 지적 탐구자들로 이루어진 청중 앞에 서 있는 나를 발견하니 새롭고도 당혹스러운 느낌입니다." 이러한 아첨과 표면적인 평등은 청중 사이에서 교훈주의, 오만, 지적인 무시에 대한 경계를 없애준다. 또한 그들은 프로이트를 지위가 아닌 진리를 좇는 사심 없는 연구자로 인식한다. 스스로를 깎아내리는 것은 그가 이것을 표현한 방법("나는 그 시작에 기여한 바가 없었습니다")이었고 또한 청중들을 설득하려 한다는 것을 부정했다. 그는 자신의 아이디어에 반대하는 의견을 되풀이해 내놓고는 이렇게 답했다. "항상 진실을 말하기란 쉽지 않아요. 특히 짧게 말해야 할 때는 더욱 그렇지요. 그래서 오늘 나는 지난 강의에서 했던 잘못된 주장을 정정하게 되어 기쁩니다." 패터슨은 이런 의견을 내놓는다. "사실 그는 자신의 입장을 강화한 것이다. 첫째, 반대 의견을 환영하려는 그의 자발성은 그의 개방성에 대한 청중의 신뢰를 강화했다. 둘째, 반대 의견을 제기함으로써 그는 그의 입장을 뒷받침할 더 많은 증거를 제시할 기회를 얻게 되었다."

클라크 강연에서 프로이트가 보인 성공적인 정신분석 홍보는 곧 수사의 힘에 대한 찬사이다. 그의 강연은 신문에 지속적으로 기사화되었는데 열광적인 반응이 많았다. 그래서 ≪보스턴 트랜스크립트 Boston Transcript≫는 그를 "나이를 알 수 없는 다정한 얼굴을 하고 있다"라고 묘사했다. ≪보스턴 트랜스크립트≫는 그곳의 많은 과학자에게 지지받았다고 주장했다. 강연들은 "정신분석의 역사에 중요한 순간이 되었고 1년 안에 영어로 출판되었다". 1915년까지 정신분석학은 미국의 몇몇 지식인만 논의하던 주제에서 ≪현명한 살림살이 Good Housekeeping≫나 다른 대중 잡지에서 다루는 주제로 거듭났다. 클라크 강연 이후 프로이트는 명예학위를 받았다. 이를 두고 그는 "우리의 노력에 대한 최초의 공식적인 인정"이라고 말했다(Patterson, 1990).

그러므로 수사는 학문의 담론에서도 결정적인 역할을 한다. 첫째, 그것은 은유적 표현들로 가득하다. 그리고 과학자들도 이미지적인 수사를 사용해야 할 강한 필요를 느낀다. 그들의 수학적인 전문용어는 오직 몇몇 사람만 이해할 수 있기 때문이다. 과학적인 은유가 외부 구독자에게만 영향을 미치는 것은 아니다. 그것은 과학자 자신이 현실을 인식하는 방식에도 영향을 미친다. 대중에게 정보를 전달하기 위한 목적으로 만들어진 은유가 예상과는 달리 튕겨져 나와서 그 창조자의 생각에도 영향을 미치는 것이다. 은유는 학문분야의 구조와 범위의 결정에도 기여하며, 그것들에 통일성을 부여 — 예를 들어 천체물리학자의 '블랙홀' — 하지만 동시에 창조자들의 가치관을 보여주며, 그들의 이후 연구에도 영향을 미친다. 사회과학에서 특히 그렇다. 인간은 부족을 이루는가? 떼를 지어 사는 동물인가? 로봇인가? 그도 아니라면 무엇인가? 서로 다른 은유는 서로 다른 사회과학 패러다임을 떠받치는 토대이다. 경제학자들은 특히 전통적으로 인간을 이기주의적이고 이성적인 의사결정자로서 자신의 필요와 행동 우선순위에 대한 분명하고 계층적인 개념을 지니고 있다고 생각해왔다. 경제학자들의 언어는 이런 생각을 구체화하는 수사이다. 맥클로스키(McCloskey, 1990)는 경제학자들이 동료 전문가들을 설득할 때도 실제로 수사를 사용한다는 것을 보여주었다.

신화와 프로파간다

신화 만들기는 프로파간다의 핵심이라거나 이론적 정의의 일부는 아니라고 할 수 있다. 하지만 대부분의 프로파간다는 여러 요소 중 특히 신화 제조와 관련이 있다. 그래서 신화는 거의 실제적인 정의의 일부라고 할 수 있다. 신화는 패러다임이며 요약본이다. 그것은 사람들의 관심과 서사적인 특성을 표면화해 추상적인 강의나 단순한 수사로는 절대 이루지 못할 인상을 남긴다. 프로파간다는 지속적으로 신화를 사용한다. 신화들은 프로파간다 텍스트에서 명시적으로 또는 암시적으로 참조할 지점이 된다. 신화들은 공유할 수 있는 문화적 용어를 제공한다. 사람들을 통합하고 그들에게 아첨하며 신화와 관련되었다고 말하는 주장과 단체에 힘을 보탠다. 그들은 복잡하고 긴 말로 표현할 수고를 덜어준다. 작은 그림으로 구체화되거나 상징으로 표현될 수도 있다. "간단히 말해 신화는 서사이며 사상의 전체 틀이다. 이때 의례는 신화의 연출을 맡는다. 상징은 신화라는 집을 짓는 벽돌이며 상징을 받아들이거나 그를 숭상하는 것은 의식의 중요한 요소이다. 의례는 보통 상징이 부여하고 강요하는 절차를 따른다. 신화들은 의례, 전례, 상징에 암호화된다. 그래서 상징에 대한 언급은 그 의례를 다시 치르지 않고도 공동체의 구성원들에게 그 신화를 일깨우기에 이미 충분하다"(Schöpflin, 1997).

신화는 보편적이다. 독재국가뿐 아니라 민주주의 정권에서도 정당성을 얻고자 신화를 필요로 한다. 또한 그들은 역사 속에서 지속적으로 실재했으며 고대부터 모든 정권의 훌륭한 정치적 장식의 일부였다.

신화의 정의

신화는 어떤 사회나 단체의 핵심 가치관을 표현하는 이야기나 사건이라고 할 수 있다. 그 사건들은 실제일 수도 있고 가공일 수도 있지만 거의 모든 경우에 상상이 그들을 윤색한다. 그러므로 선전원들은 이미 존재하는 사회적인 신화를 끄집어내 사용할 뿐 아니라 그것들에 뭔가를 덧붙이기도 한다. 이러한 사회의 핵심 신화들은 창건의 이상들 — 매사추세츠 주지사 윈스럽Winthrop의 '언덕 위의 도시'*와 같은 이상 — 이며 그 토대는 사회적인 대변동을 만든다.

---

* 윈스럽 주지사가 청교도적 이상을 미국에 실현하고자 했던 상징이다. 그 자체로 기독교적인 이 상징은 구원의 땅인 가나안이라는 상징과도 겹친다.

신화는 프로파간다의 개념적인 중핵이며 신화 없이 선전이 되는 것을 상상하기는 어렵다. 신화는 모든 곳에서 인간 사회의 특징이다. 신화는 이야기이다. 그것은 각각의 문화가 자신을 지속하기 위해 자신에 대해 하는 이야기이다. 문화의 내적인 대화인 것이다. 예를 들어 그리스와 로마의 신들은 바로 우리 인간들처럼 약점과 평범함이 있었다. 그들은 우리의 결점, 감정과 사소한 질투를 드러내고 풀어내는 이야기이다. 통속적인 표현으로 '신화'는 만들어낸 것이나 사실이 아닌 것을 의미하지만 이것이 그 용어의 이론적인 의미는 아니다. 그래서 콜더의 『공습이라는 신화』는 공습에 대한 역사적인 기억이 거짓이라고 주장하는 것이 아니라 중요한 제한을 가해야 한다는 것을 말하는 것뿐이다. 예를 들면 웨스트 엔드의 파리 카페에 대한 폭격 이후 벌어진 약탈이 있었다는 사실이 고결함, 공동체, 희생이라는 핵심적인 진실을 바꾸는 것은 아니다.

신화는 합의된 행동 패턴의 예들을 제시하며 권고한다. 신화를 만드는 이의 가장 중요한 문제는 "대상집단에 광범위한 호소력을 지닌 가치관, 패러다임 시나리오 또는 경험들의 집합을 찾는 것이다. 한 가지 방법은 현재 변화하는 문화 또는 하위문화의 가치관을 전통적인 가치 및 믿음들과 대비하는 것이다……" (O'Shaughnessy and O'Shaughnessy, 2004). 쇠플린(Schöpflin, 1997)에게 문화 자체는 "신화가 그 틀을 짜는 집단적인 개념, 믿음, 가정, 아이디어, 습성, 이해의 시스템"이라 정의될 수 있다. 우리는 이렇게 주장한다. "그들이 공유하는 것은 문화적인 경험의 기본적인 차원을 이해하려는 시도이다. 그 경험들은 역사 속에서 말과 행동으로 표출되며 기본적으로 그 문화의 핵심 관심사와 선입견들을 구체화한다"(O'Shaughnessy and O'Shaughnessy, 2003). 오버링(Overing, 1997)에게 신화는 무의식적인 논리적 처리 과정의 예이다.

그것은 사회질서에 대한 상징적인 주장의 역할을 한다. 그리고 전통적인 질서를 표현하고 정당화함으로써 사회적인 결속성과 기능적인 통합성을 강화한다. 신화적 담론은 그 집단의 특수한 사회적 규범들을 세분화하고 한정지어나가는 대중적 과정을 통해 공동체 구성원들에게 그 정체성을 상기시킨다. 신화의 비이성적인 내용들을 사람들이 믿느냐 믿지 않느냐는 중요한 것이 아니다. 신화의 상징들은 은유적 가치를 지니고 있으며 동시에 특정 사회적 질서를 유지하는 핵심적인 사회적 기능을 수행하기 때문이다.

엘리아데(Eliade, 1991)는 신화를 "태초에, 즉 시작이며 시간이 없는 순간이며 신성한 순간에 일어난 사건들에 대한 설명"으로 정의한다. 그는 신화의 중요한 특성은 그것들이 사람들을 변화시킬 수 있다는 것이라고 말한다. 말하자면 그들은 구제의 기능을 지닌 것이다. "기독교 신앙을 이해하기 쉬운 것은 상당 부분 그 상징체계 때문은 아닌지에 대해 생각해볼 수 있다. 그 믿음을 떠받치는 보편적 이미지들이 그 메시지의 확산에 얼마나 기여했는지 자문할 수 있는 것이다." 문화는 신화가 구성하고 집단적으로 떠받치는 개념, 믿음, 가정, 사상, 습성 및 이해의 시스템으로 정의될 수 있다.

사회적인 신화는 프로파간다에 의해 영속되고 영화와 의식 및 출판물을 통해 찬양된다. 그리고 이것은 끝이 없는 활동이다. 신화는 오랫동안 영속되는 불특정한 이미지로 표현될 수도 있다. 예를 들어 대기업이 부도덕하다거나 정부는 무능하다는 것이 그렇다. 또는 매우 세부적인 생각일 수도 있다. 케인스는 이렇게 말했다. "자신을 지적인 영향에서 상당히 자유롭다고 믿는 사람들은 보통 죽은 경제학자들의 사상에 사로잡힌 사람들이다. 하늘에서 목소리를 듣는 권력을 손에 쥔 광인들은 수년 전 붓장난하던 학자들로부터 광기를 뽑아냈다." 또는 일반적인 신화일 수 있다. 황금시대나 금욕주의 또는 타락하지 않은 과거에 대한 신화들이 그렇다. 로마인들은 킨키나투스라는 인물에 잘 체현된 초기의 고결한 정치를 상상했다. 그는 공화국을 적들에게서 구해내기 위해 경작지를 떠나 농부에서 집정관이 되었고, 일을 마친 후에는 다시 자영농으로 돌아왔다.

왜 우리에게 신화가 있는가?

『광고와 설득커뮤니케이션The Marketing Power of Emotion』(2003)에서 오쇼네시와 오쇼네시는 "모든 문화는 신화의 저장소이다. 항상 딱 들어맞는 것은 아니지만 그 신화들은 특정 신념과 가치에 대한 한 문화의 호오를 판단하게 해주며 그 과정에서 선택의 집합을 재확인하게 된다"라고 했다. 쇠플린(Schöpflin, 1997)에게 "신화는 공동체가 어떤 주장은 정상적이며 자연스러운 것으로 생각하고 또 다른 것들은 그릇되고 이질적인 것이라 판단하는 방식이다". 『아테네의 신화와 제도들Athenian Myths and Institutions』에서 블레이크 타이렐Blake Tyrrell은 신화를 만드는 사람들이 현재 상태를 어떻게 반영하고 정의하며 또 옹호하는지를 살펴보았다. 타이렐이 보기에 신화는 문화의 가치체계와 떼려야 뗄 수 없는 관계에 있다. 그것들은 모방해야 할 가상의 모델을 묘사할 뿐 아니라 사회적 유대를 깨뜨릴 수 있는 사회 내의 파괴적인 힘을 그린다. 핵심 가치가 사라졌을 때 무슨 일이 생길 것인지를 말함으로써 신화들은 문화적으로 무엇이 가치 있는지를 가르친다. 그들은 현 상태를 변호한다. 고대 그리스의 경우에는 전쟁과 같은 제국주의적 귀족 사회가 변호 대상이다. 그것들은 말하자면 전반적인 인지적 창이 된다. 쇠플린의 말로 하자면 "신화는 세상의 질서를 정하고 세계관을 한정하는 유일한 방법을 확정하고자 하는 지적이고 인지적인 독점을 하려고 한다". 타이렐에 따르면 영웅들은 신화와 행동모델을 세우는 데 특히 중요하다.

신화를 폭로하려고 한다면 주의를 기울여야 할 것이다. 모든 사회에는 신화들이 필요하다. 그리고 만약 신화들을 공격적으로 그리고 체계적으로 파괴한다면, 이는 사회에 실제적인 해를 가하는 것이다. 신화는 한 사회의 정체성과 밀접하게 관련되어 있기 때문이다. 그것은 응집된 문화와 도덕적인 규범을 다음 세대의 엘리트에게 전할 수 있으며, 자부심과 공동체 의식을 불어넣는 기능을 한다. 더욱이 정부가 거만하게 그 핵심 신화들을 무시하는 사회는 곤란한 상황을 맞게 된다. 베트남 전쟁 시기에 젊은이들의 심각한 소외감을 낳은 한 원인은 미국의 행동이 지난 1950년대에 이데올로기를 포장하던 영화와 대중문화에 투사된 흠결 없는 미국의 품위라는 신화와 정면으로 대치되었다는 점이다. 정권은 생존을 보장하기 위해 신화들을 유지할 필요가 있다. 예를 들어 로마 황제들은 "로마는 원로원과 시민의 도시이다SPQR: Senatus Populusque Romanus"라는 슬로건을 군단병 깃발에 계속 사용하면서 로마는 여전히 인민들과 원로원들에 의해 지배된다는 겉치레를 계속했다. 따라서 68세대의 지적이고 예술적인 에너지의 상당 부분은 신화의 즐거운 파괴에 있었다. 예를 들어 영국 텔레비전 시리즈인 〈리얼 라이브즈Real Lives〉는 유명한 국가적 인물들을 그들 사후에 증거가 없어도 게이로 커밍아웃시키거나 사생아로 묘사하는 등 우상파괴를 했다. 국가적 영웅들의 전당은 그 근간부터 연속적으로 심각하게 공격을 받았다.

뉴스는 특히 신화를 다룬다. 버드와 다르덴(Bird and Dardenne, 1988)이 설명하듯이 뉴스 서사는 중립적인 기술이 아니라 상징적 장치, 신화 제조, 간단한 설명을 이용한 표현·확언 등을 통해 구성된다. 사실 한 문화 내 고유한 신화들은 세계에 대한 선택적인 인식 유형을 구성한다. 그들은 문화 구성원들에게 공통적인 선택적 인지 현상에 대한 특정한 해석을 이입하는 효과를 낸다.

신화와 이야기

신화는 이야기로 짜여 있기 때문에 통한다. 의미 있는 사실들을 설득력 있는 틀에 통합한 응축된 이야기인 것이다. 그래서 페닝턴과 해스티(Pennington and Hastie, 1993)는 배심원들을 연구했다. 그들이 수많은 구체적인 사실들이 기억나지 않는 문제를 두고, 어떻게 그 사실들을 이해할 수 있게 만들어주는 이야기의 틀을 통해 해결하며, 또한 어떻게 지배적 이야기 구조를 기소와 변호라는 서사를 평가하기 위한 모형으로 사용하는지를 보여주었다. 주장을 받아들이거나 거부하는 것은 그것이 지배적인 이야기 구조와 들어맞는지에 따라 결정되었다. 우리는 사람들의 관점을 그들이 말하는 이야기를 통해 인식한다. 기독교는 추상적인 윤리적 규칙들에 대한 설명을 통해서만 성공한 것이 아니다. 그 윤리와 신념 체계는 시작에서 중간 그리고 마지막으로 구성되어 메시지로 이끌기까지 하는 이야기를 통해 독자들을 감화한다. 탕아, 착한 사마리아 인, 나사로와 부자, 포도원의 일꾼들 등은 어느 문화권에서도 금방 이해할 수 있는 단순한 이야기였다. 희생과 부활이 매우 중요한 복음 서사의 상부구조는 아즈텍 Aztec 같은 희생제의에 기반을 둔 다른 이야기를 압도할 수 있는 근본적인 신화체계를 만들어낸다. 기독교 경전과 전통의 인물들은 조작된 유사성을 통해 다른 종교나 믿음의 신들을 흡수할 수 있다. 멕시코의 성처녀 과달루페 Guadalupe가 아즈텍 여신을 대체한 것이나 태양신을 표현한 원 안에 십자가가 들어 있는 켈트 십자가의 경우가 그렇다.

신화의 영향력

신화는 역사의 추이에 실제적인 영향력을 지녔다. 신화를 만드는 것은 영구적인 활동이기 때문이다. 쇠퇴하는 신화도 있지만 신화 자체는 계속해서 중요하다. 그들은 단지 대체될 뿐이다. 우리 삶의 발전은 신화로 장식된다. 신화는 어디에나 있다. 신화의 진실과 거짓과 환상이라는 조직들은 우리가 머무는 환경이며 우리가 숨을 쉬는 대기이다. 구매 행동은 신화적인 구조에 의해 영감을 받는다. 예를 들어 다이아몬드는 평범한 작은 돌이지만, 여자들의 가장 친한 친구이다. 그리고 드비어스 기업연합이 이 돌에만 이러한 의미를 부여한 것은 기업의 가장 대단한 신화 만들기로 남아 있다.

그래서 신화는 힘이 있다. 1918년에 독일군 참모부가 만들어낸 변명조의 신화 — 배신당할 것이라는 신화 — 를 독일 대중이 받아들이자 아주 끔찍한 결과를 낳았다. 미국에서 이처럼 강력한 예는 "통나무집에서 백악관으로"라는 신화이다. 대통령 후보였던 벤자민 해리슨Benjamin Harrison은 그의 지지자들이 지닐 수 있도록 작은 오두막집 모형을 주문한 바 있다(Melder, 1992). 하지만 그는 영국 귀족의 사촌이었다. 정치적 목적으로 만들어진 가짜 이야기들은 그것을 만든 이들에게 진짜 효과를 냈다. 예를 들어 '불만의 겨울'*이라는 신화를 통해 보수당은 1980년대 내내 끝없이 선전했으며 그들이 원하는 효과를 거두었다.

신화는 파괴적일 수 있다. 그들은 더 찬란했던 과거를 언급해 현재에 대한 열등감을 강화할 수 있다. 그들은 허위와 그로부터 시작된 사회적 부정을 영속할 수 있다. 무굴 제국 아래에서 성장했으며 영국이 그를 흡수했다고 전해진 인도의 '전투 종족Martial Races'**에 대한 신화가 그런 예다. 사람들은 제2차 세계대전이 지나서야 야스트, 도그라, 하자라스 등의 부족뿐 아니라 모든 인도인이 잘 싸운다는 것을 깨닫게 되었다(Cohen, 1990). 군대의 신화는 매우 중요해 한 국가에 강력한 남성적 정체성을 부여하기도 하고 정복하려는 희망을 강화하기도 한다. 예를 들어 프랑스에는 라 글로와la gloire의 신화가 있는데 이는 군사적인 성공이 오직 엘랑elan, 즉 정신만을 위한 것이라는 믿음이다.

그리고 신화는 오래 지속된다. 그들의 긴 보존 기간은 우리의 문화를 이야기할 수 있는 간략한 방법으로서의 편리함과 그것을 정확하게 따지고 들기 어려운 면 모두를 설명해준다. 영국에서 "학연으로 스스로의 목을 조른다"는 것은 지금까지도 일반적으로 믿고 있는 신화이다. 그것을 뒷받침하던 사회적인 현실이 이제는 희미해졌는데도 그렇다. 그런 신화들은 편리한 것이라서 새로운 배움과 생각에서 우리를 자유롭게 한다. 신문은 특정한 유형의 신화와 고정관념을 계속 사용한다. 그리고 또 오래되고 효력을 잃은 고정관념의 사후 생명력도

---

* 3년에 걸친 임금억제로 인해 불만이 쌓인 노동자들이 대대적으로 파업을 벌인 1978~1979년 겨울.
** 영국이 인도를 장악해가는 과정에서 쉽게 꺾을 수 없었던 특정 지역의 사람들. 특히 좋은 신체조건과 호전성 등 병력으로서 뛰어나다고 판단해 붙인 이름이다.

가볍게 봐서는 안 된다. 시대가 한참 지나고 그 특성들은 예전의 것이 되었지만 사람들에게 교수들은 여전히 뭔가에 '열중해 있고' 대령들은 '완고한blimpish' 것이다. 때때로 우리는 설득하기 위해 신화적 고정관념에 정면으로 도전한다. "대령을 비춘다"라는 제목의 육군 모집광고는 사람들이 당연한 것으로 생각하는 시대착오를 보여주는, 오래전에 완고한 블림프 대령을 연기한 은색 수염의 배우와 함께 현대적인 모습의 '실제' 대령을 넣었다. 신화들은 사실에 관해서는 오류가 있어도 지속적으로 강력한 영향력을 행사할 수 있다. 로마 가톨릭이 아일랜드에서 한때 불법이었다는 신화가 오래도록 지속되었다.

> 오, 사랑하는 패디 Paddy
> 퍼지고 있는 소식 들었어요?
> 토끼풀을 아일랜드 땅에서 기르는 걸
> 법으로 금지했대요.

케빈 마이어스Kevin Myers의 말로 하면, "영국의 통치에 대항하는 현대의 상황에 들어가기 위해 그것이 신화적인 것이라도 다만 자신의 종교를 믿기 위해 필요한 공모를 반복한다"(《스펙테이터》, 1995년 3월 18일자). 쇠플린(Schöpflin, 1997)에게 "신화는 공동체의 운명과 특정 전략들의 실패에 대해 설명을 제공하는 방법이다. 신화는 더는 조사될 수 없는 대답을 제시함으로써 같은 역경 속에 연대감을 형성한다".

진실과 거짓

프로파간다로서 성공하기 위해 신화는 직관적으로 그럴듯해야 한다. 중국 공산당원들에 의해 퍼진 신화인 홍콩의 한 공원의 표지판에 "개와 중국인의 출입을 금함"이라고 써 있다는 것은 왜곡이었다. 하지만 사람들은 그것이 영국인들이 해놓은 것이라고 거의 그대로 믿었다. 이 사실은 신화는 "완전히 거짓 자료만으로는 구성될 수 없다"라는 서술을 뒷받침하기 때문에 중요하다. "모방의 원본이 된 집단적인 기억과의 관계가 있어야만 한다"라는 것이다(Schöpflin, 1997). 진실인지는 종종 상관없는 문제가 된다. 무엇을 믿느냐가 중요하다. 예를 들어 돌격대의 임무*는 19세기 이래로 영웅적이며 명예로운 패배라는 영국 신화의 핵심이었고 이는 테니슨과 할리우드의 다양한 서사적 재능에 의해 영속되었다. 하지만 이 신화는 우리가 실제로 많은 군인들이 죽었다고 믿을 때에만 지속될 수 있다. 영광과 큰 실책의 서사적 특색을 지녀야 한다는 것이 필수 조건인 셈이다. 그러나 현대의 연구자들은 80퍼센트의 사람들이 그 전투에서 살아남았다고 주장한다. 그리고 이는 이 신화와 그 중요성을 의미 없게 만드는 것이다. 신화들은 사실 그 중요성 때문에 역사가들에 의해 논쟁 대상이 된다. "그런데 그것들이 실제로 일어났는가?"라고 묻는 것이다. 예를 들어 토니팬디에서 파업을 하던 탄광노동자들에게 군인들이 정말로 총을 쏘았는가, 아니면 노동당의 근거 없는 주장인가? 로드 젠킨스(Jenkins, 2001)에 따르면 이는 노동당이 지어낸 이야기이다. 사실 현대의 역사적인 연구 중 상당 부분은 말 그대로 탈신화화 작업이다. 한 가지 예는 톨레도 성 포위작전 시작 시의 악명 높은 사건이다. 스페인 내전의 영국의 권위자인 휴 토머스(Thomas, 1986) 교수에 따르면 다음과 같다.

7월 23일 톨레도의 공화파 변호사인 칸디도 카벨로는 마침내 모스카르도에게 전화를 걸어 10분 안에 항복하지 않으면 그날 아침에 잡은 대령의 아들 루이스 모스카르도(24세)를 죽이겠다고 말했다. "당신이 사실이라는 것을 알 수 있게 그가 당신에게 말을 할 것이오." 카벨로가 덧붙였다. "그래 얘야, 무슨 일이 벌어지고

---

* 크림 전쟁 당시 600명의 돌격대로서 러시아의 대포가 포진된 계곡 안으로 뛰어들었다.

있느냐?" 대령이 물었다. "별일 아니에요." 아들이 대답했다. "알카자르가 항복하지 않으면 저를 쏘아 죽이겠다고 하네요." 모스카르도는 대답했다. "만약 그렇게 된다면, 하느님께 너의 영혼을 맡기고서 스페인 만세를 외치며 영웅으로 죽어라. 안녕, 내 아들아. 마지막 키스를 보내주겠니?" 루이스는 대답했다. "아버지, 안녕히 계세요. 진한 입맞춤을 보냅니다."

하지만 그 만큼이나 저명한 폴 프레스턴(Preston, 1995) 교수는 딱 잘라 이를 부정한다.

하지만 알카자르의 저항은 민족파 영웅주의의 큰 상징이 되었다. 따라서 포위작전의 실상은 실제보다 더 과장되었을 수 있다. 특히 유명하지만 상당히 출처가 의심되는, 모스카르도가 항복하지 않으면 아들을 쏘아 죽일 것이라는 전화를 받았다는 이야기가 그렇다.

신화 제작

신화 창조 활동은 문화적인 자산의 집합에서 재료를 통찰력 있게 잡아내는 것이다. 진지한 선전원들은 그들의 신화들을 매우 사려 깊게 생각해볼 것이다. "신화가 여론을 구성하고 결집하는 데 효과적이려면 반드시 울림이 있어야 하기 때문이다. 반응을 끌어내지 못하는 신화는 낯설거나 부적절하다"(Schöpflin, 1997). 그러므로 프로파간다는 지난 신화를 적절하게 재포장하거나 새로운 신화를 제조하기도 한다. 이를 가능하게 하는 통찰, 유효성, 창의성은 선전원의 기술을 평가하는 시험기준이다. 신화는 현대적인 목적을 위해 배역을 바꿔 다시 등장할 수 있는 고유의 유연성을 지녔다. 영화와 TV는 종종 이를 보여준다. 소설과 역사가 현재의 강박관념과 편견에 의해 재해석되는 것이다. 예를 들면 월트 디즈니가 조지프 키플링의 『정글북』을 정치적으로 올바른 방식으로 그려낸 것이나 최신판 〈포 페더스The Four Feathers〉가 그렇다. 그래서 전통적 신화로 보이는 것이 전혀 다른 목적을 위해 재등장해 호소력을 발휘할 수도 있다. 1936년 판 〈돌격대의 임무The Charge of the Light Brigade〉는 앵글로 색슨 족의 우월성을 다룬 것이었지만 1968년 판은 영국 계급제도의 부당함에 초점을 맞추었다. 각각의 영화는 그 시기의 이데올로기적 필요를 위한 것이었다(Carnes, 1996). 웹스터(Webster, 1988)는 "포퓰리스트의 수사는 노스탤지어라기보다는 과거를 전략적으로 동원하는 것으로 봐야 한다"라고 했다. 그러므로 과거를 그리는 것은 현재로부터 벗어나는 것이 아니라 현재를 정당화하는 것이다. 겉으로 보아 변하지 않는 사람들의 본성을 보여주고 과거부터 있어왔던 원인들을 조명함으로써 그런 목적을 달성한다.

우리의 관점에서 보았을 때 프로파간다 속의 신화들에서 중요한 점은 그것들이 단순히 개장되며 재창조되는 것이 아니라 적극적으로 생산되기도 한다는 것이다. 프로파간다의 대가들은 그들을 의도적으로 구성하려고 해왔다. 괴벨스는 신화들을 창조했다. 공산주의자들에 의해 죽은 것으로 알려진 호르스트 베셀(Snyder, 1976)은 일종의 나치의 성인으로 바뀌었다. 그는 또한 '투쟁시기'나 옛 친구들 등의 신화들을 만들어냈다. 이들을 통해 집권하는 과정에서 겪어야 했던 정치적 장애물들과 공산주의자들의 폭력을 극대화했다. 그리고 이 모두는 눈물에 호소하는 감상으로 장식되었다. 괴벨스는 아마 20세기의 가장 영향력 있는 신화 제작자라고 할 수 있겠지만 그 혼자만 있었던 것은 결코 아니다. 창조되고 과장된 신화들의 영향력은 어디에서나 찾을 수 있다. 전체주의 정권의 역사에서 그들이 생산하고 공을 들이는 열성과 범위는 쉽게 확인된다. 무솔리니의 로마진군이나 이와 비슷한 공산주의의 〈전함 포템킨〉, 〈대장정 Long March〉 등에 대한 설명들이 그런 예이다.

신화를 만드는 것은 그 자체로 순수예술이 될 수 있다. 특히 에드먼드 버크 Edmund Burke[*] 같은 이에게 맡겨졌을 때 그렇다. 그가 프랑스의 우스꽝스러운 왕비 마리 앙트와네트를 신화한 것은 이런 장르의 가장 명쾌한 예이다. "그녀에게 모욕감을 주며 위협한 눈빛들에 앙갚음을 하기 위해서는 1만 자루의 칼이 칼집에서 튀어나와야만 했다고 나는 생각했다. 하지만 기사도의 시대는 갔다. 궤변가와 경제인 그리고 타산적인 이들의 시대가 뒤를 잇고 있다. 지금 유럽의 영광은 영원히 사라지고 있다"(Goodrich, 1884).

이렇게 신화는 인식을 바꾸기 위해 즉석에서 제작될 수 있다. 이는 아마도 지금의 우리가 '정보조작'이라고 부르는 한 측면일 것이다. 프로파간다는 특정한 해석의 부여이며 신화는 그 중요한 일부이다. 단 한 가지의 확고하고 도전할 수 없는 해석만을 허용하는 상황은 거의 없기 때문에 설득의 가능성이 남게 된다. 그 인식 방법이 정통이 아니라고 하더라도 가능성은 여전히 존재한다. 패배는 승리로 바뀔 수 있다. 다른 경우라면 논리가 우선하겠지만 이때는 전체적 분위기가 중요하다. 제2차 세계대전에서 대패해 포위된 영국 군대를 살린 것은 승자의 묵인 또는 아량이었다. 하지만 이 사건은 윈스턴 처칠의 능수능란한 신화 제조 기술에 의해 아마도 영국의 모든 신화 중에서 가장 대단한 것이 되어 그 어느 때보다도 더 높은 명성을 얻었다. 그것은 전 시기를 통틀어 가장 뛰어난 '정보조작'이었다.

신화, 민족, 인종

신화를 만드는 이들은 '이성적'으로 설득하는 이들과 병치될 수도 있다. 이들은 좀 더 과학적인 경험주의에 바탕을 둔 엄밀한 담론을 선호한다. 글래드스턴과 디즈레일리 간의 영국 역사상 가장 대단했던 정치 승부는 이데올로기에 대한 것이라기보다는 인류적 동료애라는 사상에 탄력을 받은 정치에 대한 분석적인 이성과 불합리한 본능, 관습의 신성불가침, 물려받은 습속과 인종 및 혈연

---

　　* 현대 정치사상의 한 조류인 보수주의의 대표적인 인물. 대표작으로 『프랑스 혁명에 관한 성찰Reflections on the Revolution in France』이 있다.

의 호명에 대한 깊은 믿음 간의 대결이라는 것이다. 아이러니하게도 "인종이 전부다"라는 디즈레일리의 견해는 아돌프 히틀러의 베를린 스포츠 궁에서의 연설에 인용되었다. 한 민족이 그 신화를 사실로 받아들이는 정도는 다양하다. 신화는 수사적인 진실을 담고 있다고 대다수가 생각할 수 있다. 착한 국가라는 미국의 신화가 그렇다. 좀 더 위험한 것은 객관적인 진실로 그려지는 것인데 나치가 고대 시기부터 아리안 민족이 있었다고 믿는 것이 그러했다. 아마도 민족주의는 인종과 마찬가지로 정화purification라는 유토피아적 신화이다. 그리고 프로파간다의 민족주의적 표현은 신화적인 구조와 공통점을 갖고 있다. 스메타나 작곡의 「블라니크」에서 영웅은 넓은 방에서 잠을 자다가 어느 날 민족과 함께 다시 깨어난다. 잠을 자는 것은 바그너의 「프리드리히 바바로사 황제」에서도 지도자를 기다리는 발상으로 나타난다(Perris, 1985).

많은 프로파간다 신화들은 부족 또는 인종의 우월함에 초점을 맞춘다. 인종 신화는 지배자 민족, 선민 등 어떻게 불리든지 간에 그 종족에 속하는 이들 모두에게 기존의 지위를 막론하고 우월감을 주기 때문에 가치가 있다. 예를 들어 제1차 세계대전 당시 영국 잡지 ≪펀치Punch≫는 "독일의 추악함 전공교수"라는 기사를 만들어 그들 자신에게 독일인들의 도덕적인 열등함을 상기시켰다. 인종 신화들은 19세기에는 거의 보편적으로 받아들여졌다. 그 신화들의 영향력과 선전적 가치는 오래도록 남아서 한때 그들을 신봉했던 지식인 사이에서 불신임된 후에도 지속되었다. 그래서 검은 아리안족 – 투치족 – 이라는 개념이 식민지 시기 르완다를 사로잡았다. 그리고 이것이 더 나아가 발탁의 근거로서 사람들을 양분했기 때문에 1990년대 초의 학살에서 그 명백하고 잔혹한 유산을 보여주었다(Block, 1994).

일부 인종 신화는 우열논쟁으로 너무 잘 알려져 있을 정도이다. 북방의 순수한 아리안족이 특히 우수하다는 개념은 19세기 고비노Gobineau에 의해 선전되었고 빌헬름 시기 독일에서 휴스턴 체임벌린Huston Stewart Chamberlain과 잡다한 소책자들로 인해 확산되었다(Snyder, 1976). 그러한 출처로부터 당의 논객 로젠베르크Rosenberg는 그의 허울 좋은 『신화Mythos』를 만들어냈다. 이들은 젊은 히틀러와 이후 헤스Hess, 힘러Himmler 등의 인격 형성에 큰 영향을 끼쳤다. 그들은 본능적인 광신을 과학주의의 의식으로 신성화했다. 인종신화는 19세기의 가짜 지식계급을 통해서만 나치에게 전해진 것이 아니다. 청소부 인종이며 음울한 니벨룽족으로 유대인들을 의도적으로 빗댄 바그너와 같이 예술에서도 그런 근거가 있다. 고대 시기 유대인들에 대한 중상모략 — 예를 들면 유아 살해라는 의식을 한다는 것 — 에 20세기에 새로 만들어진 비방이 더해졌다. 이를테면 프랑스에서 위조되고 차르Tsar의 비밀경찰에 의해 정교히 다듬어져 유포된 '시온의정서'가 그렇다. 차르는 러시아 민족주의를 도발해 볼셰비즘에 대항해야 했다. 이런 필요로 외부의 위협을 만들어야 했고 그 대상은 언제나 그랬듯 유대인이었다. '의정서'는 니콜라스 황제의 마지막 소지품에서 찾을 수 있었다(Figes, 1997). 하지만 이 의정서는 이미 유럽의 파시즘에 영향을 끼쳐 반유대주의 정의클럽Right Club을 이끈 아키볼드 몰 램지Achibald Maule Ramsay 영국 국회의원 같은 인물들을 만들어냈다(Griffiths, 1983).

미국의 신화

지금 대부분의 프로파간다는 신화에 깊이 묻혀 있다. 물론 프로파간다는 새로운 신화를 만들어내지만 그보다는 옛것을 끄집어내거나 재해석하는 경우가 더 많다. 논쟁에 참여한 양쪽 모두 같은 저장고에서 신화를 끄집어내어 그것들에 서로 다른 해석을 부여할 수 있으며 또 그렇게 한다. 그래서 "통나무집에서 백악관으로"는 모든 정당이 활용하는 공통적인 신화이다. 미국 신화의 요소들인 개척자, 카우보이와 인디언의 대결 등은 이를 소재로 한 문화적인 상품에서 계속 등장한다. 가족 농장은 또 다른 예이다. 그래서 중서부의 시청자들에게 버려진 농장과 "그건 단순한 농장이 아니었어요. 그것은 바로 가족이었죠. 민주당에 투표하세요"(Webster, 1988)라는 문구를 함께 보여주는 것은 바로 미국 중심지역의 핵심 신화를 활용하는 것이다. 그것을 구성하며 강화하고 의미를 부여하는 신화 없이 문화가 존재할 수 있을지를 상상하기는 어렵다. 그렇게 신화는 문화의 핵심 가치들을 찬양한다. 문화의 언어는 그 핵심 신화들을 담는다. 이러한 신화적인 호소는 광고에 광범위하게 사용된다. 그래서 〈60분·60 Minutes〉의 앤디 루니Andy Roony는 광고에서 가장 자주 쓰이는 10개의 단어를 찾아냈다(Tyrrell and Brown, 1991). 그 어휘들은 미국의 토대가 되는 신화들에 의해 약속된 꿈과 열망을 환기한다. '발견하다', '신선한', '새로운', '부담 없는'이라는 말들은 약속과 기회를 일깨운다. '자연스러운'과 '실재적인'은 탐구자가 여기서 찾을 수 있는 것을 말하며, '여분', '풍족한', '지키는'은 그 시작의 결과로 생기는 것들의 특성이다. 인류학자 레이모어(Leymore, 1975)는 광고의 역할이 현대의 신화를 만들어내는 것이며 실제로 끊임없이 그렇게 하고 있다고 주장한다.

라이히(Reich, 1987)는 미국인의 신념에 영향을 끼치는 다양한 문화적 신화들은 바로 감정적인 반향의 힘을 통해 그렇게 한다고 말한다. 버드와이저 광고로까지 만들어진 호라티오 앨저Horatio Alger*의 이야기가 그런 예다. 신화는 미국의 특성이며 그 문화적인 DNA다. 예를 들어 한 시스템이나 대기업 또는 불량배들과 싸우는 보통 사람의 이야기를 다루는 할리우드 영화가 얼마나 많은가? 이들은 할리우드의 전통적인 재료들이다. 하지만 동시에 그들은 미국 문화의 신화들에 포함되어 있다. 다른 전환된 신화들에는 상처받은 남성이나 군인, 의사, 변호사, 경찰과 같은 공적인 인물이 권위에 반발하는 것 등이 포함된다. 이를테면 〈더티 해리Dirty Harry〉의 등장인물이 그렇다.

일부 미국의 신화들은 오래도록 남는다. 미국인들이 '선의적'이라는 개념은 공화국이 세워지기도 전부터 있던 것이다. 신화들은 역사적 갈등 상황에서 승리한 이들의 이야기를 퍼뜨린다. 예를 들어 미국 건국에 대해서는 메이플라워

---

* 19세기 후반 미국의 아동문학가이자 대중적인 작가였던 그는 미국적인 성공의 꿈과 결부되어 자주 인용된다.

호와 이 배에 탄 검은 옷을 입은 검소한 필그림 파더스의 이미지가 미국인에게 존재한다. 하지만 이것은 분명 남북전쟁 이후의 이미지이다. 최초의 식민지는 뉴잉글랜드가 아니라 남부 연방의 중심지였던 버지니아였기 때문이다.

이와 비슷하게 알파치노의 〈혁명Revolution〉이나 멜 깁슨의 〈패트리어트The Patriot〉 같은 영화에서 상세히 그려진 미국의 독립전쟁은 승리자들의 이야기이다. 대부분의 미국인은 혁명론자들이 극장을 닫아버렸으며 미국 희극단의 배우들을 추방했다는 것을 알게 되면 매우 당혹할 것이다(O'Shaughnessy, 2000). 혁명의 원인에 포함되는 이유 중에 눈에 띄는 것들이 있었다. 시민권을 퀘벡의 프랑스 가톨릭 신자들에게까지 적용한다는 것에 대한 반발과 식민지 개척자들이 조약을 체결했던 아메리카 원주민들의 영역인 서부 진출을 조지 3세가 막으려는 것에 대한 반발이다. 신화는 본질적으로 승자의 신화이다. 패자의 신화는 없어지거나 지하에 남게 된다. 하지만 신화들은 미국인들이 현재를 어떻게 해석하느냐를 결정하는 역사 속에서 여전히 중요한 것이다. 그러므로 "포퓰리즘의 핵심 전략 중의 하나는 역사와 전통을 동원하는 것이었다"(Webster, 1988). 더 나아가 『선생님이 내게 한 거짓말들Lies My Teacher Told Me』에서 제임스 로웬(Loewen, 1995)은 우리가 배우는 역사에 얼마나 거짓이 많은지 보여주었다. 미국 총기협회가 너무 자주 언급해 대부분의 미국인은 헌법에 "무기를 소기할 권리"가 기술되어 있다고 믿는 것 같다. 하지만 그런 것은 없다. 그렇지 않다면 뉴욕 시 같은 곳에서 총기 소지를 법으로 금할 수는 없었을 것이다. 헌법이 무기를 소지할 권리를 허용하는 것은 합법적으로 구성된 시민군 구성원에 한해서이다. 하지만 이 신화는 미국인의 정치적인 믿음에 악의적인 영향력을 지속적으로 행사하고 있다. 그 정도는 매우 심해 총기 소지 반대 이슈는 정치적인 문제가 아닌 법적인 문제가 되어버렸다. 그나마 정치의 장에서는 총기협회가 잠재적인 반대의견들을 효과적으로 무력화했다.

신화와 순교

　죽음과 순교는 언제나 신화를 만드는 데 풍요로운 원천이었다. 예수 그리스도는 최고의 순교자이다. 그래서 모든 순교자는 어떤 신성의 기미를 띤다. 예를 들어 아일랜드 공화국의 순교사는 본래 복잡한 주제이다. 보비 샌즈Bobby Sands*는 플렁킷Plunkett 추기경 이전까지 이어지는 아일랜드 순교자 집단의 마지막에 위치해 있다. 그리고 출판물, 책, 벽화 및 특히 노래와 서사시는 케빈 배리Kevin Barry 같은 순교자를 찬양했다. 대학생이었던 그는 1920년에 강의를 들으러 가던 중 테러에 가담했고, 그 후 영국에 의해 처형당했다(Bennett, 1995).
　순교는 도덕적인 웅장함을 고양하는 설득력 있는 방법이다. 또한 종교적인 충성과 국가를 확립하는 데 중요한 역할을 해왔다. 엘리자베스 1세 제위시기에 출판된 폭스Foxe의 『순교자들의 책Book of Martyrs』은 영국 국교회가 필요로 하던 도덕적인 계보를 제공해주었다. 엘리자베스는 각 설교단에 사본 한 권을 가지고 다니라고 명했고 그 책은 스페인의 무적함대와 싸우러 가는 배에도 실려 있었다. 코르크의 시장인 테렌스 맥스위니가 단식투쟁 끝에 죽은 것은 영국의 남아일랜드 통치에 중요한 선전 직격탄이었다. 자살폭탄 테러는 자신을 죽이는 과정에서 다른 많은 사람들을 함께 죽인다. 그런데도 이 행동은 주저하고 확신이 없는 당원과 같이 깊은 인상이 가장 필요한 이들에게 감명을 줄 수 있다.
　모든 민족과 모든 대의는 그들의 순교자들을 찾아 차지하려고 한다. 희생자가 꼭 죽어야 하는 것은 아니지만 죽는 것이 더 바람직하다. 죽음이 끔찍할수록 더 좋다. 프랑스 독립영웅 잔 다르크가 화형당한 사건은 드골을 포함한 프랑스의 애국자들이 언제라도 사용할 수 있는 국가를 세우는 영원불변의 신화를 만들어냈다. 넬슨 제독의 죽음과 링컨, 케네디의 암살은 그들에게 순교자의 자리

---
　* IRA의 지도자이자 시인. 영국의 감옥 안에서 단식투쟁 끝에 죽었다.

를 부여했다. 그들이 죽은 방식은 사후 그들의 성취에 성스러운 빛을 보태주었다. 그리고 그들은 국가의 성자가 되었다. 경우에 따라서는 국가와 단체들이 의도적으로 죽음에 대한 숭배를 만들었다. 그리고 이것은 특히 유럽 파시스트 운동들에서 영향력이 강했다. 스페인의 민족주의가 그 예이다. 나치의 문화에는 죽음에 대한 일종의 집착이 스며들어 있었다. 수많은 이의 죽음을 초래한 운동은 그 자체로 기괴한 죽음숭배에 의해 움직였다. 〈의지의 승리〉는 회고록 상연, 힌덴부르크 육군 원수에 대한 환호, 제1차 세계대전 사망자들을 위한 묵념, 그리고 총통이 불타오르는 연단으로 나아가고 그 전장의 이야기가 낭독되는 것으로 채워졌다. 이러한 나치 선전의 장례의식적인 특징은 여러 가지 독특한 면의 일부이다. 하지만 제1차 세계대전에서 막대한 손실을 입었다는 사실과 화해해야 하며, 이제 히틀러가 요구할 피의 희생을 받아들여야 한다는 점을 통해 이를 이해할 수 있다.

신화를 성공적으로 조작한 사람 중 하나는 로널드 레이건이다. 그의 성과는 "위안이 되는 과거의 비전들과 긍정적인 미래에 대한 꿈 사이에 현재를 배치함으로써 지금의 문제들을 보이지 않게 한 것이다"(Lule, 1990). 그는 과거와 조응하는 새로운 신화를 만들어냄으로써 이를 가능하게 했다. 이를테면 그는 과거의 서부 개척이라는 신화를 우주 개척이라는 새로운 신화를 제작하는 데 활용했다. 챌린저호의 참사는 이렇게 '연출'되었다. 그래서 신화의 창조는 역사를 통해 지속적으로 나타난다. 그들은 지지자와 선전원들에게 그저 너무나도 유용할 따름이다.

케네스 버크Kenneth Burke(Lule, 1990)는 "그 집단의 구성원들이 공유할 수 있는 상징적인 희생양이 없이도 응집할 수 있는 인간 사회가 과연 있을까?"라고 묻는다. 문제는 마법과 종교라는 제도에서 드러난 희생제의적 모티프들이 어떻게 제거될 것인가가 아니라 "그 모티프들이 어떤 새로운 형태를 갖게 될 것인가"이다. 챌린저호 참사에서 로널드 레이건은 큰 실패를 영웅적인 시도로 바꾸기 위해 이러한 참조점을 활용한 효과적인 수사적 전략을 전개했다. 표면상으로 명백한 메시지를 지닌 결정적인 사건으로 보이더라도 — 말하자면 이 사건은 리더십 부족과 그릇된 일 처리를 보여주었다 — 이의를 제기할 수 있는 의미 영역이 남아 있다. 그리고 수사 기능은 미래의 논의에서 사건의 결정적인 패러다임으로 굳어질 하나의 해석을 내놓아 선점하는 것이다. 룰은 다음과 같이 날카롭게 지적한다.

> 챌린저호의 일곱 명은 실패한 정책과 리더십의 결함에 대한 강력한 상징이 될 수도 있었다. 하지만 레이건은 우주선의 실패를 바꾸어 희생이라는 극적인 사건의 상연을 통해 우주 프로그램에 대한 미국의 의지를 새로이 했다. 그는 승무원들을 신성화하고 미국인에게는 희생과 구원을 통해 위안과 정죄를 주었다.

하지만 그는 "우주비행사들의 죽음을 단 두 번만 간접적으로 언급했다. 레이건은 프로그램이 계속 진행되었기 때문에 그 죽음이 의미가 있는 것으로 보았다"라고 말한다.

그리고 이러한 의미에 대한 문제들은 프로파간다를 설명하는 데 핵심적이다. 룰은 디츠Deetz를 인용한다.

> 한 사회가 사용하는 은유를 찾는 과정에서 우리는 그 사회의 구성원들이 여러 일들을 경험하는 방식을 찾게 된다. …… 레이건은 찬미를 구성하기 위해 은유를 사용했다. 우주비행사들과 개척자들, 우주와 미국의 서부, 죽음과 영원한 삶 같은 방식이다. 레이건은 우주왕복선의 승무원들이 미국의 영역을 우주로까지 넓힌다는 것을 암시했다. …… 연설의 종결부에 가까워졌을 때 그는 죽은 이들에게 말했다. 그는 그 일곱 명이 국가를 위한 희생을 통해 영원한 생명을 얻었다는 것을 암시했다.

또한 룰은 "희생이라는 극적인 사건이 책임소재의 문제를 매우 효과적으로 피해간다"는 점도 지적한다. 다음과 같이 덧붙인다.

우주비행사들은 국가를 위해 그들의 목숨을 바쳤다. 그들을 잃은 것에 대해 희생이 아니라 참혹한 실수라고 언쟁을 벌이는 것은 그들의 죽음에서 존엄과 의미를 빼앗는 것이 될 수 있다. 이러한 방식으로 레이건의 찬양은 희생자들을 이용해 책임소재를 묻는 목소리를 잠재우고 이 문제를 효과적으로 쫓아버렸다. …… 우주 프로그램을 미국의 개척 전통 아래에 위치시킴으로써 프로그램의 가치에 대한 논쟁은 프로그램이 언제 다시 진행될 것이며 그 약속이 언제 완수될 것인지로 한정되어버렸다.

프로파간다와 상징주의

신화가 프로파간다의 중심이라면 상징은 그 겉옷이다. 실제로 상징이 빠진 프로파간다를 말하는 것은 정말로 뭔가 다른 현상에 대해 말하는 것이 된다. 상징구조를 잃은 프로파간다는 프로파간다로 식별할 수 없기 때문이다. 상징은 의미를 전송하고 우리의 삶은 상징들의 불협화음이다. 그들은 일상생활을 해석하고 조직화하는 심리적 발견방법 또는 의미의 지름길이기 때문이다. 프로파간다의 핵심적 기능은 그러한 인식적 장치를 만들어내는 것이다.

프로파간다 텍스트들은 풍부하게 상징을 담고 있다. 〈전함 포템킨〉에서 학살에 대항한 배의 발포는 호화로운 건축물 앞의 왕과 같은 육중한 석사자상들을 쏘는 것과 병치되었다. 이는 앙시앵 레짐을 상징화한 것이었다. 우리는 차르의 근위대가 죽는 것을 볼 수 없었다. 그 대신 박살이 난 것은 석사자상이었다. 특히 로마식 상징주의는 다양한 독재 — 나폴레옹, 무솔리니 그리고 특히 나치 — 의 특징이자 상징적인 법칙이 되었다. 제국의 프로파간다는 로마양식 이미지로 장식되었다. 그것은 로마식 인사법에서 일상적인 대화에 부속물이 되었다. 뉘른베르크 집회들은 그 자체로 겉이 번드르르한 로마의 개선식이었다. 기둥의 꼭대기에는 화염이 타오르고 거대한 독수리들과 사원과 같은 구조물들이 있었다. '파시스트'라는 그 말도 로마의 집정관이 지닌 권위의 상징인 파스케스 fasces*에서 기원한 것이다.

상업광고도 상징주의를 인정한다. 물질적인 것은 그 자체로는 목적이 아니며 표현의 수단으로서 애정과 지위를 의미한다는 생각이 상업적으로 자주 표현된다. 선물을 주는 것은 상징적인 극적 행위이다. 상징은 어떤 구체적인 것을 가리키기보다는 사회적인 의미를 나타낸다. 상품은 감탄과 같은 사회적인 목적을 얻으려는 도구이다. 그래서 광고들이 주로 겨냥하는 것은 구매할 수 있는 상징의 매개체, 즉 상품을 통해 그 목적에 도달할 수 있다고 말하는 것이다. 이것을 이해하면 우리는 마침내 하나의 관점에 도달한다. 상품을 가장 간단하면서도 종합적으로 정의 내리면 그것은 바로 '의미'라는 것이다.

상징은 직접적인 지시물에 부가적으로 뭔가를 집어넣는 기호로 묘사되어왔다. 사상과 달리 상징은 시각적이며 정보가 의미를 부여한 것이다. 그 자체만을 지시하는 것이 아니라 거기에 함께 채워진 무수한 연상관계까지 지시하는 역동적인 관계항이다. 더글러스(Douglas, 1982)에게 "상징은 유일한 의사 전달 수단이다. 그것은 가치를 표현하는 수단이며 생각의 주요 매개체이고 경험을 규정짓는다". 어떤 의사소통이 발생하려면 상징이 구성되어야 한다. 많은 경우 비유의 가장 강력하고 복잡한 형태라고 간주되는 상징은 명시적인 비유의 표현 없이도 다른 것들을 대신 나타낼 수 있다. 상징들은 은유하는 대상이 생략된 은유로 여겨진다(Stern, 1988). 상징은 발견적 방법 또는 인지적인 지름길로 작용한다. 상대적인 선택이 혼란스럽고 모호할 때 우리는 상징에 의지한다.

---

* 막대기 다발 속에 도끼를 끼운 집정관의 권위 표지이다. 후에 이탈리아 파시스트 당의 상징이 되었다.

상징의 가치

상징은 인지적인 에너지를 절약하기 때문에 효과적이다. 또한 대부분 감정적 인식이 우선하고 인지적인 평가가 뒤따르기 때문이다. 다른 이론적 설명이나 이성적인 해석 없이 상징에만 의지하고서도 설득은 가능하다. 그리고 이는 메이휴(Mayhew, 1997)에 의해 연출의 수사라고 묘사되었다. 예를 들어 그것을 설명하는 문구가 없는 상象이나 사진은 이런 수사 기능을 할 수 있다.

상징은 프로파간다의 중요한 부분이며 지금까지 프로파간다에 대해 남아 있는 문헌들에서 쉽게 평가 절하된 부분이다. 첫째, 그것은 매우 경제적인 프로파간다 형식이다. 상징은 대중의 관심을 끌며 수십 년 혹은 수백 년 동안 사람들의 기억 속에 남는다. 상징은 곧바로 상대의 마음에 대고 말을 걸며 비판적인 분별력을 끌어들이지 않는다. 영리단체들은 상징의 중요성을 예전부터 알고 있었다. 브랜드 역시 상징이고 상표명을 붙이는 것은 이제 상업과학이다. 회사가 브랜드 디자인, 브랜드 형성 및 브랜드 특성에 투자하는 것은 상징이 계속 중요하다는 실제적인 증거이다. 브랜드는 궁극적으로 분석을 무력화하는 방식으로 사람들의 마음속에서 울림을 전한다. 광고 그 자체는 "브랜드에 의미를 부여하는 것"이라고 기술된다.

상징은 속기술이다. 그 본질은 요약에 있다. 많은 경우에 상징은 오랜 시간이 걸려 글로 쓰거나 토론하는 내용을 시각적인 형태로 표현하기 때문이다. 프랑스의 혁명가들은 "복잡한 아이디어를 단순한 형태로 전달하는 수단으로 상징을 사용하는 데 굳은 믿음을 지녔었다"(Taylor, 1990). 이를테면 평등을 뜻하는 프리기아 모자, 우애를 뜻하는 파스케스가 있었고 마리안느*는 자유를 상징했다. 그것은 또한 매우 경제적이었다. 독일 지배하의 유럽에 있었던 '승리의

---

* 19세기 프랑스 공화정의 상징적인 인물로서 국가의 권위와 결속의 상징인 파스케스를 손에 들고 나와 귀족과 성직자들에 대항했다.

브이V' 캠페인 같은 기억에 남는 상징은 비범한 무기이다. 그것은 간략하고 어디에나 있으며 경비가 들지 않을 수 있기 때문이다. 이런 경우 브이 사인은 나치가 장악한 모든 지역에 퍼졌고 베토벤 9번 교향곡의 첫 소절은 BBC에 의해 끊임없이 방송되었다.

상징은 추상적인 사상을 이해하는 능력이 부족한 이들에게도 매력적이다. 예를 들어 그레고리우스 법황이 생각하기에 조각상은 "글을 읽지 못하는 이들을 위한 책"이었다(Taylor, 1990). 더 많은 교육을 받은 이들이 상징을 더 의식하지 못하는 것으로 보인다는 것은 하나의 역설이다. 예를 들어 우리가 학자들이 '동떨어졌다'고 말하는 것은 많은 경우에 그들이 상징적인 가치와 상징이 전달하는 의미에 대해 알지 못한다는 것을 가리킨다. 이성은 상징과 맞서면 근시안적이 되기 때문이다. 그리고 교육 과정이란 상징적인 의식을 삭제하는 과정이기도 하다. 상징적인 이슈가 발생한 상황을 들여다본 지식인들이 이를 이해하지 못하고 당황하는 것은 그래서일 것이다. 북아일랜드는 특히 지식인들을 좌절시켰는데, 이는 상징적인 이슈들을 중심으로 모든 것들이 짜였기 때문이다. 경찰관들이 어떤 모자 배지를 착용해야 하는지와 같은, 이해되지 않는 문제들이 정치 논쟁의 핵심을 차지하는 것이다. 상징은 본질적으로 순진한 사람들에게 말을 건다. 학자들은 대개 교육을 너무 많이 받아 상징이 보통 사람들에게 행사하는 영향력에서 자유롭다. 그래서 그들의 분석은 흔히 상징들을 무시한다. 매우 학문적인 교육이 잘된 사람들이 비언어적인 상징들에 무감각하며 의미에 둔한 경향이 있다는 사실은 오늘날 기독교가 겪는 문제의 핵심이다. 예를 들어 가톨릭 교회의 성직자단은 런던에 사는 아일랜드 출신 노동자들에게 금요일의 금욕이 의미하는 바를 이해하지 못했다. 그것은 아일랜드의 소박한 고향에 대한 의리이자 로마의 영광된 전통을 상징했다(Douglas, 1982).

의식은 제정된 상징이다. 그리고 모든 제식은 권위주의나 상속받은 종류의 프로파간다이다. 의식들은 커뮤니티의 핵심 관심사와 가치들을 규정하고 금하는 사회적인 접착제 역할을 한다. 이 점을 이해한 과거의 선전원들은 프랑스의 혁명가들부터 나치와 스탈린에 이르기까지 모두 새로운 의식들을 만들고자 했다. 그 의식들은 종교 및 군주제 조직의 의례적 행위들을 모방하지만 새로운 국가의 이데올로기를 찬양하는 것이었다. 프랑스 혁명 시기에 자유의 축제들과 자유의 여신상 같은 의식들은 "군주제 정부에만 익숙한 사회에서 공화정의 사상을 강화하는 데" 도움을 주었다(Taylor, 1990).

오늘날에는 의식에 대한 비난이 있다. 종종 '공허한' 상징들과 '의미 없는' 의식들을 이야기한다. 하지만 의식이 의미가 없는 경우는 드물고 기민한 선전원들은 그 가치를 인식하게 될 것이다. 더글러스(Douglas, 1982)는 오늘날 가장 중요한 문제 중 하나는 공통으로 빠져드는 의식이 없다는 것이라고 주장한다. 반면 더 신기한 것은 널리 퍼진 의례에 대한 공공연한 거부와 같은 것이라고 할 수 있다. 의례는 무의미한 순응을 의미하는 나쁜 말이 되었다. 또한 더글러스는 많은 사회학자들이 머튼의 뒤를 따라 '의례'라는 말을 표현된 생각과 가치들에 대해 내적으로 몰두하지 않고 겉으로만 몸짓을 하는 것을 가리키는 데 사용하고 있다고 지적한다. 이는 이 용어를 매우 파당적으로 사용하는 것이다. 인류학자들에게 '의례'라는 말은 행위자의 전념과는 상관없이 상징적인 질서에 속하는 행동과 믿음을 의미하기 때문이다.

역사 속의 상징들

상징적 행위는 역사가 기록된 이래 정치의 중심에 있었다. 위대한 정치 리더십이라 여겨지는 것들이 많은 경우 상징에 대한 뛰어난 감수성과 그를 잘 활용한 결과였다. 예를 들어 마하트마 간디는 최고의 상징마술사였다. 그의 옷과 물레바퀴는 절제와 독립의 메시지와 함께 그가 영향을 미치고자 했던 그의 추종자들과 영국 제국주의 지배자들 모두에게 그 뜻을 전달했다. 그는 단식을 잘 활용했으며 그의 위대한 소금행진은 상징적 프로파간다의 걸작이었다. 보스턴 차 사건만큼이나 강렬한 방법이었고 또 중요했다. 그 메시지는 부조리하게도 인도의 천혜의 자원인 소금에 대해 식민 통치자들이 세금을 징수한다는 것이었다.

역사와 전쟁이 상징을 찾아내거나 배제하는 등 상징을 두고 벌이는 싸움이었다는 데에 상징의 힘이 있다. 스페인 내전에서 톨레도 성은 군사적·전략적 가치가 없었지만 공화당의 영역 깊숙한 지역에서 벌어진 영웅적인 저항이 톨레도 성을 민족주의자들의 결단과 스페인을 지배하려는 열망 모두의 상징이 되었다. 프랑코의 전략은 군사적으로 관계없지만 강력한 상징을 차지하려는 필요에 의해 결정되었다. 그리고 전쟁 자체는 불필요하게 길어졌다. 아일랜드 내전(1922~1924) 역시 보통 생각하는 것처럼 북아일랜드와의 통합을 두고 싸운 것이 아니었다. 대사와 아일랜드 하원의원 등이 충성서약을 해야 하는지의 상징을 두고 싸운 것이었다. 하지만 이 상징은 영국 정부가 더는 남아일랜드에서 정치적 지배권을 행사하지 않는다는 사실과는 상관없이 영국을 내전이라는 비참한 만행의 원흉으로 몰기에 충분했다.

모든 정치적인 사건에는 상징적인 면이 있다. 그 의미가 정치적 현재 상태에 대한 폭넓은 해석과 관련되는 방식으로 그렇다. 그 자체로 어떤 사건으로서만 파악되는 것이 아니라 더 큰 맥락이나 상황에 대한 입장 표명으로 해석될 수 있는 것이다. 그래서 미국 독립전쟁 중 한 왕당파의 약혼녀였던 제인 맥크리가 죽자 공화당 선전원들은 그녀가 영국의 사주를 받은 원주민들에 의해 머리 가죽이 벗겨져 죽은 것으로 그려냈다(Taylor, 1990). 이는 사람들에게서 분노 이상을 이끌어냈다. 하지만 왜 평범한 개인의 죽음이 혁명이라는 결과를 낳는가? 그것은 그 소름끼치는 사건이 다시금 명백한 상징의 구성물이 되었기 때문이다. 말하자면 영국인들의 기회주의와 도덕관념의 부재 및 대영제국을 위해서라면 어떤 수단도 정당화될 수 있다는 냉소적인 믿음을 상징하게 된 것이다. 우리는 당시의 미국인들이 '야만의' 원주민들에 대해 가지고 있던 공포와 경멸감을 깨달았을 때에만 이 사건의 영향력을 이해할 수 있다(사실 맥크리는 혁명당원들의 실수로 총탄을 맞아 죽은 것으로 추정된다).

그래서 사건은 더 큰 문제를 설명하는 정치적인 의미를 지니기 때문에 상징이 된다. 또한 상징화의 타당성이 미디어에 의해 받아들여지고 해석되며 확장된다. 사건은 그 자체로 꼭 '위대'하거나 중요한 사건이 되는 것은 아니다. 1979년 이른바 '불만의 겨울'에 영국에서 파업 중이던 장의사들이 죽은 사람들의 매장을 거부했다. 이 사건은 노조에 대한 정부의 항복을 상징하게 되었다. 그리고 이 사건은 장례를 치르는 몇몇 이들의 불편함을 훨씬 뛰어넘는 중요성을 부여받게 되었다. 그 후로 10년 이상 이 상징은 노동당 집권하에서의 생활이 어떠했는지를 사람들에게 상기하기 위한 보수당의 선전으로 계속 사용되었다. 물론 상징이 꼭 꾸며낸 것은 아니다. 상징은 자연스럽게 일어난 사건일 수 있지만 그 상징성이 줄어드는 것은 아니다. 알렉산더 대왕은 고르디오스의 매듭을 발견했을 때 자신의 칼로 단숨에 베어버렸으며 정복왕 윌리엄은 영국 땅으로 건너오자 한 줌의 흙을 움켜쥐고 일어나 영국 땅을 차지했노라고 말했다는 것이 통설이다. 나폴레옹이 대관식에서 교황의 손에서 직접 황제의 관을 가져와서 썼다는 것은 유명한 이야기이다.

상업과 역사는 우리가 기억하는 하나의 방법이거나 많은 경우에는 유일한 방법인 상징들로 장식되어 있다. 말보로 카우보이부터 그라운드 제로의 길리아니 시장, 링컨 메모리얼 앞에서 노래를 부른 마리안 앤더슨(1939년 4월 9일), 그리고 그 이후 앤더슨과 같은 장소에서 연설을 한 마틴 루서 킹에 이르는 다양한 모습으로 나타난다. 우리가 과거의 집단적 경험을 생각했을 때 우리 마음속에 그저 떠오르는 이미지는 한때 솜씨 있게 꾸며낸 것이다. 사실 그들은 그저 떠오는 것이 결코 아니다.

20세기뿐 아니라 19세기에도 매우 중요한 상징이 많은 프로파간다의 특정한 유형은 모든 형태의 테러리즘이다. 테러에서 상징은 희생자이고 테러리스트는 특히 상징적인 의미가 풍부한 희생자들을 찾는다. "희생자를 선택하는 것은 상징적이고 도구적이다. …… 희생자는 그가 대표하는 이들 때문에 선택되고 그 희생은 특정 대상들에게 반향을 일으킬 것이기 때문이다"(Crelinston, 1989). 크레린스턴은 이렇게 주장한다. 테러리즘은 "정치적 폭력의 특정한 방식이다. 그 정보 전달의 기능은 독특하다. …… 테러리즘의 희생자들은 프로파간다 전쟁에서 기호 기능을 한다". 전쟁을 포함한 많은 정치적 폭력들이 집중 공격하는 것은 매우 상징적인, 식별 가능하고 특정한 목표물이며 그를 해하는 것이 대의를 따르는 지지자들을 더욱 열렬하게 만드는 목표물이다. 실제로 블레인(Blain, 1988)은 "인간의 폭력은 잠재적인 동물성이기보다는 우리가 상징에 대해 보이는 관심의 극단적인 표현"이라고 결론 내린다. 인간이 왜 전쟁을 하는지를 묻는 질문에 대한 답은 바로 언어적 상징주의의 과장된 가능성에서 찾을 수 있다.

상징과 의미

상징들은 예외 없이 같은 의미로 해독되지 않고 받아들이는 집단에 따라 달리 해석된다. 그들은 또한 명확한 초점을 지니지 않고 충성을 이끌어내야 할 이들 중 일부에게 반감을 살 수 있는 내용은 말하지 않는다. 상징은 보는 사람이 자신의 상상력을 발휘할 수 있는, 의미의 유연성을 지니고 있다. 해석의 여지를 남겨두는 것이다. 그래서 상징은 반향을 끌어낸다. 그들은 다양한 의미를 전달한다. 이미지는 바로 그 구조에 의해 다면적인 의미를 갖기 때문이다. 마음이 사물의 최종적인 실재를 파악하기 위해 이미지를 사용한다면 그것은 실재 자체가 모호한 방식으로 표출되어 개념으로는 정확히 표현할 수 없기 때문이라고 엘리아데(Eliade, 1991)는 주장한다. 어떤 이미지를 구체적인 용어로 전환해 여러 가지 지시대상 중 하나만을 가리키게 되면 그것은 상징의 골자를 빼버리는 것보다 더 잘못한 것이다. 그것은 인식 도구 기능을 소멸시키는 것이다.

아일랜드의 정치에서 총이라는 상징은 이런 다면성의 예이다. 지금과 같이 총의 사용을 금지하는 것이 중요한 문제가 된 상황에서 특히 현대적인 의미가 있다. 케빈 마이어스는 "아일랜드 '공화주의'의 역사에서 그것은 단순히 공격 또는 방어의 무기만을 뜻하지는 않는다"라고 주장했다(≪스펙테이터≫, 1995년 3

월 18일자). "그것은 아일랜드 공화주의를 지킬 사도들이 한 세대에서 다음 세대로 넘기는 성배이다." 북아일랜드에서 존 메이저가 벌인 평화협상이 실패한 까닭 중 하나는 공화주의자들이 무기를 이양해야 한다고 고집한 데에 있다. 그것은 로이드 조지도 1922년에 포기했던 주장이었다. 영국은 순진하게도 IRA에게 총은 정치적인 거래의 수단 이상이라는 것을 이해하지 못했다. 그것은 오래된 토템신앙적 상징이었다.

상징은 모두에게 같은 것을 의미하지 않고 기민한 선전원은 이를 인식할 것이다. 상징은 우리를 나눌 수도 있고 결속할 수도 있다. 예를 들어 야구 모자는 현재 세계적으로 젊은이들의 모자이며 친미주의 및 쾌락주의, 복종의 거부 그리고 자유라는 관련된 생각들을 상징한다. 영국 보수당의 당수가 그것을 쓰고 사진을 찍었을 때 그는 더 젊고 활기찬 정당을 표현하고자 시도한 것이었다. 하지만 그에 대한 대중의 조소는 이 상징에 대한 그의 해석이 보편적이지 않았다는 것을 표시해줄 뿐이었다. 그런 모자를 쓰는 것이 거대 정당의 당수로서 유치해 보였던 것이다. 많은 이에게 야구 모자는 엉뚱하고 자기중심적이라는 것을 의미한다. 이와 비슷하게 빌 클린턴이 고급 휴양지 마서즈빈야드 섬에서 록스타들과 요트를 타고 있는 사진은 그의 고문들이 말하지 않고자 했던 모든 것을 표현했다. 그 장면을 채우는 여러 가지 요소는 많은 미국인들이 자신의 국가 원수와 관련시켰을 때 불쾌감을 일으키는 것들이었다. 호지와 크레스(Hodge and Kress, 1988)에 따르면 고급문화를 통제하는 엘리트의 메타-기호는 펑크족이나 마피아의 메타-기호만큼이나 대중에게 적대적인 의미들을 결합한다. 미국의 카우보이와 같은 중요한 문화적인 상징까지도 국가적인 정체성의 바람직한 상징으로 모두에게 받아들여지는 것은 아니다. 한 비평가는 카우보이 이미지가 "남성을 미화한다"라고 말한다. 그 이미지는 "카우보이에게 냉혹한 남성성을 덧입힌다. 또한 남성성을 드러내기 위한 일종의 받침이 되는 말 위에서 금방이라도 폭력을 휘두를 것 같은 느낌을 준다"(Webster, 1988).

의미는 우리의 문화적인 환경과 그 지시의 패턴에 의해 조정된다. 뭔가가 상징하는 바는 국가의 통화에 새겨진 이미지처럼 한 문화권에서만 전통적인 것일 수도 있고 빨간색이 위험을 뜻하는 것처럼 여러 문화권에서 보편적인 것일 수도 있다. 하지만 어떤 상징의 의미가 특정 개인에게 의미하는 바는 사회적인 상황과 개인적인 경험의 조정에 의해 독특한 것일 수 있다. 상징은 유연성이 있어서 다양한 해석 그리고 심지어 상반된 해석도 가능하다. 상징적인 의미는 독점적인 암호의 기능을 할 수 있다. 히틀러의 수염은 영국인과 미국인들에게는 그저 웃기는 모습이었지만 제1차 세계대전에 참전한 독일제국군에게 그는 '우리 중 하나'라는 것을 상기시키기 위해 계획된 것이었다(군인들은 참호 속 기생충으로 인한 피해를 줄이기 위해 수염을 다듬어야 했다). 우리가 '강력한 상징'이라 말하는 것은 정당하다. 그 힘에 대한 우리의 인식을 거부하는 이들은 아마도 위험을 감수해야 할 것이다. 그러므로 이스탄불에서 터키 국기를 불태웠던 리즈 유나이티드 축구 팬들은 그것이 주는 모욕이 얼마나 엄청난 것인지를 이해하지 못한 것이었다. 이 사건은 터키 응원단을 흥분시켰고, 두 명의 리즈 유나이티드 팬이 살해되는 데 분명 기여했다. 바로 이것이 상징화에 대한 문화적 둔감의 대가이다.

또한 상징화는 정적이지도 않다. 효과적인 상징전략을 찾고 개발하는 데에 창의성과 독창성이 존재할 수 있다. 새로운 상징들이 창조되는 것이다. 그래서 초기 기독교인들은 물고기라는 상징을 버리고 십자가를 택했다. 또는 과거의 상징을 부활시켜 새로운 의미를 부여할 수도 있다. 예를 들어 〈의지의 승리〉에서 엄청난 수의 만卍자 깃발이 지닌 거의 초현실적인 전망이 그런 경우다. 어떤 기호학적 변형 과정을 통해 그리스도가 죽은 십자가는 아돌프 히틀러의 가슴 위의 철십자 훈장이 되는가? 이렇듯 상징은 역사적인 여정에 오른다. 하지만 상징은 평화라는 대의에서도 효과적이다. 우리는 평화의 비둘기, 화해의 선물인 올리브 가지, 자비로운 천사, 화친의 표시인 파이프 담뱃대를 이야기한다. 그리고 상징은 그것이 표시하는 내용의 실재가 이미 변화한 후에도 상징으로서 계속 역할을 할 수 있다. 1789년 바스티유에는 재소자가 거의 남아 있지 않았지만 프랑스 혁명주의자들에게 그곳은 앙시앵 레짐의 가장 효과적인 상징으로서 무게감이 있었으며 위협적이었다.

상징을 정치적으로 통제하는 것은 정치권력의 핵심적인 특징이기 때문에 상징에 대한 통제를 실패하는 것은 곧 정치적인 실패로 이어진다. 상징들은 정치적인 권위를 압도하거나 심지어 빼앗을 수도 있다. 그리고 그 상황에서 사용된 소도구 중 하나가 그 상징을 체현할 수도 있다. 유화정책 시기 네빌 체임벌린의 우산은 영국의 무기력한 정책의 상징으로서 자신의 생명을 가리키는 것으로 보였다. 상징을 만든 이면의 정치적인 의도는 독자들에게는 '읽히지' 않을 수 있다. 그들은 의도적으로 다르게 해석할 수도 있다. 그리고 프로파간다 상징은 대항-상징으로 활용될 수도 있다. 그래서 차르 알렉산더의 트루베츠코이 왕자 조각상은 그 정권의 적들에게는 야유의 대상으로 '읽혔다'. 실제로 그것은 볼셰비키에 의해 계속 보존되어 차르와 소비에트 모두에게 선전장치로 복무했다.

상징과 사회과학

인류의 진보라고 특징지어지는 것은 사실 세상을 이해하고 의사소통하고 사회를 조직하는 데 더 정교한 상징들 - 언어, 예술, 신화, 의식 - 을 활용하는 것이었다. 미르체아 엘리아데(Eliade, 1991)가 보기에 상상력이라고 불리는, 인간의 필수적이고 명확히 표현할 수 없는 모든 것은 상징의 영역에 머물고 있으며 고대의 신화와 신앙적 요소에 여전히 살아 있다. 상상력을 갖는다는 것은 내적인 삶의 풍부함을 끊임없고 자연 발생적인 이미지의 흐름을 통해 즐긴다는 것이다. 이미지는 가장 평범한 곳에 가득하고 가장 현실적인 사람은 이미지를 통해 삶을 영위한다고 그는 믿는다. 마거릿 미드Margaret Mead(Taylor, 1990)는 부족 간 관계에서 시각적 상징의 중요성을 이야기했다. 정치적으로 덜 성숙된 문화를 지니고 있을수록 정치담론에서 상징에 대한 의존도가 더 높다. 그래서 제2차 세계대전 이후 카메룬에서 발생한 정치적 사건들을 언급한 한 논평은 실업 또는 농업 문제가 어떻게 실질적이고 구체적인 정책에 대한 언급이 아닌 상징적인 용어로 논의되었는가를 보여주고 있다(Stark, 1980).

장 보드리야르Jean Baudrillard에게 '가상실재hyper-reality'는 상징과 그것이 표현하는 것 사이의 차이가 커져가는 현대 소비사회의 현상이다. 기호라는 정체성 이상으로 지시하는 의미나 뉘앙스가 없는 시뮬라크르만이 남는 것이다. 그것이 의미하는 것에서 분리되는 것이다. 이런 역동적인 변화가 기호의 원래 의미를 탈색시켰다.

상징은 응축된 의미이다. 그리고 해설에 주안점을 두는 많은 사회과학자들은 그것이 우리의 행동을 정의하며 지시하고 제어하는 것의 의미라고 주장한다. 상징은 그 의미를 구성하고 초점을 제공하며 체계화한다. 예를 들어 브랜드는 상징이며 상업계의 브랜딩이라는 현상은 상징의 힘을 입증한다. 문화인류학과 문화사회학 같은 분야들은 해석하는 데 초점을 맞추고 사람들이 이성적인 계산보다는 의미에 의해 자극을 받는 것으로 바라본다. 기어츠(Geertz, 1984)는 외부 영역을 해석하는 재미있는 상징 모델이 마음이라고 본다. 그리고 문화는 다른 무엇보다도 상징체계의 성격을 띤다. 선전원의 임무는 그 관례를 떠받치는 문화의 상징체계를 파악하는 것이다.

탤컷 파슨스Talcott Parsons는 사람들의 가장 기본적인 욕구를 충족하는 데 무형의 대상과 상징적 보상이 중요하다고 주장했다. 이처럼 상징과 지위가 중요한 보상에 대한 강조는 여러 선전원들의 활동과 일치하는 바가 있다. 이는 소련이 어머니 영웅[*]을 만드는 것부터 나치가 10세 되는 소년단원에게 의식용 단검을 주는 것(Grunberger, 1991), 미국 회사들에서 부사장이라는 직함을 남발하는 것으로 나타난다. 특히 칭호는 지위를 뜻하고 모든 사회질서는 그런 직위를 만들어낸다. 그리고 나치의 모든 기획은 지위를 만들어내는 것으로도 볼 수 있다. 구성원들은 이제 국제 노동자 조합의 프롤레타리아트가 아니라 그보다

---

[*] 소비에트 연방이 1944년 7월 이후부터 10명 이상의 아이들을 낳아 기르는 어머니들에게 부여한 칭호.

훨씬 매혹적인 뭔가가 되는 것이다. 프로파간다에서 상징의 역할에 대한 또 다른 접근은 행태주의적인 것이다. 그것은 끊임없이 같은 자극에 노출되면 반사작용을 낳게 되고 이런 최초의 관계가 성립되면 원인과 결과 모두 피할 수 없고 예측할 수 있게 된다는 것이다. 분명 프로파간다는 반사적 행동을 만들어내고자 상징을 사용한다. 실제로 익숙한 상징이 빠지면 대중의 분노를 살 수 있다. 민주당원들은 그들의 상징인 당나귀를 보지 못하자 바로 그런 반응을 보였다.

결론

쇠플린(Schöpflin, 1997)은 언어를 구성하는 신화, 상징, 의식에 대해 다른 누구보다도 더 깊게 파고들고 있다. 언어 그 자체보다 깊은 곳에 자리하여 언어적인 설명을 뒷받침하며 그를 초월하는 이미지의 문법에 대해 그는 이렇게 설명했다.

> 상징화되지 않은 것은 거의 또는 전혀 정보를 전달하지 못한다. 공동체의 축적된 지식의 일부가 아니기 때문이다. 상징, 의식, 신화 등의 언어는 결과적으로 그 사회의 구성원들이 공유한 의사소통망의 일부이고 그 때문에 언어 자체보다 더 중요하다. 철학적인 의미로 말하자면 상징들을 공유한 공동체의 구성원들은 그들의 언어를 버리고 난 후에도 계속해서 서로를 알아보고 의사소통을 할 수 있다.

만약 이러한 주장들이 사실이라면 신화와 상징은 선전원들의 여러 가지 창조적인 방법 중에 하나일 뿐이라고 할 수는 없을 것이다. 사실상 다른 선택이 있을 수 없다. 그들을 활용하는 전략들은 그저 유용한 것이 아니라 필수적인 것이다. 그리고 어떤 프로파간다도 이들을 무시하고서는 감히 효과를 낼 수 없을 것이다.

프로파간다의 외피들
Integuments of propaganda

프로파간다의 핵심 요소

이 장은 프로파간다를 정의하는 데에 속하지는 않지만 일반적으로 관련되는 핵심적인 아이디어들을 살펴본다. 프로파간다는 다양하게 과장될 가능성에 열려 있다. 감정적이고 기만적이며 비이성적이다. 프로파간다는 믿음을 요구하지 않고 오히려 환상을 공유하도록 초대한다. 특히 우리는 적을 만드는 것을 기본적인 프로파간다 활동으로 간주한다. 증오의 수사로서 프로파간다는 사람들에게 다른 이들을 죽이라고 설득하기 때문에 그 타자들은 악마와 같이 묘사되어야만 한다. 심지어 우리가 같은 인간성을 공유한다는 것까지도 부정한다.

감정

프로파간다의 호소력은 많은 부분 감정적인 기반에서 나온다. 아리스토텔레스에게 감정은 설득 과정의 중심이다. 에토스 및 로고스와 구별되는 파토스는 감정을 흔드는 마음의 상태에 청중을 빠뜨리는 것에 달려 있다. "만족스럽고 호의적일 때 하는 판단은 우리가 고통스럽고 적대적일 때 하는 판단과 다르기" 때문이다(O'Shaughnessy, 1995). 히틀러의 수사 내용과 목적은 전적으로 감정적이었다. 논리는 여지없이 무시되고 이성은 그저 버려져 모순이 문제가 되지 않는다. 말하자면 유대인은 자본가인 동시에 공산주의자일 수 있었고 이것은 다만 유대인들의 교활함을 보여주는 또 다른 증거일 따름이었다. 히틀러는 수사와 프로파간다의 이론가였으며 그의 모든 설득은 감정적인 호소가 우월하다는 다음과 같은 생각에 기반하고 있었기 때문이다. "수적으로 다수의 사람들은 본질적으로 여성적이며, 냉철한 이성을 지니려는 태도는 생각과 행동을 결정하는 데 감정이나 느낌보다 훨씬 힘을 미치지 못한다." 감정에 기반을 둔 행동 변화는 해석을 바꾸는 것과 관련된다. 그리고 이를 위해서는 의사 전달 과정에 청중의 가치관이 계산되어야 한다. 처음 그 가치관을 갖게 한 감정적인 경험을 다시금 환기해야 하는 것이다.

그렇다면 감정적인 메시지가 프로파간다의 특성에 미치는 장기적인 영향은 무엇인가? 페티와 카치오포의 정교화 가능성 모델Elaboration Likelihood Model에 따르면 그것들은 단지 설득에 이르는 주변적인 통로를 통해 메시지를 표면적으로 수용하게 하는 데 그친다(Petty and Cacioppo, 1979). 수용자가 지적 관련을 맺게 한다고 알려진 핵심적인 통로는 장기적이고 이성적인 태도의 변화로 이끌게 된다고 한다. 이러한 모델을 받아들인다면 우리가 프로파간다의 결과는 단기적이라고 믿게 되는 것을 의미한다. 하지만 이 모델은 감정의 영향력과 중요성을 평가 절하했다는 점에서 많은 비판을 받아왔다. 행동에 영향력을 미치는 개인의 태도, 종교, 윤리는 감정과 필수적으로 연결되어 있다. 그와 대조적으로 다른 이론적인 모델은 이성적인 설득의 중요성을 격하시켰다. 페티와 카치오포와는 다른 방식으로 접근한 제이욘크와 마커스(Zajonc and Markus, 1991)는, 태도는 인지적인 가공이 있기 전에 이미 강한 감정적인 토대를 지니고 있다고 주장했다. 그러한 태도는 인지 작용을 넘어서는 감정적인 영향력을 통해서만 바뀔 수 있다고 그들은 주장한다.

프로파간다가 활용하는 감정의 종류는 매우 다양하다. 예를 들어 비영리단체와 정부의 후원을 받는 사회적인 프로파간다는 사람들의 죄책감을 자주 이용한다. '안전운전'에 대한 많은 호소뿐 아니라 유명한 공익광고가 이 카테고리에 부합한다. 이를테면 사치 Saatchi 금연광고에서 임신한 남성과 함께 "임신한 것이 바로 당신이라면 좀 더 조심하지 않을까요?" 같은 문구와 구세군의 흑백 이미지와 함께 "꼭 관심을 보여주세요. 우리에게 1파운드를 주세요"라는 문구를 반복해 보이는 것들이다. 죄책감 뒤에는 불협화음을 내는 인식이 숨어 있다. 레온 페스팅거 Leon Festinger가 1957년에 제시한 인지부조화이론은 한 사람이 모순된 신념들을 동시에 지니고 있을 때 이런 현상이 일어난다고 설명한다. 사람들은 그 갈등을 줄임으로써 불편함을 없애려고 시도한다.

이데올로기

이데올로기 없는 프로파간다를 상상하기는 어렵다. 이데올로기는 프로파간다에 그 틀과 명료함을 부여해주기 때문이다. 모호하고 소극적으로 지지하는 신념을 위한 프로파간다는 여전히 프로파간다로 분류될 수는 있겠지만 그렇게 인식되는 경우는 드물 것이다.

프로파간다는 이데올로기를 살찌운다. 물론 모든 담론과 텍스트가 '이데올로기적'이라고 볼 수 있는 차원이 있다. 하지만 그러한 관점은 프로파간다를 분석하는 데는 그다지 도움이 되지 못한다. 정도의 차이가 있다. 예를 들어 어떤 이들은 모든 저널리즘이 이데올로기적이며 그래서 선전적이라고 주장할지도 모른다. 하지만 저널리스트들은 자신들이 이데올로기와 경제적인 목적이 아니라 자유로운 의견이나 객관적인 정보를 표현한다고 주장한다. 버드와 다르텐(Bird and Dardenne, 1988)에 따르면 저널리스트들은 새로운 현실에 의미를 부여해야 한다. 바로 이 지점에서 이데올로기적 효과가 발견된다. 현재 유행하는 의미의 지형도는 상식으로 받아들여지는데 이 '상식'도 문화적으로 얻어진 것이라는 사실은 가려지기 때문이다. 뭔가를 '문제'라고 묘사해 어떤 기술적인 해결책으로 금방 '해결'할 수 있는 것으로 묘사하는 것이 하나의 예이다. 하지만 이런 해결책이란 외교정책상 큰 실수의 근원이 된다.

프로파간다에 대한 요점은 그것이 그저 이데올로기적인 것이 아니라 역사적인 발현 속에서 철저하게 나타난다는 것이다. 그리고 바로 이것이 일반 대중이 프로파간다 텍스트를 다른 형태를 그린 설득의 주장과 구별할 수 있는 점이다. 실제로 생산자가 아니라 소비자의 태도가 이데올로기를 결정하는 소비자 마케팅과 비교된다. 달리 말하면 이데올로기가 있다는 사실만이 아니라 그것이 제작자가 주도한 것이며 강렬하게 느껴진다는 점이 프로파간다 텍스트를 구별짓게 한다. 그래서 프로파간다에 대한 대중의 이미지는 노골적으로 이데올로기적인 미디어 정보 전달이며, 그 전달 과정에서 이데올로기는 표면에 노출된다. 그것은 시청자나 청취자에게 애정을 구걸하지 않고 대립하며 때로는 호되게 꾸짖고 공격한다. 이런 종류의 프로파간다의 예는 반反식민주의 영화 〈알제리 전투〉 또는 좀 더 현대적인 예로 마이클 무어의 다큐멘터리 영화 〈로저와 나〉와 〈볼링 포 컬럼바인Bowling for Columbine〉이 있다.

하지만 많은 이들은 그러한 프로파간다 스타일을 시대착오적이라고 볼 것이다. 미디어 이미지에 대한 소비 활동을 통해 그 자체로 교육효과를 경험해 시각적인 이미지 해독 능력을 지닌 정교한 미디어 소비자들의 시대에 그렇게 뻔한 스타일은 간접적인 프로파간다 유형만큼 효과적이지 않을 수 있다. 하지만 간접적인 것도 다만 미세할 뿐 이데올로기적 특성이 적은 정보 전달이라고 할 수는 없다. 예를 들어 16세기 「일부 가톨릭 교도의 불만에 대한 반박문」(Foulkes,

1983)이나 1630년 구스타프 아돌프에 의해 발행된 것과 같은 찬양하는 선언서 등의 글로 쓴 논박이 있다(Taylor, 1990). 그러한 것들은 아무것도 아닌 것처럼 보이려 한다. 그들은 수사적인 힘만으로 설득하려 하고 그들의 잘 만들어진 당파적 주장이 일으킬 수 있는 반대를 끌어낸다. 그들은 또한 자기 - 패러디에 빠질 위험이 있다. 〈로저와 나〉는 제너럴 모터스의 회장 로저 스미스에 대한 통렬한 비난이다. 영화는 그가 미시간 주 플린트 시를 잔혹하게 파괴했다고 비난하며 이를 확대해석하면서 대기업의 이기적인 무책임성이 백일하에 드러났다고 주장한다. "마이클 무어는 아메리칸 드림은 끝났으며 기업은 믿을 수 없고 우리는 오늘날의 『분노의 포도』를 목격하고 있다고 주장한다"(Bateman et al., 1992). 플린트에서 제너럴 모터스 사의 구조조정은 3만 명이나 되는 노동자들을 해고했다.

분명히 프로파간다라고 분류하는 데 이론의 여지가 없는 미디어 생산물도 있다. 목적을 공공연히 드러내며 숨김이 없는 다큐멘터리가 있다. 특히 1980년대에 등장한 반핵 선전장르가 그 예이다(Papademus, 1989). 스스미 하니 Susumi Hani의 〈예언 Prophecy〉은 미국의 일본 핵공격 피해자들에 대한 30분짜리 다큐멘터리로서 주로 피폭 시기의 나가사키, 히로시마 및 그 거주자들을 찍은 장면들로 구성되었다. 그래서 그 다큐멘터리는 잔혹함 선전의 익숙한 이미지를 활용한다. 오락으로서의 프로파간다도 거짓을 피하려 한다고 할 수 있다. 이런 '분명한 태도를 보이는' 영화들은 신념을 타협하지 않고 자신의 적과 이상을 분명히 보여준다. 예를 들면 그러한 영화로 〈어느 어머니의 아들 Some Mother's Son〉이 있다. 하지만 보통 프로파간다라고 간주되는 것은 실제로 스스로 밝히듯이 이데올로기적이며 명백한 프로파간다로서 이들은 프로파간다 용도로 잘 알려진, 유기적으로 연결된 형식을 취한다.

가치관

프로파간다는 이상하리만치 가치를 많이 다룬다. 그리고 프로파간다에 대한 어떠한 논의도 그 구심점에 대한 언급 없이는 이해할 수 없다.

가치들은 문명의 가장 높은 노력을 구현한다. 비물질적이고 자기중심적인 관심사, 통제권을 쥐는 것, 높은 자부심, 편한 생활의 추구만이 아니라 정당하고 자유롭고자 하는 바람이 반영되는 것이다. 우리가 가지고 있는 것과 우리가 원하는 것 사이의 간격은 강한 감정을 일으키고 따라서 프로파간다에 의해 활용될 수 있는 잠재력을 언제나 지니고 있다. 밀턴 로키치(Rokeach, 1971)는 궁극적인 가치와 도구적 가치를 말했지만, 가치들은 가장 높은 호소의 장이라고 보는 편이 더 낫다. 다른 방식으로는 성립되지 않을 거래에 대한 최종 표현인 것이다. 그리고 모든 교환은 그들에 호소한다. 알래스테어 맥킨타이어(MacIntyre, 1981)가 말하듯이 궁극적인 목표에 대한 물음은 가치에 대한 의문이며 이때 이성은 침묵을 지킨다. 이성은 가치를 재단하거나 규정할 수 없으며 다만 가치를 위한 도구가 된다. 그리고 가치 자체를 대신하지는 못한다.

프로파간다는 가치들을 파괴하려 하지 않고 그들을 징발하려고 한다. 모든 주창자들은 하루 만에 가치를 바꾸는 것은 거의 불가능하며 반대되는 주장에 계속 노출되고 심사숙고한 결과로 조금씩 바뀌어간다는 것을 알고 있다. 새로운 사실이 드러났다고 해서 쉽게 바뀌는 것이 아니라서 기존 가치에 도전하기가 어렵다. 가치들은 옳고 그름을 증명하는 문제가 아니다. 그들은 또한 한 구조의 일부로서 그 변화는 전 생애에 걸쳐 일어날 만한 것이다. 하나를 변경하려면 전 체계 내 모든 변인의 관계를 변경해야 하기 때문이다. 엘륄은 미덕의 프로파간다는 있을 수 없다고 주장했는데 그렇지 않다. 그와는 달리 자기희생에 호소하는 것은 계획할 수 있는 가장 힘 있는 호소 중 하나이다. 그것은 기독교에서만 숭고한 문화적 반향을 가져온 것이 아니라 더 일반적으로 집단의 연대를 표현하는 기쁨에서 찾을 수 있다.

정치적인 수사는 언어적인 것이든 시각적인 것이든 가치가 잔뜩 들어 있다. 패트릭 헨리의 "자유가 아니면 죽음을 달라", 토머스 제퍼슨의 "자유의 나무는 애국자와 독재자의 피로 자라난다"라는 표현에서 보듯 논쟁에 참여할 때 가치에 호소하는 요소가 특히 강하다. 무솔프(Mussolf, 1991)가 내놓은 의회토론의 분석은 가치를 언급한 수사의 역할을 조명한다. 대기업을 구제금융하는 것을 반대하는 이들은 자유기업의 정신을 말한다. 이런 호소를 두려워한 구제금융 지지자들은 이 가치에 대한 그들의 고려를 옹호하고 그 정책 제안과의 긍정적인 관계를 주장함으로써 맞선다. 같은 가치가 서로 경쟁하는 당파의 목적을 만족시키기 위해 징집되는 것이다. 그러므로 선전원들은 가치와 함께 울려 퍼지는 메시지를 찾는다. 설득은 가치에 호소해야 한다. 처음 그 가치를 지지하게 한 감정적인 경험을 다시 살리고 확인하며 찾아나서야 하는 것이다.

과장

프로파간다의 중요한 기능 하나는 자극하는 것이고 또 다른 하나는 전향한 이들에게 설교하는 것이다. 프로파간다는 대화가 아니라 독백이다. 과장은 자기풍자의 가능성을 지니는 기술이자 특징이다. 과장은 믿어달라고 요청하는 실수를 범하지 않는다. 그것은 함께 공유하고 이용하며 심지어 집착하자고 권하는 환상이다. 우리가 고집스럽게 좋아하는 것은 극화되고 비현실적으로 커지지만 그 환상은 여전히 우리의 현실 인식에 영향을 미친다. 톰슨(Thompson, 1979)은 미디어는 그저 편견을 활용할 뿐이고 이것이 우리들의 지도자들을 용서한다고 주장한다. 다른 이들은 프로파간다는 많은 경우에 공동 제작의 결과물이고 사람들은 그들의 불신을 잠시 유예한다고 주장한다. 그리고 그들이 인식하는 것은 그들의 환상이 그만큼 가공된 미디어에 반영된 것임을 알 필요가 있다. 공론장의 더 큰 거짓말에 의해 반영·유지되는 그들 자신에게 하는 거짓말인 것이다. 비평가들이 프로파간다는 '교묘한 조작'이라고 할 때 그들은 수동적인 수용자들을 상정한다고 볼 수 있다. 분명 어떤 프로파간다는 이러한 자극과 반응의 관계를 닮을 수도 있지만 더 많은 경우에 프로파간다는 그보다 더 섬세한 과정을 거친다. 사람들이 자발적으로 속는다는 생각은 '사람은 이성적인 의사결정자'라는 개념의 뿌리를 흔든다. 하지만 분명 이것은 세르비아, 르완다 그리고 다른 지역에서 실제로 발생한 현상이다.

저널리즘과 프로파간다의 관계가 복잡하고 이해하기 어려운 반면 저널리즘의 역사에는 분명 누구도 그 프로파간다로서의 지위를 의심하지 않을 정도로 명백하게 과장법을 쓰는 순간들이 있다. 영국의 신문들이 일괄적으로 노동당 당수 닐 키녹에 반대해 그를 무식한 시골뜨기이자 불온한 좌파로 묘사한 것은 이의 증거이다. 타블로이드 신문들은 기자들에게 키녹이 해외순방 중 저지른 모든 실수를 찾아내라고 지시했고, 이에 그의 경솔한 언동들이 적당히 만들어졌다. ≪선≫은 이런 저널리즘의 역사에서 가장 선정적인 환상을 대서특필했는데 그 결과물이 선거 전 "키녹가에서의 악몽"이라는 8면짜리 전면 기사였다. "노조는 닐이 돈을 찔러줄 것으로 기대해", "노동당의 이민정책은 미지근한 시작에 불과해", "닐이 어떤 공식적인 일도 해본 적 없다는 과거 ≪선≫의 주장을 사과함", "게이 합법화 계획 중", "어린아이들은 보수당의 국민건강보험 개혁만을 기다리며 살게 될 것", "우리가 잊는 것은 아닐까"(불만의 겨울에 대한 사진과 이야기들과 함께), "암스트라드의 알랭 슈가가 노동당의 사기극을 폭로하다", "보수당 의사가 병원에 들어오는 키녹을 막아세우다", "마오가 아니면 절대 안 된다고 닐이 다짐했다". 정신병이 의심되는 어떤 사람이 죽은 유명인들에게 그들이 이 선거에서 투표한다면 어떻게 선택할지를 물었다. 보수당 지지자는 처칠, 몽고메리, 엘비스 프레슬리, 시드 제임스, 빅토리아 여왕이었다. 노동당 지지자는 마르크스, 스탈린, 트로츠키, 로버트 맥스웰 등이었다. 또한 ≪선≫은 노동당 정부가 출범하는 첫날 주가의 총 가치가 수십억 파운드 떨어질 것이라고 주장했다. 부동층의 유권자들은 이런 보수적인 신문을 읽었을 때 보수당을 더 쉽게 선택했다. 그리고 1987년의 선거 때까지 보수당으로 움직인 유권자가 전체의 5퍼센트가 되었다. 보수적 타블로이드 신문을 꾸준히 본 사람들 중에서는 12퍼센트까지 나타났다(McKie, 1995).

세계야생동물보호기금IFAW이 ≪더 타임스The Times≫(1992년 2월 17일자)에 실은 2면짜리 광고는 감정에 호소하는 과장법을 사용한 프로파간다 텍스트의 좋은 예이다. 빨간색 상자에 큰 흰색 글씨로 "당신의 국회의원이 어떤 종류의 동물인지를 보여드리기 위해 우리는 이름을 지명합니다"라는 설명을 붙였다. 여기서 '동물'이라는 말은 공을 들여 고른 중의적 표현이다. 사냥에 찬성하는 국회의원들은 동물들이고 이 광고에서 그들의 이름은 붉은 점으로 표시되었다. 이는 그와 별다를 것 없는 태도로 만든 다른 광고와 대조될 수 있다. 그 광고는 살인자가 비명을 지르는 사진에 "이성의 목소리?"라는 설명을 붙였다(≪데일리 텔레그래프≫, 1992년 2월 10일자). 그러한 방식으로 만들어진 광고는 사회적 광고와 상업광고가 그러는 것처럼 다양한 해석을 할 여지를 두는 것이 분명 아니다. 여기서 의미는 텍스트와 독자 사이에 협상할 문제가 아니다. 확실하고 매우 정치적인 의미인 것이다. 그리고 여기서 다른 의견들은 분별없는 노동계층의 폭력을 전통적으로 그려내는 것과 관련이 된다. 그런 묘사는 통제가 안 되는 젊은이들에 대한 시민들의 다른 공포를 즉각 표면화하는 것이다. 여기서 그들은 암시적으로 같은 현상을 대표한다. 그들의 목적은 지지자들이 행동할 수 있도록 동기를 부여하고 사냥을 보수적이고 재산 소유라는 가치로 파악하게 하는 것이다.

정당 프로파간다 접근법은 몇 가지 기준에는 부합하지 않을 수 있다. 그것은 반대자들이 그들의 결단에 담긴 열정을 의심하게 하는가? 그것은 중립적인 이들을 설득해내는가? 다른 온건한 구성원들의 지지를 버리더라도 핵심 충성파들이 행동하게 해야 하는가? 프로파간다가 모호할수록 지지자들과 중립적인 이들, 심지어 반대하는 이들에게도 그 의미를 붙이는 데 한정된 폭만을 허락한다.

고전적인 프로파간다의 존속

프로파간다는 논쟁적인 외침이며 노골적이고 수치심 없는 심한 매도로 전쟁과 혁명을 도발하는 것이라는 대중적인 이미지가 있다. 이러한 프로파간다에 대한 생각이 유행하는 것은 분명 눈에 띄지 않게 정교한 형태로 어디에나 존재하는 프로파간다를 사람들이 보지 못하게 한다. 하지만 많은 사람들이 이해하는 조잡한 프로파간다가 지금까지도 인간의 가장 보잘것없는 본능의 탐닉을 위한 축복을 제공하고 있다는 점을 기억하는 것이 중요하다.

선동의 전통적 프로파간다가 지속되는 것은 정치적 힘일 뿐 아니라 사회적인 위협이기도 하다. 20세기의 죽어가는 제국주의의 상속자인 부족 및 민족 간 갈등은 증오를 폭력으로 바꾸는 프로파간다에 의해 자극을 받는다. 르완다에서의 사건은 나치가 유대인에게 했던 것만큼 투치족을 비난하는 당파적인 라디오 방송에 의해 촉진되고 조직화되었다. 그 방송들은 내용, 숫자, 영향력 면에서 100만 투치족의 집단학살을 설명하는 중요한 요인이다. 세르비아와 보스니아의 세르비아 텔레비전 방송도 전 유고슬라비아의 보스니아 무슬림들을 "난폭한 사람들이라는 부정적인 의미를 내포"한 '투르크'로 묘사하는 배타적 과장법에서 같은 역할을 맡았다. 분파주의 프로파간다의 유해한 분노를 조금씩 계속해서 붓는 것이었다.

불행히도 '전통적인' 프로파간다가 현대의 갈등을 지속하고 자극하는 데 어떤 역할을 하는지는 잘 보고되지 않는 경향이 있다. 뉴스는 사건 이후에 보도되고 긴급 상황을 위주로 다룬다. 원인과 선행하는 사건들은 오직 과거로 거슬러 올라가는 방식으로 다루어지고, 그마저 설득이라는 현상이 아니라 결정적인 사건 전개의 순간과 인물들에 초점을 맞추어 피상적으로 다루어지기 일쑤이다. 정보의 전달은 무시되는 경향이 있다. 그 분석과 영향력을 객관적으로 측정하기가 어렵다거나 ─ 우리는 측정할 수 없는 것을 무시한다 ─ 그 원인이라기보다는 불만의 표출로 인식되기 때문이다. 심층조사나 장기보도는 일반적인 취재기자의 역량을 벗어난다. 그리고 학자들이 마침내 정보 전달의 중요성을 발굴하게 되면 그 발견은 이제 뉴스기사로서의 가치를 잃는다. 시간이 이미 지나가버린 것이다. 프로파간다가 그 사건에 남긴 흔적은 이미 대중의 시선에서 벗어난다.

전복

대부분의 프로파간다는 본래 전복을 통해 작동한다. 그보다 더 적절한 말은 없었다. 프로파간다는 깊이 믿고 있는 신념이나 가치에 직접적으로 도전해 성공하는 경우는 거의 없고 개인의 이데올로기적 방어에 넌지시 뜻을 비추는 허위진술을 통해 계속 설득해나가기 때문이다. 그것이 표현하고자 하는 특정 개념과 이데올로기적 관점에 대해 동의를 얻는 것이 핵심이다. 그 다음에는 더할 나위 없이 논리적인 주장이 뒤따른다. 이처럼 해석의 방향을 바꾸는 데 사용되는 기술들에는 다음이 포함된다.

1. **상황을 재정의**. 그래서 필립 모리스는 담배 문제를 선택의 자유로 정의하고자 일관되게 노력했다. 그 이상도 그 이하도 아니다.
2. **질문을 던지는 것**은 사람들이 현재 지닌 관점에 대해 다시 생각하게 하는 방법이다. 그리고 이것은 많은 프로파간다 슬로건이 질문으로 만들어진 이유이다. 이를테면 "누가 지배하는가?"(테드 히스), "누구의 손이 방아쇠에?"(≪데일리 미러≫에 실린 제목) 같은 것이다. 히틀러의 수사적 기교의 한 가지 특징은 그가 연설을 시작할 때 자신를 혹평하는 이들의 질문들을 제기하고 그에 대답하는 것이었다. 수사 이론가들은 이것이 매우 효과적인 방법이라고 주장한다. 청중이 제기하거나 마음속에 품고 있던 질문들을 설득하려고 하는 사람이 모두 대답했을 때 설득은 성공한 것이기 때문이다.

3. 다른 표현을 사용해 기존의 표현이 대상 청중들의 마음속에서 문제로 만들었던 어떤 개념에 대한 인식을 바꾼다. 그래서 '신체장애자들'은 우리와 '다른 능력을 지닌 사람들'이 된다.
4. 사회적인 지지. 뭔가가 사회적으로 적절한 것이라는 점을 증명해 그와 관련된 부정적인 감정을 제거한다. 이와 반대로 대중적인 반감을 보이는 수도 있다. 더 일반적으로 설득 대상은 객관적으로 가장 중요한 것이 아니라 타깃 청중에게 가장 의미 있는 것으로 정해야 한다. 그래서 10대를 대상으로 하는 캠페인은 담배, 약물과 다른 위험한 행동들이 건강에 미치는 결과가 아니라 사회적으로 어떤 결과를 가져올 수 있는가를 강조한다. 그 사람의 사회적인 주위환경이 지지하는 것을 보이는 것은 설득에 매우 효과적이다. 그리고 광고는 항상 이런 방법을 쓴다. "사람들은 설득으로 인해 특정한 감정 상태가 될 수 있고 더 격앙된 감정에 빠져들 수도 있지만 그 감정 상태에서 빠져나올 수도 있다"(O'Shaughnessy and O'Shaughnessy, 2003).
5. 실제이든 만든 것이든 '증거'를 가장 유리하게 배치하기. 예를 들면 전체 인구의 10퍼센트가 비참한 가난을 겪고 있다는 것이 더 감정적으로 강렬하다. 그래서 전체 인구의 90퍼센트가 편하게 살고 있다는 주장보다 더 설득력이 있다. 어떤 이름표를 붙이는지가 중요하다. 사람들은 살코기가 75퍼센트라고 포장에 쓰인 쇠고기가 지방은 25퍼센트라고 쓰인 것보다 더 낫다고 느낄 것이다. 심지어 그 같은 고기들의 맛을 본 후에도 말이다. 각 선택지를 정확히 계산해 효용을 극대화한다는 경제적 인간의 모델은 이러한 선택들이 이루어지는 과정에서 작용하는 설득의 영향력을 무시한 것이다.
6. 가공의 상호관계는 상관관계가 없는 사건과 특징인데도 그런 관계가 있다고 보는 것이다. 프로파간다는 계속해서 가공의 상관관계를 만든다. 특히 광고에서 상품과 사회적인 성공의 관계가 그런 예이다.

7. 괴롭힘이 아니라 우정과 연대 및 친선을 말하는 것으로 보이는 이들의 설득은 그 영향력이 커진다(사실 이는 제이미슨의 '수사의 여성화'라는 명제를 다르게 표현한 것이 될 수도 있다). 그래서 설득 활동은 간접적인 수단을 사용한다.

프로파간다란 메시지를 진실과 객관이라는 자리에서 멀어지게 하는 것이라고 할 수도 있다. 그래서 1997년 조국, 즉 혈연과 스포츠를 위한 하이드 파크 집회는 교묘하게 '교외지역' 집회로 선전되었다. 우리는 그 자리에 온 이들 중 일부는 사실 사냥을 특별히 좋아하지 않는다는 얘기를 들었다. 또 '정치적으로 올바른가'의 문제가 있다. 현대의 프로파간다와 이전 역사적인 시대의 프로파간다와의 중요한 차이는 현재의 프로파간다는 많은 경우 간접적이어야 하며 그래서 암호화된 말이나 숨겨진 뜻과 같은 장치에 의지해야 한다는 데 있다. 오늘날 사람들은 그들의 편견이 드러나는 언어로 직접적으로 말할 수 없다. 그들 집단이 사유화한 특정 미디어를 통해 이야기할 때조차 그렇다. 이는 집단의식이 모든 종류의 비주류 집단의 의제에 대해 점점 더 민감해졌기 때문이다. 예를 들어 앨라배마의 주지사 조지 월리스 George Wallace는 특히 그가 과거에 지녔던 인종주의를 공식적으로는 삼가면서부터 레이건이 그랬던 것처럼 많은 대중적 인사말들을 내놓았다. 레이건이 선출될 수 있게 한 것은 다른 이데올로기가 아니라 세련됨이었다.

프로파간다의 기만

위조

대부분의 프로파간다는 거의 정의의 일부라고 할 만큼 과장을 포함하고 있다. 또한 적극적인 허위진술을 담고 있는 한편, 때에 따라서는 거짓을 만들어 내거나 심지어 위조를 하는 경우도 있다. 지금 여기 우리는 적극적인 위조와 기만의 영역에 있다. 그래서 부시의 2003년 연두교서는 "이라크가 니제르로부터 500톤의 우라늄을 구매하려 했다는 내용의 의심스러운 문서들을 인용했지만 IAEA의 관리들은 그 문서들을 조사해 위조라고 판명했다"(Rampton and Stauber, 2003). 속임수는 펜타곤이 그 '인식의 관리'의 정의에 포함해야 할 구성요소 중 하나이다. 선전원들은 거의 공공연하게 이런 수를 쓸 수 있다. 심지어 청중들이 거짓말이 섞여 들어갔다는 사실을 인식할 때조차 그렇다. 그들은 얼마간 스스로 희생자가 되는 행동에 적극적으로 가담하는 것이다. 다시 한 번 그들은 함께 화를 내는 제스처 게임에 실제로 초대되었다는 설명이 가능하다. 이것은 청중들이 어떤 기술들이 사용되었는지를 알지 못한다고 '잘 속는'과 '순진한'이라는 말로 너무 쉽게 결론 내리는 비평가들은 놓치는 부분이다.

특정 TV 프로그램에 대해 커져가는 비판에서처럼 위조는 없고 청중은 정말 속은 경우도 있다. 이는 전혀 새로운 것이 아니다. 〈시대의 행진 March of Time〉은 나치의 커가는 위협을 묘사할 때 실제 기록뿐 아니라 각색된 장면들도 사용했다. 물론 그러한 방법들이 노출되면 프로파간다로서 효력을 발휘할 수 없게 되는 위험도 항상 있다. 루머는 또 다른 방식의 조작이다. 하지만 그것은 전시의 선전이나 적에게 흘리는 허위 정보와 더 동일시되어왔다. 영국의 대독일 타블로이드 방송국 GS1은 독일 지역에 루머를 전파했다. 스스로 히틀러를 위해 나치가 운영하는 것으로 주장하며 나치 엘리트의 사생활에 대한 이야기를 만들어내는 것을 전문으로 삼았다. 나치 역시 루머를 활용했다. 벵크 장군과 그의 군대가 균형을 유지해 베를린을 구할 것이라는 주장 — "정권의 황혼기에 퍼지던 거짓 메시지"(Herzstein, 1978) — 이 있던 나치 정권의 최후 시기에만 루머가 있었던 것은 아니었다.

기만은 이성적 과정을 방해하는 것으로 묘사되었다. 정보의 올바른 전달을 방해하기 때문이다. 오늘날 서구의 나라들에서 더 냉소적이고 미디어에 정통한 세대는 고전적이거나 노골적인 프로파간다가 생겨날 가능성을 줄였다. 그래서 프로파간다는 더 정교해져야 했고 심지어 위장도 필요하게 되었다. 기만적이어야 할 유인이 항상 있었다고 볼 수도 있지만 지금은 그 필요가 훨씬 커졌다. 하나의 매체는 더 그럴듯한 다른 형식을 모방할 수 있다. 〈시민 케인Citizen Kane〉과 〈알제리 전투〉 같은 선배 격인 다큐멘터리 영화가 그 예이다. 상당히 공개적으로 사용하는 또 다른 방법은 '팩션'이다. 한 사례에 대한 사실들을 기록하는데 그 일부를 시각적으로 창안함으로써 수고를 더는 방식이다. 이렇게 의도적으로 사실과 허구를 섞는 것은 프로파간다 그 자체의 정의로도 실제로 사용할 수 있는 방식이다. 나치 뉴스영화는 이런 팩션의 초기 형태이다. 그들은 정치적 소비재로서 '뉴스 필름과 프로파간다적 편집'을 결합했다. 텔레비전 다큐멘터리는 이런 방식을 점점 더 많이 사용한다. 이를테면 과거 장관이었던 조너선 에이트킨Jonathan Aitken을 노출시킨 〈아라비아의 조너선Jonathan of Arabia〉에는 가짜 아랍인처럼 입은 연기자들이 낙타를 타고 모레캄비 만Morecambe Bay의 이국적인 백사장을 가로질렀다(≪데일리 텔레그래프≫, 1995년 4월 15일자). 성 산업에 대한 다큐멘터리에는 만들어낸 장면이 있고, 바네사 쇼에는 가짜 게스트들이 나오며 무엇보다 케리-폰다의 가짜 반전운동가 사진이 있었다(≪인디펜던트Independent≫, 2004년 2월 18일자). 최근 수년 사이에 주요한 영향력을 지니게 된 또 다른 선전 기술은 프로파간다 비디오이다. 이것은 이미지로 가득 찬 제작물로서 대중매체에 자유로이 전파된다. 그리고 대중매체의 강렬한 요구와 존재 이유는 이미지의 재생산이다. 그래서 미디어는 선전원들을 정보원으로 이용하고 그 관계는 기생이 아닌 공생 관계가 된다. 하지만 그들의 대상인 대중은 그들이 소비하는 이미지들이 악의가 없는 출처로부터 나왔을 것이라고 믿는다. 단일 쟁점 집단들은 비디오 선전의 특히 두드러진 옹호자였다. 그들의 고집스러움은 텔레비전 네트워크에 의해 만들어진 것보다 더 가공되지 않고 실제와 같아 보이는 이미지들을 공급할 수 있게 해준다(제7장 참고).

프로파간다가 꼭 이미지, 상징, 영상, 기사와 슬로건 같은 텍스트를 만들어낼 필요는 없다. 반대되는 텍스트가 나타나는 것을 막거나 주류 언론에 퍼질지도 모르는 부정적인 관점을 없애는 방식으로도 해낼 수 있다. 물론 인종격리정책이 실시되고 있던 남아프리카(Tomaselli, 1987)에서 사용된 한 가지 검열 방법은 영화 제작자를 물리적으로 위협하는 것이었다. 체포나 몰수가 수반되는데 MGM 캘리포니아 본사에 협박하는 것도 그런 경우이다. 정확히 영화를 볼 수 있는 이들을 세분화해 영화 배포를 통제하는 것은 역선전의 중요한 형태이다. 백인들은 좀 더 전복적인 내용도 믿고 보여줄 수 있다. 국가가 그들의 이익에 따라 운영되기 때문이다. 그리고 백인이 볼 수 있는 영화의 세 편 중 한 편가량이 흑인에게는 금지되었다. 가장 우스꽝스러운 예는 영화 〈줄루Zulu〉(1966)[*]를 흑인 관객들이 보지 못하게 한 것이었다. 내무부 장관은 "반투족 성인보다는 백인 14세 아동에게 더 마음 놓고 보여줄 수 있는 그런 영화들이 있다"라고 말했다. 하지만 누가 관객인지가 중요했을 뿐이다. 부정적인 내용이나 심지어 사회주의 시각이 담긴 것도 허가되었다. 정부 검열이 반동주의적 정권에서만 있었던 것은 아니었다. 예를 들어 질로 폰테코르보Gillo Pontecorvo의 〈알제리 전투〉(1966)는 프랑스에서 1971년까지 상영금지였다(≪뉴욕 타임스≫, 2004년 1월 4일자).

그러므로 프로파간다는 특정 목적을 갖고 만들어진 선전 영화뿐 아니라 검열관의 가위를 임의로 활용하는 것으로도 성립될 수 있다. 토마셀리(Tomaselli, 1987)는 영화는 "검열 지시를 통해 그 의미가 바뀔 수 있다"라고 지적한다. 하나의 예는 남아프리카에서 심의관들이 삭제와 제약을 가함으로써 "성공적인 테러 공격에서 실패한 테러 공격으로 강조되는 내용이 바뀌었다"라고 법원이 밝히고 있는 것이다. 사업계에서의 의사결정도 정치적인 영향을 받는다. 스스미 하니의 〈프로퍼시Prophecy〉와 테리 내시Terry Nash의 〈당신이 이 행성을 사랑한다면If You Love This Planet〉은 배급사가 상영을 거부함으로써 그들이 지닌 프로파간다 효과가 약화되었다(Papademus, 1989).

---

[*] 영국군이 아프리카 줄루 왕국과의 전투에서 승리한 내용을 담은 전쟁 영화.

검열은 정부만이 지닌 특권은 아니다. 이라크 전쟁이 발발한 2003년 알자지라 방송은 "그 영문 사이트가 전쟁이 벌어지던 거의 전 시기에 해커의 공격으로 인해 접근이 불가했고 아랍어 사이트는 거의 1주일간 다운되었다"(Rampton and Stauber, 2003). 그리고 가장 효과적인 형태의 통제는 미디어가 자체 심의를 하는 것이다. 평화단체들은 MTV를 포함한 주요 방송사에서 방송시간을 살 수 없었다. 유럽 각국의 수도에서 벌어진 반전시위들은 무시되었다. 램프턴과 스타우버는 "전 세계 다른 지역에서는 미국의 TV에서 나오는 것처럼 깨끗하고 아주 정확한 수술과도 같은 전쟁을 경험하지 않았다"라고 주장한다. "미국의 주요 방송매체들은 시청자들의 취향, 뉴스 가치 판단 또는 시청자들의 불쾌감을 살 수 있다는 등의 이유를 대며 사망자와 부상당한 시민들의 사진을 거의 보도하지 않고 있는 것이다." 전쟁 기간 내내 《시카고 트리뷴》 1면에는 '사망 또는 부상을 당한' 피해자의 사진이 '6번 미만' 실렸다고 그들은 덧붙인다. 이는 유럽과 호주의 매체들이 미국에서보다 산탄 폭탄[*]에 대해 10배는 더 언급했다는 사실과 대조된다.

또한 프로파간다는 정치정보체계를 심각하게 혼란시킨다. 따라서 정치 의제에까지 악영향을 미칠 수 있다. 이러한 예는 라쉬마르와 올리버가 그들의 『영국의 비밀 프로파간다 전쟁, 1948~1977 Britain's Secret Propaganda War, 1948~1977』(1998)에서 주로 다루고 있는 외무부 산하의 정보부이다. 우리는 2020년이 되어 관련 문서들의 비밀 취급이 해제될 때까지 진실을 알지 못한다. 하지만 1948년에 설립되어 "공산주의의 현실과 공산주의자들의 거짓 프로파간다를 밝히고자 했던" 이 부서의 영향력은 분명 악성이었다. 예를 들면 그 부서는 국내에서 좌파 성향의 성직자들 또는 유럽 경제공동체에 반대하는 이들을 "공산주의자들이 부추긴 계획"이라는 식으로 음해했다. 정보부는 외교관들이나 핵심

---

[*] 속에 작은 쇳덩이가 많이 들어 있어 폭발하면 널리 퍼져 나가도록 만들어졌다. 이러한 특성상 많은 피해자가 발생한다.

정치의사결정자들에게 부정확한 정보를 제공했다. 애덤스(Adams, 1993)는 말한다. "예를 들어 쿠바인들이 기니 Guinea에서 게릴라전쟁 중인 아프리카인들을 훈련시키고 있다는 주장을 하는 한 보고서는, 기니 국왕이 의문을 제기한 결과 독일에서 작게 한 번 보도되었을 뿐이라는 것이 밝혀졌다. 그마저도 정보부가 그 보고서의 신빙성을 높이기 위해 심어둔 것일 수 있다." 그리고 오직 공산주의가 중요한 이슈였다. "민주주의를 장려하는 목적을 위해서만 몰두했다면 지금까지도 일을 하고 있을 것이다. …… 한 번은 노동부 장관이 정보부에 남아프리카에 대한 보고서를 작성해줄 것을 요청하자 「남아프리카: 공산주의의 공포」라는 제목의 보고서가 올라왔다." 이렇게 프로파간다는 정보원을 더럽히고 정책의제를 치명적으로 왜곡할 수 있다. 끊임없이 작은 거짓이 섞여 들어가기 때문에 결국에는 더 큰 거짓과 도덕성 결여에 이르고 만다. 청렴함의 문제는 흥미롭다. 정보부 직원들은 소비에트와 그 모든 활동을 혐오하는 이들로서 도덕적인 열의가 대단한 것으로 알려졌다. 하지만 이런 고정관념은 그들 자신의 것을 포함한 모든 다른 종류의 악습에는 눈이 멀게 했다.

가짜 경험주의

또 다른 방법은 경험주의 또는 '과학주의' 프로파간다이다. '증거'를 요구한다는 점이 특징이다. 궁극적으로 이는 실현 불가능한 요구이다. 증거를 요구하는 기준은 끝없이 높아질 수 있기 때문이다. 하지만 그것은 과학의 후원을 받아 정부의 주장이 감정이 아니라 이성의 편에 있는 것으로 보이게 한다.

그래서 '증거'란 정부의 잘못을 가리기 위해 활용하는 주장이 되기 일쑤이다. 1992년 12월 살바도르 엘모조테 El Mozote의 한 마을에서 자행된 학살이 그 예이다(Didion, 1994). 당시 미국 정부는 살바도르가 여전히 미국의 원조와 군사지원을 받을 만한 곳임을 증명하고자 했다. 학살이란 가장 불편한 사실이었고 그래서 정부는 시체들의 사진이 있었는데도 그 보고들을 "확실한 증거가 없다"라는 말로 극구 부인하려 했다. 여기서 그들은 연구실에서는 필요하지만 정치적 의사결정 과정에서는 필수조건이 아닌 엄격한 기준의 증거들을 요구함으로써 과학주의라는 이데올로기에 호소했다. 정치적 의사결정에서는 그 가능성에 대한 평가도 충분한 증거가 될 수 있는 것이다. 하지만 ≪뉴욕 타임스≫는 시체 목격담을 기술한 저널리스트를 지원하지 않았다. 그는 ≪월스트리트 저널≫에도 비방을 들어야 했다. 그리고 살인범 집단을 지원하려는 미국의 계속된 노력은 "베트남 이후 반란에 위협을 받은 외국 정부를 지원하는 가장 소모적인 시도가 되었다"(Didion, 1994). 정부의 모든 결정은 경험적 증거에 기반을 두고 이성적으로 내려진다는 교양 있는 대응 방법을 이용함으로써 신문들이 공모자가 되도록 초대했다. 그리고 미국인들로 하여금 다른 정보원들이 제공하는 전후 상황에 대한 정보를 거부하도록 설득해낸 것은 절묘한 성공이었다. 가장 잘 만들어진 프로파간다는 항상 그 문화집단의 가장 깊은 무의식적 반응과 동조한다. 그리고 여기서 프로파간다는 수사적 효과에 적용된 법적인 구분을 만들어냈다.

과학이 표면적으로 진실을 독점하고 있는 상황은 긍정적으로도 부정적으로도 활용될 수 있다. 과학이 있고 사이비 과학도 있다. 그리고 사이비 과학이 프로파간다에서 하는 역할은 중요했고 지금도 중요하다. 과학은 불균형한 반응과 동일시되는 감정과는 대조되는 것으로 인식된다. 공공연하게 감정적인 호소를 하는 이들은 조종하려는 그들의 의도를 밖으로 드러내는 것이다. 교육 수준이 높은 사회의 자기 이미지는 감정이 아니라 증거와 분석을 바탕으로 결정을 내리는 이성적인 개인들의 이미지이다. 과학적인 경험주의는 근대 서구 문화의 핵심으로서 그 물질적인 성과, 편리 및 기술적인 힘의 기반이 되고 있다. 그래서 주장과 설명을 교환하는 데 증거란 그 저장고가 된다. 예를 들어 패션잡지들은 최근의 의학적 연구 결과들을 자세하게 싣는다. 암묵적으로 우리가 가진 모든 문제는 궁극적으로 기술적인 것이며 기술적 해결책을 지닌다. 이러한 이데올로기 아래에서 전문가의 증거는 큰 영향력을 지니며 문제는 데이터를 통해 설명된다. 해석 문제는 그보다 관심을 덜 받는데 '정확한' 데이터를 충분히 활발하게 찾아낸다면 개인적인 믿음이란 상관없는 것이 될 수 있기 때문이다. 그래서 측정될 수 없는 것은 주장에서 빠지고 주관적인 것이라 치부된다.

그렇다면 진실의 직관적 또는 해석적 기준들은 증명할 수도 경험적으로 검증할 수도 없는데 어떻게 존재할 수 있는가? 관련된 '증거'는 만들어질 수 있다. 날개 모양 사과의 경우는 환경보호단체의 거짓 보고였다는 것이 〈60분〉에 의해 밝혀졌고 큰 비난을 샀다. 사과 판매량이 급감했던 것이다(Vanderwicken, 1995). 휴슨Hewson(≪선데이 타임스Sunday Times≫, 1995년 3월 31일자)은 다음과 같이 말한다.

> 담배 산업과 함께 시작된 대부분의 쓰레기 과학은 '증거'라는 한 단어에만 초점을 맞춘다. 담배회사들은 그저 증거를 숭상한다. 그 때문에 그들은 실력 없는 교수들에게 돈을 찔러주고 얼마 후 담배와 수백만의 죽음에 기여한 질병 사이에는 인과적 관계가 없다는 놀라운 주장을 만들어낸다.

농무부의 축산품 위원회 회원이자 광우병 사태의 초기 내부고발자였던 리처드 내시 교수는 같은 논리로 박해를 받았다고 주장한다. 광우병과 크로이츠펠트 야콥병[*]과의 관계에 대한 증거가 없다는 것이다. "공공보건 이슈는 그와 법적으로 유사한 문제와는 다른 방향에서 증거 부담이 생긴다는 사실을 다섯 살 난 아이도 알 수 있다는 것은 신경 쓰지 마라. 우리는 과학자들이 영국의 쇠고기가 위험하다는 것을 증명하기를 원하지 않는다. 안전하다고 증명하기를 원한다."

미국의 대중들은 데이터에 신뢰를 갖고 있기 때문에 성장하는 산업은 정책입장 또는 마케팅 목적을 정당화하기 위한 연구를 한다. 흰 빵은 살찌게 하지 않

---

[*] 일명 인간광우병.

고 영양가가 있다고 쿠퍼 에어로빅 연구원 – 후원자는 원더 브레드Wonder Bread
사 – 이 연구 발표를 했다. 한편 프린스턴 치아자원센터는 초콜릿이 충치를 억
제할 수도 있다고 우리를 안심시킨다. 그들은 초콜릿 회사 마스Mars의 지원을
받는다(Vanderwicken, 1995). 이 모든 것은 물론 선전원에게는 선물이다. 그것은
잠재적으로 그들이 가장 중요하게 생각하는 은폐 기회를 제공하기 때문이다.
'사실들'은 감정과는 대조되는 것으로 '그 이상의 설명을 필요로 하지 않을 수'
있다. 일부 사실을 선택하고 다른 것들을 배제하는 것, 특정 연도의 통계 자료
를 선택하는 것, '증거가 없기' 때문에 뭔가는 거짓이 분명하다고 주장하는 것,
어떤 유형의 증거들을 다른 것보다 더 우선에 두는 결정 등은 조작하려는 활동
중 잘 알려진 부분이다. 하지만 반대편의 분석이 지닌 날카로움에 노출되지 않
는 한 그들은 다른 형태의 프로파간다보다 더 성공적이다. 조작한 흔적은 금세
은폐되고 대중들은 그들이 공명정대한 '데이터'와 전문가의 과학적 의견에 대
해 평소 훈련받았던 대로 경의를 표하는 것이다. 기술적 차원의 문제도 있다.
매우 소수의 사람만이 통계와 기타 분석적 기술들을 비판하는 방법을 알고 있
기 때문이다.

왜 우리는 적을 필요로 하는가?

선전원들은 그들의 적을 만들어낸다. 혐오하는 '타자'를 만드는 것은 모든 프
로파간다에 필수적인 부분은 아니며 그 정의의 외피라고도 할 수 없다. 그런데
도 희생양이 없는 프로파간다를 상상하기란 힘들다. 내부 또는 외부의 위협을
만들어내는 것은 비난받을 만한 집단을 찾는 것을 통해 가능하다. 국내 소수자
들인 아르메니아 사람들이나 전 세계적으로는 '국제적' 유대인들이 그 예이다.
심리학에서 한 집단의 구성원들이 임의적으로 붙인 이름을 통해 응집한다는
'그랜폴런Granfallon 기법'은 '타자성'이 얼마나 쉽게 생겨날 수 있는지를 보여

준다(Pratkanis and Aronson, 1991). 그래서 쇠플린(Schöpflin, 1997)은 "공동체의 존재는 어떤 정신적 타락으로부터 보호되고 그 문화적 재생산 수단은 외부인들로부터 안전하게 보호된다"라고 주장했다. 그러한 '타자성'은 부족과 민족 수준에서만 발생하는 현상은 아니다. 학술적·종교적·철학적 주장들은 지속적으로 적을 만들어왔다. 그리고 분명 가까운 분파들이 서로를 가장 싫어하는 것으로 보인다. 수니파와 시아파, 트로츠키주의자와 공산주의자 등이다. 그러한 파괴적인 결과를 낳는 것은 꼭 사소한 차이라는 점에 대해서는 조너선 스위프트가 『걸리버 여행기』를 통해 풍자했다. 그 책에서 빅엔디언과 리틀엔디언은 어느 방향으로 달걀을 금가게 해서 깔 것인가를 두고 양분된다.

사람들은 자신이 무엇을 싫어하는지를 안다. 그것도 아주 잘 안다. 그들은 좋아하는 것에 대해서는 불명확할 수 있다. 적의는 호의보다 강렬한 감정이다. 사회 인류학자인 메리 더글러스(Douglas, 1982)가 이것을 주장했다. 제2장에서 논의되었듯 그녀에게 뭔가를 '선택'하는 것은 다른 뭔가에 '반대'하는 것이다. A를 선택하는 것은 B라는 삶의 방식에 대한 저항을 드러내는 것이고 그와 반대되는 자신의 라이프스타일에 대한 충성을 드러내는 신호가 되기 때문이다. 많은 정치적인 행동은 상징적이다. 그리고 이는 우리가 대항하고자 하는 것을 드러내는 상징이다. 루피아(Lupia, 1994)는 교육 수준이 낮은 캘리포니아의 투표자들은 그들이 반대하는 부정적인 상징으로부터 그들이 지지하는 것을 발견하고 그에 따라 투표한다는 것을 보여주었다. 그 '적'은 아마도 어떤 '아이디어'처럼 추상적인 것일 수 있다. 그리고 좀 더 정교한 형태의 프로파간다는 사람을 적으로 삼는 것을 피할 수 있지만 오직 훌륭하지 못한 사람들만이 나쁜 이데올로기와 관련된다는 암시가 항상 뒤따른다. 올리버는 경영 프로파간다의 세계에서 새로운 경영 방식을 주장하는 이를 이렇게 묘사한다. "버려야 할 옛날의 관례가 있었고 빛나는 새로운 질서가 있다. '소요경비'라는 표현은 옛 질서를 가리키기 위해 사용되었고 '작업가능'은 '즉시 JIT: Just In Time', TOC, 총체적 품질관리를 포함하는 새로운 방식을 가리키기 위해 사용되었다"(Oliver, 1995).

그러므로 프로파간다는 적을 필요로 하고 만약 적이 존재하지 않으면 적을 만들어낼 것이다. 적을 사회적으로 구성해낸다는 점은 프로파간다를 정의 내릴 수 있는 핵심 특징 중 하나이다. 그러므로 만들어진 우월감은 사회적 피라미드의 바닥에 위치한 사람들에게 매력적이다. 그리고 그들이 얕볼 수 있는, 그들보다 낮은 새로운 사람들을 만들어냄으로써 그들은 그 계층으로서의 삶을 꾸려갈 수 있다. 서양에 적대적인 중동에 사는 이들은 자신보다 더 부유하고 강한 적과 마주친다. 하지만 자존감은 여전히 생길 수 있다. 서양인의 도덕적인 결함과 무신앙을 인식함으로써 가능하다. 헌팅턴의 말로 하면 "그들이 지닌 문화의 우월성과 군사력의 상대적 열등함"을 믿는 것이다(Huntington, 1996). 적이 없으면 우리는 끈질기게 그리고 내성적으로 다시 우리에게 돌아온다. 실제로 냉전이 끝난 후에 미국은 적의 상실이라는 문제를 겪고 있다고 보는 이들이 적지 않다. 이러한 관점에서 사담 후세인 같은 새로운 적들은 그저 존재하는 것이 아니라 필연적으로 존재하는 것이다.

우리는 뭔가가 잘못 되었을 때 탓할 사람이 있어야 하기 때문에 적이 필요하다. '마녀 사냥'이라는 용어는 이에 딱 들어맞는 것이며 프로파간다는 적당한 희생자를 찾는 것이다. 희생양이 되려면 겉모양, 사회적인 하부집단의 일원, 위협을 주게 생겼거나 그런 느낌을 풍기는 것과 같은 요소들을 갖추고 있어야 한다. 핵심은 사회적인 주류로부터 떼어놓을 수 있어야 한다는 것이다. 오버링(Overing, 1997)에게 "타자의 신화는 이해하기 어려운 것이 아니다. 그들은 혐오스럽고 위협이 되는 타자라는 비정상적인 과장에서 찾을 수 있는 것이기 때문이다". 런던의 몸이 마비된 택시기사의 경우처럼 상대가 아프가니스탄 사람이라는 것만으로 보복 행위를 가할 충분한 이유가 되었다. 탈레반의 첫 번째 희생자들이 바로 아프가니스탄인이었는데도 말이다.

사회적으로 적을 구성하는 것은 몇 가지 중요한 기능을 수행한다. 우리 자신에 대한 정의는 우리가 아닌 다른 존재의 대척점에 있다. 이는 우리의 가치 또는 우리가 서 있는 현재 위치를 분명히 해주며 일관성 있는 자아인식을 갖게 한다. 다음으로 통합은 오직 적에 대항할 때에만 가능하다. 사회 내부의 불화가 클수록 적의 필요성도 더 강력해진다. 프로파간다가 적을 만들어내는 것은 사회통합의 근원이다. 쇠플린(Schöpflin, 1997)은 "이 과정은 악마 같은 음모로 우리 집단을 파괴하려고 하는 가상의 적을 만드는 것과 함께 가는 경우가 많다"라고 주장한다. 블레인(Blain, 1988)에 따르면 "필요로 하지 않는 어떤 물건을 사라고 사람들을 설득할 수 있듯이 정치 지도자는 복수의 욕망을 사람들에게 불어넣을 수도 있다. …… 적이라는 수사는 현대 사회에서 사회통합을 이루고 유지하는 강력한 수단이다". 그리고 블레인은 "정치 주체들이 동기의 수사를 만들어내 추종자들로 하여금 그들의 적에 대항해 싸우도록 선동한다"라고 믿는다. 그는 전쟁 수사의 가장 중요한 효과는 공통의 적을 만듦으로써 얻게 되는 사회통합이라고 주장한다. "정치적인 동기를 만들기 위해 희생자와 범인의 구분은 필수이다."

정치인, 특히 곤경에 빠진 정부는 새로운 적을 찾는다. 그래서 영국의 신노동당은 대척점으로 삼을 '반동적인' 적을 찾았다. 당은 연원이 깊은 옥스퍼드와 케임브리지 대학에서 하나를 찾았다. 그 대학들이 분명 우수한 공립학교 학생을 의대에 입학시키지 않은 것이다(Stevens, 2001). 이 일은 여러 가지 목적에 부합되었다. 그중에는 정부의 낮은 교육비 지출과 공립교육의 질에 대해 관심을 불러일으키는 것이 포함된다. 전체주의 정권에서는 적을 만드는 것이 정부 활동의 중요한 부분이다. 예를 들어 호메이니의 이란에서 소설가 살만 루슈디는 신성모독으로 간주될 수 있었기 때문에 아주 유용한 적이었다. 그 점 때문에 그가 서구에 살고 있는데도 사형을 언도할 수 있었다. 그의 작품을 번역한 이들 중 일부는 실제로 살해되었다.

짐머만(Zimmerman, 1995)은 정부가 다양한 아이디어의 경쟁을 보호하지 못하고 오히려 반대 역할을 수행해 그 권력으로 대중매체가 사람들로 하여금 서로를 싫어하라고 권하게 되면 시민들은 언론에서 정보를 찾는 대신 감정적인 위안을 찾게 된다고 주장한다. 시민들은 이웃에게 화를 분출함으로써 만족을 얻을 수 있다. "숙청되고 비난을 받으며 불구가 되거나 살해당한 이들의 조작된 사진들이 전 유고슬라비아에서 매일 밤 거의 모두에게 보여졌다는 것을 당신이 안다면 그들이 지닌 지속적인 효과를 상상할 수 있을 것이다." 더욱이 적들은 분노와 혐오에 초점을 맞추어 그 감정을 키우기 때문에 행동을 자극하게 된다. 그들이 더 지독한 이들로 그려질수록 우리의 분노는 더욱 커진다. 끔찍한 적들은 공포도 자아낸다. 프로파간다는 우리의 상상력을 자극해 적이 성공하면 우리에게 무슨 일이 생길 것인가를 선정적으로 그려낸다. 실제로 가장 극악한 행위의 상당수는 가해자들이 두려움을 지녔기 때문에 벌어졌다. 르완다에서 투치족은 "그들에게 살해하라고 종용하는 지도자들을 거부하지 않았을뿐더러 그들의 생존이 살상에 달려 있다고 진정으로 믿었다"(Block, 1994). 또 적대자들은 우리의 양심을 얼어붙게 하고 우리의 죄의식을 달랜다. 우리가 그들에게 무엇을 하든지 간에 그것은 나쁜 것이 아니게 된다. 르완다에서 "살상은 무작위로 벌어지거나 충동적으로 일어난 것이 아니었다"라는 점을 지적하며 브록은 다음과 같이 덧붙인다. "하지만 그 진영의 거의 모든 사람이 그들이 겪은 호된 시련은 자신의 탓이 아니라 투치족의 잘못이라고 보았다. 양심의 가책이란 없었다." 그리고 9·11 이후 앤 코울터Anne Coulter는 이렇게 목소리를 높였다. "우리는 지금 이 특정 테러 공격에 직접적으로 연관된 사람들이 누구인지를 정확하게 파악할 시간이 없다. 그들의 국가들을 침략해 지도자들을 죽이고 그 국민을 기독교인으로 개종해야 한다." 램프턴과 스타우버(Rampton and Stauber, 2003)의 논평이다.

코울터의 글이 발표되고 얼마 후 그 칼럼은 파키스탄의 가장 큰 호전적 이슬람 단체 중 하나이자 알카에다와 가까이 교류하는 무자헤딘 라쉬카르-이-토이바의 웹사이트에 다시 떠올랐다. …… 코울터의 글이 기사화된 시기에 그 사이트는 털북숭이 괴물 같은 손에 손톱 대신 발톱이 달렸으며 그 발톱에서 떨어지는 피는 불타는 지구 위에 떨어지는 그런 이미지로 장식되어 있었다. 다윗의 별은 그 손의 다른 부분을 장식하고 있고 이미지의 뒤에는 미국 국기가 있었다. 코울터의 칼럼을 전재한 부분에는 굵고 붉은 글씨로 "그들의 국가들을 침략해 지도자들을 죽이고 그 국민을 기독교로 개종해야 한다"라는 문장이 강조되어 있었다.

하지만 여기서 현재 상황과 관련된 프로파간다를 위한 교훈이 도출된다. 최근의 위기 상황을 관리하는 데 성공하기 위한 필수적인 조건은 10억 무슬림의 교리와 예배는 비난하지 않는 것이다. 바로 이 점이 중요하다. 거꾸로 말하면 테러리스트들과 그 변증자들이 누구보다 더 과격하게 행동하는 것은 그들이 확신을 가지게 되었기 때문에 가능하다는 것을 우리는 인식해야 한다. 테러리스트들은 태어나는 것이 아니라 서서히 만들어지는 것이다. 그리고 그들의 무모한 행위는 그 신념이 작용한 결과이다. 현 갈등 상황에서 우리가 피해야 할 테러를 자극하고 유지하는 수사적 행동은 '타자'를 악마적으로 그리는 것이다. 그런 현상은 역사적으로 프로파간다의 필수적인 동력이었고 시대를 넘어 대량학살의 발단이 되었던 특징으로서, 외부인은 우리와 같은 인간성을 지니지 않으리라는 확신이 반영된 것이었다. 테러리스트가 그런 일을 저지를 수 있었던 것은 우선 그들의 마음속에서 상대방을 비인간적인 모습으로 그리는 데 성공했기 때문이다. 반대로 우리는 잘못된 개개인들을 그들이 포함된 집단의 사람들 전체의 모습일 것이라 일반화하는 것을 조심해야 한다.

잔학 행위 선전

잔악함에 대한 선전은 역사적으로 가장 일관된 특징이었고 가장 효과적이기도 했다. 제2장에서 언급한 1095년 교황 우르반 2세의 클레르몽에서의 설교부터(Taylor, 1990) 폴란드인을 독일 학교를 파괴하는 만행을 저지르는 사람으로 묘사한 나치 영화 〈폭풍 속의 사람들Menschen in Sturm〉이나 〈아일랜드를 위한 나의 삶Mein Leben für Ireland〉(1941)에 이르기까지(Herzstein, 1978), 선전원들은 경쟁이라도 하듯이 언제나 적을 선정적으로 그려왔다. 그 이유를 찾기는 어렵지 않다. 프로파간다의 가장 중요한 목표 중 하나는 실제로 적을 우리와는 다른, 무자비하며 비도덕적인 괴물로 묘사해 분노를 일으키는 것이다. 〈그 사랑스러운 미국인The Little American〉(1917)에서 만인의 여인이었던 메리 픽퍼드Mary Pickford는 공격받는 와중에 프랑스인들에게 정보를 전달하고 독일 군대의 총탄을 피해 가까스로 벗어난다. 적의 무시무시함이라는 환상은 부정되어서는 안 되는 것이다(Taylor, 1990).

우리는 우리가 저지른 행위는 잊어버리고 적의 악행만 기억한다. 그러고는 보복으로 그보다 더한 악행을 저지른다. 때로는 그것이 상대의 잔악함을 보이는 선전의 의도가 되기도 한다. 1915년 간호사 에디스 카벨이 처형되었을 때 영국 군대는 그 소식을 듣고 그녀의 사진을 지닌 채 전장에 나섰다. 그리고 곧이어 독일 전쟁포로들이 학살당했다(Williams, 1987). 그러나 이것은 카벨이 유언으로 남긴 말을 생각해보면 참으로 아이러니한 일이다. 이렇듯 악행 선전은 20세기 내내 그 장르를 이용하려는 온갖 활동에도 여전히 유효하다.

또한 '타자'는 공포의 수단이 될 수도 있다. 스페인 내전 당시 민족주의 진영의 케이포 드 야노Queipo de Llano 장군의 선전방송은 프랑코의 지휘하에 있는 식민지 군인들인 무어인들의 용모 및 잔인성과 그들이 공화국 여성들에게 위해를 가할지도 모를 행동을 강조했다. 즉, 스페인인들의 오래된 공포를 표면화한 것이다(Thomas, 1986). 물론 악행 선전에는 온전히 창조된 것들의 역할이 있다(Knightley, 1995). 제1차 세계대전 이후 만들어진 집단적 환상에 계속 노출됨으로써 사람들은 제2차 세계대전 중의 잔악한 소문들에 많은 의구심을 품게 되었다. 하지만 진실과 허구는 여전히 뒤섞여 있었다. 영국인들이 주장한 것만큼 광범위하거나 저열한 것은 아니었지만 벨기에에서 실제로 6,000명의 시민들이 살해된 참극이 있었기 때문이다.

『최초의 사상자The First Casualty』(1995)에서 필립 나이틀리Philip Knightley는 제1차 세계대전 당시 독일에 대한 묘사를 이렇게 기술한다.

그 전쟁은 위협적인 침략자에 대항한 방어로 보이도록 만들어졌다. 독일 황제는 사람의 모습을 한 짐승으로 그려졌다. 독일인들은 칭기즈 칸의 유목민 군대, 수녀를 범한 놈들, 아이들을 해하는 자들, 그리고 문명의 파괴자들보다 단지 조금 나은 것으로 묘사되었다. 일단 전쟁에 참가하자 압도적 다수의 국내 정치 및 학계 지도자들이 선전 캠페인에 참여했다. 아스퀴스 수상은 광범위하게 일반화함으로써 악행을 확인하는 기술을 사용해 하원에서 1915년 4월 27일 "우리는 이러한 계산된 잔악함과 범죄의 끔찍한 기록을 잊어서는 안 될 것입니다"라고 했다. 영국 신문들은 자신의 명성을 캠페인에 빌려주었다. ≪파이낸셜 뉴스Financial News≫는 지금 보면 믿을 수 없는 내용을 담고 있다. 1915년 6월 10일자는 카이저가 독일 공군에 벨기에 알버트 국왕의 자녀들을 죽이는 데 각별히 애를 쓰라고 지시했고, 잠수함 선원들에게는 여자와 아이들을 실은 배를 침몰시키면 두 배의 월급을 주겠다고 했으며, 그가 개인적으로 꼭 집어 세 살배기 아이를 고문하라고 명령했다는 내용을 담고 있다. 전 주미대사였던 브라이스 경이 의장을 맡은 변호사들과 역사가들의 위원회는 30개 언어로 번역된 보고서를 만들었다. 그 보고서에는 독일인들이 벨기에의 무고한 남성, 여성, 그리고 아이들을 살해하고 폭행하고 모독했다고 언급했다. "지난 3세기 동안 있었던 그 어떤 문명국가 간의 전쟁에서보다 더 심하게 벨기에 곳곳에서 살인, 강간, 약탈이 자행되었다." 이렇듯 보고서는 독일 장교와 병사들이 리에주 시장에서 벨기에 소녀 20명을 공개적으로 강간한 것, 8명의 독일 군인들이 두 살배기 아이를 총검으로 찌르는 것, 말린Marlines에서 한 군인이 시골 소녀의 가슴을 잘라낸 것들을 자극적이고 상세하게 묘사했다. 브라이스의 서명은 보고서에 상당한 무게를 실어주었고 브라이스 위원회의 몇몇 불미스러운 활동이 드러난 것은 전쟁이 끝나고 난 후였다. 마침내 열정이 식고 1922년 독일 진상조사위원회가 브라이스 보고서에서 주장된 것들을 조사했을 때 단 한 건의 주요한 사건도 사실로 확증할 수 없었다. 물론 그때가 되었을 때 보고서는 이미 목적을 달성한 후였다. 이렇게 독일에 대한 적개심과 비난을 만들어낸 것은 가장 성공적인 전쟁 프로파간다 중 하나로 기록된다.

그렇다면 아마도 우리는 아무것도 배우지 못했고 아무것도 잊어버리지 못한 것 같다. 조웨트와 오도넬(Jowett and O'Donnell, 1992)에 따르면 "1990년 10월 10일 쿠웨이트의 '나이라'라는 이름의 15세 소녀는 미국 의회 인권소위원회에서 충격적인 진술을 했다. 그녀는 이라크 군인들이 15명의 아이들을 인큐베이터에서 꺼내 찬 바닥에서 죽게 내버려두는 것을 보았다고 눈물을 흘리며 주장했다". 이어서 ≪뉴욕 타임스≫는 그 소녀가 쿠웨이트 대사의 딸이며 광고회사인 힐 앤 놀턴Hill & Knowlton이 여기에 개입되었음을 밝혀냈다. 조지 H. W. 부시는 "나이라의 이야기 후 40일 동안 10차례 이상 죽은 아이들 이야기를 활용했다"(Bennett, 1996 참조).

죽은 쿠웨이트 아기들 이야기는 악행 선전으로서 부여된 임무를 완벽히 해냈다. 램프턴과 스타우버(Rampton and Stauber, 2003)는 우리에게 다음과 같은 사실을 상기시켰다. "인큐베이터의 아기들 이야기는 2002년 12월에 잠시 다시 떠올랐다. 케이블 HBO는 〈CNN의 바그다드 통신Live from Baghdad〉이라는 다큐 드라마를 '실화에 바탕을 두었다'면서 방영했는데 피터 아넷Peter Arnett과 다른 CNN 리포터들의 모험을 회상하는 내용이었다. …… 나이라가 거짓 증언을 한 실제 기록을 포함하고 있었지만 시청자들에게는 그 이야기가 사실이라는 인상을 남겼다." 드라마의 엔딩 크레딧은 분명 이 이야기가 "입증되지 않았다"라고 명시하고 있지만 ≪워싱턴 포스트Washington Post≫의 텔레비전 비평가 톰 셰일즈Tom Shales는 분명히 다음과 같이 평했다. "이라크 군인들이 그들의 강탈 행위의 하나로 인큐베이터에서 아기들을 마구 빼냈다는 주장을 조사하기 위해 쿠웨이트로 간 비너와 그의 팀이 찍은 장면들을 통해 당시 쿠웨이트에 퍼져 있던 공포가 다시금 생생하게 살아난다. 기억하는가?" 램프턴과 스타우버는 덧붙인다. "일어나지 않은 사건을 '기억'했던 것은 셰일즈뿐인가?"

인간성 말살

프로파간다가 끊임없이 악마로 만들 상대를 찾으며 이를 쉽사리 성사한다는 점이 궁금해질 수 있다. 모든 프로파간다 캠페인은 쉽사리 그저 복수로 변질될 수 있으며 많은 것이 그래왔다. 인간성을 말살한 적의 이미지를 불러일으키는 것이다.

이렇게 인간성을 말살한 '타자'가 반드시 어떤 특정 그룹의 개인일 필요는 없다. 적으로 구분되는 집단의 모든 개인이 포함될 수 있다. 거트루드 힘멜파브(Himmelfarb, 1994)는 일부 페미니스트도 이런 행태를 보인다고 불만을 털어놓았다. 현대의 유행적 페미니즘은 개인적인 설명을 피한다. "만약 여성이 포괄적으로 희생자라면 같은 방식으로 남성은 포괄적인 죄인이다." 그래서 그녀는 메릴랜드 대학에서 무작위로 고른 남학생 60명을 모델로 "주의: 이 남성들은 잠재적인 강간범임"이라는 제목의 포스터를 붙였으며 다른 포스터에는 전체 남학생 1만 5,000명의 이름이 붙었다고 주장했다. 이는 페미니스트 예술 수업의 연구과제였다.

죽이기 위해서는 — 역사적으로 프로파간다의 기능은 궁극적으로 살해를 조장하는 심리 상태를 만들어내는 것이었던 경우가 많다 — 대상화가 필수적이다. 그 '타자'는 본질적으로 관념이다. 사악함이나 열등함을 뜻하는 암호이다. 공통의 인간성을 가리키는 언급은 모두 지워진다. 예를 들면 인질과 납치범 사이에서 인간성이 끼어들면 살해하기가 더 어려워진다. 마치 조지 오웰이 『카탈로니아 찬가』에서 묘사한 것과 같다. 거기서 그가 총을 쏘기 직전 민족주의파 사람이 자기도 모르게 오줌을 싸기 시작해 오웰로 하여금 우리 모두 인간이라는 것을 깨닫게 했고 그로 인해 그의 목숨을 구하게 되었다. '타자'는 거친 붓놀림으로 줄어든다. 몇몇에게 중요한 특징들이 부여된다. 마르크스주의자에게는 '계급의 적', 1950년대 미국에서는 공산주의자 또는 잡지 ≪펀치 Punch≫에 그려진 19세기 페니언 Fenian*들은 거의 인간이라고 보기 힘든 야만인이었다. 그러한 논박들은 얼굴형이나 옷차림 같은 타자의 상징을 강조한다. 마침내는 상징만으로도 충분해진다. 공산주의 세계에서 실크 모자를 쓴 자본주의자 이미지가 그렇다. 더 큰 그림이 이미 잘 이해되어 상징만으로도 의미를 전달할 수 있는 것이다.

프로파간다는 우리의 우월성과 적의 열등함을 강조한다는 것도 중요하다. 그것은 우리의 장점과 그들의 잉여성을 가르는 큰 차이가 있다고 가르친다. 특히 나치는 자연스럽게 이 점에 주의를 기울였다. 독일의 사회복지국가는 영국의 계급불평등, 물질숭상, 그리고 유대인들 수용과 대조되었다. 또한 영국인들은 기만적이고 "금권정치적 의식의 화려함이 그로 인해 발생한 고난과 대조된다"(Herzstein, 1978). 우리의 우월함에 대한 이러한 믿음은 특히 한 사회에서 가장 혜택을 받지 못한 계층을 자극하는 데 도움이 된다. 그들의 분노의 화살을 그들 위에 있는 이들이 아니라 그들 아래에서 괴로운 생활을 하는 이들을 향하게 하는 것이다. 그들은 자신의 작은 특권에 감사해하며 국민의 일원이라는 행운을 받지 못한 이들을 멸시한다. 적의 인간성을 말살하기 위해 그의 개인으로서의 자율성을 부정하는 고정관념을 유포하는 것이 필수적이다. 〈유대인 서스 Jew Suss〉에서는 다른 나치 선전 영화에서 나타난 게토의 유대인과는 다른 새로운 유대인의 정형이 만들어진다. 주인공 서스 오펜하임 Suss Oppenheim은 궁정 유대인이기 때문이다. 이 영화의 추악한 메시지는 일부 유대인은 도시풍의 겉치장을 할 수 있고, 이들이야말로 가장 위험하다는 것이다(Herzstein, 1978). 이런 유형화가 주는 부차적인 가치는 가지지 못한 자들이 품위 있고 똑똑하며 성공한 이들에 대해 가진 잠복해 있던 질투를 동원한다는 것이다. 조지 오웰의 소설『1984』는 신화적인 독재자 빅 브라더와 그의 허구적인 적 엠마누엘 골드스타인을 그린다. 골드스타인은 대중적 분노의 대상으로서 그 신참자들이 매일

---

* 아일랜드 독립을 목적으로 주로 재미 아일랜드계 사람들로 이루어진 비밀조직.

증오 시간을 통해 그에게 소리를 지른다.

적은 보통 실제적인 것이 된다. 하지만 프로파간다의 목적은 우리가 실제로 싫어하게 함으로써 자극하는 것이다. 르완다에서 인터함아웨 라디오 방송국과 같은 후투족 프로파간다는 투치족을 제거해야 할 살인적인 이방인으로 묘사했다. 투치족이 르완다에서 15세기 이후 함께 살고 있었다는 것은 무시되었다. 대량 학살이 시민의 의무인 것처럼 가장할 수 있는 상황에서 극도의 편집증적 분위기가 발생했다. 브록(Block, 1994)이 설명하는 바와 같이 후투족의 인종 이데올로기는 유럽 식민주의자들의 '함족 이론'*으로부터 나온 것이었다. 이 이론은 더 우월한 북아프리카의 인종이 있다고 가정한다. 실제로 아프리카의 아리안족을 말하는 것이다. 후투족은 이러한 그들 나름의 이론을 지니고 있었고 투치족의 이질성은 후투족 프로파간다의 핵심 교의였다. 라디오 인터함아웨는 그들과 한패였다. 그 방송은 적의로 가득 찼고 점점 더 신랄해졌으며 죽어 마땅한 정치인들을 지목하기에 이르렀다. 10주 만에 민병대는 후투족 시민들과 함께 50만 명을 죽였다. 이 학살 기간에 라디오는 르완다인들로 하여금 아직 절반이 비어 있는 무덤들을 채우도록 독려했다. "쥐를 잡을 때는 새끼 밴 것도 도망가지 못하게 해야 한다. 30년 전에 우리는 그들이 망명을 갈 수 있게 놔주는 실수를 했다. 이번에는 어떤 놈도 벗어날 수 없다"(Block, 1994). 인종주의 이데올로기, 적을 쥐로 그리는 것, 적이 우월한 문명에 위협이 된다는 생각, 그들을 완전히 제거해야 한다는 생각 모두 나치와 후투족의 프로파간다에 공통적으로 포함된다. 이러한 유사성은 너무나도 명백해서 반드시 지적해야 할 부분이다.

경멸의 언어

인간성 말살 과정에서 새로운 언어를 만들어내는 것이 특히 중요하다. 이 언

---

* 선민의식을 반영한 인종주의.

어는 우리를 희생자 그룹과 분리하고 그들을 경멸할 만한 존재로 묘사한다. 그러한 언어는 찰스 머레이Charles Murray의 '최하층'과 같이 분명히 열등함의 이미지를 담고서 그들의 가치를 떨어뜨리는 이데올로기적인 의무를 다할 수 있다. 또는 어휘가 새로운 의미를 부여받기도 해서 처음에는 악의적인 의미를 지니지 않았던 '삼보'* 같은 말이 경멸적인 의미를 갖게 되는 경우도 있다. 1930년대 선전분석연구소에서 인용한 프로파간다 방법 중 하나인 매도는 우리와 구별되는 점과 그들의 악성을 나타내는 핵심 특질을 강조함으로써 상대방을 즉각적으로 정형화하고 위치를 정하는 방법이다(Lee and Lee, 1986a). 크로아티아인들은 세르비아인들을 테러리스트라고 불렀지만 세르비아인들은 그들 나름대로 험담하는 방법이 있었다. 크로아티아인들은 (제2차 세계대전 당시 독일의 연합군인) 우타샤Utasha로 불렸고, 보스니아 무슬림들은 '투르크족'이라고 불렸다. 이런 호칭은 발칸 반도가 역사적으로 오랫동안 터키의 통치하에 있었기에 특히 선동적인 말이다(Zimmerman, 1995). 빈라덴은 추종자들에게 '시오니스트들과 십자군들'에 대항하라고 설득했다. 만약 적이 충분히 이질적이지 않다 하더라도 우리는 여전히 그렇게 보이게 할 방법을 찾을 수 있다. 언어는 우리나라에 있는 다른 이들과 우리를 구별하기 위해 사용된다. 예를 들면 포크스(Foulkes, 1983)는 '비非미국적인'이라는 개념과 나치 시대 '비독일적인'이라는 용어가 널리 퍼졌다고 브레히트가 언급한 것을 비교했다.

빅터 클렘퍼러(Klemperer, 1998)의 일기들은 얼마간 언어의 식민화에 대한 연구이다. 그 언어는 공통된 인간성의 유대를 분할해 공동체를 서로 다른 부분으로 나누는 이데올로기적 의도가 있었다. 예를 들어 유대인은 유대 - 볼셰비키라는, 연결부호로 이어진 존재가 되었다. 민주주의도 전쟁 시기에 타락이라는 용어를 만들어낼 필요가 있었고 이는 종종 인종적인 뉘앙스를 띠었다. 훈족, 일본

---

* 우리말의 '검둥이'처럼 '흑인'을 낮잡아 이르는 말이다.

인Nip, 이탈리아인Wop, 아르헨티나인Argie에 대한 상스러운 호칭들과 황화 Yellow Peril는 오히려 흑인에 대한 부드러운 호칭인 볶음머리 fuzzy-wuzzy보다 앞섰다. 미국인들도 9·11 이후 증오의 수사가 필요했다. 폭스 네트워크의 제랄도 리베라에게 알카에다는 항상 '테러단'이었고 미국 군대는 항상 '영웅들'이었다(그리고 네트워크의 시청자는 전년도보다 50퍼센트 증가했다). 뒤따라 CNN은 "그 애국자 증명서에 다시 광택을 내도록" 몰렸다. CNN은 "특파원들에게 아프가니스탄의 민간인 사상자 장면을 내보낼 때마다 9·11 공격을 언급하도록 지시했다"(≪뉴욕 타임스≫, 2001년 11월 11일자).

타자성과 미디어

좋은 이야기에는 악당이 필요하다. 소설과 그에 이은 영화에서의 서사구조는 양극이 있기 때문에 악당이 생기는 경우가 많다. 특히 선과 악이라는 본원적인 긴장은 특히 더 그렇다. 악한 성질은 거칠고 타락한 에너지로서 그것이 각성하는 것과 그것을 마침내 억누르려는 것이 서사의 추진력이 된다. 또한 부분적으로 이것은 문학적으로 말해 선한 것보다는 악한 것을 그리기 쉽기 때문이기도 하다. 악당은 영웅의 능력과 고결함을 시험하고 서사적 힘을 제공하며 그저 착한 캐릭터들은 제공하지 못하는 풍부한 성격묘사를 가능하게 한다. 이렇게 미디어 텍스트를 만드는 데 악당을 요구하는 구조적인 요청은 적절한 타깃을 찾아야 할 필요성을 만든다. 따라서 악당이 관련될 사악한 목적도 필요로 한다. 물론 마피아는 이러한 역할을 단독으로 해내지는 못한다. 뻔한 악당의 출현도 지겨워지고 정치적으로 올바른가의 문제가 있는 것이다. 새로운 악당들이 필요하다. 이 점 때문에 할리우드는 제도적이라거나 고유의 특징은 아니지만 때때로 프로파간다 기구가 된다.

이러한 예는 대중문화에서 새로운 악당인 거대 담배회사를 다루는 것이다(≪선데이 타임스≫, 1997년 3월 23일자). 담배회사에 대한 공격은 반기업적이라는 비판을 피하면서도 권력의 부패와 기업의 탐욕을 드러내는 기회를 제공한다. 프랭크 프로이트베르크(Freudberg, 1996)의 소설 『마지막 숨Gasp!』에서 죽어가는 한 흡연자는 그의 중독에 연료를 공급한 얼굴 없는 회사에 대항해 복수를 시도한다. 존 그리샴의 『사라진 배심원The Runaway Jury』(1996)에서는 이름 모를 회사 중역이 암 소송에 엮이고, 미국 TV 시리즈 〈프랙티스The Practice〉에서는 젊은 여자 변호사가 암 피해자를 변호하기 위해 과거 그녀의 스승이었던 법대 교수와 싸움을 벌인다. 이러한 작품들이 기본적으로 연예오락이라는 사실과 좋은 오락 작품은 악당을 필요로 한다는 사실이 프로파간다로서 그들이 갖는 지위에 영향을 주지는 않는다. 그들은 미국의 인민주의 전통과 정면으로 맞선다. 마이클 카진Michael Kazin이 『인민주의자의 설득The Populist Persuasion』(1995)에서 논의한 바와 같다. 오신스키Oshinsky는 그 수사는 선과 악의 대결, 이분법적 세계, 선한 다수와 비열한 엘리트 간의 대결을 항상 강조했다고 주장한다(≪뉴욕 타임스≫, 1995년 2월 12일자). "인민주의 대변인들은 그들의 상대들을 평범한 사람들의 적이며 따라서 민주주의 자체의 적으로 그려낸다." 이는 매우 흥미로우면서도 영리한 연결이다. 조 매카시Joe McCarthy는 자유주의적 기관에서 공산주의가 퍼지고 있다고 공격했다. 또 다른 예는 찰스 커글린이 유대인들의 금권정치 음모를 주장한 것이 될 것이다(Warren, 1996).

한편 서사구조에 대한 요구는 우리의 뉴스 제작 또한 지배하고 있다(Bird and Dardenne, 1988). 뉴스의 핵심은 스토리 텔링이다. 그리고 이야기는 많은 경우에 서사적 힘과 윤리적인 의미를 부여해줄 악당의 역할을 요구한다. 예를 들어 ≪데일리 메일Daily Mail≫은 명품 바이올린 스트라디바리우스 같은 영국 중산계층의 편견에 기댄다. 그 지면을 통해 매일매일 이어지는 가짜 망명자들, 폭력배들, 편법 생활보호 신청자들, EU의 월권행위, 사회사업가 스탈린주의자들과 정치적으로 올바른 정신장애자들의 퍼레이드를 위협적이고 터무니없게 다룬다. 독자는 계속해서 분노를 억누른 상태로 남게 된다. ≪데일리 메일≫ 편집자는 자신이 무엇을 하는지를 알고 있다. 미디어가 악당이 있는 이야기를 필요로 하는 것은 일이 잘못되었을 때 누군가를 탓하고자 하는 우리의 필요와 하나가 된다. 애틀랜타 폭파 사건에서 리처드 주얼Richard Jewel에게 불리한 '증거'는 오직 범죄 심리학자가 작성한 프로필에 그가 맞는다는 것뿐이었다. 이는 우리가 악당과 즉각적인 답을 원하는 것이 어떻게 공공의 판단 과정을 왜곡할 수 있는지를 잘 보여준다.

돕킨(Dobkin, 1992)은 텔레비전을 가상실재라고 간주하는 님모Nimmo와 쿰Coomb의 견해를 논의한다. 그는 또한 CBS 방송해설자 프레드 그레이엄Fred Graham의 말을 인용한다. CBS의 뉴스들은 영웅과 악당 그리고 정리된 교훈이 마지막에 도출되는 2분짜리 도덕극이 되는 경향이 있다는 것이다. 그레이엄은 많은 중요한 사건들은 영웅, 악당, 교훈이 명확하게 보이지 않는데도 특파원들은 그들을 지적해내는 데 전문가가 된다는 점도 지적한다.

주얼은 테러리스트가 아니었으며 실제 테러리스트들은 궁극적으로 '타자'였다. 하지만 명예훼손의 언어는 문제를 명확하게 하지 않고 혼란시킨다. 애당초 정부는 테러리스트라고 할 수 있지만 그렇게 불리는 경우는 드물다. 대신 압제적인 정부는 '질서유지', '작전수행' 등을 하는 것으로 묘사된다(Steuter, 1990). 둘째, 타밀 반군과 같은 단체들에 대한 국제적인 미디어의 반응은 한결같기보다는 때에 따라 변할 수 있다. 테러리스트에서 게릴라로 그리고 다시 반체제 운동가로 표현이 바뀌면서 윤리적인 판단이 조정되는 것이다. "이러한 용어의 선택은 일련의 현상에 대한 묘사라기보다는 우리의 사회적 판단을 표현하는 것이다"(Steuter, 1990). 셋째, 명예훼손 또는 경멸적인 연결표현은 어떤 난폭함에 대한 본능적 감정과 도덕적 반응으로서 전적으로 정당화되는 동시에 애매하게 테러의 이론적 근거를 숨기는 역할을 한다. 예를 들어 전염병이라는 생물학적인 은유를 사용하는 것은 테러리즘을 사회적인 분석의 영역에서 빼낸다. 그리고 테러리스트들의 동기는 '게임' 또는 '공갈'과 같은 단어로 사소하게 치부되거나 "공산주의에 기반을 둔 아프리카 민족회의ANC"처럼 타당하지 않게 연결 짓는다(Steuter, 1990). 테러 활동의 동기가 이처럼 불합리해 보이게 만들어지면 정책결정자들은 무력만이 유일한 선택이라고 말하게 된다.

사회통합

적을 만드는 것은 쉽다. 적당하게 선동적인 수사와 잘 고른 사실들 그리고 관례를 악의적으로 비꼬면 대부분의 인류를 악마처럼 그려내는 데 성공할 수 있다. "한 사회는 신화 뒤에 숨겨진 메시지를 볼 수 있는 인식 도구를 결여하고 있는 경우가 많다. 이때 그 운명에 대한 적절한 설명으로 제공되는 인과관계를 수용하게 된다. 외국인 혐오적 서사와 희생양 찾기 전략을 사용하는 것은 용이한 다음 단계이다"(Schöpflin, 1997). 미디어에는 이러한 책임 있는 역할을 나서서 해주기를 원하는 요청이 있다. 경멸의 분위기는 적의 문화를 위해 만들어진다. 매우 정교한 미디어 일원들까지도 패러디로 경쟁한다. 예를 들어 ≪데일리 텔레그래프≫(2001년 9월 12일자)와 다른 영국 미디어에서는 이슬람 순교자-전사들은 죽으면 천당에서 72명의 처녀를 신부로 맞이한다는 것을 믿는다고 주장했다. 그러한 적대적인 비난을 받은 이들은 "그들에게 주어진 악마적인 역할을 받아들이기 시작하고 그에 따라 행동한다"(Schöpflin, 1997).

주얼의 사례는 영웅과 악당을 필요로 하는 우리 모습을 보여주는 현시대의 교훈적 이야기이다. 올림픽 사업 스폰서에게 축하를 받아 그는 홍보를 바라지도 않았지만 곧 그 희생자가 되었다. 마침내 ≪애틀랜타 저널Atlanta Journal≫은 "영웅 수위가 폭탄을 설치했다"라고 알리고 그 외톨박이의 상세한 프로필을 제공해 그를 명성을 얻어 영웅이 되고자 했던 부랑자로 그렸다. 오토바이로 추적한 FBI의 철저한 조사가 있었던 것이다. 하지만 프로필이 맞는 것이 유일한 '증거'였다.

그러므로 뉴스 미디어의 활동은 대부분 악당을 찾는 것이 된다. 신문은 또한 사회적인 적의 전체 목록을 만들어낸다. 하지만 한때 사회적인 무감각으로 악명 높았던 ≪선≫은 이제는 평범한 무슬림들을 변호하기 위해 2면을 할애하는 등 선두에 나선다. 할리우드는 강력한 힘이 될 수 있다. 만약 오늘날의 미디어 상품에 이데올로기적 공통분모가 있다면 그것은 사회통합의 중요성일 것이기 때문이다. 우리는 누군가를 배제할 수 있는 것처럼 통합할 수도 있다. 부분적으로 이는 상징의 문제이다. 그래서 부시 대통령이 9·11 이후 모스크를 방문한 것은 그가 할 수 있었던 시각적인 수사에서 가장 중요한 활동 중 하나였다.

적을 필요로 하는 할리우드

좋은 오락에는 적이 필요하다. 할리우드가 나치를 사랑하는 것은 그 역사를 특히 좋아해서라기보다는 압도적인 악당의 역할을 투사하기에 나치가 들어맞기 때문이다(Uklanski, 1999 참조). 적을 필요로 하는 것은 본질적으로 정치적이다. 적을 선택하면서 우리는 우리가 무엇이며 또 무엇이 아닌지를 정의하기 때문이다. 달리 말하면 우리의 가치관은 그에 의해 밝혀지며 또 한정된다. 그리고 이 과정은 정치적인 특성을 갖고 있다. 우리의 궁극적인 목적과 수단에 대한 선택과 우리가 공동체로서 무엇을 지지하고 무엇에 반대하는지에 대한 선택이 여기서 결정되기 때문이다. 우리는 적을 선택함으로써 우리 자신을 이해한다. 그래서 드라마는 극적 긴장의 핵심적인 특성을 만들기 위해 양극을 필요로 한다. 적에 대한 공포와 우리 쪽에 대한 동일시이다. 이때 우리 쪽은 우리의 가장 좋은 가치와 특성이 강조된다.

가치의 변화는 다양한 관점과 특성을 심의하는 정교하고 성숙한 비전의 결과로 이루어지는 것이 아니다. 그들은 다만 아메리칸 인디언, 나치, 마피아와 갱단을 대체할 새로운 악당을 만들고 전통적인 악당의 특성을 부여해 완성시킨다. 거대 담배회사는 이런 조건에 훌륭하게 부합된다. 이처럼 부유하고 비도덕적이며 기만적이고 강력한 회사는 속죄의 가치가 없다. 〈FBI 아카데미 Feds〉에서 악마적인 가짜 민병대는 담배회사에 대항한 검사의 명성을 더럽히기 위해 그의 집에 코카인을 숨긴다. 영화의 한 등장인물이 이렇게 말한다. "눈에 보이는 이익과 그것을 잃을지도 모른다는 두려움은 멀쩡한 사람도 거짓말하고 기만적인 협잡꾼으로 만든다"(《선데이 타임스》, 1997년 3월 23일자). 정치적으로 올바른지의 문제와 국제적 조화는 전통적인 배신 유형을 바꾸고 있다는 주장이 있다. 예를 들면 이러한 기제는 농장을 배경으로 하는 영화에서 찾아볼 수 있다. 처음부터 할리우드에서 주로 이용된 것은 바로 이분법적 선과 악의 세계이다. 선의 편에는 가족과 농장 그리고 정직한 노동의 다른 말인 농사일의 배역이 있다. 무차별적으로 대출해주고서 농장에 저당권을 설정해놓는 은행들이 악당 역을 맡는다. 그리고 은행들 위에는 "그들의 공모를 자유시장 원리에 기대어 위장하고" 은행들에 압력을 행사하는 대기업들이 있다(Webster, 1988).

할리우드는 항상 악당들을 필요로 해왔다. 평범한 사람이 타락한 사회에 대항하고 착한 사람이 응징을 받아 마땅한 나쁜 이에 대항하는 것은 역사적으로 할리우드의 고전적 양식이다. 적에게 일종의 정치적·사회적 캐릭터가 주어지는데 이는 갈등 상황에 의미를 부여하기 위해 필요하다. 이는 정치적·사회적인 이데올로기는 프로파간다에 대한 고려를 발생시키는 차이의 주요 근원이기 때문이기도 하다.

하지만 프로파간다에서 적이 반드시 인간이거나 인간에 가까운 형태로 나타날 필요는 없다. 적은 단순히 추상적 개념으로 전환될 수도 있다. 폭풍이나 산불 같은 자연으로 그려질 수 있다. 제2차 세계대전 영화 중에는 적이 거의 나타나지 않고 실제로 거친 자연을 인간의 승리와 우애, 팀워크로 길들이는 주제의 영화가 있었다. 〈화재는 시작되었다 Fire were Started〉라는 전쟁 영화는 절대 '누가?'라는 질문의 답을 찾으려 하지 않았다. 그래서 이 영화에서 적이란 단순히 인간이 인간이기 위해 싸워야만 하는 모든 것을 가리키게 되었다. 전쟁 시기의 대중들을 그들의 선조들이 견뎌내야 했던 모든 종류의 자연적 압제에 연결시키는 것이다.

증오의 작동: 밀로셰비치의 프로파간다 전쟁

전 유고슬라비아에서 집단학살을 낳은 '민족' 간의 갈등 사태는 불가피한 것만은 아니었다. 여러 해 동안 사람들은 민족 간 결혼을 하고 함께 살아왔다. 그리고 체코슬로바키아와 같이 평화적으로 분할할 수도 있었다. 제2차 세계대전 이후 유럽에서 볼 수 없었던 동포살해의 난행이 10년 동안 벌어진 것은 모두 슬로보단 밀로셰비치Slobodan Milosevic와 그 공모자들의 결단 때문이다. 그들은 프로파간다의 치명적인 힘과 공포, 분노와 적의를 동원할 수 있는 자신들의 힘에 대한 이해를 바탕으로 권력을 유지하려고 했다. 또한 프로파간다를 통해 대량 학살이 있기 전에 반드시 존재하는 외부 위협이라는 수사를 만들어냈다. 그래서 그들은 과거와 현재의 공포를 통합했다. 투르크족에 대한 오래된 공포와 이슬람 근본주의에 대한 현재의 불안은 완벽하게 하나가 되었다.

그래서 위기는 공산주의의 선전 전통에서도 비롯되었다. 제2차 세계대전 이후 유고슬라비아의 이데올로기였던 마르크스-레닌주의는 '단순한' 신념체계로만 그친 것이 아니며 복음주의가 그 이데올로기의 없어서는 안 될 부분인 전향적 교의이기도 했다. 이는 권력을 장악하고 유지하는 데 검증된 방법이었다. 민족주의는 밀로셰비치의 부하들이 통제력을 유지하려고 과거 오랫동안 잠재해 있던 긴장에 새로운 기운을 불어넣은 것에 불과했다. 과거에 그들이 공산주의자였다면 지금은 파시스트가 된 것이다. 이데올로기가 아니라 권력이 그들에게 중요했던 것이다. 프랑스 프로파간다 이론가 자크 엘룰(Ellul, 1973)은 이렇게 말한다. "이데올로기와 교리는 프로파간다가 개인들을 동원하기 위해 사용한 보조수단에 불과하다. 목적은 권력이다." 이는 공산주의와 민족주의의 구조적인 유사성에 의해 더욱 선동되었다. 예를 들어 둘 모두 개인주의를 약화시킨다는 점은 한 이데올로기에서 다른 이데올로기로의 대체를 상대적으로 쉽게 만들었다. 이 프로파간다 공격은 네 가지 주제로 계획되었다. 사회적·문화적 이방인인 무슬림, 강력한 이슬람 중앙집권 국가의 위협, 세르비아를 겨냥한 국제적 음모, 그리고 세르비아의 적들이 벌이는 잔학 행위이다.

세르비아 프로파간다의 첫 번째 중요한 주제는 무슬림 이웃 국가들의 이질성과 타락이었다. 죽이라는 명령은 거의 항상 충분하지 않다. 그들은 사회적인 인가를 받음으로써 도덕적인 합법성을 얻어야만 한다. 그리고 살인은 이런 타자의 수사를 통해 알리바이를 얻게 된다. 그래서 이러한 이질성에 대한 인식은 자연스러운 것이 아니라 사회적으로 구성되는 것이다. 오랜 과거의 어떤 차이에 기반을 두고 있다고는 하지만 대부분 조작해낸 것이다. 르완다의 집단학살은 투치족이 함께 산 지 800년이 되었는데도 그 이질성을 강조하는 반反투치족 라디오 방송이 몇 년간 이어진 후에 벌어졌다. 나치 독일에서도 같은 일이 벌어졌다. 살레클Salecl이 보기에 "모든 민족주의와 국가와의 동일시는 적에 대한 환상에 기반을 두고 있다. 그것은 우리 사회에 끼어들어 우리와는 다른 습관, 담론 그리고 의식들로 끊임없이 위협을 주는 이방인이라는 환상이다".

이는 보스니아에서 풍자를 통해 이루어졌다. 무슬림 뉴스 캐스터의 목소리를 침팬지가 떠드는 영상과 합치거나 세르비아 뉴스 캐스터가 우스꽝스럽게 머리를 숙이며 무슬림 매장의식에서의 말을 중얼거리는 식의 방법이 사용되었다. 하지만 무슬림으로 인한 인종적인 오염에 대한 강조는 독일 제3제국의 이미지적인 어휘에서 그대로 따온 것이다. "이슬람을 받아들인 것은 유전적으로 열성 인자를 받아들인 것이다. 그리고 지금 세대가 지남에 따라 그 형질은 더욱 심각해지고 있다." 라더반 카라드지크Radavan Karadzic에게 무슬림들은 "땅과의 유대를 잃은 도시 사람들"이었다(Zimmerman, 1995).

세르비아인들에게 중요했던 또 다른 주제는 '위대한 알바니아'의 시기 또는 이슬람 근본주의자들이 유럽의 중심으로 뻗쳐오며 보스니아, 코소보, 알바니아, 터키와 이란을 감싸오던 시기에 추진했던 비전이다. 그들은 위협을 받는 세르비아국과 세르비아 정체성의 소멸을 이야기한다. 세르비아인들은 이슬람 근본주의로부터 겨우 자신을 지켜냈던 기독교 국가들과 유럽 문명의 보호자였다. 더 나아가 세르비아인들은 서양의 수호자이고 서양은 그 사실을 깨닫기에는 너무 소심하고 근시안적이며 은혜를 모른다. 쇠플린(Schöpflin, 1997)은 그의 신화 분류에서 구제와 고통의 신화를 말한다. "국가가 그 죄를 보상하는 과정을 겪고 있거나 겪었다면 장차 스스로 세계를 구하게 될 수도 있다. 동유럽의 신화는 거의 멸종에 이를 정도로 출혈을 겪은 후에 유럽이 번성하게 될 것을 가정한다. 이러한 신화들은 무력함과 그 무력함에 대한 보상의 신화로 이해되어야 한다."

그 다음으로는 세르비아의 적들이 벌인 악행이 있었다. 세르비아 지도자들에게 이것을 믿게 만드는 것이 인종청소 프로그램에 결정적이었다. 무슬림들이 모든 세르비아 소년들에게 할례를 하고 3세 이상의 모든 남성을 죽이고 15세에서 25세 사이의 여성들을 하렘으로 보내 '친위대'를 낳게 하려는 계획을 세웠다는 증거를 찾았다고 세르비아인들은 주장했다(Zimmerman, 1995). 물론 이는 터무니없는 이야기이지만 프로파간다는 효과를 내기 위해 믿음을 부탁하지 않는다. 사람들은 그들 자신의 광신과 공포의 확대된 환상 속에서 공모자가 된다. 세르비아가 그 나라를 토막 냈는데도 코소보의 코소보해방군 KLA 활동에 대해서도 비슷한 설명이 나타났다. 자신의 죄악을 적에게 투사하는 것은 익숙한 프로파간다 기법이다(Herzstein, 1978).

짐머만(Zimmerman, 1995)은 나토의 반反세르비아 음모에 대해서도 논의한다. 데이턴 평화협정 이후 세르비아의 반나토 프로파간다는 과장을 하기에 이르렀다. 그리고 코소보 전쟁을 위한 심리적 서막이 활발하게 준비되었다. "나토는 군용 대형트럭과 탱크로 세르비아 도로 위에서 아이들과 어머니들을 공격하고 있으며, 단지 세르비아와 그 국민을 지키기 위해 전쟁에 나간 우리의 가장 우수하고 용감한 전사들을 체포하고 있다. 그들은 우리를 폭격하고 방사선 폭탄으로 독살하고 있으며 집과 다리를 파괴하고 우리를 법정으로 끌어가고 있다. 그들은 우리의 씨를 말리려 하고 있다." 짐머만에 따르면 세르비아 미디어는 결정적인 허구를 만들어냈다. 나토가 보스니아에서 저강도 핵무기를 사용했고 사람들은 방사선에 감염되었다는 것이었다. 역사적으로 이에 필적할 만한 것을 언급하지 않을 수 없다(따라서 하나의 역사적인 비교가 불가피하다). 나토 평화유지군의 영상이 독일군의 기록영상과 하나가 되었으며 텔레비전은 제2차 세계대전의 감정적인 빨치산 영화를 계속 내보냈다. 국제사회는 세르비아를 배신했다. 국제전범재판소는 세르비아를 반드시 범인으로 몰려고 하는 열렬한 일당으로 캐스팅되었다. 이러한 주제들은 수사, 신화 제작, 정보통제라는 기법들을 통해 표현되었다.

정보와 이미지의 통제는 세르비아 프로파간다 방법의 핵심이었다. 짐머만은 밀로셰비치가 내부의 비판적인 목소리를 신문용지의 가격을 조정하는 방법 등을 통해 거의 완전하게 잠재우는 것을 어떻게 오랫동안 배워왔는지를 논의한다. 밀로셰비치는 코소보에서 모든 서구 미디어의 활동을 금지함으로써 서구에서 보았다면 군사행동을 가장 자극할 만한 것, 즉 우리가 가까스로 엿볼 수 있었던 학살당한 민간인들의 이미지들을 차단했다. 서구권이 베오그라드에서 받은 이미지와 정보 역시 통제되었다. 저널리스트들은 추방될 수 있었고 전화기의 선은 절단될 수 있었으며 사진들은 검열되었다. 그렇지만 정보를 통제한 것이 자국 국민들에게 미친 영향은 실로 어마어마하다. 존 심슨 같은 저널리스트들이 보고한 바와 같이 그들 대부분은 왜 서구가 그들을 공격하는지를 이해하지 못했다. 또는 정말로 세르비아를 겨냥한 국제적인 사악한 음모가 있다고 가정했다.

또 다른 기법은 특별한 용어들을 만들어내는 것이었다. 어휘들은 세르비아의 상투적 수단이었기 때문이다. 알바니아계 사람은 모두 잠재적으로 '테러리스트' 또는 '투르크족'이 되었고 무슬림과 크로아티아인들은 '악인들'로서 우스타샤ustasha, 이슬람 우스타샤, 무자헤딘, 지하드 전사, 무슬림 극단주의자, 무슬림 무리, 우스타샤 도살자들이라 불렸다. 모든 무슬림들은 '근본주의자'가 되었다. 이렇게 명명하는 데 모순은 문제가 되지 않았다. 무슬림은 악랄한 테러리스트인 동시에 미소 짓는 무식한 농부가 될 수도 있었던 것이다(Zimmerman, 1995). 그러한 어휘는 생각의 방향을 결정짓는 말들로 어떤 상황에 대해 민감하게 해주는 개념들이다. 그런 단어와 어구는 거의 항상 가치중립적이지 않고 어떤 그림이나 이미지 또는 윤리적인 판단을 담고 있다. 우리의 상대자에게 우리가 선택한 단어를 사용하게 하는 것이 가장 성공적인 프로파간다이다. 하지만 유대인 없는 세상 Judenrein이라는 구호를 생각나게 하는 '인종청소'와 같이 세르비아를 향한 반反프로파간다로 돌아오는 경우도 있었다.

물론 신화도 빠지지 않는다. 몽고메리는 "유고슬라비아가 우리에게 가르쳐 준 것이 있다면 그것은 역사적 기억, 신화, 정체성이 얼마나 쉽게 바뀔 수 있는 가이다"라고 주장했다(Zimmerman, 1995). 신화적이고 민간전승적인 세르비아가 창조되었다. 코소보는 일종의 성지가 되었고 그 신성불가침성은 500년 이상 그 땅이 세르비아가 아니었다는 사실로도 줄어들지 않았다. 쇠플린(Schöpflin, 1997)은 영토의 신화를 말한다. 순수성이 보존되고 이방인들과 접촉하기 전 민족의 덕이 가장 잘 지켜지는 땅에 대한 그것이다. 이런 신화들은 어두운 TV 광고에서 그려지는 호전적인 용기의 이미지를 지닌 전사로서의 세르비아인과 같은 자립적 신화들과 서로 맞물린다. 더 나아가 쇠플린은 다음과 같이 주장한다.

> 코소보의 세르비아 신화는 반드시 속죄적인 요소를 담고 있다. 코소보 폴리에 Kosobo Polje의 패배가 지상의 권력 대신 하늘의 영광을 선택했다는 것으로 설명된다. 이것이 사후 합리화라는 것은 자명하다. 세르비아군이 1389년 오토만 제국군을 맞이해 패배하고 이어 세르비아가 정복당한 것을 그럴듯하게 설명한다. 그래서 오늘날 알바니아계 사람들을 과거의 적인 투르크족으로 그리는 것이다.

그는 신화는 의사소통을 힘들게 한다고 덧붙인다. "신화의 언어는 서로 다른 공동체 간의 소통이 아니라 내부적 소통을 위한 말"이기 때문이다.

살인은 매우 자연스럽지 못한 행동이다. 우리는 살인하려는 성질 같은 것을 물려받지 않는다. 우리는 설득당했기 때문에 그렇게 하는 것이다. 우리의 깊은 감정이 다른 이에게 식민화되었기 때문이다. 코소보에서 그들의 일을 끊임없이 치러내던 살인자들은 괴물이 아니라 보통 사람이었다. 그렇기에 그들의 야만은 그것을 설명해주는 역사적 상황이 없이는 이해할 수 없다. 그들은 감상적이고 자기 연민적이며 보복적이고 외국인 혐오를 담은 프로파간다에 몇 년간 집중적으로 노출되어 있었던 것이다. 발칸전쟁(1912~1913)의 경과 및 수행에 대한 국제조사위원회 보고서는 다음과 같이 밝힌다.

반복해 말하지만 우리의 보고서가 담은 처형, 암살, 익사, 방화, 학살과 잔악 행위의 긴 목록에서 진짜 범인은 발칸의 국민들이 아니다. …… 실제 범인은 여론을 호도하고 사람들의 무지를 악용해 소문을 막고 경종을 울리며 적개심을 조장한 이들이다. 자신의 이익이나 기호 때문에 전쟁이 불가피하다고 끊임없이 주장하고 그렇게 함으로써 자신들은 전쟁이 터지는 것을 막을 수가 없다고 주장한 그들이 바로 진짜 범인이다. 자신의 이익을 위해 전체의 이익을 희생시킨 그들이 바로 죄인이다. …… 그리고 그들의 나라가 무익한 갈등과 보복의 정책을 유지하게 한 이들이다(Zimmerman, 1995).

제3부 프로파간다 사례연구

독점하는 프로파간다
Privatising propaganda

단일 쟁점 복음주의의 증가

단일 쟁점 집단들은 현대 프로파간다의 중심에 있다. 그들은 사회적 현상을 자연적으로 보이도록 효과적으로 구성해왔다. 하지만 정치적인 힘으로서 단일 쟁점 집단들은 수세대 전부터 있어왔다. 하지만 20세기 중반부터 그들은 다른 어떤 형태의 정치적 행동보다 더 큰 영향력을 발휘했다. 낙태에 대한 '가치관 내전'이 그런 예이다. 그들은 소수집단들이 정부의 의제에 어떤 영향을 끼칠 수 있는가를 보여주는 증거이다. 그리고 거기에 참여하는 것은 이제 레저 시장의 일부이자 사람들의 관심을 놓고 경쟁하는 하나의 요소가 되었다. 사람들은 정당 정치에 참여하는 것보다 단일 쟁점 집단에 참여했을 때 더 정치적 영향력을 행사했다고 느낀다. 단일 쟁점 집단의 설득력은 누가 사회적으로 승자이고 패자인가를 결정하는 수준에 이른다. 어느 쪽이 파이의 더 큰 쪽을 가지고 가는지를 정하는 것(가령 어느 쪽이 연구비를 더 가지고 가는지를 정하는 것)이다. 궁극적으로 이런 성공은 독단적인 감정적 호소의 지위를 정당화한다. 단일 쟁점 집단들은 분노와 연민의 감정을 이용하는 작업을 하기 때문이다. 그리고 그들은 대중매체가 전파하지만 당파성이 뚜렷한 대중적인 내러티브를 추구하고자 프로파간다를 극단적인 형태로 사용한다.

이 장은 또 다른 형태의 사적 프로파간다인 기업의 선전에 대해서도 논의한다. 이는 회사의 공적 페르소나인 사회적·시민적 페르소나가 회사 브랜드의 정체성을 불어넣는 지금과 같은 시대에 특히 중요하기 때문이다.

단일 쟁점 집단의 역사적인 영향력

단일 쟁점 집단single-issue group*이 우리의 사회 및 정치문화에 끼치는 영향을 철저하게 고려한다면 측정할 수조차 없을 정도일 것이다. 그들은 역사의 방향을 가리켜왔으며 우리의 입법 구조는 그들의 다양한 유효성을 반영한다. 권력은 가장 선전을 잘하는 이들에게 있다. 어떤 이들은 단일 쟁점 집단이 민주주의 자체의 핵심이라고 생각하지만 다른 이들은 반反민주주의적이며 분열된 정치조직체의 후원자라고 생각한다. 그러한 집단의 선전 영향력은 오늘날 입법 경쟁의 결과에 드러난다. 밍크 모피는 영국에서 만들어지지 않고 고양이들도 생체 해부를 위한 목적으로 기르지 못한다. 이는 동물의 권리를 주장하는 단체들의 선전과 호전성의 직접적인 결과이다.

이러한 선전경쟁에 승자가 있다면 패자도 있다. 한정된 재정은 정부의 지원

---

* 비정부단체나 이익단체 등을 포함한다. 저자는 정당이나 언론과는 또 다른 이 집단들을 정의할 수 있는 특징을 '단일 쟁점'에 집중한다는 점에서 찾고 있다.

을 애타게 기다리는 수많은 사회적 문제에 불균등하게 나누어진다. 단일 쟁점 집단을 비판하는 이들은 매우 신랄하게 목소리를 높여왔다. 그들의 프로파간다가 의제들을 왜곡한다고 말했다. 더 심각한 것은 잘못된 쪽이 이긴다는 것이라고 했다. 예를 들어 동물실험을 하는 헌팅던Huntingdon 사를 포위한 동물권리 운동가들로 인해 케임브리지 대학이 영장류 실험을 위한 센터를 만드는 데 실패했다(≪타임스 고등교육 증보판Times Higher Education Supplement≫, 2003년 11월 28일자). 하지만 그러한 실험들은 새로운 의약품을 실험하기 위해 정부가 위탁한 것이었다. 그리고 동물을 통해 인간 장기를 복제하면 알츠하이머, 파킨슨병, 헌팅턴병 등의 퇴행성 질병을 치유할 수 있는 가능성을 넓힐 수 있었다.

이슈들에 대한 대중의 반향과 논리와는 큰 관련이 없다. 예를 들면 닭장에 가두어 닭을 기르는 행위는 잔인한 것으로 보일 수 있다. 하지만 이는 동물권리 운동가들의 눈에 보이는 피상적인 모습을 드러낼 뿐이다. 생체 해부되는 개들의 이미지는 비극적인 닭의 이미지보다 훨씬 더 큰 영향력을 발휘한다. 이 경우에 해당하는 개들은 몇 마리 되지 않고 닭장에 가둬진 닭들은 수없이 많은데도 그렇다. 이유는 간단하다. 개는 상처입기 쉬운 애정의 대상이지만 닭은 음식이기 때문이다. 유럽에서 유전자 조작식품에 대해 금지한 것은 단일 쟁점 집단이 의제에 미칠 수 있는 영향력을 보여주는 또 다른 예이다. 그러한 조작으로 인해 제3세계의 농부들이 더 많은 수확량을 산출할 수 있다는 식의 주장은 거의 들리지 않게 된 것이다.

대부분의 경우에 우리는 단일 쟁점 집단을 1960년대의 히피적 대항문화나 이후 그것이 변해 현대의 대의를 파는 박식한 단체들과 동일시하는 잘못을 범한다. 분명 그 시기 이후 그들이 더 효율적으로 바뀌었으며 주류 정치 활동을 대체할 만큼 중요해진 것은 사실이다. 하지만 과거 200년의 역사를 뒤돌아보면 단일 쟁점 집단들의 전신을 볼 수 있을 뿐 아니라 그들의 선전이 과거의 역사에도 새겨져 있음을 발견하게 된다. 노예폐지협회와 윌버포스는 정교한 프로파간다를 지원했다. 이를테면 올로다 에퀴아노Olaudah Equiano*의 글이나 어떻게 노예들이 화물로 배에 꽉꽉 채워지는지를 보여주는 악명 높은 이미지가 있었다. 1824년 설립된 동물학대방지협회 RSPCA부터 1884년 런던 아동학대방지협회로 설립된 현재의 아동학대방지협회 NSPCC, 남성 보통선거권과 의회의 1년 단위 개회를 요구하는 차티스트 운동에 이르기까지 19세기 영국은 영향력 있는 운동들로 가득했다. 당시는 그들이 번영하던 시기였다. 여성 참정권 운동은 전성기를 구가하던 단일 쟁점 집단이었다. 하지만 19세기의 여론 환기운동 단체들이 모두 그들처럼 좋은 유산을 남긴 것은 아니었다. 절제운동과 그 미국 여성 지부는 미국에서 금주법 통과를 지원했고 그 후 불법 집단들이 매우 강력한 조직 범죄를 저질렀다. 그들의 유산은 지금 습관성 약물 문제로 남아 있다. 이후 신페인당이 된 페니언회도 현재 우리가 그 유산을 양가적으로 평가할 수 있는 19세기의 이슈 그룹 중 하나이다.

 이러한 거대한 운동들의 유산은 역사의 지평을 흔든다. 하지만 우리는 새로운 법률 제정이라는 성취와 그러한 성과에 설득적인 프로파간다의 기능이 얼마나 영향을 끼쳤는가에 대해서는 잘 알지 못한다. 19세기 및 20세기의 운동들은 이제 매우 자연스러워져서 우리는 그 사회적 지평에서의 특징들이 원래부터 있던 것이 아니라 조직적인 그룹들의 유기적인 선동에 의해 세워졌다는 사실을 잊어버린다. 예를 들어 시오니스트들의 운동은 이스라엘 정부를 탄생시켰다. 하지만 시오니즘은 분명 조직된 단일 쟁점 집단으로서 다른 집단들처럼 프로파간다를 사용하는 단체였다. 이를테면 톰 세게브(Segev, 2000)는 제1차 세계대전이 발발하기 훨씬 전부터 과거 유대인의 부드럽고 도시적인 전형을 바꾸고자 터프한 시오니스트 남성이라는 새로운 이미지가 유포되는 것을 기술한 바 있다. 단일 쟁점 집단은 1930년대 '객인은 왕 Every Man a King' 캠페인을 벌인 휴이 롱 Huey Long 같은 카리스마적 인물들이 홀로 만들어내는 창작물일 수

---

 * 서아프리카의 작가. 노예로 팔려갔다가 자유의 몸이 되어 영국에서 노예폐지론을 주장했다.

있다. 또는 영국의 평화투표연합이 2,400만의 반전표를 얻어냈던 것처럼 아주 잠시 큰 인기를 얻고는 사라지는 그룹도 있다(Gardiner and Wenborn, 1995).

오늘날의 단일 쟁점들

우리의 관심사가 자연스럽게 집중되는 것은 바로 전후질서에 있다. 민권운동은 미국을 영원히 바꾸어놓았다. 베트남전 반대운동은 그들의 유산을 남겼다. 아파르트헤이트에 반대하는 운동은 남아프리카를 국제적으로 고립시키고 그들의 제품을 보이콧하는 데 엄청난 영향을 끼쳤다. 하지만 더플코트를 입고 알더마슨까지 행진하던 비핵화 운동 CND과 같은 자유주의적 단체들은 분명 그리 성공적이지 못했다.

우리는 현대의 선동단체들이 주로 좌파라고 잘못 생각할 수 있다. 급진주의자들의 과장법은 우파에 의해 도용되었기 때문이다. 그리고 미국 총기협회 같은 단체들은 이런 새로운 질서에서 영향력을 행사하고 있다. 이른바 '뉴라이트'는 프로파간다를 다시 창조했고 지금 시대에 맞는 기술들을 새롭게 추가했다. 미국 초기 정치 복음주의와의 관련성을 지적하려는 사람도 있을 것이다. 특히 이는 1930년대 과격한 반동주의자인 '라디오 신부' 찰스 커글린의 활동과 유사하다. 그보다 더 오래된 설득의 전통은 미국 역사 초기의 정치와 종교 간 교류에까지 거슬러 올라간다. 당시의 복음 전파와 정치 커뮤니케이션 기법들은 목사와 설교사에게 빌려온 것들이었다. 그들이 종교의 시장에서 서로 경쟁하는 사이에 그런 기술들이 발달했던 것이다(Moore, 1994).

오늘날 미국에서 '가치관 내전'이라고 불리는 현상은 기본적으로 단일 쟁점 집단에 의해 연출된다. 환경보호론자, 낙태 찬성 및 반대론자, 공립학교의 기도시간에 대한 찬반 양측 등등 다양하다. 하지만 무엇보다도 가장 새롭고 큰 활동의 밀집 현상은 반세계화 연합이다. 점점 더 몰개성화되고 동질적이며 기업적으로 되어가는 세계에 대한 본능적인 반감이라는 공통분모를 지닌 그룹들이 매우 약하게 제휴하고 있는 네트워크이다(Klein, 2001). 영국에서 비핵화 운동처럼 오래된 단체들은 로드 얼러트Road Alert나 어드밴스 파티Advance Party 같은 신생 단체와 연합하기도 했다. 심지어 골프 코스 반대 국제연대와 '마호가니 제품들을 윤리적으로 들치기하기'를 함께 조직하는 단체인 그린하우스도 있었다(Richardson, 1995).

반세계화 운동연합이 다루는 이슈에는 제3세계의 부채 지불을 거절하는 것, 환경, 유전자 조작 식품에 대한 비판, 영국에서 '내 이름은 빼Not in my name' 같은 미국의 전쟁에 반대하는 활동, 비핵화 운동 등이 포함된다. 특히 G8과 거대한 국제적 브랜드를 타깃으로 삼은 이 연합의 프로파간다가 다른 점은 그때그때 달라지는 회원들에게 정보를 알리고 대중의 항의행동으로 조직화하기 위해 정보기술을 활용한다는 것이다. 이를테면 텍스트 메시지를 통해 거의 순식간에 의사를 전파하는 것이다. 이 기술은 그 연합과 다양한 구성체에게 그 선배들은 결코 향유할 수 없었던 투명성, 유연함 및 예측 불가능성을 부여했다. 전 회원들은 이전에는 결코 가능할 수 없었던 방식으로 교육받고 조직화되며 그들의 힘은 당연히 그들의 타깃인 정부와 대기업의 공포를 불러일으킨다.

정부가 유일한 프로파간다 선동의 보편적인 대상이었던 1960년대와는 달리 지금 그들을 얼마간 대체한 것은 바로 기업들이다. '소비자운동'과 '세계화'는 비난 수사의 일부가 되었다. 아주 정확한 용어는 아니지만 그것은 이데올로기 전쟁에서 쓰이는 반향을 일으키는 수사적 브랜드이다. 전 세계 자유시장이라는 급진적인 발전 과정은 문화의 진정성을 부수며 전통적인 권위체계를 파괴하는 것으로 보인다. 이런 급진적인 변화의 구조적 형태인 다국적 기업은 거대한 힘을 지닌 도전할 상대가 없는 외계의 힘으로 보인다.

왜 단일 쟁점 집단인가?

소비자 중심주의

운동단체의 회원이 되는 것은 새로움을 찾는 좀 더 일반적인 소비자 중심주의의 한 표현일 수 있다. 그로나우(Gronow, 1997)는 소비자의 행동을 전반적으로 언급하면서 이제 소비자의 요구는 '필요의 경제'가 아니라 '욕망과 꿈의 경제' 또는 새롭고 경험해보지 못한 뭔가에 대한 갈망에 의해 결정된다고 주장했다. 리처드슨(Richardson, 1995)은 그들을 소비자 문화의 또 다른 형태로 바라본다. 단일 쟁점 집단을 기획하는 이들은 정치참여라는 시장에서 경쟁하는 것이다. 소비자 동학은 정치적 욕구, 위치 정하기 및 구분하기에 대한 지적인 확인과 함께 작동한다.

이상적인 자아

그러한 단체들의 프로파간다는 환상을 만족시키는 장場에서 활동한다. 그에 참여하는 것은 그 일에 대한 어떤 영향력을 행사하며 의제를 정한다는 느낌을 준다. 이는 일반 시민들은 보통 경험할 수 없는 것이다. 그들은 세상을 구할 수 있을 것 같은 우리의 공상을 자극한다. 그런 단체에 가입하는 것은 이러한 이상적·상징적 자아를 확인하는 방법이다. 정의를 위한 싸움에 지원하는 것이며 우리가 되고 싶고 또 다른 사람들이 그렇게 봐주길 바라는 사회적 자아를 우리 자신에게만이 아니라 더 넓은 세상에 광고하는 것이다. 이는 소비자들은 그들이 갖고자 하는 정체성을 다른 이들에게 인정받기 위해 상징을 소비한다는 주장과 일치한다. 단일 쟁점 집단들의 프로파간다는 그러한 욕구들을 이용한다.

프로파간다와 단일 쟁점 집단들 간 관계의 또 다른 한 측면은 '의미에의 의지'의 중요성이다. 이는 정신과 의사 빅터 프랭클(Frankl, 1963)이 프로이트의 '쾌락욕구 원칙'을 대체하기 위해 제시한 것이다. 의미를 향하는 의지가 꺾이면 그것이 감정과 신경증을 촉진하는 것을 체계화한 것이다. 많은 사람에게 단일 쟁점 집단에 참여하는 것은 자신의 삶에 의미를 부여하는 방식이다. 사회 평론가들은 '새로운 개인주의'를 말해왔다. 다수에 의해 사회적으로 지지받는 것들을 거부하고 어떤 특이한 개인의 정체성을 공공연히 드러내는 것이다. 그러한 개인주의는 거대담론에서 미시담론으로의 전환과 관련된다. 그리고 하위문화를 받아들이는 상징과 의식들은 정치적일 수 있다. 선전원의 색색 스티커, 배지와 수동적인 회원 자격부터 좀 더 구체적인 방식을 통해 우리는 소속을 찾는다.

쟁점 집단의 전략

전술: 창조적인 활동

사회적인 프로파간다는 제도권에 도전하는 이들의 영역으로 인식되어왔다. 이 점 때문에 사회적 프로파간다의 거친 표현과 논조 같은 특징들이 정당화되었다. 대중의 이목을 끌기 위한 기발한 전술적 장치들에는 프리미엄이 붙었고, 예를 들어 사회적 마케팅과 관련된 좀 더 풍부한 재원의 대체물이 되었다. 하지만 이러한 관점은 기껏해야 절반의 진실을 담고 있다. 그린피스 같은 일부 단체들은 부유하기 때문이다. 또 많은 단체들은 절반쯤 정치적 제도권 안에서 활동하고 있다. 또 다른 단체들은 상업 미디어를 통해 최근의 문제들에 참여하기도 하고 새로운 회원을 모집하기도 한다.

그런데도 이 거대한 PR 행위는 경비가 거의 들지 않는다. 그리고 만약 그것이 얼마간 대중의 마음을 잡는다면 상당한 효과를 내게 된다. 예를 들어 워싱턴 D. C.에서 벌어진 총기 반대 시위자들이 희생자 4만 5,000명의 신발을 저수지 옆에 줄지어 놓았다. 이는 아주 간단한 직접 행동 방식의 프로파간다이다. 희생자의 물건 중 하나를 선택해 희생자에 대한 기억을 떠올리게 하는 것이다. 그리고 이것이 단일 쟁점 집단들의 선전 방법이 다른 것과 구별되는 점이다. 공공장소에서 창의성을 발휘해 미디어라는 무대에서 이목을 끄는 장면들을 제공함으로써 대상 마켓의 반향을 이끌어내는 것이다. 동물을 인도적으로 대하는 사람들 PETA이 동원한 벌거벗은 모델 무리가 좋은 예이다. 이보다 더 냉소적인 형태의 장치들(≪선데이 텔레그래프≫, 1996년 11월 10일자) 중에는 극우정당인 프랑스 국민전선이 빈민 무료 급식소를 세운 것이 포함된다. 창의성은 필수적이다. 같은 형식을 반복하면 정치적 소비자들이 관심을 거두기 때문이다. 공산주의자들의 선전이 실패한 이유 중 하나는 그 스타일이 빈사 상태가 되었다는 데에 있다. 자다노프Zhadanov 명령의 시행 이후 인간 성격에 대한 한 가지 유형의 표현만이 허락된 것이다(Perris, 1985).

프로파간다 창조정신의 예는 무수하다. 예를 들어 1984년 두 명의 사회 혁명가들은 맥도날드를 공격하는 팸플릿을 만들었다. 그 팸플릿 각 장의 제목을 "맥 쓰레기", "맥 암", "맥 살인", "맥 사기", "맥 고문"으로 달았다. 그들은 맥도날드가 저임금을 주며 직원들을 부리는 것, 우림을 파괴하는 것, 동물을 학대하는 것, 아이들을 망치고 제3세계를 이용하는 것 등을 비난했다. ≪이코노미스트≫ (1995년 2월 25일자)가 논평했듯이 그 결과로 발생한 법정싸움의 효과는 70개국의 맥도날드 소비자 중 가장 충성스러운 고객조차 떨어져 나가게 할 혐의들을 공공연히 알리게 된 것이었다.

전술: 비디오 테크놀로지

1990년대 중반은 이슈를 옹호하는 이들이 실제로 선거로 이동한 시점이다. 그리고 정당뿐 아니라 후보 및 정부를 포함한 모든 형태의 운동가들은 이제는 상업 TV 광고를 통해 선거를 장악했다. 폴 뉴먼Paul Newman은 최근의 총기사고에 대해 30초짜리 가차 없는 TV 메시지를 내보냈다. 신문기사를 읽고 그는 이렇게 말했다. "14살 된 마틸다 크랩트리가 옷장에서 뛰쳐나와 엄마아빠를 놀래려고 '우앗' 하고 소리를 질렀다." 그는 잠시 숨을 고르고는 이렇게 덧붙인다. "그리고 마틸다는 그녀를 도둑이라고 오인한 아버지가 쏜 총탄에 죽었다. 당신의 집에 총을 들여놓기 전에 이 일을 숙고해보라"(≪선데이 타임스≫, 1995년 11월 5일자). 당파성이 드러나는 비디오는 유료 광고만큼이나 TV의 중요한 프로파간다 출처이다. 한 예는 그리스 공설도살장에 대한 영상이다. 비디오에는 양, 염소, 돼지들을 기절시키지 않고 곧바로 목을 자르는 장면이 담겼다. 그리고 영국 농무부 장관 윌리엄 월드그레이브William Waldegrave가 비디오를 보고 영상들이 "진정으로 소름끼치는" 것이라고 말한다(≪선데이 텔레그래프≫, 1995년 2월 8일자). 동물들을 죽이는 것 – 이번에는 소를 적법하게 죽이는 것 – 은 프리츠 히플러Fritz Hippler의 『영원불멸의 유대인The Eternal Jew』(1941)에서 핵심적인 기표로 사용되었다(Herzstein, 1978).

미디어는 사회적 선전원들이 대의를 가장 잘 표현하면서도 비용은 가장 줄일 수 있도록 자체 생산한 명백한 이미지들을 열심히 중계한다. 아주 간단한 기술도 치명적인 선전 효과를 가져올 수 있다. 카세트 테이프 또한 잠재적으로 영향력 있는 프로파간다 통로이다. 비밀 단체의 수많은 사람들이 함께 들을 수 있기에 사우디아라비아 같은 곳에서 반정부적 선동행위를 부추기는 데 사용될 수 있다.

그러한 복음 전파적 단체들의 선전 기술들은 인간의 상상력에 의해서만 제한된다. 하지만 그들 중 거의 모든 것이 어떤 방식으로든 선명한 감정적인 호소의 힘을 이용하려고 한다. 그리고 정밀하다거나 증거에 근거한 주장을 제공하지 않는 경우도 많다. 예를 들면 낙태 반대를 다룬 유명한 두 영화인 〈이성의 일식Eclipse of Reason〉과 〈침묵의 절규The Silent Scream〉는 모두 전향자의 고백이라는 오래된 장치를 사용한다. 그것은 예를 들면 전형적인 주부가 자신이 왜 한 브랜드에서 다른 경쟁사의 제품으로 바꾸었는지를 이야기하는 식으로 나타난다. 마음을 바꾼 이의 이야기는 이전의 입장에 대한 사회적 유대를 해명할 뿐 아니라 동시에 전적으로 그를 대체할 정도로 강력하기 때문에 깊은 인상을 남긴다. 이 영화들에서의 전향자는 역사적인 1973년 미국 연방대법원 로 대對 웨이드 소송에서 제인 로Jane Roe인 노마 맥코비Norma McCorvey[*]이다. 이곳에서 그녀는 여성의 임신 중절이 헌법이 보장하는 권리가 되는 데 공헌했다.

타깃

선전원에게는 분명한 타깃이 있다. 최소한 의도적으로 기획된 선전은 특정 그룹을 상정해놓고 있다. 어떤 프로파간다도 구별되지 않는 애매모호한 대중을 겨냥해서는 성공할 수 없기 때문이다. 프로파간다는 모두를 설득하려는 생각을 버리고 특정 집단을 겨냥했을 때 가장 성공적이다. 영국의 학교들이 한 예이다. 영국수렵협회, 잔인한 스포츠 반대 연맹, 동물 구원Animal Aid, 연구방어회Research Defence Society**와 채식주의 협회가 그들을 타깃으로 삼는다. "교실은 전장이 될 것이다. 지식은 교사보다는 친구에 의해 더 효과적으로 전달되기 때문이다"(≪데일리 텔레그래프≫, 1994년 9월 11일자).

또 다른 프로파간다 대상은 그 운동의 핵심 구성원 자신이다. 많은 프로파간다가 선전원들에 의해 만들어지고 또 그들을 위해 사용된다. 그 목적은 단지 그들의 믿음을 강화하는 것일 수도 있다. 이제 막 전향한 이들에게 좀 더 강력한 호소를 하는 것이다. 소수를 강화하는 것이 그 목적이기 때문이다. 소수가 불평을 지닌 정치적인 장에서 사회적 프로파간다가 작동하기 때문에 그것은 주요 가치관에 대해서는 공격적일 수 있다. 이는 오늘날처럼 서구 문화가 하위문화들로 가득 차서 다양한 믿음과 행동 체계가 공존하는 상황에서 특히 그렇다. 그 하위문화들은 그들의 생활 스타일을 스스로 정당화하고자 하며 그 문화의 구성원들은 자신의 문화만이 삶에 대한 진실을 담고 있으며 어떻게 살아야 하는지를 말해준다고 믿도록 가르침을 받는다(O'Shaughnessy, 1995). 주목을 받는 것만이 유일한 목적일 경우에는 누군가가 무시되어도 문제되지 않는다. 테러리즘의 경우가 그렇다. 그런 프로파간다가 호소하는 타깃은 좀 더 많은 이보다는 소수의 열렬한 지지자들이다. 이 점을 알아야만 때때로 사용되는 전략들을 이해할 수 있다.

---

* 그녀는 이후 낙태 지지를 철회했다. '제인 로'는 그녀가 법정에서 사용한 이름이었다.
** 동물의학시험에 관한 정보를 널리 알리는 등의 활동을 하는 로비단체.

단일 쟁점에 대해 열렬히 전파하는 사람들은 많은 경우에 그 그룹에 속한 이들에게 호소한다. 그리고 이는 다이렉트 메일과 같은 정밀 마케팅 기술들로 인해 훨씬 용이해졌다. 그들은 그 그룹 구성원들에게 타협 없는 집요한 언어로 말을 한다. 그리고 그 구성원들도 그들에게 귀를 기울인다. 열렬 지지자들을 위한 프로파간다는 그런 이들에게만 통하고 새로이 전향한 이들에게는 통하지 않을 수도 있다. 만약 특정 상황의 전체적 관점 또는 심리적 패러다임에 성공적으로 이의를 제기할 수 있다면 간접적인 설득 방법들이 필수적이다. 직접적인 접근법은 의례 저항이나 반대주장과 마주치기 때문이다. 단일 쟁점 프로파간다는 직접적인 접근법의 전형이라고 말할 수도 있다. 그래서 때때로 그 결과가 역효과를 낳기도 한다. 예를 들면 직접 행동 선전은 대중을 설득하려는 용어로 설명하기에는 어렵다. 위협적인 전략들을 사용할 수 있기 때문이다. 하지만 직접 행동가들에게 관심을 보이는 이들은 매우 적어 나머지 사람들은 관련이 없을 수 있다. 그래서 미국의 낙태 반대 단체 오퍼레이션 레스큐Operation Rescue는 타깃으로 삼은 낙태시술 병원에 파업 지원요원들을 보낸다. 약한 고리로 파악된 의사들을 알고 있기 때문이다(≪인디펜던트≫, 1993년 12월 9일자).

공포 전술

그린피스 같은 조직 및 다른 많은 급진적인 조직들은 그들의 직접 행동 프로파간다를 통해 대중의 관심을 끌려고 한다. 하지만 그들의 타깃은 보통 숙고 과정을 거쳐 결정되고 지목된다. 그리고 행동은 매우 극적인 스타일로 수행된다. 보통 상해를 입히려는 의도는 없다. 실제로 그런 많은 단체들은 평화적 이데올로기를 표방한다. 하지만 당국이 어떤 우발적인 잔인한 행위를 하도록 자극하려는 의도를 지닌 경우도 있다. 예를 들면 '영국 지구의 친구들'은 국가의 정책 결정자들인 엘리트들과의 관계가 악화되었다.

하지만 어떤 단체들은 그 이상까지 나아간다. 낙태 전쟁은 특히나 격렬했다. 한 번은 시위자들이 병리학 연구실에서 낙태된 태아 4,000구를 훔쳐 그 어머니들의 이름을 공개하겠다고 위협했다(≪인디펜던트≫, 1993년 12월 9일자). '수배' 포스터들은 의사의 이름과 주소를 포함하고 있었다. 또 다른 예는 텍사스에서 있었던 일로 이곳 민병대들이 텍사스는 주권국이라고 주장한 것이다. 그리고 그들은 텍사스의 법원과 은행체계를 고사하려고 가짜 재산청구권과 부도수표를 흘려보내는 지난 십 년간의 문서 테러리즘에 대항하고 있다고 했다(≪더 타임스≫, 1997년 2월 22일자). 이는 아주 작은 압력단체가 얼마나 큰 혼란을 가져올 수 있는지를 보여준다. 여기에서는 합법적인 기관들을 이용해 정부 권위를 명백하게 거부하는 방법이 사용되었다. 피터 태첼Peter Tatchell의 분노Outrage 라는 단체가 블랙메일을 뿌린 것이 그에 해당하는 더 극적인 예이다. 그들은 유명인사에게 동성애 사실을 밝히라고 조직적으로 요구했기 때문이다.

'분노' 같은 단체들도 사실은 긴 연속선상의 한 부분에 불과하다. 전통적인 선전원으로 시작한 단체들도 주류에게 분명히 거부당하는 테러리스트들의 악폐를 지닐 수 있다. 낙태 반대 활동가들이 의사 데이비드 건David Gunn(≪인디펜던트≫, 1993년 12월 9일자)과 존 브리턴John Britton(1994) 및 바넷 슬레피언 Barnett Slepian(1998)을 살해한 예가 그렇다. 그래서 프로파간다는 인류에게 알려진 가장 범죄적 형태의 살인적 허무주의가 될 수도 있다. 그러한 폭력의 목적은 다양하다. 관심을 끌고, 위협을 가하고, 상기하고 소모하며 특히 선동하려는 것이다. 그런 목적을 달성하는 것은 이러한 형태를 띤 프로파간다의 영향력을 증명한다. 그러므로 가장 극단에 가면 프로파간다는 테러리즘이고 테러리즘은 프로파간다 활동의 한 형태이다.

정치적 영역에서 자살은 가장 인상적인 형태의 프로파간다 중 하나이다. 순교는 역사적으로 한 국가 안에서 결속을 다지고 거대한 종교의 신봉자들을 결집하는 데 도움을 주었다. 하지만 단식과 같이 전적으로 스스로 기획한 순교는 20세기의 역사적 중요한 갈림길에서 눈에 띄는 영향력을 발휘해왔다. 그러한 행동은 다른 이들에게 경외감을 주며 그 대의를 고귀하게 만든다. 그를 따르는 이들에게는 역할모델을 부여한다. 적은 그러한 단호한 결단에 의해 무기력해진다. 그 사실은 순교에 앞선 사건이며 순교의 약속을 담고 있다. 이는 간디가 영국에 대항한 선전 캠페인에서 많이 사용했고 아일랜드 민족주의자들이 영국과의 중요한 갈등 국면에서 곧잘 사용하기도 했다. 1920년에는 테렌스 맥스위니Terence MacSwiney, 1981년에는 다른 9명의 단식순교자들을 뒤따른 바비 샌즈Bobby Sands가 있었다. 순교는 숭배 대상을 만들어낸다(케빈 배리Kevin Barry, 호르스트 베셀, 스티브 비코Steve Biko).

단일 쟁점 집단 프로파간다의 영향력

압력단체들은 현대의 입법의제를 만들어내고 선전하는 이들이다. 환경보호 같은 많은 운동들은 정당이 아닌 단일 쟁점 집단들에서 나온 이슈들이다. 하지만 결국 그런 방식으로 정당의 의제가 되기도 했다.

여론과 동떨어진 경우에도 프로파간다와 직접 행동이 효과를 낼 수 있는가? 법률은 강력하게도 약하게도 집행될 수 있기에 법적 권리는 효과적으로 교섭될 수 있다. 그리고 지지여론의 양뿐 아니라 그 강렬함에 의해 좌우될 수도 있다. 그래서 병원과 의사만을 타깃으로 삼은 캠페인이 효과를 내는 것으로 보일 수 있다. 그리고 낙태시술자 국내연합National Coalition of Abortion Providers은 의사들을 괴롭히는 것이 수술을 하는 데 심각한 악영향을 주며 이는 특히 남부 및 서부의 농촌 지역에서 심각하다고 주장했다(《인디펜던트》, 1993년 12월 9일자). 낙태시술을 배우는 의대 학생들이 점점 줄고 있다. 오직 13퍼센트의 미국인만이 낙태는 법으로 금해야 한다고 믿고 있으며 여론은 중절 합법화를 지지하는 것이다. 하지만 합법화 지지자들은 그 권리에 대해 열렬히 주장하지는 않는다. 민주주의 체제에서 의제는 대중적 견해의 양보다는 집중도에 의해 더 영향을 받는 경우가 많다.

"착한 이들은 신념이 부족하고 악한 자들은 강렬한 열정으로 가득 차 있다." 예이츠의 이 말은 프로파간다를 묘사하는 것이 될 수 있다. 그리고 이런 프로파간다를 통해 열렬한 지지자들의 집중력이 형성되고 통제되며 또 유지된다. 미국에서 적당한 예는 마땅히 공포의 대상인 미국 총기협회이다. 한 번은 재선을 해야 하는 상원의원이 경찰 보호구를 뚫을 수 있는 불법적인 총알 생산을 허용하는 법안을 중지시키려고 했다. 그는 상원이 "중요하지 않은 시간 벌기식 개정들을 하고 있다"라고 비난했다. 하지만 그 총알에 대한 금지는 "총 로비에 대항한 6년간의 끈질긴 투쟁" 끝에 성사할 수 있었다(《뉴욕 타임스》, 1976년 12월 27일자). 쟁점 집단들에 의한 또 다른 괴롭힘의 예는 사우스다코다 주에서 시행된 선거 중에 있었다. 레바논 혈통의 상원의원 제임스 압드노James Abdnor는 이스라엘뿐 아니라 모든 외국에 대한 원조를 반대해왔다. 그런데 그에 대항하기 위해 대부분 미국 이외 지역에서 모인 기금이 9만 달러에 이르렀다. 한 하원의원의 편지는 "이단 심문, 유대인 대학살, 반유대주의"라 비난하며 압드노의 라이벌을 후원하는 기금에 참여를 호소했다. 그 편지는 급진우파의 사우스다코다 '소환장', 나라 안의 '완고함과 적의'를 비난했으며 압드노 상원의원이 이스라엘에 원조를 보내는 안건에 반대표를 던진 것을 공격했다(Binyon, 1986). 인구가 적은 사우스다코다에서 텔레비전 광고는 결정적인 영향력을 지닌다. 그래서 광고 대금을 지불할 펀드를 모금한다. 압드노는 자신은 반유대주의자가 아니라는 것을 확신시키고자 이스라엘을 방문했다. 그런데도 그는 패배했다. 친이스라엘 단체들은 상원 외교위원회의 의장인 찰스 퍼시Charles Percy도 선거에서 패배하게 했다.

하지만 프로파간다에 중점을 둔 접근법은 역효과를 낼 수도 있다. 실제로 의사결정권을 가진 이들은 프로파간다가 단순히 감정적인 자기만족이 될 때 그 전략에 대립할 수 있다. 예를 들어 영국에서 광고 형식에 맞출 수 있는 프로파간다는 어느 수준의 진실성을 지니고 있어야 한다. 채식협회의 광고에서 고기는 심장병 및 암 발병률 증가에 관련이 있다는 연구 결과가 존재한다고 주장했을 때 당국에서는 그러한 인과관계가 없다고 반박했다. 또 다른 광고에서는 고기 관절 부위의 그림을 "분명 이는 관절이라 불린다. 이는 고기에서 유해한 부위 중 일부에 불과하다"라는 말과 함께 내보냈다. 광고표준국Advertising Standards Authority은 협회가 "부정확하고 감정적인" 언어를 사용하고 있다고 비난했다.

기업 프로파간다

위기의 산업들

　기업의 선전 또는 보통 PR은 버림받은 기업 또는 위기에 처한 회사들이 하는 것으로 인식되어왔다. 이는 거대 담배회사나 오염물질 배출로 악명 높은 회사들을 포함한다. 또는 알래스카에서 엑슨발데스호의 기름유출 사고를 낸 모빌Mobil 사나 인도 보팔Bhopal에서 가스 사고를 낸 유니언 카바이드Union Carbide 사와 같이 극단적인 위기에 처한 조직도 이에 포함된다. 이러한 경우에 위기는 정치적 위기와 유사하며 같은 종류의 선전 전문 기술을 필요로 한다. 대개 진실을 말하는 것이 가장 나은 방책이 된다. 타이레놀이 독극물 주입사건 이후에 그 제품을 판매 중지했던 것이나 페리에가 위생불안이 제기되고 나서 한동안 생수를 회수했던 것이 이에 해당된다. 그러한 접근법은 평판이 나쁜 과거를 지닌 회사들이 자주 쓰는 방법이다. "TV 캠페인은 감상적인 대학 졸업생들이 다우 케미컬Dow Chemical ― 미국 종합 화학업체 ― 의 직원으로서 세계를 구하겠다고 나서는 모습을 보여준다. 그 목적은 베트남전 당시 다우가 네이팜탄과 고엽제를 생산한 것과 관련된 나쁜 이미지를 바꾸려는 것이다"(O'Shaughnessy, 1995). 하지만 어떤 산업들은 그들이 영원히 인기를 잃어버렸다는 것을 알게 된다. 그리고 그러한 그룹에 담배 산업뿐 아니라 페트롤륨, 제약회사, 패스트푸드 산업, 이제는 많은 월스트리트 및 금융 산업도 포함된다.
　프로파간다는 그러한 따돌림을 당하게 된 산업들이 반격하는 매체이다. 예를 들면 담배회사들은 니코틴 중독자들을 세상에 늘리는 것이 목적이 아니라 선택의 자유를 옹호한다는 논리로 합리화한다. 점점 더 법이 강제적으로 변해 이제 남은 대항 방식은 프로파간다뿐이기 때문이다. 새롭게 비난의 대상이 된 회사들도 있다. 제약 산업은 모두 에이즈 및 약물 가격과 관련해 제3세계의 곤경을 무시하고 있다는 비판을 받는다. 나이키와 갭GAP 같은 상징적이며 경우에 따라서는 이상적 수준의 브랜드를 만드는 회사들은 제3세계의 노동력을 착취한다는 비난을 받는다. 그러한 비난은 브랜드에 착 달라붙는다. 이는 전통적이고 심지어 거의 대물림되는 것이어서 가령 인기 만화 시리즈인 〈심슨 가족〉 등에서 그려지는 대기업의 추한 모습이라는 대중적인 고정관념과 하나가 된다. 특정 기업들에 대한 고발은 그 자체로 하나의 전통이 되었다. 스위스 기업 네슬레가 가난한 나라들에 분유를 수출하는 과정에서 겪은 문제 등이 그렇다. 이런 반기업 프로파간다는 지금 그 어느 때보다도 더 큰 영향력을 행사하고 있다. 기업의 가장 가까운 우방인 브랜드의 힘과 편재성이 의도와는 다른 방향으로 작동하기 때문이다. 사람들은 자신이 공공연하게 선호하던 브랜드가 광고하던 모습과는 다르다는 것을 알았을 때 배신감을 느낀다.

그래서 회사들에 프로파간다가 필요하다. 독점이라는 비난을 오래도록 받아온 마이크로소프트 같은 회사는 PR이라는 무기력한 진통제를 쓰기보다는 프로파간다에 대한 매뉴얼을 습득할 수도 있다. 프로파간다라는 접근법을 받아들인 회사로는 맥도날드가 있다. 그들이 선전하는 새로운 이미지는 방목해 키운 닭들이 낳은 달걀로 가득 찬 바구니의 모습이다.

닭과 달걀 중에 무엇이 먼저인가? 우리는 닭이라고 생각한다. 맥도날드에서는 우리 닭들의 건강이 언제나 우선이다. 그리고 이것이 의미하는 것은 당신이 즐기는 우리의 아침 메뉴에 오직 방목생산 달걀만 들어 있다고 믿어도 된다는 것이다. 좋은 달걀에 대해 말하자면 우리는 최근 영국 방목생산 달걀 생산자 협회로부터 좋은 달걀상을 받았는데 이는 동물 복지에 대한 우리의 기여를 인정해준 것이다.

또한 우리의 모든 제품은 사자 마크가 찍혀 있어 식품의 질을 보장한다. 이 마크는 닭에 대해 그랬던 것처럼 맥도날드에서는 고객이 무엇보다 항상 우선하다는 것을 보여줄 것이다.

카리스마적 기업

하지만 어떤 회사나 기업인들은 정치적인 말썽이 생기고 난 뒤에야 프로파간다를 사용하지 않는다. 이 카리스마적 단체들은 오히려 과장된 표현을 통해 적극적인 공세를 펼친다. 버진Virgin 사의 리처드 브랜슨Richard Branson이나 바디샵Body Shop의 아니타 로딕Anita Roddick은 그들의 회사를 의인화하고 어떤 특성으로 압축 포장한다. 카리스마는 회사 정체성의 핵심이 될 수 있고 유동적인 지분을 구성할 수 있다. 버진 브랜드가 기록과 항공편에 대해 중점적으로 다루기를 그만두고 특정 활동에 대해서가 아니라 특정 접근을 광고하는 것이 그 예이다. 회사의 창업과는 관련되지 않았으며 단지 회사의 일부로 살아가는 평이사들도 크라이슬러 사의 리 아이오카카Lee Iocacca처럼 카리스마를 품을 수 있다. 그는 공장을 걸어다니며 노동자들과 대화하는 자신을 담은 텔레비전 광고 시리즈를 통해 회사의 신용을 다시 세우고자 노력했던 것이다. 물론 카리스마가 유해할 수도 있다. 스타 이미지를 만들어 투자자들의 신뢰를 얻었던 엔론 사의 켄 레이Ken Lay나 세상의 주목을 받았던 벤처기업 창업자들이 보여준 것이 결국 모두 쇼에 불과했던 것이 그 예이다.

노골적인 프로파간다

더 나아가 대기업의 정치적 취약함이 커지며 특히 특정 산업에서는 그 정도가 심해 정치적인 선전으로 기만하려는 유혹이 상당히 커진다. 다음의 예는 가상이지만 충분히 발생할 수 있다. 미국에서 '아동보호위원회'가 정부를 비판하는 광고를 한다. 하지만 이 '위원회'는 사실 주요 환경오염 기업들의 치부가리 개이다(Johnson, 2001). 그리고 캘리포니아인들은 여론을 호도하는 정치적 광고에 속아 탄원서에 서명하게 된다. 하지만 이것을 기획한 것은 거대 담배회사이다(Ansolabhere and Iyengar, 1995). 당파적 색이 강한 단체들이 무역협정과 의료보험 같은 주요 입법의제에 대해 점점 더 많은 광고를 하는 주체가 된다. 모든 산업이 각자의 지위를 방어하기 위해 선전이라는 접근법에 기대고 있다. 미국의 전 보건부 장관 리처드 슈웨이커Richard Shweiker가 보험 산업을 옹호하는 캠페인을 하기 위해 500만 달러를 쏟아 부어 텔레비전 광고를 하고 의회에 미리 인쇄된 700만 장의 광고자료를 보낸 사례가 있다.

브랜드 프로파간다

이제 회사는 자사의 제품과 따로 떨어진 생산자가 아니다. 특히 제품이 주는 이점이 비슷해진 상황에서는 더욱 그렇다. 상품 판매를 위한 필수적인 차별화를 위해 회사들은 그들만의 개성을 만들어야만 한다. 프로파간다가 기업계와 가장 명백한 관계를 맺는 것은 바로 브랜드 명명 때문이다. 오늘날 회사는 단순히 생산자에 그치지 않는다. 친숙한 얼굴을 하고 권위적으로 가치를 정하는 철인왕이다. 브랜드와의 결합을 통해 기업은 신뢰, 우정과 커뮤니티를 제공한다. 갭과 나이키처럼 기업이 이를 거부하는 것으로 드러날 때 소비자들의 분노가 그 결과로 돌아온다. 브랜드는 제휴를 청하는 것이며 연대의 공적인 표현으로의 초대이다. 기업들은 소비자들이 스스로 그 기업의 걸어 다니는 광고판이 되게 할 수 있다. 그러한 소비자들에게 브랜드는 신뢰를 보이는 행위이며 그래서 기업은 그들을 배신해서는 안 된다. 따라서 그들이 믿는 공공연한 정체성을 손상해서도 안 되는 것이다. 브랜드를 정하는 기업들은 정체성을 정하는 이들이다. 하지만 그들은 이런 행위의 중요성을 완전히 이해하지 못하고 있다. 또한 기업의 특정 활동 또는 그 활동의 폭로에 의해 소비자들이 배신을 당했다고 느껴 회사와의 인연을 끊는 이유도 이해하지 못한다.

브랜드는 정체성을 전달한다. 그것은 가치관, 사회적 스타일 그리고 소망하는 사회적 공동체를 가리킨다. 우리가 지지하는 것 또는 거부하는 것을 드러낸다. 상품은 사회적인 표출의 형태이며 사회적인 가시성을 부여한다. 우리가 마시는 음료조차 사회적이며 따라서 개성을 드러낸다. 상품의 표현적인 의미는 오늘날 매우 중요하다. 그리고 바로 이 점 때문에 기업들은 자신들이 원하든 원하지 않든지 간에 프로파간다 게임 속에 이미 들어와 있다. 상품들이 정체성을 정의 내리기 때문에 정치적인 요소를 내재한다고 볼 수 있다. 사람들은 공유된 의미와 브랜드 공동체를 통해 소속감을 찾는다. 브랜드가 소속 그룹의 표현으로서 우리를 다른 이들과 연결하고 분리하며 또 비교한다. 브랜드가 친구가 된다. 그리고 바로 친구들이 그러한 것처럼 그 친밀함은 우리의 삶을 구성하는 하나의 방법이 된다. '외국'의 낯설음은 얼마간 친숙한 브랜드가 없다는 점에 기인한다.

브랜드는 프로파간다이다. 브랜드는 보통 젊음과 에너지 따위의 사회적인 생각이나 감정을 상징하는 데 쓰이기 때문이다. 브랜드는 응축된 의미이다. 위대한 브랜드는 반향을 일으키며 암시적 의미들로 가득 차 있다. 브랜드의 함축적 세계에서 의미는 그 광고에 의해 창조되고 전통과 이미지 지분에 의해 울림을 갖게 된다.

프로파간다와 광고: 선택적인 가치 옹호

광고는 공평해야 한다거나 사회적인 대표로서 공정해야 할 의무를 지니고 있지 않다. 그들은 다양한 방법으로 상품을 둘러싼 착각, 이미지 및 환상을 구성하는 데 집중한다. 그리고 그러한 투사들은 결코 가치중립적이지 않다. 광고의 사회적인 정보 전달의 가치체계에서 생략되는 것은 그들이 남겨두는 것만큼 중요하다. 프로파간다를 광고라는 맥락에서 논의하는 것은 정당하다. 상품을 옹호하기 위한 가치들은 가치 자체로도 전달되기 때문이다. 그리고 그 가치들이 상품에 대한 어필에 항상 부수적으로 따라가는 것만도 아니다. 폴레이(Pollay, 1986)가 보기에 광고는 "특정 가치들과 라이프스타일만을 반영한다"라는 점에서 '왜곡된' 반영이며 "일부 가치들을 강조해 그들을 강화하거나 영향권을 넓히는" 기회를 제공하는 '왜곡하는' 거울이다. 셔드슨(Schudson, 1982)은 이렇게 말한다. "미국의 광고는 사회주의 리얼리즘 아트가 그러했듯 단순화하고 전형화한다. 그것은 현실을 있는 그대로 그리지 않고 있어야 할 모습으로 그리는 것이다. …… 그것은 현실을 있는 그대로 그리지 않지만 완전히 허구적인 세계를 만들지도 않는다. 대신 그 자신의 다면체적 현실 한 면에 존재한다. 이러한 얼굴을 나는 자본주의 리얼리즘이라 부르겠다."

소비자들이 항상 상품의 기능만을 보고 구매하는 것은 아니다. 그 광고가 만들어낸 멋진 삶의 비전이나 환상을 이룰 수 있을 것 같은 가능성 때문에 사기도 한다. 이러한 행위를 통해 실체가 없는 자기기만에 공모자가 되는 것이다. 예를 들어 말보로는 담배는 건강이라는 암시적인 메시지를 전달하고 있다. 광고업계에서 내려오는 가르침에 따르면 "광고는 사람들이 어떻게 행동하는가를 투영하는 거울이 아니라 사람들이 어떻게 꿈꾸는가를 비추는 거울이다"라고 한다. 충분히 발달하고 안정된 시장에서 상품의 기술적 기능 등의 이점들은 거의 같은 수준에 도달한다. 이때 선전을 고려하는 것은 이미지가 거의 유일한 차별화의 바탕이 되기 때문이다. 그리고 이미지 투영은 가치의 전달과 밀접한 관계를 지니고 있다. 만약에 '광고가 브랜드에 의미를 부여한다'면 그 의미의 일부는 사회적인 것이 된다. 상품들은 그 자체로 사회적·정치적 의사표출의 한 형태이기 때문이다.

광고는 상품의 판매라는 문제와는 독립적인 사회적인 결과를 낳는다. "광고의 유효성은 시장에서 일종의 속임수를 통해 소비자의 요구를 조정하는 능력뿐 아니라 대량생산·소비의 이데올로기, 그리고 특정한 삶의 방식을 전파하는 데 얼마만큼 성공하는가를 통해서도 정의해야 한다"(Albritton, 1978). 특정 가치에 대한 태도가 상품에 대한 호소에 내재적이기 때문에 고유한 사회적 주장으로서 충분히 프로파간다로 불릴 수 있는 가능성을 높인다. 예를 들어 스턴(Stern, 1988)은 "미국의 문화적인 신화들을 통해 어떻게 핵심에 있는 이야기들이 표면적이고 현재적인 이야기들에 틀을 짜는지"를 설명해냈다. 그녀는 젊고 성실한 아웃사이더가 성공해가는 호라티오 앨거Horatio Alger의 이야기를 버드와이저 광고가 어떻게 사용했는지를 설명했다. 폴란드 이름의 그 목수는 일을 마친 후 동료들과 함께 술을 마시며 그 무리의 하나가 된다. 이는 상징적으로 동료들에게 받아들여지는 것이며 또한 미국인이 되는 것이기도 하다. 레블론Revlon의 향수 '찰리' 출시를 선전하는 원래 광고들은 일반적으로 상당히 수수한 향수의 성공이라는 평을 듣지만 그들은 당시 기준에도 매우 급진적인 수준의 페미니스트 가치를 숨김없이 지지해 성공을 거두었다는 점이 중요하다. 광고는 규범에 대한 기업의 찬사이다. 그리고 이러한 정당화의 역할이 가치관 전쟁에서 중요하다. 광고는 일반인의 거부감을 없애기 때문이다. 급진적인 미디어에서 위협적으로 나타날 수 있는 요소들을 중화하는 것이다.

정당 프로파간다
Party propaganda

정치적인 부정성을 다룬 이 장에서는 프로파간다의 적이라는 주제를 재확인한다. 오늘날 미국의 30초와 15초짜리 광고폭탄들은 비방의 정치 선전문화를 구체화한다. 정치 광고는 독립적인 정치적 결과들을 내놓는 실제적인 정치적 사건이다. 경우에 따라서는 그 결과가 역사적으로도 중요하다. '데이지' 또는 악명 높은 윌리 호튼의 광고가 그 예이다. 이 장에서 충분히 논의되겠지만 이런 악의적 선전도 실패할 수 있다. 말하자면 위험부담이 높은 만큼 보상이 큰 선전 방식인 것이다. 이러한 악성 비난들은 어느새 표준이 된 것 같다. 윤리적이고 민주주의 절차상의 중요한 결과가 미국에서 많은 이들이 투표에 불참하는 것으로 나타나고 있다. 하지만 이런 현상에 대해 전적으로 설득력이 있지는 않더라도 이치에 맞는 윤리적인 변호가 등장하고 있다.

머리말: 온화함과 부정성

　영화, 광고산업, 저널리즘 모두는 개념적인 문제를 지니고 있으며 선전으로서의 지위에 의심을 제기할 수 있다. 정치 캠페인과 정치 광고는 그렇지 않다. 그들은 위선이 하나의 특징이기 때문이다. 보편적으로 이해되는 규칙에 따라 뻔한 속임수라는 요소를 지닌 채 진행되는 게임인 것이다. 특히 미국에서 정당 정치 선전은 우리가 보통 프로파간다에 부여하는 두 가지 특징들을 보여준다. 즉, 적을 만드는 것과 표리부동성이다. 만약 우리가 반대되는 것에 대한 인식을 통해 우리 자신을 정의 내릴 수 있다면 세상은 이항대립을 통해 이해된다. 정치 프로파간다에 대한 감정적인 자산은 항상 실재적인 것이다. 정치는 가치관의 확인과 매우 밀접하게 관련되기 때문이다. 그래서 정치적 이슈는 단순히 거래할 상품일 뿐 아니라 진동하는 가치 상징으로서 개인의 깊은 자아인식과 연결된다.

　미국의 정치적 과정이 프로파간다화된 것은 부분적으로 주류 언론의 변화 또는 흔히 "누구나 이해하기 쉽게 만들기"라고 묘사되는 현상에 기인한다. 데니스 존슨(Johnson, 1997)은 이렇게 묘사한다. "정치에 대한 전통적인 정보출처인 공영 TV 뉴스, 신문 및 주간 시사 잡지들은 시청자와 독자를 잃고 시장 점유율도 떨어지며 압도적인 영향력도 상실하고 있다. …… 미국 전역에서 지역 뉴스 형식은 다 똑같아지고 도식화되었다. 뉴스, 일기예보, 스포츠, 가벼운 화제와 실제 즐길 만한 오락거리가 전해지는 것이다." 미국 내의 정치 캠페인은 어디에서든 평범한 사건들이 30초 또는 15초짜리 짧은 광고방송으로 전해진다. 앤솔럽헤어와 아이엔거(Ansolabhere and Iyenger, 1995)에 따르면 유권자들은 최소의 노력으로 얻을 수 있는 정보가 아니면 무시해버린다고 한다. 그래서 청중들은 부주의하다. 따라서 정치 캠페인 선전원들은 이렇게 매우 관심 없는 시민들을 전향시켜야 한다는 동기를 얻게 된다. 허버트 크루그먼Herbert Klugman의 "낮은 몰입도 학습"(Schudson, 1982)이 이런 상황에서는 직관적으로 그럴듯한 설명이 된다.

삶의 방식을 선전

하지만 정당 정치 선전이 부정적이라거나 강한 논박을 담거나 기만적이지 않을 수도 있다. 오히려 상업광고에서처럼 부드러운 스타일을 사용할 수도 있는 것이다. 그래서 선전·마케팅 복합이라고 부르는 것이 더 적절할 수도 있다. 전통적인 프로파간다와 우리가 관련지을 수 있는 사나움 또는 이데올로기가 우선하는 것을 그런 텍스트에서는 찾을 수 없다. 때때로 대통령 선거전에서 이런 경우를 찾을 수 있다. 예를 들어 로널드 레이건의 유명한 '미국의 아침' 몽타주는 스포츠와 레저 활동 및 결혼식과 같은 사회적인 의식을 즐기는 시민들을 찬양하는 전통적인 라이프스타일 광고를 담았다. 내용 없는 순수한 이미지이기에 당신이 바라는 대로 해석할 수 있는 것이다.

그러한 프로파간다는 상업광고와 같은 저장고에서 상징을 끄집어 쓰는 경우가 많다. 예를 들어 1984년 공화당 전당대회는 교외지역을 배경으로 여학생이 남자친구와 함께 말을 타고 가는 모습을 자주 내보냈다. 그들은 건전해 보였으며 매력적으로 보였다. 분명 이는 건강광고였다. 하지만 사실은 그렇지 않았다. 그녀는 우리에게 정치에 대해 이야기를 시작하는 것이다. 그녀는 지적이며 대학 교육을 받았으며 유행만 쫓는 이가 아니다. 그런 그녀는 단호하고 설득력 있게 왜 자신이 공화당원인지를 설명한다. 이런 형태의 정치 선전은 호의적인 상업광고 이미지의 문화적 전망과 쉽게 하나가 된다. 비평가들은 알아보는 강력한 논박인 것이다.

부정적인 광고

네거티브 정치 광고와 전통적인 형태의 보복적 선전의 관계는 명백하다. 그러한 '광고들'은 괴벨스의 책략에 비견된다. 예를 들면 그가 베를린 경찰 부서장 이시도어 바이스Isidore Weiss에게 했던 치사한 선전 같은 것이다(Rutherford,

1978). 사실 두 경우 모두 대중매체의 시작이라는 현대에 이르러 가능하게 되었다. 최초의 정치 광고들은 현재 존재하는 어떤 것 못지않게 야비한 수준이었다. 예를 들면 블루멘탈(Blumenthal, 1984)은 MGM 사가 캘리포니아 주지사 사회당 후보 업튼 싱클레어 Upton Sinclair를 타깃으로 해서 1936년에 만든 최초의 영화 정치 광고에 대해서 이렇게 기술한다.

리포터가 흔들의자에 앉아 있는 늙은 여인에게 다가간다. "누구에게 투표하실 건가요, 어머니?" "전 공화당 후보 프랭크 모리슨에게 투표할 거예요. 왜냐면 이 작은 집이 별거 안 되지만 이 세상에서 내가 가진 모든 것이거든요. 난 내 집을 사랑하고 그래서 꼭 지키고 싶어요." 이어서 리포터는 더러운 옷매무새에 수염을 기른 남자에게 접근한다. "나는 '신 - 클레어 Seen-clair'에게 투표할 겁니다." 남자가 젠체하는 외국인 억양으로 대답한다. "그가 주장하는 체제가 러시아에서도 통했는데 여기라고 안 될 것 있나요?" 또 다른 영상에서는 한 무리의 뜨내기 부랑자들이 컨테이너 화물열차의 칸을 오가다가 캘리포니아 주에 도착하자 환호하는 모습이 담겨 있다. "싱클레어가 일하는 사람들의 재산을 가져다가 우리에게 줄 것이라고 말했어"라고 건달들 중 하나가 말한다. 싱클레어에 대항해 싸우기 위해 1,000만 달러가 모금되었고 2만 개의 광고게시판이 이런 문구를 담고 있다. "내가 만약 주지사로 선출된다면 우리나라의 실직자 절반이 당장 캘리포니아로 달려올 것이다. — 업튼 싱클레어."

교양 있는 대도시에서는 미국 지방 정치에서 어느 정도의 네거티브 선전이 이루어지는지를 잘 모른다. 그래서 클린턴 선거본부는 1996년 프라이머리에서 15개월이나 네거티브 광고를 지원했지만 겉으로 드러나지 않았다. 대도시 지역이 아닌 곳에서 벌어진 이 일들이 "중앙신문들의 레이더망에 걸리지 않았"기 때문이다(Johnson, 1997). 찰스 구겐하임 Charles Guggenheim은 네거티브 정치 선전에 대해 특히 신랄하게 목소리를 높인다.

지난 10년간 미국인들은 네거티브 정치 광고라는 유행병을 견뎌야만 했다. 시각적이고 청각적인 조작이 넘쳐난다. 상대 후보가 게으르고 부정직하며 애국심이 없고 멍청하며 잔인하고 냉혹하며 부정하고 심지어 범죄자라고 주장하기 위해 모든 종류의 광고 기술들이 이용된다. …… 어떤 경험 많은 광고전문가들에게 물어보더라도 자신이 30초 동안 얼마나 잘할 수 있는지를 대답해줄 것이다. 의심스러운 점을 만들어내기, 공포를 형성하기, 불안감을 이용하기, 치고 빠지기 등이다. 30초나 60초 광고들은 비꼬기와 절반의 진실을 위한 기성품들이다. 그들의 간결함 때문에 청중들은 적절한 것인지 따지지 않고 더 정확한 설명을 하지 않더라도 이해하게 된다(O'Shaughnessy, 1990).

극단적인 네거티브

이런 악의성은 후보에 대한 실제적인 입장과는 별개의 문제이다. 그 후보는 원했든 원하지 않았든지 간에 가치관 내전에 징집되었을 뿐이다. 후보는 편리하게 증오의 상징이 되고 그러한 역할을 채운다. 예를 들면 그들의 시각에서 무엇이 진실이든지 간에 '범죄 문제에 약한' 후보라고 낙인찍히는 것이다. 네거티브 광고는 대중의 분노를 조장하고 그것이 상대 후보를 향하게 한다. 객관적으로 보았을 때 선거와는 직접적으로 관련이 없는 주제라 하더라도 상관이 없다. 분노는 적을 찾는다. 그래서 제2장에서 제시한 폴리 클라스의 경우는 이슈가 아니라 상징이었다. 프로파간다 정치는 그래서 당신의 세계가 된 곳을 향해 당신의 분노를 표현하는 방법이고 그 호소에는 지금은 사라진 과거의 우월했던 사회질서에 대한 암묵적인 향수가 들어 있다. 그래서 선거가 사회적 귀속의식을 표출하는 행위가 되는 것이다.

하지만 네거티브 정치 광고는 프로파간다 텍스트에서 환상이 지니는 중요성을 보여주는 예이다. 그것은 믿어달라고 요청하는 실수를 저지르기보다는 대상에게 환상을 함께 믿을 것을 권하기 때문이다. 적과 그들의 잘못은 조명을 받게 되고 이러한 비난은 익살스러울 만큼 과장되기도 한다. 환상은 부정직한 것이라고 할 수 있어도 완전한 거짓말이라고는 할 수 없다. 실제로 아무도 기만당한 것이 아니기 때문이다. 오직 특정 가치관과 기준들을 함께 굳건하게 믿을 때만 효력을 발휘할 수 있다.

네거티브 선전의 한계들

하지만 네거티브 선전은 프로파간다가 설득의 한 형태로서 갖는 한계점들을 잘 보여주고 있다. 우리는 그 해석을 미리 결정할 수 없다. 개인들은 자율성을 지니고 있고 프로파간다에 담긴 메시지의 영향력은 단지 의도될 뿐 통제될 수 있는 것은 아니다. 대상의 반응은 예상하기 힘들다. 앨라배마 대법원 선거(제2장)에서 해럴드 시는 반대파가 흑색선전을 펼쳤는데도 승리했다. 논쟁적 선전 전략은 기대했던 것과는 정반대의 결과를 낼 수도 있다. 공격 대상이 아니라 선전을 만든 이들을 해치는 것이다. 장 크레티앵 Jean Chretien이 선출되었던 캐나다의 선거는 선전을 펼쳤던 보수당까지도 침몰시켰다.

네거티브의 실패: 캐나다의 사례

이는 언론 편집의 파괴력을 보여주는 예이기도 하다. 프로파간다는 반드시 독립된 미디어를 통해 대중들에게 전달되는데 이 점 때문에 자유매체는 그 선전을 거부할 수 있다. 캐나다 보수당 광고의 목적은 진보당의 장 크레티앵의 리더십에 흠집을 내는 것이었다. 그를 추하게 묘사하고 있는 일련의 사진들이 "그가 캐나다의 수상이 된다면 난 개인적으로 정말 당황스러울 것 같아요"라는 코멘트와 뒤섞여 나왔다(Whyte, 1994). 이러한 사진 중 하나는 크레티앵이 어렸을 때 입은 상처로 인한 얼굴 오른쪽의 기형이 드러나 있었다. 하지만 이러한 네거티브 접근 방식을 전략적으로 변호할 말들은 많아 보였다. 비공식 집계에서 진보당이지만 열혈 당원이 아닌 이들 중 많은 수가 그의 리더십을 의심하고 있으며 포커스 집단의 집계에서도 그렇게 나왔기 때문이다. 크레티앵은 무능력했다. 그가 국제적인 자리에서 캐나다를 대표하게 하는 것은 당혹스러운 일이라 할 수도 있었다. 그리고 아무도 그 사진들에 대해서는 언급하지 않았다(Whyte, 1994).

하지만 이 전략이 선거의 결과에 미친 영향은 아주 파괴적이었다(≪글로브 Globe≫, 1993년 10월 16일자). 미디어의 태도는 확고했다. 그 광고는 신체적인 장애에 대한 괴상한 공격이라는 식의 해석만이 존재했다. 결국 보수당이 된다는 것은 장애를 지닌 이들을 싫어하는 것이 되는 셈이었다. TV 보도는 가장 좋지 않은 사진과 설명들을 골랐다. 전문가들은 비난의 목소리를 높였다. 대부분의 투표권자가 볼 수 있는 광고들은 TV에서 전하는 해석 방식을 통해 전해지는 것들이었다. 그들은 '스스로 결정하지' 못했다. 시몬 프레이저 대학에서 실시한 실험은 사람들이 그 광고 자체보다도 광고에 대한 방송에 훨씬 더 부정적으로 반응했다는 것을 밝혔다. 이 선거의 결과는 서구 민주주의 역사상 여당이 겪은 가장 참담한 패배였다. 당시까지 캐나다 다수당이었던 보수당은 단 두 석의 의석만을 얻는 데 그쳤다. "보수당에 투표하는 것은 정치적으로 올바르지 못한 것"이 되었던 것이다(Whyte, 1994).

1992년 영국

1992년 영국 총선거는 네거티브 선전이 실패한 또 다른 예이다. 〈제니퍼의 귀 Jennifer's Ear〉는 아교귀 질환을 앓았던 여자아이 두 명의 실화를 바탕으로 한 이야기였다. 한 아이는 사설병원에서 즉시 치료했지만 다른 한 아이는 국민건강보험에 기대다가 계속 치료가 늦어졌다. 이 방송은 선거 캠페인 둘째 주에 전파를 탔다. 이것 역시 그 전략이나 시행이 나름대로 일리가 있는 것이었다.

보수당은 "저희가 지키고 있는 국민건강보험은 안심하셔도 됩니다"라고 말했었기 때문에 이는 상당한 약점이 될 수 있었다. 그래서 노동당이 이렇게 파악된 상대의 약점을 활용하는 것은 상당히 그럴듯한 수순이었다. 선거운동의 초기에 보수당의 약점에 대해 강력한 광고 '공격'을 함으로써 그들을 수세에 몰리게 할 수 있는 것이었다. 그러한 광고는 이성적으로 접근하기보다는 감성적으로 만들어 시청자들에게서 반향을 일으키고 다른 매체들이 재생산하게 해야 했다. 불온한 '윌리 호튼'이 미국에서 성취했던 것과 같은 방식이다. 그런 반향은 추상적인 주장이 아니라 인간적인 이야기를 통해 얻을 수 있는 것이었다. 만약 그 이야기가 사실에 바탕을 둔 진실이라면 그 상징의 힘은 노동당 선거운동 전반에 힘을 줄 수 있는 바탕이 될 수 있었다.

캐나다에서 크레티앵을 겨냥한 광고가 그러했듯 이 광고의 실패는 이미 의심의 눈초리로 잘못을 찾으려 드는 매체들을 더욱 자극했다는 점에 기인한다. 그들은 〈제니퍼의 귀〉의 사실성에 문제를 제기하면서 그 이야기가 지닌 영향력의 핵심인 진실성을 약화시켰다. 더군다나 대중들이 계속 이야기하게 된 것은 국민건강보험에 대한 공격이 아니라 아픈 아이를 '이용한' 것이었다. 아이의 연약함은 노동당의 자기변호를 뒷받침한 것이 아니라 역효과를 냈다. 신문들은 실제 아이의 정체를 파악하고 그 가족을 찾았다. 치료에 실패한 것이 재원이 없어서였는지 보험 탓이었는지도 밝히지 못했다(Butler and Kavanagh, 1995). 그 주에 〈제니퍼의 귀〉는 "주요 방송 뉴스 프로그램에서 다루어진 이야기의 거의 20퍼센트"를 차지했다. 제니퍼 베넷과 그녀의 아교귀는 "주택, 교통, 연금, 법과 질서, 국방, 외교 또는 유럽보다 더 많이 다루어졌으며 실제로 이 주제 몇 개를 합쳐놓은 것보다 더 많은 분량이었다"(Harrison, 1995). 해리슨은 더 나아가 이렇게 주장한다. "선거 전에 국민건강보험은 노동당의 가장 강력한 카드였지만 선거전 중반까지 당이 밀어붙인 여세는 3월 25일에 터진 제니퍼 베넷 사건 이후에는 다시 회복할 수 없었다." 언론은 프로파간다를 만들어내는 과정에서 직접적인 참여자가 되었고 단순히 전달자가 되는 데 그치지 않았다. 이러한 종류의 뉴스 생산이 보여주는 영향력은 정당들이 그들을 선전하려는 모든 노력을 무력화할 힘을 지닌 것으로 보일 수 있다. 이러한 주장대로라면 정당의 정치 선전은 언론의 활동에 비해 미미한 것으로 여겨질 수 있다. 그 영향력은 반드시 중요한 다른 정치적 변인들이라는 맥락에서 파악되어야 한다.

언론의 공격

그래서 언론은 뉴스 제공자뿐 아니라 뉴스 해석자 기능을 한다. 때때로 자유 매체도 강력하고 '지배적인 견해'를 내놓아 다른 모든 의견을 비정상적으로 보이게 하는 데 협력할 수도 있다. 한 의견이 주요 언론에서 보편적인 것이 되면 민첩한 선전원도 어찌해볼 도리가 없다. 1992년 닐 키녹이 이끄는 노동당은 여론조사에서 보수당을 앞서고 있었다. 그런데 언론이 "그를 박해하기로 결정했다". 1991년 12월에서 1992년 4월 9일까지 상대적으로 비정치적인 ≪선≫의 독자 중 8.5퍼센트가 보수당으로 지지 정당을 바꾸었다(Mckie, 1995). 언론은 계속해서 노동당과 그 당수를 악마적으로 그렸다(Seymour-Ure and Scott, 1995). 프로파간다 같은 왜곡은 당시의 유행이었다. 예를 들어 〈제니퍼의 귀〉 논란 당시 ≪선≫은 제니퍼 아버지가 반대하는데도 노동당이 그 이야기를 이용하고 있다고 보도했다. 하지만 사실은 그 반대였다.

교묘한 조작

모든 주장은 자신을 변호한다. 그리고 프로파간다는 주장의 한 방법이다. 우리는 앞서 프로파간다의 어휘적 정의에 기만성이 필수적이지는 않을지라도 일반적인 이해에서는 분명 그 일부라고 주장한 바 있다(제1장). 미국의 정당 프로파간다는 항상 그렇지는 않지만 자주 속임수를 쓴다. 그 기만의 정치적 의미와 결과를 명확히 파악하기는 힘들다. 만약 투표자들이 그것을 전혀 인식하지 못할 정도로 순진하다면 그것은 매우 놀라운 일일 것이기 때문이다. 그러한 광고들은 이성적인 주장 방법이 아니며 어떤 사회적인 공공의 적에 대한 꾸며낸 이야기를 공유하자는 초대인 것이다. 그래서 그들은 우리가 이미 주장했듯이 제휴의 제안을 담고 있다.

후보자 선전 또한 숨겨진 의미를 지닌다. 암호화된 이미지적 언어를 통해 살아 있는 의제에 유독한 이슈들을 지탱하고 있다. 제시 헬름스Jesse Helms가 라이벌 흑인 후보 하비 갠트Harvey Gant를 겨냥해 만든 광고는 그 예가 될 수 있다. 탈락 통보 편지를 구기는 하얀 손이 다음 문구와 함께 나온다. "당신은 그 일자리가 필요했습니다. 그리고 당신이 가장 적합한 사람이었지요. 하지만 그들은 인종할당제 때문에 그 자리를 소수자들에게 주어야 했습니다. 이것이 정말 공평한 것인가요?"(Ansolabhere and Iyenger, 1995). 프로파간다는 가치에 대한 주장이며 '단순한' 정책이 아니다. 그리고 이런 경우에 광고는 동족에 대한 충성에 관한 것이 된다. 전형적인 헬름스 광고는 이런 말들을 화면에 적고 배우의 목소리로 전할 것이다. "난 마틴 루서 킹 데이를 휴일로 정하는 데 반대했어. 너는 어느 쪽이니, 짐Jim?" 그렇게 상업적으로 고용된 '목소리들'은 캠페인의 방백傍白, sotto voce이다. 후보자 분신의 일종으로서 직접 말할 수 없는 것을 대신해 소리 내어 말하고 중얼거리는 무명의 대리인이다. 1988년 아버지 부시의 선거운동에서도 그랬다.

속임수

정당 프로파간다에서 조작된 이미지의 수준은 주목할 만하다. 광고에 '민쥐당원들'*을 겨우 알아볼 정도로 스쳐지나가게 만들어 논란이 되었던 조지 부시의 잠재의식 TV 광고가 예이다. 1950년대 이후의 2,000건 이상의 정치 광고에 대한 오클라호마 대학의 연구는 15퍼센트 이상이 어떤 방식으로든 조작되었음을 밝혔다. 그리고 국립과학재단에 따르면 변화를 준 이미지를 사용한 광고의 숫자가 1950년에서 1962년 사이 13퍼센트였던 것이 1980년대 이후에는 70퍼센트까지 상승했다(≪유에스에이 투데이USA Today≫, 1996년 5월 23일자). 몸집이 작은 한 상원의원은 회의장에서 사진을 찍을 때 더 커 보이기 위해 작은 19세기 의석에 앉았다(O'Shaughnessy, 1990). 그러한 조작은 오랫동안 관례적이었다. 1988년 광고에서 아버지 부시의 목소리를 낮춘 것은 유별난 것이 아니었다. 그러는 한편 1988년 보스턴 항구 광고는 상대 후보 마이클 듀카키스Michael Dukakis의 우수한 환경경력을 왜곡하는 데 성공했다.

정당 선전은 때때로 왜곡 수준을 넘어 터무니없는 창작과 거짓에 이르기까지 한다. 이는 유서 깊은 전통이다. 린든 존슨이 대통령과 함께 찍은 1930년대 사진에서 원래 있던 또 다른 정치인은 에어브러시로 처리해 지워졌다(Johnson, 1997). 이 같은 종류의 조작이 1940년대 후반 리처드 닉슨에 의해 이루어졌다. 그 이전에는 스탈린이 그와 레닌을 포함한 다른 볼셰비키 지도자들의 사진을 조작한 것이 악명 높다. 한 상원의원이 임종을 앞두고 있는데도 그의 재임 발표 사진들로 도배해 임박한 죽음을 감춘 사례도 있다.

오늘날에는 기술력을 적극적으로 이용해 진실을 편집한다. 1996년의 한 연구는 188개의 상업광고를 면밀히 검토해 이 중 28퍼센트가 기술을 사용했음이 의심된다고 밝혔다. "한 번도 열린 적이 없는 뉴스 컨퍼런스, 개최한 적 없는 토론회, 상대방에 대한 고정관념을 만들거나 상대를 웃음거리로 만들고자 음성 또는 시청각 자료를 사용하는 것들이다"(≪유에스에이 투데이≫, 1996년 5월 23일자). 존슨(Johnson, 1997)은 이렇게 논평한다.

〈포레스트 검프〉에서 디지털 기술은 영웅을 1962년의 백악관 만찬에 조합시

---

* 원문은 '쥐rat'라는 철자를 강조한 'DemocRATS'이다.

컸고 케네디의 얼굴은 검프에게 말하는 것처럼 보이도록 만들어졌다. 이 방법은 미국 정치에서도 사용된다. 그리고 같은 광고의 원본과 위조본을 대조한 한 연구자는 시청자들이 위조된 광고에 더 높은 점수를 준다는 사실을 밝혀냈다. 버지니아의 존 워너 상원의원조차 그의 고문이 상원선거에서 자신의 사진을 위조했다는 것을 알게 되었다.

다시 한 번 지적하자면 그러한 사례들 속의 주장들은 이성에 호소하지 않는다. 우리는 대상이 과장된 의미를 함께 만드는 공범자로서 같은 환상을 공유하도록 초대되는 것을 발견한다.

네거티브 선전에 대한 변호

사실 네거티브 정당 선전을 변호하는 윤리적인 주장은 복잡해 간단한 해답이 용인되지 않는다. 뱅커(Banker, 1992)가 주장한 것처럼 주장과 주장이라는 형식을 구분해야 한다. "하나의 '네거티브' 정치 광고는 하나의 주장이다. 최소한 암묵적으로는 그렇다. 그것은 합리적인 주장일 수도 있고 비합리적인 주장일 수도 있다. 그렇다고 해서 주장을 표현하는 하나의 방식으로서의 모든 '네거티브' 광고가 반대되어야 하는 것이라고 할 수는 없다." 하지만 네거티브 광고가 당파심을 강화하고 정치적 중도파를 해치는 것은 분명해 보인다. 그것이 결과물이라고 할 수 있는데 이는 때로 제작자의 의도이기도 하다.

하지만 선동적 프로파간다는 상대의 반격을 불러일으킬 수 있다. 첫째, 상대방은 인터넷을 통해 즉각적으로 반박할 기제를 찾을 수 있다. 둘째, 모든 정당 프로파간다는 그것을 만든 이들이 통제할 수 없는 독립적인 관계 당국의 조정에 영향을 받게 된다. 그들은 편재하는 광고 관리 시스템을 지닌 '자유' 매체인 것이다. 이미 주장한 바와 같이 정치 선전을 만드는 것은 그 목적지를 통제할 수 없는 여행을 나서는 것이다. 정당 프로파간다 텍스트는 그 자체로 독립적인 정치적 결과를 낳는 하나의 정치적 사건이기 때문이다. 그것은 단지 암호자와 해독자를 잇는 고용된 메신저나 설득적 정보 전달의 통로가 아니다. 가혹하게 비난하는 내용의 광고는 쉽게 바뀔 수 있다는 사실 때문에 오히려 자신을 속박하기도 한다.

게다가 전후맥락은 의식과 수사를 정당화하고 정치적 상황은 궁극적으로 리더십이나 국가의 미래 방향과 관련된다. 그래서 상업광고를 포함한 다른 의사소통 상황에서보다 더 심한 인신공격적 수사도 허용되는 것이다. 우리가 알고 있는 후보자의 성품은 우리가 표로 교환하는 정치적 '상품'의 일부이다. 그리고 실제 상황에서는 '성격'과 '이슈'를 명확하게 구분하기가 그리 쉽기만 한 것은 아니다. 따라서 대중적 호기심에 한계선을 긋기도 쉽지 않다. 이러한 점들은 네거티브 선전을 미국 대중문화의 극심한 손실이라고 일축하는 많은 연구에 중요한 조정을 가할 수 있다. 하지만 그들이 정치적 부정성에 대한 비판에 만족할 만한 반박을 해주는 것은 아니다. 1990년대 초까지 62퍼센트의 투표권 연령의 인구를 지닌 50개 주에서 모두 네거티브 선거전을 견뎌내야만 했기 때문이다.

네거티브 선전의 공익성

그러므로 프로파간다에 정치는 유용한 점이 전혀 없다는 것은 불성실한 결론이다. 그 현상이 도구주의자의 용어로 옹호될 수 있다는 사실은 아이러니이다. 앤솔럽헤어와 아이엔거(Ansolabhere and Iyenger, 1995)는 정치 광고가 정보의 양을 증가시킴으로써 중요한 이슈에 대한 대중의 지식도 넓힌다는 증거들을 검토했다. 뱅커(Banker, 1992)는 "정치현실을 이해하기 위한 대안적인 시각을 유권자들에게 제공하는 것으로 볼 수 있다"라고 주장한다. 광고는 우리가 "정치적 사실들을 재구성하고 다른 시점에서 그것을 바라볼" 수 있게 한다. 네거티브 선전은 무시될 수도 있었을 대중의 정당한 관심을 선거전에 포함시킬 수 있다. 어떤 이슈도 잠재적인 여론의 반향을 이끌어내지 못하고는 성공적으로 '제조'되어 선전되지 않기 때문이다. 다른 방식으로 주장한다는 것은 미숙한 유권자라는 개념과 자극 - 반응 또는 표면적인 정치 커뮤니케이션 모델의 생각과 맥을 같이한다(Kraus and Davis, 1976).

뱅커는 하나의 사례를 논의한다. 현직 상원의원이기도 한 제레마이어 덴튼 Jeremiah Denton 후보는 여론조사 결과 부유하고 저소득층에 대해 무관심한 것으로 나타났다. 유권자들이 의사를 밝힌 여론조사는 덴튼이 공금으로 컨트리 클럽 회비를 낸 것과 사회보장제도에 반대하는 표를 던진 것을 그의 라이벌이 공략해야 한다고 했다. 이런 상황에서 네거티브 선전은 정보에 근거해 좀 더 경쟁적인 선거로 나아가고자 하는 의식의 표출이라고 정당화될 수 있다.

부정성의 영향력

미국 의회 또는 상원 선거전에 드는 비용의 거의 70퍼센트 가까이가 TV 광고에 사용된다. 이러한 선전 비용은 미국 정치 시스템을 금전적 이해관계에 내맡긴다. 이는 명백한 사실이다. 예를 들면 미국 정치인 중 어느 누구도 이스라엘 샤론Sharon 정부의 행동을 진정으로 비판하지 않는다. 결과적으로 미국은 중동에서 독립적인 행동의 자유를 지니고 있지 못하며 중립적인 관계자라고 인정받지도 못한다. 하지만 이스라엘 압력단체들은 다른 거대한 미국의 정치 압력단체들과 똑같이 영향력을 행사하고 있다. 미국 총기협회도 마찬가지이다. 문제는 자신들의 자유를 적극 활용하는 로비스트들에게 있지 않고 그들이 그렇게 하도록 허용한 시스템에 있다.

앤솔럽헤어와 아이엔거는 『네거티브로 가기Going Negative』(1995)라는 계몽적인 책에서 네거티브 광고의 효과에 대한 실제적이고 경험적이며 수량적 증거를 제시한다. 그들은 실험을 통해 선거전 광고를 보았을 때 그 후보자에 대한 지지도가 거의 8퍼센트 증가했음을 보여주었다. 그리고 1988년, 1998년, 1992

년의 선거에서 7퍼센트 또는 그 미만의 차이로 승리한 의원이 상원은 세 명 중 한 명, 주지사는 세 명 중 한 명이고 미국 의회에서는 아홉 명 중 한 명이었다. 저자들은 "패배한 쪽이 더 강하게 광고를 했다면 그 결과는 달라졌을 수 있다"라고 주장한다. 그들은 무소속 의원들이 먼저 네거티브 광고를 하는 경우가 없다는 놀라운 주장을 했다. 또한 네거티브 광고가 당파적 충성심을 강화한다는 주장도 내놓았다. 네거티브 광고는 선거전에서 정치적 중도 입장을 내쫓는다. 이 광고들이 투표율을 7퍼센트 감소시키기 때문이다. 특히 네거티브 광고의 효과에 대한 증거에 대해 그들은 같은 광고 내용을 좋은 의미와 나쁜 의미로 보여주었을 때 지지율 상승의 효과가 9.5퍼센트대 19퍼센트로 나타난다는 사실을 밝혔다. 선거에 크게 관심이 없던 유권자들은 네거티브 광고로 인해 지지 정당을 정하는 비율이 24퍼센트 증가했다. 즉, "당파심이 약했던 사람들도 강한 당파성을 띨 수 있는 것이다".

우리는 네거티브 광고 역시 독립적인 정치적 결과를 가져오는 별개의 정치적 사건이라고 주장해왔다. 일부 네거티브 선전 문구들은 그 자체로 역사적으로 유명한 사건들이 되어왔다. 무엇보다 데이지가 있다(Schwartz, 1964). 데이지를 휩쓴 공포는 전 인류의 미래에 관한 것이었다. 우리 미래에 대한 상징이기도 했던 작은 소녀의 부드러운 이미지가 핵 카운트다운을 하는 남자 로봇 목소리와 대조되었고 린든 존슨의 목소리가 권위를 실어 서사적 힘을 더했다. "이것은 한판 승부다. 모든 신의 아이들이 살 수 있는 세상을 만드느냐 아니면 어둠 속으로 들어가느냐 하는 것이다. 우리는 서로를 사랑하든가 아니면 죽음을 선택해야만 한다." 폭발은 대충돌의 예고이며 인류 멸종의 기표이다. 배리 골드워터 Barry Goldwater는 실제로 핵 대학살로 미국을 이끌 것이라는 숨겨진 메시지가 담긴 것이다. 그래서 1964년 린든 존슨 대통령이 전략적으로 차지한 위치는 평화를 지향하는 후보라는 것이었다.

현재까지 가장 유명한 네거티브 선전은 윌리 호튼 광고였다. 그는 강간살해를 저지른 죄수로서 매사추세츠 주에 주말 동안 가석방되었다. 흑인이기도 했던 호튼은 공화당원들에 의해 일종의 반대 후보로 '입후보'되었다. 또 다른 광고에서는 입을 다문 채 섬뜩한 느낌을 주는 수많은 죄수들이 회전문을 통해 걸어 나오는 모습을 보여주었다. 이러한 이미지들은 미국 자유주의의 가장 약한 부분을 공격했다. 이데올로기적으로 범죄에 가혹하게 접근하기 힘든 점이 공략당한 것이다. 얼마 지나지 않아 호튼을 이용한 부시가 여론조사에서 듀카키스를 앞질렀다. 그 후에는 오염된 보스턴 항구를 반복적으로 보여주었는데 이는 민주당이 '삶의 질'에 관한 이슈들을 항상 강조했기 때문이었다. 그래서 아버지 부시의 선거전은 깃발, 호튼, 보스턴 항구라는 상징을 활용한 것이었다. 그 선거에서는 양 후보의 미래의 국정 운영과 정책들이 명료하게 예상되기 힘들었고 실제로 3분의 1의 유권자들이 나중에도 이 부분에 대해 평가를 내리지 못했었다. 이처럼 애매한 상황이 생기면 후보의 특정 입장이 어떤 가치관에 찬성인지 반대인지를 보여주는 상징들에 기대어 의사결정이 이루어진다. 민주당의 듀카키스는 이 점을 이해하지 못했다. 아니 좀 더 정확하게 말해 그는 프로파간다를 이해하지 못했다. '윌리 호튼'과 '데이지'가 미국사의 방향에 영향을 미쳤든 아무런 영향을 미치지 못했든지 간에 그들은 중요한 정치적 사건들이었다.

하지만 9·11 이후의 상황에서 많은 논평가들은 네거티브 광고가 점점 더 찾기 힘들어지고 있다는 결론을 내린다. 그것이 더욱 교묘하게 바뀌었기 때문이다. 새로운 장르가 있는데 그것은 정치 광고의 9퍼센트를 차지하는 네거티브 광고를 공격하는 네거티브이다(≪뉴욕 타임스≫, 2002년 10월 24일자). 그리고 여성의 목소리로 분노보다는 슬픔을 표현하는 광고들도 생겨났다. "불쾌한 소리를 내는 광고는 효과가 없다. 거칠고 신랄하며 냉소로 가득 찬 것은 안 된다." 대신 사적·공적 이중전략이 추구된다. 찌푸린 메일과 미소 짓는 TV 광고전략이다. 의료보험 예산 삭감에 대해 닥터 딘Dean이 놀라서 입을 벌리고 있는 모습에 "사면초가"라는 타블로이드 신문식 헤드라인을 단 메일 공세가 게파트 씨의 '명랑한' TV와 대조된다(≪뉴욕 타임스≫, 2004년 1월 12일자). 이와 비슷하게 인터넷은 '공적' 매체에서 삭제된 신랄한 이미지를 전달할 수 있는 '사적인' 목소리로 활용될 수 있다. 조시 부시의 안전하게 처리된 2004년 선거 초기 TV광고를 캠페인 웹사이트에 올라온 동영상과 비교해보라.

한 여성이 키보드 앞에 앉아서 존 케리 상원의원에 대한 정보를 인터넷에서 찾아본다. 그녀는 스캔들이 된 온갖 가십 기사들을 발견한다. "상원의원들 중 가장 많은 돈을 특별 이익단체에서 받았다고? 얼마나?" 그녀가 말한다. 스크린에 답이 뜬다. 640,000$. "와! 뭐하려고?" 그녀가 말하며 "원금 회수인 거야?"라고 친다. 그리고는 화면을 보고 큰 소리로 읽는다. "민영보험사, 통신회사, 제약회사 중역들로부터 수백만 달러." 그녀가 덧붙인다. "돈 가방이 열렸네!"(≪뉴욕 타임스≫, 2004년 2월 22일자).

기법, 대상, 기술

프로파간다는 점점 더 정치적인 작업이 되고 있다. 1930년대에도 찰스 커글린 신부는 다음 날 의회에 20만 통의 전보를 퍼붓기 위해 그의 라디오 방송을 사용할 수 있었다. 한 의원은 이렇게 말했다. "나는 뉴스 메이커일 뿐 아니라 기자이기도 합니다. 아마도 내 지역구에서 가장 널리 읽히는 저널리스트일 겁니다. 라디오 쇼와 텔레비전 프로그램을 진행하고 그리고 대부분의 주간지 보다 구독자가 많은 뉴스 칼럼을 쓰고 있어요"(O'Shaughnessy, 1990).

인터넷은 강력한 프로파간다 도구이다. 모금 활동부터 정책 제안까지 모든 것을 담고 있다. 헤리티지 재단은 이를 "마구 퍼지는 이데올로기 쇼핑몰"이라 명명했다. "선거 기부 요청, 유권자가 알아볼 수 있게 정책 관련 문서 포스팅, 유권자의 질문에 선거본부가 답하도록 대화통로를 설치, 자원자 모집, 후보자의 일정을 홍보, 그리고 보도자료 및 다른 발표 포스팅을 하는 것이다"(Johnson,

1997). 정치적 도구로서 인터넷은 아직 초기 단계에 있고 그 잠재력은 아직 발현되지 않고 있다. 이 새로운 선전 매체가 정치 프로파간다의 목적으로 사용되었을 때 보이는 공통적인 특징들은 다음과 같다.

1. **속도.** 다이렉트 메일은 하룻밤 사이에 보낼 수 있고 그 응답은 웹사이트에 몇 초 만에 올라올 수 있다. 정치적 상황의 가변성이 매우 커지는 것이다. 정당과 정치인들이 즉각적으로 답변을 올릴 수 있기 때문이다. 빌 클린턴 대통령이 연두교서를 발표할 때 단 2분 뒤에 공화당에서 반응을 내놓았다 (Johnson, 1997). GOP-TV에 링크되어 있는 공화당 웹사이트는 '클린턴의 스캔들 및 비행들 일일기록'을 실었다.
2. **범위.** 우편은 100만 명에게 보낼 수 있지만 이메일은 수백만 명에게 보낼 수 있다.
3. **정확한 타깃 설정.** 당신의 이념적 동지들에게 정확히 접근할 수 있다. 청중을 선택할 수 있기 때문에 주류 미디어에서처럼 타협하지 않아도 된다. 대상에게 그들의 감정적이고 비이성적 언어로 말할 수 있는 것이다.
4. **압력.** 의회를 이메일로 압박할 수 있다.
5. **세력범위.** 최고의 경제성이 극대의 범위와 하나가 되어 수백만 명에게 거의 비용을 들이지 않고 의사를 전달할 수 있다. 이는 텔레비전과 우편 다이렉트 메일과 대조된다. 예를 들어 상업 '스팸'은 10만 건의 메시지와 손익분기점을 맞추기 위해 단 하나의 물건만 팔아도 된다.
6. **정보.** 많은 양의 정보를 한 번만 클릭하면 볼 수 있다. 그리고 이것이 모든 유권자에게 해당되지는 않겠지만 이런 변화는 언론, 예를 들어 캠페인 웹사이트를 조사하는 저널리스트 등에게 영향을 미친다.
7. **개인적이다.** 정치인이 비서를 시켜 친구들에게 보낼 수십 통의 편지를 치게 하는 것은 매우 비현실적이다. 하지만 이메일은 그러한 기능을 몇 초 만에 해낸다. 한편 성능 좋은 인터넷 연쇄메일 chain letter은 수백만 명에

게 전달될 수 있지만 계속해서 친구의 서명이 들어가게 할 수 있다. 그것은 개인적 승인의 힘을 텍스트의 기하급수적 재생산과 하나가 되게 한다.
8. **멀티미디어**. 움직이는 이미지, 소리 그리고 활자 모두를 이용한다.
9. **상호작용**. 인터넷의 이런 특수한 속성은 그만이 지닌 장점이다. 프로파간다는 선전 대상과 함께 만들어 그가 스스로 설득되었을 때 가장 강력하기 때문이다.

더 나아가 인터넷은 새로운 이들을 정치적 장에 나타날 수 있게 한다. 소수당 또는 후보자가 초기에 인터넷을 통해서만 움직이면서 명성을 쌓고 자금 및 지원을 받아 주류 매체에 나가기 전 이미지라는 자본을 얻는 것이다. 하워드 딘 Howard Dean 캠페인의 열쇠는 인터넷이 가능하게 한 새로운 형태의 직접 참여와 직접 관계였다. 그 선거운동은 위계적 접근법과는 정반대였다. 웹사이트를 통해 지원자를 모으고 모금했다. 미국을 위한 블로그 Blog for America는 방문자들이 자신이 원하는 메시지는 무엇이든 올릴 수 있었고 하루에 4만 건의 방문을 기록했다. 딘 Dean 데이터베이스에는 2003년 11월까지 이메일 주소 50만 건이 저장되었다. 한편 선거단은 9월 말에만 500만 달러를 모금했다(≪뉴욕 타임스≫, 2003년 12월 21일자). 테네시에서의 캠페인은 "온전히 가상공간에서 벌어져 선거전에 그 흔한 전화기도 보이지 않았다". 웹에서는 정치 정당이 주요한 행위자가 아닌 것은 당연하다. 그래서 무브온 moveon.org은 부시를 비판하는 광고 콘테스트를 지원했고 이에 1,500건의 광고가 올라왔다. 그중 부시를 히틀러에 비유한 두 건의 광고는 전국적으로 알려졌다(≪뉴욕 타임스≫, 2004년 1월 11일자). 하지만 인터넷은 텔레비전과 포스터 같은 다른 선전 매체가 공통적으로 보이는 실수를 하지 않는다. 이들은 우리의 자발적인 의식에 침입해오는 반면 인터넷은 우리가 정보를 달라고 간청하기 때문이다.

어느새 네거티브 선전은 미국 정치에서 어떤 스타일적 관례가 되었다. 하지만 모든 이가 강경한 입장을 취하는 본능을 지닌 것은 아니다. 유권자들은 그런 선전에 조심하게 되었고 거짓은 밝혀질 수 있다. 하나의 전략으로서 네거티브 선전은 위험부담이 크고 보상도 큰 방식을 대표한다. 미래에는 더 윤리적이며 더 선의에 입각한 대안적 문구가 유포되리라고 상상하는 것은 즐거운 일이다. 하지만 그런 일이 있을 것 같지는 않다. 미국에서 정치적으로 착한 태도와 다른 주장의 성숙한 교환이 가능했던 황금시기는 없었다. 그런 연유로 네거티브 선전은 하나의 전략적 선택으로 계속 남을 것이다. 희망이 있다면 네거티브 전략이 유일한 전략이 되지는 않으리라는 점이다.

프로파간다와 상징 정부 영국의 경험
Propaganda and the symbolic state: a British experience

이 장은 상징 정부의 등장을 다룬다. 정치 용어사전에 새로운 표현을 추가하고자 한다. 영국의 '신'노동당 정부는 '정보조작'이라는 말로 정확히 표현할 수 없는 선전 현상을 보여준다. 신노동당New Labour은 실제로 그보다 더 급진적이고 중요한 것을 표현하고 있다. 정권 전체의 핵심 역량이 이미지의 생산 ― 프로파간다 ― 에 집중되어 있다는 것이다. 그 연출자들은 얼마간 말이 행동보다 더 효과적이라는 점을 이해하고 있다. 또한 적당한 이미지를 만들어내는 것이 어떤 점에서 예전처럼 정책을 만들고 집행하는 것보다 정치적으로 더 중요하다는 점도 알고 있다. 그래서 정부의 추진력과 눈에 보이는 활력은 상징적인 행동에서 나온다. 정보조작이라는 아이디어는 더 큰 의미 영역의 일부이다. 또한 이것은 데이터의 사용과 그 조작까지 포함한다. 그래서 말하는 것은 행동하는 것보다 쉬우며 그 결과는 보이지 않거나 사람들을 나눈다. 지금까지 통치기술 중의 하나로 포함되던 것이 이제는 가장 주요한 것이 되었다. 이러한 변화의 윤리적이고 사회적인 결과들에 대해 논의해나가는 이 장은 프로파간다 또는 '상징 정부'가 현대의 캐묻기 좋아하며 혹독한 미디어에 대처하는 엘리트 지배층의 거의 피할 수 없는 반응이라는 점도 시사한다.

상징 정부: 정치학의 새로운 개념?

왜 언어가 중요한가

우리는 상징적 이미지와 행동 그리고 논평이 주요한 관심사가 된 정부를 '상징 정부'라고 정의한다. 외관은 그리 중요한 것이 아니다. 그것은 이 일의 핵심이다. 상징 정부는 전적으로 새로운 종류의 정부이다. 이전 정권들이 이 같은 일에 관여하지 않았다는 것은 아니다. 하지만 정부의 여러 가지 중요한 방편들 중 하나였던 것이 이제 중추적인 원리가 되었다. 그런 까닭에 정부의 많은 에너지가 여기에 투입되고 있다.

이 장의 목적은 상징 정부의 개념을 오늘날 정부를 바라보는 새로운 선전 패러다임으로 승격하고 이러한 점을 유포하는 것이다. 최소한 그 통치자들에 관한 한 정부의 정보 전달 활동이 정부의 운영 자체가 지닌 중요성에 비견될 수도 있다고 주장한다. 이러한 주장이 실망스러울 수도 있다. 옳은지 그른지를 증명할 수 없으며 최종 결론 없는 논의만 이어질 수 있기 때문이다. 그렇다고 해서 그러한 주장에 관여하는 것이 수사뿐인 것은 아니다. 그리고 우리 주장의 정당함은 궁극적으로 이 주장이 진실인지 거짓인지보다는 수수께끼 같은 현대 정부와 프로파간다 전반을 이해하는 개념적 창으로서 지닌 가치에 달려 있다.

현대의 신화

영국이 정치 조작의 새로운 시대에 들어왔다는 것은 단순히 상투적인 표현만은 아니다. 그것은 우리 시대 신화의 일부이다. 미디어가 처음으로 그 조정자에게 속았다. 그리고 블레어 정부의 '정보조작'은 오랫동안 미디어가 정치인들을 박해해온 데 대한 정치적인 응수로 보일 수 있다. 지난 1992년 총선거의 시작을 알린 《선》(1992년 4월 8일자)의 8면짜리 광기어린 기사 "키녹가의 악몽"이 있었던 것이다. 그래서 EU 집행위원 피터 만델슨Peter Mandelson은 '어둠의 지배자'라는 이름을 얻었다. 정보조작은 다큐멘터리나 드라마 등을 통해 세상에 알려질 수 있다. 이에 대한 대중적인 책들이 있고 대중매체의 설명들도 상당하다. 모든 이가 정부에 의해 전문적으로 조종되고 있다는 생각을 믿는 듯 하다.

그렇다면 이와 같은 재검토가 새로운 것을 이야기할 수 있는가? 우리의 핵심 주장은 이렇다. 대중들은 사건에 대한 유리한 설명을 미디어에 보이려는 정부의 노력은 충분히 이해하고 있지만 전체 정부조직이 어느 정도까지 선전화되었고 이미지 관리에 몰두하는지는 모르고 있다. 더 넓은 그림을 보지 못하는 것이다. '정보조작'이라는 말은 이 상황을 충분히 설명할 수 없다. '정부의 정보조작'을 말하는 것은 그럴듯해 보이는 방송용 성명 발표라는 활동에만 문제를 국한할 수 있기 때문이다. 상징 정부에서는 그보다 더 많은 뭔가가 진행되고 있다. 그리고 '정보조작'은 상징의 관리라는 넓은 범위의 일부로서 그 개념적 우산 아래에 있다.

상징 정부라는 아이디어

그래서 현대의 상징 정부는 통치기술 중 하나로서 때때로 수사적이고 상징적인 조치를 발휘하던 과거의 정부와 같지 않다. 설득 - 프로파간다 개념은 그 정치문화의 요체를 구성한다. 적어도 그 비평가들의 눈에는 표면적인 이데올로기나 핵심적인 신념이 없는 것으로 드러나며 권력의 목적이 오직 권력 그 자체가 되는 것으로도 볼 수 있을 정도이다. 상징 정부들은 끊임없이 캠페인을 하며 그들에게 중요한 것은 힘의 현상이다.

또한 상징 정부는 내러티브의 정부이다. 작은 이야기로는 정부의 일상적인 일을 설명하고 거대담론으로는 정부가 벌이는 여러 가지 일들에 큰 주제로서 통일성을 부여하고 방향을 제시한다. 상징 정부는 자신에 대한 이야기를 한다. 재치 있는 이야기는 논리와 이성을 압도한다. 예를 들어 시몬스(Simmons, 2000)는 논리에 바탕을 둔 주장보다 이야기가 사람들을 얼마나 더 효과적으로 설득하는지를 설명한다. 상징 정부의 프로파간다 구조는 몇 가지 핵심 요소들로 구성된다. 즉, 모든 점에서 진보하고 있다고 끊임없이 주장하는 것, 통계화된 '증거'들에 대한 숭배, 상징적 행동과 공격 대상, 과장된 언어, 양적 요소의 애매함을 통한 판단 흐리기, 정치적으로 중요한 단체나 사람들 또는 장소에 방문하는 등의 극적 장면 연출, 만들어진 이미지에 대한 민감성과 능숙한 활용, 때때로 적 또는 우롱의 대상 만들기, 그리고 당연하게도 유동적인 상황에 대해 그럴듯하고 고정적인 해석을 부여하는 것까지 포함된다.

그리고 빠져서는 안 될 것이 바로 지도자이다. 상징 정부는 행동하며 규정하는 리더가 없이는 생각할 수 없다. 그들은 특정한 역할을 수행한다. 미국에서는 대통령이 국가수반, 최고 행정관, 최고 사령관이라는 세 가지 역할을 수행해야 하기 때문에 이런 결과가 발생한다. 그러한 역할은 중요한 상징적 각색 없이는 수행할 수 없다. 로널드 레이건은 상징적 대통령직의 핵심을 정의 내렸고 레이건의 후계자들은 그를 모방했다. 로널드 레이건의 상징 정부는 정권의 핵심 가치관을 전달하는 일련의 멋지고 상징적인 시각적 에피소드를 통해 유지되었다. 이 무대에 상징적인 사람들 또한 하나가 되었다. 어떤 점에서 클린턴주의 Clintonism는 레이건의 이미지 정치를 좀 더 현대적이고 감각적으로 재구성한 것이다. 레이건의 친밀하고 스스로 털어놓는 스타일 — 제이미슨의 용어를 다시 사용하자면 '여성적' 수사 — 은 클린턴의 일상적 직무 수행에 반영되었다. 그의 "당신의 고통을 느낄 수 있어요" 식의 자세는 자주 패러디되었다. 우리에게 익숙한 블레어의 관용 표현들은 좌파 성향의 지도자가 어떻게 중산층의 비위를 맞추는지를 보여준 클린턴에게 배운 것이 많다. 한편 아프가니스탄 및 이라크에서의 전쟁 시기 조지 부시의 활동은 모두 상징으로 가득 차 있었다. 그의 비행재킷, 사각턱을 한 감청요원들의 배경사진, 항공모함 링컨호가 활주로에 착륙하는 모습, 그리고 2003년 추수감사절에 이루어진 이라크 주둔부대 깜짝 방문에 이르기까지 하나같이 그렇다.

수사

상징 정부라는 아이디어는 수사와 상징이라는 두 가지 독립적인 요소들의 문제로 귀착된다. 각각은 언어와 시각을 대표한다. 둘 모두 본질적으로 이미지적이라고 할 수 있는데, 하나는 언어를 통해 이미지를 창조하고 다른 하나는 선명한 그림을 통해 이미지를 만든다는 점이 다르다. 하지만 수사와 상징이 하나가 되어 만드는 상징 정부에서는 어느 하나라도 **빠져서는** 안 된다.

수사의 힘

수사는 정치적인 설득의 핵심이다. 이성적 선택 이론과는 달리 실제 어떤 말이 사용되는지는 매우 중요하다. 다른 선택 안들은 그들의 설명에 따라 선택되고 이들은 내용의 설득력에 따라 달라질 수 있다. 설명은 주제와 우리의 중요한 감정적인 관심사를 연결하며 그래서 관점이 달라질 가능성을 만든다. 언어는 입장만 보여주는 것에 그치지 않고 특정 방향으로 지각하게 하고 우리로 하여금 특정한 방식으로 생각하게 한다. "우리가 사물에 부여하는 이름들은 우리의 생각을 체계화한다." 예를 들어 포크스(Foulkes, 1983)나 전쟁 시기 일기작가 빅터 클렘페러(Klemperer, 1998)는 제3제국의 수사적인 성취의 하나로서 어떻게 적들까지도 그들의 언어를 사용하게 되었는가를 적고 있다. 그들의 어휘와 관용구들이 일상 담론에 들어와서 문화에 삽입되는 것이다. 이것이 중요한 것은 어휘들은 중립적인 도구가 아니고 어떤 관점들을 지니고 있기 때문이다.

일련의 웅장한 수사적 에피소드들을 통해 미국 역사의 시대를 구분할 수도 있다. 그 발언들은 대통령 임기 자체를 넘어선다. "국가가 당신에게 무엇을 할 수 있는가를 묻지 말고……", "명예를 버리지 않은 평화……", "더 친절하고 따뜻한 미국". 상징 정부를 만든 로널드 레이건은 일화와 은유를 활용할 줄 아는 수사의 달인이었다는 점을 유념할 필요가 있다. 핵심은 단순명료함이다. 예를 들면 카터가 물러날 때 레이건이 "그것 보라구"라고 말했던 식이다. 그의 특별한 재능은 모든 이와 공유한 이미지 저장고에서 끄집어내는 것이었다. 즉, 고전적인 텍스트와 성경은 더는 공통의 장 기능을 하지 못하기 때문에 그보다는 일상언어와 대중매체에서 인용하는 것이다. 예를 들어 리비아의 가다피 대령을 가리키는 말로 실용적이고 대중적인 조롱의 표현인 '이상한 놈'을 골라 썼다. 레이건 재임 기간의 통치력은 상당 부분 이런 수사적 기원을 지니고 있다.

영국의 상징 정부 실험은 몇 가지 명백한 수사적 요소들을 지니고 있다. 광고 슬로건으로 자주 사용할 만큼 쉽게 기억되는 캠페인 문구부터 새로운 정치 언어 또는 정치가 더 중요해지는 언어로의 초점 변화이다. 수사는 노동당이 집권한 1997년 선거에서 중요한 부분이었다(Jones, 1999). "노동당이 집으로 오다", "투자자 사회", "교육, 교육, 교육", "범죄 및 범죄 원인에 강력한 대응", "변화할 때다" 등의 세련된 슬로건으로 가득 찬 선거였다(Draper, 1997). 모두 "수행발화"였는데 그 예로 반격당하지 않을 만한 목표물에 수사적인 일제사격을 가했다. "국민건강보험 관료제 타파", "우리는 환자들이 병원 복도에서 운반차에 누워 있는 상황에서 왕실에 새로운 요트를 사는 데 6,000만 파운드를 지불할 계획 같은 것은 없다" 같은 것이다(Draper, 1997). 정부에서는 정책들이 새로운 방식으로 제기된다. 예를 들면 1999년 예산안은 옛날 방식의 딱딱한 프레젠테이션 형식을 피했다. "더 나은 사회를 만들기"라는 식의 제목을 단 '멋지고 그럴듯한' 것이었다.

수사적인 비전

신노동당의 비평가들은 '자극적인' 아이디어들이 정책통들의 놀라운 각색 능력을 보여주었지만 정작 내용은 없었다고 주장한다. 그들의 가치는 이미지를 생산하는 데 있었던 것이다. 1997년 선거 기간 중 전달된 메시지는 간단했다. 학급당 인원수 축소, 세금, 일자리, 의료보험 및 범죄율에 대한 비용계산이 전혀 안 된 약속들이었다. 신노동당이 3주 과정 문맹퇴치 여름집중학교 – 결코 시행되지 못함 – 를 실시하겠다는 말도 안 되는 약속도 있었다. 해결된 문제들이 있다면 그것은 모두 말로만 해결된 것들이었다.

그래서 다른 것이 아니라 수사에 의해 정책이 입안된다는 의심이 있었다. 신노동당이 '수사적인 비전'이라는 개념을 정치의 장으로 들여온 것은 아니지만 그것에 새로운 장식을 더한 것은 분명하다. 그 용어를 처음 사용한 다울링(Dowling, 1989)에게 수사적인 비전이란 현실에 대해 일관되지만 극적인 설명이다. 그리고 그 설명에는 받아들이고 확산시키는 것을 정당화하기 위해 찬성의 목소리를 내는 행위자가 들어 있다. 하지만 상징 정부의 현상을 설명하려는 목적에서 우리는 그와는 다른 정의를 찾는다. 그것은 인상주의적 아이디어로서 수사적 비전이다. 절실한 필요나 경험적 연구 결과에 대한 신중한 대응으로 인해서가 아니라 어떤 이상화된 국가의 이미지가 주는 매력에 의해 제기되고 유지되는 것이다. 신노동당이 전 국민의 50퍼센트가 대학에 갈 수 있게 하겠다고 천명한 것은 그러한 수사적 비전이다. 단 하나의 질문을 제기하는 것만으로도 이런 비전의 문제가 드러난다. 왜 하필이면 50퍼센트인가? 어떤 신중한 조사나 통계적인 연구와 추론 또는 노동력 연구가 있어서 나온 결과가 아니다. 이런 수치에 맞는 재원을 충당할 방법이 제안된 것도 아니다. 50퍼센트는 수사적으로 매력적인 수이다. 민주주의적 당위성과 참여를 암시하고 있으며 매우 최근까지도 소수의 엘리트들의 특권이었던 것을 더 많은 사람이 공유할 수 있는 경험으로 만들자며 대중의 신임을 기대하는 것이다. 이에 반대하는 이들은 엘리트주의자라고 불리며 따라서 진지한 관심을 받을 만하지 못하게 된다. 이는 정책이 결정되면 수사가 그것을 멋지게 표현하던 과거의 방식을 전복한 것이다. 즉, 수사가 정책을 이끌어냈다.

관료와 수사

영국 정부의 공무원들은 오래된 관료적 언어를 버리고 새로운 과장법을 택해야 했다. 하지만 다음의 예를 읽어보면 우리가 예전처럼 여전히 뭘 모르는 것 같다.

> 밀번Milburn 씨는 국민건강보험이 겪고 있는 변화를 헤쳐 나가기 위해 건강보험 현대화 최고위원회를 만들 것이다. 전통적인 영국 정부의 관료제와 엘리트주의를 전복하려는 노력으로 위원회는 의료서비스계에서 똑똑하고 가장 현대화된 이들을 포함하게 된다. 이러한 변화는 항상 선구적인 아이디어를 찾는 일선의 임상의와 관리자를 지지하는 신호가 될 것이다. 이들이 현대화 프로그램을 시행해 우리나라를 바꿀 경험과 열정을 지닌 채 암벽 앞에 선 사람들이다(≪더 타임스≫, 2001년 2월 23일자).

이 설명에는 신노동당이 즐겨 쓰는 전문용어들이 사용되었다. 예를 들면 '현대화'라는 단어는 세 번 사용되었다. 역동적인 은유 역시 지속적으로 사용된다. '헤쳐 나가다', '전복하다', '선구적인', '암벽 앞에 선 사람들', '우리나라를 바꾸다'가 모두 그러한 표현들이다. 이 저항의 에너지를 위해 적이 만들어진다. 선한 힘에 반대되는 권력자 집단, 전통적인 영국 정부 엘리트 관료가 그 적이다. 이는 특별한 발표가 아니었으며 단지 보건부의 일상적인 보도자료였다. 하지만 그것은 자기패러디의 특징을 지닌다. 어느 한 시기에 토니 블레어는 53회의 연설을 했는데 '현대화'라는 단어가 총 87번 나왔다. 신노동당이 보았을 때 구태의연한 과거의 공무원들은 오랫동안 머물렀던 편안한 안락의자에서 빠져나와 새롭고 파격적인 댄스 스텝을 배워야만 했다. 시대에 뒤떨어진 언어는 효과가 없고 거만하고 진통제 같은 성명서로는 안 된다. 이제는 새로운 수사가 필요하다. 거기에는 가짜 혁명적 열기와 뒤섞인 동력, 독하고 신랄한 소리, 구변이 좋은 세일즈맨의 과장된 말이 흘러넘친다.

새로 발견된 발표기술이 지닌 목표의 대부분은 명확히 하기보다는 애매하게 하는 것이다. 간접세 증가는 어려운 전문용어로 가려질 수 있다. 사람들은 이러한 새로운 비용을 '보지' 못한다. 예를 들어 비평가들에 따르면 연금국채가 배당공제의 상환을 요구할 수 없게 한 금액이 퇴직금에 대한 연간 세금 60억 파운드에 달한다고 한다. 하지만 이 공식은 '대중매체가 전하기에는 너무 복잡'했다고 한다.

정보조작

상징 정부의 수사적인 면은 오늘날 보통 '정보조작spin'이라고 불린다. 그래서 그 의미가 이전부터 정치적 기술이었던 수사의 영역과 겹치게 된다. 결국 언론대책은 하나의 주장이며 옹호 방법이다. 몰로니(Moloney, 2001)에게 정보조작이란 "프로파간다의 완곡한 표현이다. 그것은 데칸과 골딩이 PR 정부의 등장이라고 부른 것을 향한 또 다른 발걸음이다". 사실 정보조작의 기원은 키케로와 아리스토텔레스의 시대라고 알려져왔다.

정보조작 개념의 바탕에 있는 인식은 어느 사건도 달리 해석할 여지가 있다는 것이다. 만약 그렇지 않다면 역사책은 더는 쓰이지 않을 것이다. 역사적 '사실들'은 계속해서 재해석되기 때문이다. 니체에게 모든 생각은 관점에서 나온다. 그래서 사실이란 없고 해석만 있다. 문제가 의미 있는 틀을 지니려면 반드시 청중들의 가치관과 자발성 같은 대상의 관심과 결합해야 한다. 모든 사건에는 열린 구성이 있다. 따라서 기억에 남을 만한 일관성이 있고 거기다가 은유적으로 잘 표현된 하나의 해석이 그 사건을 바라보는 패러다임으로서 받아들여진다.

상징주의

'내용 없는 상징'이라는 말은 얼마나 많이 듣는 소리인가? 복잡한 사회체계가 어떻게 돌아가는지를 매우 이성적이고 기능주의적으로 바라보는 이들에게만 상징이 비어 있다는 사실을 여기에서 분명히 지적해야 한다. 그 핵심에 의미를 담고 있는 모든 관점은 상징의 힘에 의지한다. 그래서 예를 들면 루스벨트의 뉴딜정책이 지닌 가치는 많은 부분 상징적이었다. 노변정담爐邊情談, 예술가 정책, TVA, 대공사 계획 등은 거대한 희망의 상징이었다. 중요한 것은 실업자들의 상징적인 동원이었다. 실제적인 동원은 그 다음이었다.

상징의 정치적인 가치

상징주의는 의미 있는 이미지의 지속적인 창조를 의미하거나 단 하나의 상징을 뜻할 수도 있다. 1997년의 선거에서 노동당은 당시까지 영국 보수당의 상징이었던 불도그를 자신의 정치방송에서 당의 아이콘으로 사용했다. 노동당은 보수당보다 수년 앞서 정치의 새로운 상징주의 문법을 이해한 것이다. 상징은 응축된 의미이다. 블레어가 승리하기 위해 꼭 필요했던 중산층 사이에서 그들은 반향을 일으켰다. 전통적으로 보수당의 아이콘 장치를 이렇게 엉뚱하게 채택한 것이 하나의 핵심적인 메시지를 전달했다. "우린 당신 편이오."

물론 상징은 이런 경우에서처럼 시각적 이미지나 불도그처럼 눈에 보이는 형상을 가리킬 수도 있지만 또한 상징적인 특성을 만들어내는 표현 활동을 가리킬 수도 있다. 신노동당이 스스로 끊임없는 법안 발의, 타깃 그리고 중재를 통해 집중한 것이 바로 이 후자의 상징이다.

상징적 행동

노동당 정부의 정치적 주제들은 상징적인 법률 제정과 정책을 통해 표현되었다. 때때로 희극적인 수준까지 나아갔다. 예를 들어 여성부 장관이 있었는데 그녀는 월급을 받지 않았다(Draper, 1997).

'신'노동당은 처음에 반이데올로기적이며 시류에 편승하고 정치에서 정치를 끌어내고자 하는 것으로 보였다. 최소한 신노동당의 정적들에게는 그랬다. 목적은 정권 획득이었다. 소비주의에 바탕을 둔 정치적 절충주의를 만듦으로써 이를 달성하고자 했다. 그러한 상징 정부는 권위주의, '급진주의', 자유주의, 민중주의의 색깔이 섞인 모양으로 묘사될 수 있었다. 첫째 용어는 권위주의적으로 들리는 위협들을 하는 것을 말한다. 청소년 범죄에 대한 처벌을 강화하며 교사들이 무능력했기 때문이라면 교사를 4주 안에 해고할 수 있다고 주장한다. 그리고 10세 이하 아동에게 통금시간을 정하는 것이다. 그리고 무기 판매에 대해 선택적인 금지가 있으리라는 것, 유럽연합 사회헌장 채택, 최저임금제 적용은 자유주의적 의식을 만족시키는 주장들이다(Draper, 1997). 비평가들은 정부가 어떤 결정도 내리지 않는다고 비판하거나 모든 위기 상황에서 미봉책만을 찾는다고 비난한다.

특히 절실하고 고통스럽게 하는 비판은 이렇다. 깊게 뿌리박힌 사회문제들을 처리하는 정부의 유일한 대처법은 여러 건의 상징적 의안 발의뿐이라는 것이다. 내무부 장관의 잭 스트로Jack Straw나 데이비드 블렁킷David Blunkett의 경우가 그 예이다. 상징 정부에서는 의안 발의가 수행하는 역할이 있다. 그들은 역동적인 모습을 보여주며 정부의 무력함을 비판하는 비평가들에게 던지는 응수가 된다. 보통 신문에 등장하는 정부에 적대적인 주장들은 ≪데일리 텔레그래프≫(2002년 4월 16일자)에 이렇게 발췌되었다. "데이비드 블렁킷은 지난여름 내무부 장관이 된 이후부터 1주일에 1건 이상의 범죄대처방안을 발의했다." 그 기사는 한 달에 최대 총 6건의 발의가 있었다고 주장된 시기인 지난 10개월을 검토했다. 그 결과는 이랬다. 쇼핑센터 범죄를 근절하기 위한 1,500만 파운드 경비의 안건 발의(2001년 6월), 인터넷에서 아동을 보호하기 위한 특별조사단 결성(7월), 자동차 범죄를 줄이기 위한 온라인 캠페인(9월), 반사회범죄 대책을 확대 시행하고 주요 기업들이 범죄를 줄이기 위한 첨단기술 운동에 가입(10월), 범죄와 처벌을 다시 생각하는 국가캠페인 안건(12월), 빈곤지역의 3,000개 상점들의 보안 강화(2002년 2월), 반사회범죄 대책 확대 시행, 주택가의 약물 거래를 해결하기 위한 새로운 가이드라인 설정, 강도범죄 감소방안 결의를 통한 도로범죄 처치, 범죄대책최고위원회, 범죄피해자 자문위원단 신규 구성(3월), 강도사건 상습지역에서 신원 영상 전시(4월) 등이다.

상징적 경험주의

학계에서는 정부가 데이터를 교묘하게 주무른다고 비판한다. 일부 정치학자들은 "영국은 빠른 속도로 일종의 사회적 통계의 유토피아가 되고 있다"라고 결론을 내린다(≪가디언 Guardian≫, 2002년 10월 7일자). 과학의 시대에 설득은 반드시 이성적·경험적이어야 한다. 달리 말하면 데이터와 증거가 뒷받침되어야 한다(제4장). 전통적인 수사는 더 의심을 받게 되고 주장들은 그저 제기될 수 있는 것이 아니라 반드시 '증명'되어야 한다. 그리고 오늘날 영국의 정부와 더 나아가 하위 당국들인 학교, 경찰, 병원들이 집중하는 것은 바로 이러한 상징의 생산 과정이다. 국내의 모든 무대에서 가시적인 양적 발전을 보여주기 위해 성적과 이행 결과에 대한 데이터를 찾는다. 의료보험이 정부에게 정치적으로 가장 큰 약점이 되었을 때 정부는 자신에게 우호적인 자료를 찾는 데 매진했다. 2002년 4월 11일 보건부 장관 알란 밀번Alan Milburn은 수술을 위해 15개월 이상 기다린 환자는 단 두 명에 그쳤다고 발표했으며 이를 지난 해 8만 명이던 것과 비교했다. 이런 결과는 더 많은 이의 대기 기간을 12개월로 채워서 만든 것인가? 모든 신문은 그들의 주장이 병원의 대기자 리스트를 조작한 것이라고 공격했다. 이런 식으로 대기자 리스트나 성적 비교열람표처럼 여러 가지 중 단 하나의 수행 데이터를 사용하는 것은 영국의 공공 부문에서 유행했다. 다양한 척도는 설득할 때 필요한 정보로 쓰기에는 너무 복잡하기 때문이다. 이러한 방식의 조사 문화 아래에서 결국 측정하기 힘든 것은 측정되지 않는다. 상징 정부의 강력한 요구들이 공공단체들의 기만으로 이어지는 것은 놀라운 일이 아니다. "전화로 환자들에게 그들의 휴가날짜를 물어보고는 그들의 수술일정을 그 시기로 잡은 사례도 있었다"(국가감사원National Audit Office, 2001년 12월 19일 수요일). 비슷한 경우의 조작 사례가 경찰 및 다른 공공기관에서도 드러났다. 그리고 중앙정부가 하위기관에 맡기기보다는 사사건건 모두 관리하는 경향을 부채질하는 현상은 아마도 유리한 통계를 찾는 상징주의의 또 다른 결과라고 할 수 있을 것이다. 이런 상황에서 에드먼드 버크의 정당에 대한 신뢰를 찾아보기는 힘들다.

상징 정부의 수행

통제

상징 정부의 현상은 주요 정당의 정부가 특정한 패러다임을 받아들였다는 것에 국한되지 않는다. 그 정당은 그 아이디어에 따라 활동하고 그것을 이행해야 한다. 그리고 이것은 전통적으로 미숙하고 아마추어적 특성을 지닌 정당에는 상당히 낯선 통제와 관리 기능이었다. 하지만 노동당이 탁월했던 것은 바로 이런 철저한 보도 관리였다. 발표가 중심이 되고 그에 따라 명확하고 일관성 있는 메시지에 대한 필요성에 초점을 맞추자 도덕적인 의혹이나 정치적인 논란이 생기지 않았다. 권위주의적 정당 내부 문화가 심지어 권위주의적 정부로까지 전파되었다. 그래서 존스(Jones, 1997)는 노동당 관계자가 노동당 행사에서 노동조합원들의 깃발을 보도하지 말아달라고 언론에 얼마나 요구했는지를 보여준다. 부정적인 정보는 긍정적인 정보보다 파괴력이 크다. 그리고 이것은 우리의 발전이 낳은 결과일 수도 있다. 원시적인 국가에서 위험의 인지는 즐거운 기회에 대한 인식보다 더 중요한 생존기술일 수 있다.

중앙식 명령을 통한 통제의 중요성은 신노동당이 클린턴의 민주당 내부의 동지들에게서 배운 것 중 하나이다. 1997년 선거의 예비 선거전에는 "동시다발적인 선전공세가 있었다. 의도적으로 사진을 찍을 기회를 주는 것, 시의적절한 기자회견, 새로운 전단 캠페인과 특별히 주문된 정당 정치방송으로 짜인 것이다"(Jones, 1997). 선거전 동안 블레어는 언론에 딱 세 번 모습을 드러냈다(≪인디펜던트≫, 1997년 5월 3일자). 참관인들은 "이 캠페인을 수행해나가는 그의 철저하고 거의 전문적인 방법"에 대해 이야기했다(≪선데이 타임스≫, 1997년 5월 4일자). 정복자가 되어 다우닝가로 들어오는 블레어는 군중의 환호를 받았다. 하지만 "이 군중 역시 의도된 대로 움직이고 있었다. …… 우연에 의한 것은 아무 것도 없었다고 당 관계자는 말했다. 신노동당 조직이 그것을 용납하지 못한 것이다"(≪선데이 타임스≫, 1997년 5월 4일자).

항변의 문화와 예찬

신노동당 밀뱅크Millbank 당사의 역사도 정치적 신화에 포함된다. 편재적인 최첨단 통제라는 '밀뱅크'의 이미지는 어떻게 보면 그 기능만큼이나 중요한 것이다. 그 선거 기간에 당의 밀뱅크 본부는 24시간 열린 채 새로운 프로파간다를 24시간 만들어대는 곳이 된 것이다. 그리고 클린턴에게서 배운 방법인 반론이 나오기 전에 먼저 하는 '선제先制 반론'도 여기에서 만들어졌다. 선거운동원들은 항상 연결되었다. 무선 호출기, 인터넷과 팩스는 그 후보들이 30만 파운드의 엑스칼리버 시스템으로부터 항상 정보를 '실시간'으로 받을 수 있도록 도와주었다. 그 시스템을 통해 문서, 연설, 통계와 스크랩 기사, 특정 사건의 배경과 세부사항을 곧바로 볼 수 있었다(Jones, 1997). 정부는 2002년까지 이 '지식네트워크'를 크게 확대해 검색 및 분류하고자 계획했었다(≪가디언≫, 2002년 8월 2일자).

신노동당은 선거전에서 공약한 대로 통치하고자 했다. 독립적인 매체들을 이렇듯 조종하는 것은 신노동당이 완벽 수준까지 연마한 기술을 통해 해낼 수 있었다. 고든 브라운Gordon Brown의 홍보담당관 찰리 웰런Charlie Whelan 같은 이를 통해 기자단을 가차 없이 괴롭히는 것이다(Jones, 1997). 예비 선거전 기간에 "끊임없이 항변성명서를 발표함으로써 노동당은 기자들로 하여금 장관들이 하원에 제출한 문서의 사실과 수치의 신빙성에 의문을 제기하도록 부추겼다"(Jones, 1997). 정당한 문제 제기에 반응한 경우도 있었지만 계속 졸라댔기 때문에 가능한 경우도 있었다. 블레어는 실제로 호주로 날아가 루퍼트 머독의 미디어제국 전사들이 모인 곳에서 연설을 했다. 이는 일종의 설득으로서 그것이 효과를 내느냐는 자유매체와 그들과의 성공적인 제휴에 달린 것이다. 즉, 발기인과 대상 사이에 미디어가 중재자로 있는 정보 전달의 두 단계 연쇄 고리가 있는 것이다. 이러한 중재는 매체들이 그들이 준 정보를 프로파간다로 생각하지 않거나 그 초기 정보의 전달 과정이 어떠했는지 캐묻지 않을 때에만 성공적으로 작동한다. 이때 정보를 전달하는 이의 경제적인 비용은 낮아진다. 그 주장이라는 상품을 전달하는 데 비용을 지불하지 않기 때문이다. 영국을 포함한 많은 민주주의 국가에서 정당들은 상대적으로 빈곤한 편이라서 신문사 소유, 출판, 다큐멘터리와 영화 제작 지원을 하지 못한다. 독립적인 매체들을 교묘히 다루는 것은 개인적인 비용을 들이거나 공공기관을 통제해 이루어졌던 전통적인 방식의 프로파간다와 구별된다. 다른 선전문화권에서는 국가가 미디어를 소유하거나(소비에트 러시아), 정당들이 일부 자신들의 미디어를 소유하거나(이탈리아 베를루스코니) 또는 다른 방식으로 지배력을 지니기도 한다. 하지만 영국에서 정당들은 자신의 매체를 지니지 못하고 있고 대중적 이미지의 중개자들에게 의지해야만 한다.

이러한 캠페인 표현 형식과 구조는 중요하다. 선거전뿐 아니라 통치를 위한 전략이었기 때문이다. 선거전의 기풍은 정부에 스며들었다. 중앙 전략부처와 정보부처는 정부의 모든 부서에서 메시지가 통합되게 하여 결국 '정보조작'을 구성했다. 권력에 알랑거리는 기자들에게는 따로 브리핑을 해주었다. 성공적으로 자기변호를 하려면 자신을 옹호하는 이들을 활용해야 한다는 것이 처음으로 인식되었다. 과거의 정부 공보관들은 정부 부처가 객관적인 정보를 제공한다는 전통을 고집했다. 그래서 새로운 방식이 그들을 추방했다. 노동당이 집권하고 1년이 지났을 때 각 부처 공보국 국장급 직원 44명 중 24명이 교체되었다. 그들에게 이것은 노동당의 '선전'를 전달하려 하지 않는 공보관 조직을 '물갈이'하는 시도로 보였다.

왜 상징 정부인가?

냉소적인 미디어

미국을 제외한다면 영국이 상징 정부의 현대적 정의에 가장 잘 들어맞는 데에는 몇 가지 실제적인 이유들이 있다. 노동당이 그 자신의 과거에 반응하는 것이 일부 요인이다. 거의 20년간 정권을 잡지 못했으며 언론은 그들에게 적대적이었던 것이다. 1992년에 정권을 잡으려는 노동당의 시도는 타블로이드 판 신문들에 의해 완전히 뭉개졌다. 그것은 또한 홍보 활동을 못하기로 소문난 보수당 정권에 대한 대응이기도 하다. 광우병 소 농장은 이러한 결점의 전시장이었다. 위기를 만드는 데 수사와 상징이 어떤 역할을 할 수 있는지에 대해 보수당 정부는 한 번도 진지하게 생각해보지 않았다. 그들의 대처는 서투르기 그지없었는데 이는 궁극적으로 광우병 문제를 기술적인 문제로 보았기 때문이다. 그래서 기술적인 해결책으로 호전될 수 있으리라 보았고 미래를 전조하는 난해한 상징의 장으로는 보지 못했다. 기술적인 의사소통 문제를 중심으로 구성하려고 했던 상황은 일련의 충동적인 수사적 행동과 무능력한 상징적 사건들로 인해 위기 상황이 만들어져 지속되었다. 또한 상징 정부는 워터게이트 이후 '새로운' 미디어에 대한 대응이기도 하다. 새로운 미디어는 권력을 지닌 이들을 항상 의심하며 무례하고 캐묻기 좋아하는 특성을 지니고 있다. 보수정부는 권력을 괴롭히는 미디어에 의해 정권에서 물러난 것으로 비쳤다. 그리고 분명 전능한 그들의 힘은 정치권력을 잡고 유지하려는 이들에게 상징 정부만이 유일한 대안이 되게 만들었다.

  더 나아가 영국의 통치자들은 정치에 관심 없는 다수를 끌어안았다. 그들은 사람들이 정치에 대한 정보를 적극적으로 찾는 것이 아니라 무의식중에 소비하기 때문에 대중적 이미지 제조가 중요해진다는 것을 알아차렸다. 국민들은 주장들을 조사할 시간이나 도구가 없다. 그들은 언론에 의지한다.

  계급 중심으로 당에 충성하던 경향이 크게 약화되어 통치자들이 설득을 주된 활동으로 삼은 것도 상징 정부를 만든 요인의 하나이다. 텔레비전은 특히 당국의 체면을 지켜주는 치부가리개를 제거한다. 메이로비츠(Mayrowitz, 1986)는 TV가 고프먼이 제시한 연극 모델의 '무대 뒤'를 끊임없이 노출하는 방식과 이것이 그 매체의 본질적인 특성이라는 점을 설명했다. 텔레비전이 중계하는 환경에 사는 사람들은 거의 필연적으로 점점 더 정부 주장에 의심을 품는다는 것이다. 따라서 그들을 설득해야 한다.

더는 존재하지 않는 객관적 실재?

모든 정부는 어느 시점에 가면 그들의 국민을 설득하게 된다. 그렇지 않으면 통치할 수 없기 때문에 이는 자명하다. 현대적인 상황은 부를 운영하는 최적의 방법으로 상징 정부를 만들었다고도 할 수 있다. 상징 정부는 객관적인 정치적 실재를 포착하기 어렵거나 심지어 그런 것이 존재하지 않을 때 가능하다. 20세기 전반에 걸쳐 많은 정치적 경험을 했던 월터 리프먼Walter Lippmann은 "그가 경험하지 않은 사건에 대해 가질 수 있는 유일한 느낌은 그 사건에 대해 가지고 있는 자신의 심상心像에서 받은 느낌"임을 강조했다(Bennett, 1996). 우리는 미디어로 가득한 환경에서 산다. 보드리야르(Baudrillard, 1988)는 이 생각을 정교하게 다듬었다. "정치적·사회적 경험은 매체를 통해 이루어지는 경우가 많아 직접 대면하는 실재라는 전통적인 개념을 더는 적용할 수 없다." 그는 '하이퍼리얼리티'라는 말로 우리 시대에 생각과 느낌의 소재를 점점 더 압도적으로 제공하는 것이 바로 만들어진 상징적 세계라는 점을 상기시킨다(Baudrillard, 1988; Bennett, 1996). 그리고 슐레진저와 텀버(Moloney, 2001)는 1994년에 쓴 글에서 "현대 정치문화의 핵심에 존재하는 피할 수 없는 판촉 기제"를 보이는 증거를 찾아냈다.

의견을 바꾸는 것은 항상 가능한 일이다. 심지어 반대 이데올로기를 지닌 사람의 생각도 바꿀 수 있다. 그래서 핵심에 주장을 담고 있는 정부의 어떤 견해는 한동안 성공한다. 우리의 윤리적·정치적 원칙들은 말하자면 일종의 규칙이다. 하지만 규칙은 일반적이라는 점이 중요하다. 개별적인 정책에 대한 선호는 이런 규정체계와 연결된다. 하지만 단단히 연결되지는 않는다. 우리는 언제나 새로운 주장에 비추어 우리의 의견을 바꿀 수 있다. 리비틴과 밀러(Levitin and Miller, 1979)는 이데올로기와 단일 논점에 대한 선호 사이에는 느슨한 관계만이 있음을 증명했다. 선택을 하는 데 사람들은 일관되지 않을 수도 있는 다양한 생각과 고려사항을 지니고 있다(Sniderman et al., 1991). 대부분의 경우에 대부분의 사람에게 원칙은 탄력적으로 적용된다. 그래서 어떤 주장에 설득될 수 있는 가능성이 항상 열리는 것이다.

상징 정부의 결과들

권위주의

이미지가 매우 중요해지면 그것을 유지하기 위해 필요한 정도의 통제가 정부의 핵심 구성원리가 된다. 무능력을 못 견디는 것이 아니라 무능력해 보이는 것을 용납할 수 없는 것이다. 상징 정부가 요구하는 이미지의 통제는 어느 순간 단순히 조작하는 수준을 넘어서 적극적인 독재 수준이 될 수 있다. 영국이 그러한 길로 나아갔다. 다른 사회적·윤리적 목표를 배제하는 이미지의 추구는 몇 가지의 퇴보로 이끌 수 있다. 심지어 위기의 시기에는 현대 서구 민주주의에는 낯선 독재의 수준에까지 회귀할 수도 있다. 예를 들어 2001년 구제역 사태 당시 신문기자들은 정부가 강압적이고 심지어 불법적으로 공권력을 사용한다고 주장했다. 공무원들은 공로公路에서 취재하는 기자들을 저지하려 했다. 카메라맨들을 막고 취재단이 환경농촌식품부DEFRA '구역'을 돌아다니지 못하도록 위협한 것이다(≪데일리 텔레그래프≫, 2001년 8월 3일자). 취재기자들은 사람들이 보는 앞에서 장비를 빼앗겼고 취재 장비는 소독약 분무로 인해 망가졌다. 도로에 나와 있던 보도기자들은 경찰차가 막아 세웠다. 그 시기에 농장을 살균소독한 데에 대한 보상을 받으려는 농부들은 비밀보장서약서에 서명해야만 했다. 또 다른 예는 심각하게 화상을 입은 시민운동가에게 보인 대응이었다. "교통부의 임원들이 패딩턴 철로 사고의 생존자인 팸 워렌의 신뢰도를 떨어뜨리고자 그녀에 대한 정보를 공개하는 비밀 이메일을 보냈다"(≪인디펜던트≫, 2002년 6월 6일자).

냉소

특정 견해를 옹호하려는 뉴스 관리는 궁극적으로 정부가 전면적으로 윤리를 포기하는 것으로 이어질 수 있다. 하나의 예는 2001년 9월 11일에 나왔다. 교통부 장관 특별보좌관 조 무어Joe Moore가 세계무역센터에 공격이 가해지고 1시간 안에 보낸 이메일에서 이 사건이 발생한 것을 두고 나쁜 뉴스들을 덮어버리기 '좋은 날'이라고 말한 악명 높은 일이다. 아이러니한 것은 그들이 '묻어버리기로' 제안한 뉴스란 너무나 사소하게도 의원활동비에 대한 심의 건이었다. 한 논평인의 말에 따르면 "무어 양은 뉴스를 처리하는 대신 스스로 뉴스가 되었다". 최근의 예는 ≪선데이 타임스≫(2001년 10월 14일자)가 "무어는 정부 공보관에게 런던 시장 켄 리빙스턴Ken Livingstone의 상담역인 런던 교통부 위원 밥 카일리Bob Kiley를 비난하라고 요청했다. 그 공무원은 이를 거절했고 그 뒤 사실상 징계성 인사인 구제역 조사담당으로 옮겨졌다"라고 한 보도이다.

조작과 기만

상징 정부는 쉽게 전문적인 사기꾼 정부가 될 수 있다. 언론에 대해 정부가 지닌 영향력은 정보의 힘이다. 언론은 정보를 캘 수 있지만 거기에는 비용이 따르고 에너지는 제한이 있다. 서로는 적대적인 관계지만 평등한 관계는 아니다. 정부는 감추려 하고 언론은 파헤치려 한다. 하지만 정부는 전체 통치조직이라는 더 많은 자원을 가지고 언론의 짧은 관심과 서사 모멘텀에 대한 갈증 — 결국 신문은 시장에서 팔려야 할 상품이기 때문에 — 을 이용할 수 있다.

보수 논객 마이클 고브Michael Gove 같은 많은 논평자들은 이러한 표리부동의 예로 이전의 추가 지출에 대한 발표들을 새로운 뉴스인 것처럼 되풀이하는 것을 든다. "알란 밀번이 다음을 발표했을 때 …… 병동 간호사들에게 5,000파운드를 지급해 환자들의 환경을 향상하기로 하여 환영을 받았다. …… 하지만

6주 후에 보건부는 위탁인들에게 그 정책은 그들의 자본 배당금을 삭감해 재정을 확보하기로 한 것이라고 알려왔다"(≪더 타임스≫, 2000년 11월 24일자). 수많은 예 중의 하나는 '간호사 상담'의 도입인데 이는 어디에서도 재원 확보가 예정되어 있지 않았다. 또는 권위 있는 고등교육 전문지 ≪타임스 고등교육 증보판≫(2000년 11월 24일자)은 정부가 학부모들에게 징수하는 의무 수업료를 고등교육에 대한 공공투자의 일부로 포함하기로 했다고 보도했다.

전쟁 장사

코소보

전쟁을 포함한 외교 정책은 국내 정책과 같은 방식으로 개조되었다. 긍정적인 면을 꾸며내어 유토피아적 목표를 향해 끊임없이 진보한다는 지배적 아이디어에 의해 움직이게 된 것이다. 신문들은 이미지에 대한 고려가 지금 어떻게 평화뿐 아니라 전쟁 행위를 통제하는지를 재빠르게 알아차렸다. 그래서 ≪선데이 타임스≫(1999년 7월 11일자)는 코소보에 알래스테어 캠벨Alastair Campbell과 40명의 보도대책 보좌관들이 '투입되어' NATO 본부에서 일관된 미디어 운영을 하게 되었다고 단언한다. 그리고 영국과 미국 정부는 NATO 선전기구의 방향전환을 시도했다. 특히 그들이 꾸며낸 이야기 중에는 세르비아 여단 전멸, 세르비아 대규모 탈출, 시민들의 불안과 알바니아인 10만 명 실종이 포함된다(≪선데이 타임스≫, 1999년 7월 11일자). 이런 조작을 하는 이들에 대해 자유주의 성향의 신문들도 심각한 비평을 내놓는다. ≪가디언≫(1999년 7월 12일자)의 알렉스 톰슨Alex Thomson은 보도관들이 하는 거짓말에 대해 비슷한 비난을 한다. "NATO는 프리스티나에서의 부정확한 폭격에 대해 거짓을 말하고 세르비아인들을 탓하려고 했다. 그는 견인차 호위대에 대해서도 똑같이 대처했다."

이라크

  아프가니스탄과 이라크에서의 전쟁들은 미국의 기술과 논박을 가지고 치러진 싸움이다. 무기들은 물리적일 뿐 아니라 수사적이었다. '악의 축', '의지의 연합', '대테러 전쟁'이 그 예이다. 그리고 얼마 지나지 않아 이 전쟁의 상대들까지도 공식적인 표현들을 사용하기 시작했다. 하지만 영국은 허위정보라는 분야에 뚜렷한 흔적을 남기는 데에 공헌했다. 그리고 허위정보로 인한 왜곡이 풍기는 악취에 대해 잦은 불평을 하는 신문들이 생겼다. 2002년 3월 22일 다우닝가는 아프가니스탄에서 생물학 무기 실험실이 발견되었으며 바그다드가 알카에다에 대량살상무기를 공급하고 있었다고 브리핑을 했다. 선정적인 신문 헤드라인에 비해 이를 부정하는 펜타곤의 성명은 너무 늦었다(≪인디펜던트≫, 1992년 3월 31일자). 같은 기사의 다른 예는 영국 해병특수전대가 서섹스의 해안에서 탄저균이나 폭발물질을 지닌 것으로 의심되는 화물선을 잡았다고 했다. "테러의 무적함대"와 같은 신문 헤드라인과 어떤 음모가 있다는 주장이 그치지 않았는데도 발견된 것은 설탕뿐이었다. 일관된 설명은 이라크 전쟁의 인과관계에서 영국의 거짓선전들이 지닌 역할을 밝혀줄 수 있을 것이다. 그리고 그런 역할은 영국 정부의 전체 사조가 프로파간다의 요구에 매수되었기 때문이라는 것도 드러난다. 조지 W. 부시의 정부 역시 비슷하게 '조작한' 정보를 공급한 것으로 알려졌다(폴 크루그먼, ≪뉴욕 타임스≫, 2002년 10월 25일자). 사담이 니제르에서 우라늄 5,000톤을 들여온다는 사이비 주장 하나만 있었던 것이 아닌 셈이다(≪가디언≫, 2003년 5월 30일자).
  이라크 전쟁 이후의 정치적인 위기 상황 ─ 그 위기의 본질은 상징 정부의 도덕적·행정적 부산물이다 ─ 에서도 상징 정부가 응당한 벌을 받았다고 할 수 있는지는 분명하지 않다.

또 다른 결과들

상징 정부는 단기적·장기적 결과를 낳는다. 상징 정부는 그 자체로 상징 정부에 길들이기이다. 사람들이 더 오래 노출될수록 그들은 상징 정부에 대해 더 많이 알게 되고 더욱 냉소적으로 변할 수 있다. 약속된 것과 실제 경험의 차이는 분명해진다. 이는 과거 소비에트 연방의 프로파간다가 보여준 예와 같다.

이들이 잠재적 결과의 전부는 아니다. 정부와 장관들이 지닌 시간이라는 에너지는 필연적으로 한정되어 있으며 오늘날 그중 많은 부분이 발표에 할애된다. 하워드 커츠(Kurz, 1998)의 『정보조작 주기 Spin Cycle』는 중요한 점을 알려준다. 이 설명에 따르면 클린턴과 그의 팀은 국내의 적들 – 화이트워터, 제니퍼 플라워스, 모니카 르윈스키 – 때문에 계속 화재 진압을 해야 했다. 미디어가 끊임없이 괴롭히면 정부는 오래가지 못할 이미지를 찾아다니는 현상이 미국 정부의 중대한 일 중 하나였다. 시민들이 일반적으로 기대하는 정부로서 적절하게 기능하지 못했다. PR 전투라는 수요에 몰두하다 보니 알카에다의 위협은 그저 발작적인 것으로 받아들인 것인가? 이것은 느슨한 판단이지만 상관이 없다고 말할 수 없는 것이다.

유권자의 일상생활에 매우 직접적인 영향을 주며 우려의 대상이기도 한 범죄·의료·교육·교통 문제를 해결하지 못한다는 인상을 남기는 것은 아무런 대책도 제시하지 못한 채 유권자의 분노만 자아낼 뿐이다. 직업 정치인과 그들의 공무원은 언어에 의해 일의 중요성이 구분되는 세계에 살고 있다. 하지만 효율적인 정치 조직체는 말로 세운 계획뿐 아니라 실행도 중요하다. 그리고 지금의 정부들에 부족한 것은 집행이다. 다우닝가의 '집행부서' 정책은 결국 또 다른 표현의 상징 정부가 되고 있다. 언어가 가능성을 표현하기 위한 도구인 대신 스스로 사건과 행동으로 변이하는 일종의 해결책이 되고 있다. 상징 정부는 의도와 집행을 혼동하고 이상이 언어를 통해 현실로 바뀔 수 있다고 가정한다. 아이디어를 효과적인 실행으로 옮기는 전문적인 운영지식은 축적된 경험과 그 경험으로부터 얻어낸 교훈에서 나오는 것이다. 하지만 이것들이 정치인과 관료의 삶과는 동떨어진 경우가 많다. 그들은 행동의 내용보다는 행동의 상징에 숨어들어간다. "그래서 캠벨은 자신이 초등학교에서 계산기 사용을 금지했다는 것을 기자들에게 알렸다. 그것 말고는 한 것이 없다."

영국 정부는 그동안 특정 견해를 조장하는 일에 너무 몰두했음을 인정했다. 그리고 이를 중지하고 대중과 솔직하게 통할 것이라 약속했다. 이렇게 스스로 인정하는 전략은 그저 '자백전략'일 뿐이다. 결국 최종적인 정보조작은 조작을 비난함으로써 자신의 알리바이를 만드는 것이다.

'상징 정부'는 그러한 운영 방법에 대한 이름이 아니라 태도에 대한 이름이다. 그 조직의 핵심 체계이며 본질이고 로드맵이다. 핵심 역량이 머무는 곳이며 존재 방식이다. 그리고 상징 정부는 통치보다 쉽다. 보수당의 시민헌장안과 노동당의 개인학습계좌 계획은 모두 실패했다. 그런 아이디어는 내용을 갖추고 영감도 줄 수 있지만 적합하지 못한 실행으로 실패한다. 정부가 새로운 정책보다 새로운 수사적 장치를 더 만들기 쉽다고 생각할 때 진짜 해결해야 할 문제들은 무시된다. 말을 잘하는 능력은 정치적 상상력보다 더 갖추기 쉬운 능력이다. 이미지적 정교함은 관리자로서의 무능함 곁에 자연스럽게 함께한다. 그 무능함의 예는 80억 파운드짜리 영국 구제역 사태에서의 집단적 무능력이다. 커뮤니케이션은 아디이어와 이데올로기가 없는 자리를 채우는 것으로 보인다. 캠페인 전문가와 아마추어 정치가들의 세계인 것이다. 그런데도 이렇게 상징 정부를 선호한다는 평가의 관점에서 보면 블레어가 임기 후반에 조지 W. 부시의 이라크 정책을 지지함으로써 인기를 잃은 것과 더 심하게는 고등교육비 정책은 불가해한 사건이며 상징 정부와의 의절로 보인다. 대중의 호의에 완전히 몰두하던 사람이 그렇게 심술궂게 그것을 위험에 빠뜨릴 수 있었는지에 대해서는 쉽거나 단순한 설명이 없다. 너무 오래 권력을 잡고 있어서 자만에 빠졌다는 점 정도가 있을 뿐이다.

제4부 전쟁 마케팅

9·11과 전쟁
Nine-eleven and war

아프간 전쟁의 시기에 이르렀을 때 미국은 선전기관들의 기능이 정지했음을 깨달았다. 그와 동시에 의심의 눈초리를 보내고 있는 세계에 전쟁을 선전해야 하는 현실에 처했다. 탈레반 디스토피아와 동굴에 사는 알카에다가 먼저 손을 쓴 것으로 보였다. 그들은 큰 충격을 받은 국제사회를 허무주의의 무대로 끌어들였다. 거기에는 그들만의 독특한 테러리스트 비디오 시리즈와 오사마 빈라덴이라는 스타가 있었다. 상징을 잔뜩 품은 그의 다양한 역할은 상대를 위협할 뿐 아니라 자기편을 모집하려는 것이기도 하다. 그래서 미국은 전쟁을 정당화할 필요가 생겼고 전시정보국을 만들어 전 세계에 걸친 캠페인을 이끌게 했다. 어느 정도의 성과는 이뤄냈지만 한때뿐이었다. 선전 임무의 중요성 또는 좀 더 심층적인 문화적 연계의 필요성을 인식했다는 기미가 보이지 않았다.

공포를 판매하기

오사마 빈라덴의 시각적 수사

이 장은 오사마 빈라덴의 선전 전략들이 기본적으로 언어적이기보다는 현대적 상황에 대한 놀랄 만큼 현대적인 통찰에 기반을 둔다고 주장한다. 그 현대적 상황이란 시각적으로 만들어진 이미지에 대해 전 세계 대부분의 젊은이가 반응한다는 것이다. 그의 악명 높은 비디오테이프들에서 이미지는 언어보다 더 중요하다. 그들은 가장 영향력이 있는 기호들은 언어적인 것이 아니라 시각적인 것이며 활자화된 말이 아니라 움직이는 이미지라는 인식에 기대고 있다. 빈라덴은 특히 다음 네 가지 기술들을 매우 효과적으로 활용한다는 주장이 있다.

1. **잘못된 책임 돌리기**. 미국은 중동의 이슬람인들이 경험한 모든 좌절·실패에 책임이 있다.
2. **반향이론**. 아랍이 가슴 깊이 느끼고 있는 불만인 그들의 무기력함은 빈라덴의 방송에 의해 강조된다. 시청자들의 마음속에 사무친 원한을 그래픽으로 드러내는 것이다.
3. **역할 수행**. 전사 - 성직자의 역할에서는 생략되는 역할을 연속적이며 얼마간 의식처럼 연기하는 것.
4. 빈라덴의 방송은 프로파간다 주제 중 가장 오래된 주제에 초점을 맞춘다. 모든 문화에서 공통적으로 드러나는 호소인 잔악함과 그에 대한 복수의 프로파간다이다.

탈레반과 알카에다에 대항한 전쟁은 물리적인 전쟁이지만 그 이면에는 프로파간다 전쟁이 놓여 있다. 미국은 엄청난 규모의 설득 임무에 마주했다는 사실을 점점 더 확실하게 알게 되었다. 국제적인 연합을 만들어 유지해야 했다. 파키스탄 정부의 지지는 결정적이기 때문에 그들이 납득하게 해야 했다. 하지만 노골적이어서는 안 되었다. 과격론자의 방해를 받을 것이기 때문이었다. 중동과 더 나아가 무슬림 세계는 중립을 지키도록 만들어야 했다. 그리고 이것이 이슬람에 대한 전쟁을 시작한 것이 아니라고 인식시켜야 했다. 아프간인에게는 전쟁이 그들에 대한 것이 아니라 탈레반을 겨냥한 것이라고 생각하게 할 필요가 있었다. 이러한 설득의 임무 중 어느 하나라도 실패하면 전쟁을 수행하는 데 부정적인 영향을 끼칠 것이 분명했다. 상상하기는 힘들지만 그 임무들이 모두 실패한다면 결과는 완전히 파괴적일 것이다. 우리가 직면한 것은 인류사에서 가장 예기치 못한 PR 캠페인이라는 인식이 떠올랐다는 사실이다. 테러리스트들이 공공연하게 자주 의사표현을 할 수 있게 되었다. 공포 마케팅은 타밀 반군과 ETA 또는 IRA 모두 예전에는 한 번도 시행하지 못했다. 어떤 테러 단체도 이처럼 '이야기'하거나 극적인 대량학살 행위에 알리바이를 제시하지 않았기 때문이다. 과거에는 테러 행위 자체가 그대로 자신들의 의사표시였던 것이다.

잘못된 책임 돌리기

빈라덴의 명제는 미국과 그 대리인이 무고한 이들과 이슬람교도들을 살해했다는 것이다. 팔레스타인의 운동은 빈라덴 시리즈에 상대적으로 나중에 참가했다. 하지만 그것은 훌륭한 역할을 해내고 있다. 그의 작업은 기이할 정도로 비난의 문화에 집착해 투사 - 귀속의 오류를 범하기 때문이다. 미국 및 빈라덴이 미국에 부여한 죄악들이 아랍의 집단적인 실패와 좌절에 대한 원인으로 설명된다. 그리고 혼란스러운 현상에 대한 보편적인 설명으로서 그 명제의 단순 명료함은 이를 최고 수준의 프로파간다로 만든다. 지식인들의 간섭을 피하기 때문이다. 그 비디오들은 수사가 기술적으로 정교하며 시청자들은 현대적인 이미지 해독력을 갖출 것으로 가정함으로써 논평자들을 놀라게 했다. 여기에다 빈라덴이 여러 가지 역할을 해낸 것이 테러리스트 미니시리즈의 핵심 구성이 되었다.

반면에 미국의 전략적 보도 목적은 국제적인 무슬림, 특히 아랍 무슬림 여론을 중립으로 만드는 것이었다. 1년 이상 지난 두 번째 인티파다가 이스라엘과 더 나아가 미국에 대한 지독한 혐오를 낳았다는 판단이 있었다. 알자지라는 팔레스타인인들의 고통을 암울하게 보여주는 이미지들을 중계했고 미국은 아랍 친구들을 잃은 것처럼 보였다. "미국의 정부 당국자가 중동의 라디오나 알자지라에 나와서 한 말이 의도와는 상반된 반응을 불러일으키지 않기가 힘들다"(시블리 텔하미 Shibley Telhami 교수, ≪뉴욕 타임스≫, 2001년 11월 11일자). 아랍 여론은 이라크에 대한 미국의 대응을 보고 더욱 멀어졌다. 특히 치료를 받지 못하고 방치된 이라크 아이들의 죽음은 파급력이 컸다.

보도 사건으로서의 빈라덴은 20세기 후반 비디오와 위성이라는 보도혁명의 두 가지 기술적 진보가 만들어낸 결과물이다. 그를 만들어낸 또 하나의 주체는 CNN을 닮은 전 아랍 뉴스방송이 20세기의 마지막에 단일 기업으로 세워진 것이다. 알자지라는 원래 BBC에서 계획했다가 시행하지 않은 프로젝트였고 BBC의 가치기준을 따른다고 주장한다. 처음의 실패 이후 방송사는 카타르 국왕의 지원을 받았다. 알자지라는 경쟁이 심한 시장에 내놓은 상품이며 동시에 정치적 혁명인 것으로 증명되었다. 초국가적 미디어가 있는 현재 아랍 정부가 더는 정보 보급을 통제하지 못한다. 그러한 미디어는 정부 규정 대신 시장 원리를 따른다. 그리고 미국은 알자지라를 괘씸하게 여기며 보도에 편견이 있다고 비난했다(≪데일리 텔레그래프≫, 2001년 10월 11일자).

공포를 팔기

하지만 미국의 프로파간다는 처음부터 먼저 시행하는 것이 아니라 반응하는 것이었다. 텔레비전의 중요성을 인정하지도 않던 탈레반의 후원을 받는 알카에다가 도발의 수사를 지닌 일련의 선전 비디오테이프들을 만들어 정기적인 간격으로 갈등을 강조했다. 알자지라라는 통로가 있기에 가능했다. 이 테이프들은 ― 이들 중에는 훈련비디오와 9·11 이전에 촬영된 많은 이미지가 포함된다 ― 미국에 대한 적의의 광시곡이었다. 잔악함에 대한 고전적인 프로파간다 교본에서 그대로 베껴온 꼭 맞는 장면을 보이는 것이다. 특히 팔레스타인 소년 모하메드 알 두라의 죽음이 그런 예이다. 그 목표는 새로운 조직원을 모집하는 것이고 또 다른 목표는 이슬람의 여론이다. 그리고 서방 세계도 타깃이 된다.

오사마 빈라덴의 선전 주제들

빈라덴 프로파간다가 호소하는 것은 장르를 새로운 방향을 이끌기보다는 정형화한다. 그들은 그 역사 속에서 반복되는 보편적인 유형을 보여준다. 잔악함, 복수, 유토피아, 타자성과 적들, 이분법적 세계질서, 잘못된 책임 돌리기, 공포 호소와 조작이 빈라덴 텍스트를 요약한다. 그래서 빈라덴은 그 전달 방법이 독창적인데도 내용상 혁신자는 아니었다. 이와는 반대로 그는 과거의 진부한 표현 스타일을 다시 생각나게 했다. 수많은 혁명 운동가들과 선동 조직 및 전체주의 정권의 수사적 잔해를 되살렸다.

공포 호소

물론 9·11이 있었다. 만약 테러리즘이 극단적인 형태의 프로파간다라고 한다면 9·11은 인간이 창조한 가장 극단적인 테러리즘의 표현이었다. 바쿠닌은 빈라덴도 분명 동의할 의미의 '행동의 프로파간다'를 이야기했다. "이 젊은이들은 …… 뉴욕과 워싱턴에서 행동으로 말했다. 세계의 다른 곳에서 있었던 모든 연설을 무색하게 하는 연설이었다. 아랍권과 비아랍권 및 심지어 중국인들까지도 이 연설들을 이해했다"(≪더 타임스≫, 2001년 12월 14일자). 공포는 빈라덴의 반미전략에서 핵심적인 주제였다. 그의 '손가락질하는' 대변인 아부 가이스Abu Gaith는 영국에 잔악한 응징을 미국에는 '비행기 폭풍'을 주기로 약속했다(≪선데이 타임스≫, 2001년 10월 14일자). 하지만 공포에 호소하는 프로파간다는 역효과를 낼 수 있다. 비행이 아니라 전투가 발생하는 것이다.

잔악함 프로파간다

잔악함에 대한 프로파간다는 모든 프로파간다 중에서 가장 탄력성이 높다. 나치는 폴란드가 게르만족에 잔악한 행위를 한다는, 확인되지 않은 이야기로 그들의 1939년 9월 폴란드 침공을 정당화했다. 이 잔악함 선전 — 결국 이것이 빈라덴 케이스의 주요한 동원 장치이며 감정적인 핵심 — 의 아이러니는 그것이 본질적으로 전 국토에서 발생한 민간인 3,000명의 죽음에 조력자로 나타난다는 것이다. 범죄의 거대함 뒤로 거짓의 거대함이 따랐다. 두 개의 거대한 건물을 방금 완전히 파괴한 조직이 이제는 미국을 국제적인 정신병자로 묘사하려고 한다. 만약 이를 신뢰할 수 있다면 그 힘은 의심할 수준을 넘어선다. 군대는 행동에 나서고 시민들은 궁핍함을 견뎌낼 수 있다. 빈라덴 서사들은 실제와 가상의 잔악함을 지속적으로 암송하는 것이다. 예를 들어 이스라엘인에 의한 성폭행 사건이 발생할 가능성은 수사적인 것이다. 하지만 그는 이렇게 얘기한다. "당신의 누이가 순결하게 잠자리에 들었으나 더럽혀진 채 일어난다. 유대인들에 의해 강간을 당한 것이다." 빈라덴은 우리에게 연민, 분노와 공포의 불협화음을 공급한다. 이러한 사진의 연속은 패스트 컷,* 겹치기와 대각선 같은 장치들로 더 정교하게 만들어진다.

그리고 모하메드 알 두라가 나온다. 기관총 사격 개시. 대각선이 화면을 가르고 아버지의 고뇌하는 얼굴이 비춰진다. "모하메드." 깊고 로봇 같은 목소리로 말한다. 그리고 공포에 입을 다물지 못한 모하메드 알 두라가 우리 앞에 스친다. 이어서 이스라엘인들이 한 건물을 포격한다. 그 건물에는 오사마가 겹쳐놓은 비참한 이미지가 있다. 20분 동안 12번 나오는 이 이미지는 그 소년이 가엾게 몸을 웅크린 채 아버지에게 기대고 있는 사진이다(Magnet, 2001).

---

* 일련의 짧은 화면들을 연속적으로 병치시키는 편집. 관객이 흥분하거나 자극을 받도록 유도하는 경향이 있다.

복수

복수는 문화적인 텍스트에서 항상 중요하게 자리 잡고 있다. 영국 제임스 1세 시대 희곡의 중요한 주제일 정도로 유서 깊고, 할리우드 상품과 대다수 문화권의 연출 기법으로 계속 사용될 정도로 보편적이다. 빈라덴이 감정적인 호소의 도구로 복수의 힘을 활용하고자 하는 것은 전혀 놀랄 만한 일이 아니다.

빈라덴의 수사는 근본적으로 부당한 범죄에 대한 정당한 처벌이라는 복수의 수사이다. 9·11 공격은 '굴욕과 수치'의 수십 년에 대한 대답이었다. 빈라덴은 이슬람이라는 관객에게 반향을 얻어낼 수 있는 주제를 골랐고 팔레스타인 문제는 예언자의 땅에 대한 침해라는 그의 관심과 접목되었다. "나는 신에게 맹세한다. 팔레스타인에 평화가 찾아오고 모든 이교도 군대가 모하메드의 땅에서 떠나기 전에는 미국이 평화롭게 사는 날은 오지 않을 것이다. 그에게 평화가 있으라"(≪데일리 텔레그래프≫, 2001년 10월 9일자). 복수하라는 요구이다.

아버지 부시와 콜린 파월Colin Luther Powell 이 모두 스크린에 나타난다. 경계하던 한 인물이 카우보이처럼 총을 뽑기 위해 겉옷에 손을 넣는다. 그는 웅크리면서 화면을 향해 총을 쏜다. 군인다운 리듬이다. 콜린 파월의 얼굴을 연기가 가린다. 컷이 바뀌고 워렌 크리스토퍼와 클린턴 대통령이 나온다. 쾅! 클린턴이 클로즈업되고 그의 만족을 표시하는 습관적인 미소가 보인다. 총잡이의 그림자가 클린턴의 얼굴을 가린다. 탕!(Magnet, 2001).

거의 모든 문화권에 존재하는 복수에 대한 결정적인 근거는 궁극의 부적이라고 할 수 있는 살해당한 아이이다. 그리고 남겨진 부모의 지울 수 없는 고통이다. "소년의 생기 없는 시신으로 장면이 바뀌고······."

토니 슈워츠(Schwartz, 1973)가 제시한 커뮤니케이션의 반향이론은 왜 그러한 호소가 효과적인지를 밝혀줄 수 있다. 슈워츠는 설득적 텍스트는 공동 제작이라고 주장한다. 저자는 그저 이미 존재하고 있는 감정과 생각을 표면화하고 이를 보는 사람을 노동력으로 활용한다. 이렇게 마음속에 울리는 반향이야말로 빈라덴이 얻어내려는 것이다. 그는 젊은 이슬람 청중에게 정당성, 결합력 및 방향을 제시하기 위해 팔레스타인의 고통과 이라크 아이들에게 초점을 맞춘다. 그리고 코란을 인용해 이를 수식하고 적절한 아랍어로 표현한다. 그래서 이들이 반향을 일으킨다. "빈라덴의 매력 중에는 그의 수수함, 능변과 뚜렷한 정직, 그리고 그가 경건한 삶을 위해 자신의 부를 포기했다는 가정이 포함된다"(≪선데이 타임스≫, 2001년 10월 14일자).

순수와 타락

결백함의 개념은 프로파간다에 흔히 나타난다. 이데올로기적·인종적·제국적 순결함이라는 생각은 지난 2세기 동안의 프로파간다 주제 중 하나였다. 예를 들어 공산주의는 그 순수함을 위협하는 적 — 부르주아 수정주의자, 스탈린의 부농 — 을 계속 만들어냄으로써 공산주의 이데올로기를 빛내려 했다. 나치 팸플릿에 나타난 "당신의 피를 순수하게 지켜라"(Herzstein, 1978)는 이치에 맞지 않을 정도의 완벽함에 대한 추구가 필요한 상황을 요약적으로 보여주고 있다.

빈라덴의 비디오 수사는 순수와 타락이라는 개념들로 윤색되었다. 이 하나만 봐도 그것은 히틀러의 수사와 닮아 있다는 사실을 알 수 있다. 히틀러는 페스트의 은유 등을 만들어냈던 것이다. 결백하다는 생각은 유토피아 또는 완벽한 사회라는 개념과 직접적으로 연결된다. 그리고 이는 실제로 그 열기를 더해가며 알카에다의 군대인 탈레반이 이 세상에서 만들려고 하는 것이다. 실제로 순결주의에 의한 지배인 것이다.

환상

빈라덴 비디오를 진부한 주장이나 메시지로 취급한다면 우리는 잘못 판단하는 것이다. 오히려 그들의 이미지 과장법은 이슬람 세계와 특히 아랍 여론이 주권과 절대성의 자극적인 최면제를 소비하도록 초대하는 것이다. 그리고 그들은 이런 방식으로 20세기의 프로파간다 활동이 보여준 감정적인 핵심을 그저 영속하고 있다. 무솔리니의 '새로운 로마'부터 마오쩌둥의 문화혁명, 그보다 자유주의적인 것으로는 드 발레라의 '성자와 학자들의 땅'이 대표적인 활동이다.

타자

신입회원 모집 비디오는 미국인과 유대인을 '원숭이들과 돼지들'이라 비난하면서 모든 '이교도들'을 죽이라고 요구했다(≪선데이 텔레그래프≫, 2001년 10월 21일자). 그리고 이는 인간성이 말살된 '타자'를 만들어냄으로써 가능하다. 9·11에 의해 죽은 이들은 단순히 '적'인 것이다. 모하메드 알 두라의 고통과 죽음은 '실재'이고 여객기에 타고 있던 아이들은 통계치일 뿐이다. 이런 터무니없는 자기중심성은 그 이미지를 만들어낸 이가 스스로 이해한 바를 넘어선다.

이원적 세계

'충실한 신도의 진영과 이교도들의 진영'이 구분된 세계인 이원적 우주관이라는 컨텍스트가 꼭 확립되어야 했다. 이처럼 양극대립하는 이분법적 세계 이미지는 설득하는 논쟁의 형태에서는 일반적인 호소 방식이다. 예를 들면 선택된 자와 버려진 자의 대립이 낳는 열기와 보통 연관된다. 칼뱅주의는 주류 종교에서의 예이다. 적에는 모든 선량한 무슬림이 모두 일어나 싸워야 할 미국뿐 아니라 부패한 아랍정권도 포함된다. 그들은 코란이 저주한 '학살자들을 후원하는' 위선자들이기 때문이다.

힘 그리고 영향력

미국 논평자들은 빈라덴 비디오를 두려워하기 시작했다. 빈라덴의 프로파간다 기술은 프로급으로 보이기 시작했다. 조지 W. 부시의 발언에 거의 즉각 반박하는 그의 능력을 논평하면서 ≪뉴욕 타임스≫의 프랭크 리치 Frank Rich가 생각을 밝혔다. "신중한 연출과 대담한 타이밍 및 교묘한 메시지를 통해 미국 대통령이 군대를 전투에 파병한 당일 빈라덴은 그를 압도했다." 리치에 의하면 빈라덴은 동굴에 머물고 있을지는 몰라도 그가 원시인은 아니라는 사실을 지속적으로 상기시키고 있다(≪가디언≫, 2001년 10월 15일자). 많은 이들이 그가 "무슬림 세계에서 프로파간다 전쟁을 이기고 있다"라고 두려워한다(안톤 라 가디아Anton La Guardia, ≪데일리 텔레그래프≫, 2001년 10월 9일자). 사실 비디오의 영향력은 무슬림을 설득하는 데 있지 않고 서구인에게 그들이 힘을 지녔다고 믿게 하는 데 있다. 저널리스트들은 빈라덴이 "무슬림 세계를 통틀어 가장 인기 있는 인물"이라거나 다른 허튼소리를 했다. 저널리스트들은 미국 입장에 선형편없는 설명에 대해 이야기하기 시작했다. 미국 정부는 빈라덴 비디오를 막으려 했다(≪가디언≫, 2001년 10월 15일자). 그래서 다섯 개의 주요 뉴스 네트워크가 빈라덴의 미디어 급습을 다루지 않기로 약속했다(≪가디언≫, 2001년 10월 12일자).

그렇다면 아랍 여론이라는 원래의 홍보 대상에는 어떤 실제적인 영향을 끼쳤는가? 사실 아랍의 분노가 실제적으로 어느 정도인지를 측정하기는 힘들다. 심지어 ≪뉴스위크 인터내셔널≫의 편집장 페로즈 자카리아Feroze Zakaria는 "처음 며칠이 지난 후 그들의 항거는 미미한 수준이었고 단지 1,000명 정도가 모였을 뿐이었다"라고 주장했다(≪데일리 텔레그래프≫, 2001년 12월 1일자). 그는 "대부분의 무슬림은 그들의 신념과 근대성을 결합하려고 노력하고 있으며 중세의 유토피아를 쫓는 환상가를 따르고 있지 않다"라고 결론 내린다.

빈라덴의 프로파간다 기법들

시각적인 수사

이 테이프들은 보편적인 기호로서 즉각적으로 이해·인식할 수 있는 이미지의 언어로 구성되어 있다. 그래서 구어의 언어적 장벽을 초월한다. 줄리아 마그넷(Magnet, 2001)에 의하면 "빈라덴은 그의 비디오를 위해 정교한 기법들을 강탈했다. 가이 리치, 실베스터 스탤론과 스필버그가 모여 영화를 만들어 성전을 치르는 것과 같다". TV 시청자들은 순박함의 이미지를 담은 테이프들을 보았다. 하지만 줄리아 마그넷에 의하면 그렇지 않다. 빈라덴의 미디어 팀은 MTV 세대의 기법에 숙달했다. "이제 미국 국기를 패러디해 스크린의 양쪽에서 수수께끼 같은 줄들이 나타나고 마침내 두 전사가 워렌 크리스토퍼를 위압하는 장면으로 이어진다. 탕! 탕! 휙. 이미지가 사라지고 화면이 돌더니 마침내 …… 오사마 빈라덴이 나타난다." 줄리아 마그넷은 반복 기법을 지적한다. 이스라엘인들의 잔인한 행위를 '자꾸자꾸' 보이는 것이다.

조작

빈라덴의 설명은 어떤 객관적인 진실과는 거의 상관이 없었다. 예를 들어 미국인이 무슬림을 죽이는 것과 성지를 '8년'간 신성모독했다는 이야기들이 그렇다(≪데일리 텔레그래프≫, 2001년 10월 9일자). 더욱이 그런 이야기는 조작된 경우가 많다. 같은 사건이 다른 각도에서 녹화되어 여러 건의 잔학 행위를 차례로 보여주는 인상을 줄 수 있기 때문이다.

오사마 빈라덴의 다양한 역할

마그넷(Magnet, 2001)은 그의 절제된 몸의 움직임이 복잡한 것보다 더 힘 있는 이미지를 고양한다고 주장한다. 영향력이란 정지 상태에서는 철석같은 의지에 못 미친다. "그의 몸짓언어는 부드럽고 잘 정제되어 있다. 그의 오른손만 움직이며 그조차 그의 몸에서 6인치 이상 벗어나지 않는다. 다른 프로파간다에서는 쉽게 볼 수 있는 주먹을 흔드는 장면을 거의 찾아볼 수 없다. 그가 그렇게 한다는 것은 참을 수 없는 분노가 치밀었을 때이다. 그의 대의는 매우 분명해 그가 분노를 표현하는 마임 쇼를 할 필요가 없다."

문화이론가들은 클린트 이스트우드의 연기에 대해 "서툴러서 말을 잘하지 못한다고 하지 않고 기고 있게 말을 억제한다"라고 말해왔다(Kellner, 1995). 그리고 같은 설명이 여기에도 적용될 수 있다. 빈라덴이 선 무대의 영향력은 많은 부분 빈라덴의 가면 같은 얼굴이라는 특성에 있다. 다른 세상에 있는 듯한 자세의 가짜 신비주의는 배우와 성자를 합쳐야 하는 연출의 일부이다. 마그넷은 이렇게 말한다. "당신을 잡아끄는 것은 바로 눈빛이다. 다른 세상에 있는 듯 반짝이는 눈빛은 내게 찰스 맨슨Charles Manson을 상기시킨다. 그들의 눈은 절대 카메라를 보지 않는다. 그것은 마치 그가 이 세상을 바라보지 않는 것과도 같다. 오직 영적인 면만을 보는 것이다."

소설가 존 르 카레(Le Carré, 2002)에게 빈라덴은 완전한 나르시시스트이다. "그에게는 거의 억누를 수 없는 남성성 과시와 세간의 주목을 바라는 은밀한 열정이 있다. 그리고 아마도 이것이 그의 파멸을 가져올 것이다. 오사마 빈라덴 스스로 대본, 제작, 감독 그리고 연기까지 하는 자기 파괴 연극의 마지막 장으로 자신을 끌어들이는 것이다." 르 카레에게 빈라덴은 '호모에로스적 자아도취'에 빠진 남자이다. 그리고 배우이기도 하다. "러시아 경기관총 칼라슈니코프를 들고 포즈를 취하며 성서에 의거해 배우가 렌즈를 인식하는 자존심을 보이는 몸짓으로 자신을 표현한다. 그는 키도 크고 잘 생겼으며, 기품·지성과 사람을 끄는 매력이 있다. 세계에서 가장 섹시한 도망자만 아니라면 하나같이 위대한 특성이다."

빈라덴은 다소간 의식과 같은 여러 가지 역할에 맞는 의상이 있고 이는 무대의 소도구에 의해 명확히 표현된다. 그는 무엇보다도 군인으로서 게릴라 자유투사 빈라덴이다. "녹색 전투복에 하얀색 터번을 두르고 소총은 그의 뒤에 있는 바위에 기대놓은 신자이자 투사의 이미지이다"(≪데일리 텔레그래프≫, 2001년 10월 9일자). 그리고 사라센 수장으로서 흰색 아랍 군마에 길게 늘어진 옷을 입고 올라가 있는 사막의 왕자이다. 빈라덴은 그와 자신의 부족의 명예를 위협하는 것은 누구든지 파멸시키는 자이다. 또 그는 학자가 되기도 한다. 경건한 문구를 가득 적은 배경에서 카메라를 응시하는 것이다. 그리고 또 자주 등장하는 것은 공상가적인 성자이다. 개인적인 영지에 둘러싸인 그의 영혼이 파라다이스의 약속으로 날아오르는 것이다. 또는 성스러운 전사이자 사제라는 종합적인 역할이 있다. "이슬람 경전을 암송하는 그의 옆에 있는 바위에 소총이 비스듬히 세워진 모습은 그대로 꾸밈없는 성스러운 전사이다." 이러한 조합은 오늘날 서구인의 눈에는 낯설게 보일 수 있다. 하지만 우리가 서양사의 먼 과거로 돌아가보면 정확히 그러한 경우를 찾을 수 있다. 말 그대로 싸우는 사제들인 템플러 기사단이 바로 그 예이다.

빈라덴은 캐슬린 홀 제이미슨Kathleen Hall Jamieson이 '여성적 수사'라고 표현한 특성과 유사성을 지녔다고 말할 수 있다. 제이미슨은 그런 수사가 텔레비전이 조정하는 커뮤니케이션 환경에서는 가장 설득력 있는 스타일이라고 주장한다. 그 스타일은 베니토 무솔리니와 같은 인물이 보여준 과거 부자연스러운 연설투의 '남성적' 스타일과 대비된다. 그녀가 지적한 친근함과 자기폭로의 기준이 되는 특성에는 맞지 않지만 빈라덴은 분명 연설투 화법과는 반대되는 스타일을 보인다.

비디오테이프들의 한계

빈라덴의 비디오테이프는 종교와 전통을 전략적으로 동원하는 것을 의미한다. 서구권의 많은 사람들은 그들의 이미지를 문화적으로 알아듣지 못한다. 그리고 물론 빈라덴의 아랍어가 지닌 영향력에 대해서도 무지하다. 테이프 원본은 알자지라의 아랍 시청자에게만 보인다. 서구권의 사람들이 보는 것은 잘 편집된 영상들이다. 우리를 도발하려는 자세를 취한 적의 응집된 이미지인 것이다. 그것 역시 미국 정부가 중단을 요구하고 나면 얼마 지나지 않아 볼 수 없게 된다. 그래서 그 비디오의 서사적 힘은 우리에게 아무것도 주지 못했다. 또는 그 정교한 의미를 파악할 수 없었다.

요컨대 설득해야 할 두 종류의 대상들이 있었다. 전 세계 이슬람들 특히 아랍 여론이 하나이고 미국과 그 동맹국들이 다른 하나였다. 이슬람의 여론을 향한 목표는 비인간적인 '타자'로서의 적을 만드는 것이었다. 이는 잔악성 선전과 그에 수반되는 분노와 좌절의 감정이라는 도구를 통해 이루어졌다. 더 크게는 선과 악, 신성함과 타락함으로 나뉜 이분법적 세계의 구도를 만들어냈다. 다른 대상인 미국에는 공포 호소를 보냈다. 테러리스트들의 힘을 더 많이 보여주는 것이다. 또 하나 기억해야 할 것은 테이프들이 9·11이라는 자존심의 상처를 치유하려는 미국의 시도를 조소하는 형태를 띠었다는 것이다. 하지만 미국을 위협하지 못하고 격분만을 일으켰다. 그리고 그 전까지는 미국의 힘을 동원하지 못하게 했던, 파병에 따르는 군 손실 위험부담을 감수하도록 이끈 것이다.

설득의 한계? 전쟁 판매

2001년 10월 6일자 ≪이코노미스트≫의 보도이다. "또 다른 종류의 전쟁이 이미 시작되었다. …… 그것은 프로파간다 전쟁이다. 이 말은 거짓의 확산이라는 경멸적인 의미를 담고 있다. 이 경우에 미국의 임무란 진실과 동기, 의도, 이스라엘과 이라크에서의 과거 및 현재의 활동, 이슬람에 대한 시각을 퍼뜨리는 것이다." 9·11 이후 한 달이 지나고 미국의 설명이 효과적인지에 대한 우려가 수면 위로 올라오기 시작했다. "프로파간다 전쟁은 실패할 위기에 처해 있고 미국도 그것을 알고 있다. 그 전투기들이 아프간의 하늘을 통제할지는 몰라도 공중파 방송에 대한 장악은 포기되었다"(≪선데이 타임스≫, 2001년 10월 14일자).
미국은 외부적으로는 실제적인 커뮤니케이션 문제를, 내부적으로는 잠재적인 커뮤니케이션 문제를 지니고 있다. 공통적인 피해의식에서 오는 대중의 공포 분위기가 이내 애국심으로 바뀌었다. 하지만 미국의 통치자들은 어느 순간이라도 이런 확장된 충성심을 잘못 다룰 수 있고 전국적인 신뢰를 잃을 수 있다. 불확실한 시작 이후에 그렇게 되지는 않았다는 것은 그들의 프로파간다 기술 덕분이다. 하지만 더 넓은 외부 세계에 비슷한 감명을 주지는 못한 것은 그런 기술의 한계를 보여준다. 요컨대 이 상황에서 미국 지도자들이 생각하는 커뮤니케이션이란 그들이 해오던 정치 캠페인과 그들이 자란 소비주의 상황을 반영한다. 대통령 선거의 작전실을 운영하던 이들이 핵심적인 역할을 맡았다. 그리고 이런 영역에서 배웠던 기대, 의견수렴, 반격의 에너지와 효과적인 시각적 이미지의 생산과 같은 교훈들이 그 이후 미국이 보인 반응의 성격을 규정했다. 이전의 정치 고문 존 렌던John Rendon은 일종의 프로파간다 '하도급' 계약자(프랭클린 포어, ≪뉴 리퍼블릭≫, 2002년 5월 20일자)로 고용되었다. 그 개념적인 한도 안에서 이 접근법은 효과를 낸다. 그날그날의 메시지를 전달하고 미국 치누크 헬기의 추락과 마자리 샤리프 지역에서 미국이 잔악 행위를 저질렀다는 주장들을 공격하는 것이다.

이것은 전투를 이기는 커뮤니케이션 접근이지 전쟁을 이기기 위한 것은 아니다. 전술일 뿐 전략이 될 수는 없는 것이다. 무슬림 세계의 항구적인 태도 변화가 어려운 문제인 것이다. 보통 생각하는 프로파간다와 마케팅으로는 그러한 대규모의 소외감이 완화될 수 없다. 그래서 이는 전통적인 프로파간다의 한계를 보여주는 시기적절한 사례연구이다. 정치적인 창의는 효과를 내기 위한 필수적인 조건이 되었기 때문이다. 정책과 프로파간다는 개념적으로 떨어져 있는 것이 아니라 혼재된 것이다. 아디이어와 독창력은 잘 전달될 수도 있고 그렇지 않을 수 있지만 그것들이 없다면 우리가 지닌 모든 것이 공허한 말만 남게 된다. 그리고 프로파간다를 정치 캠페인의 마케팅 선전 활동 수준보다 더 높여주는 그에 대한 좀 더 성숙한 생각은 문화적인 것과 맞물려야 한다. 인터뷰와 비디오 우편엽서가 아니라 그보다는 교실에서 그리고 도서관을 통해 전도할 수 있는 선전이 필요한 것이다.

내부: 상징과 신화의 국내전선 전술

9·11에 대한 미국 정부와 국민의 감정적인 반응은 문화와 전통을 전략적으로 동원한다. 어느 시대에나 애국심을 선전하는 근저에 국가 정체성을 일깨우

고 이에 의미를 부여하는 신화와 상징이 작동했다. 국가가 전쟁을 하게 되면 그러한 상징 숭배에 다시금 정당성이 부여되고 또 한 번 대중적으로 통용된다.

FBI는 가장 오래된 전략 중 하나인 현상 수배 리스트를 이번에는 알카에다 용의자들을 대상으로 만들었다. 빈라덴과 그의 오른팔이 전단의 머리를 차지했다(≪데일리 텔레그래프≫, 2001년 10월 11일자). 옛 서부의 언어로 표현해 '사살 또는 생포'를 상관하지 않고 빈라덴을 잡아들이라는 조지 W. 부시의 요구는 지금의 분투를 옛 변경의 명예나 단순한 확신과 연결시키는 것이다. 그것은 초기 오류가 존재했는데도 필요했기 때문에 환영을 받은 수사였다. 조지 W. 부시는 전쟁을 무한정의 작전이라 명명하면서 '십자군'에 비유했는데 빈라덴은 이를 '유대인들과 십자군 전사들의 연합'이라고 지칭하는 데 사용했다. 미국 일반 대중과의 대화는 미국의 전통적인 상징들을 활용하는 방식으로 운영된다. 예를 들어 "이 전쟁에서는 미국의 아이들이 아프간 아이들을 돕기 위해 백악관에 부친 1달러 지폐들이라는 무기로 싸운다"(≪뉴욕 타임스≫, 2001년 10월 14일자). 그리고 반향을 일으키는 대중적 상징들이 있었다. 방탄조끼를 입은 부시, 군대 앞에서 연설하는 부시, 이오지마를 닮은 기관병들이 국기를 게양하는 모습 그리고 그 이미지가 청동색에서 또 역사로 바뀌는 모습들이 모두 그런 상징들이다. 그리고 관타나모 수용소의 굴욕 의식들이 있었다.

개인적 프로파간다

미국인 개개인들도 사적인 프로파간다 전쟁을 할 수 있고 실제로 그렇게 행동했다. 무수히 많은 차와 집에서 휘날리는 국기라는 핵심 기호와 흔히 찾아볼 수 있는, 광신적 애국심을 드러내는 티셔츠가 이용된다. 사적인 프로파간다의 또 다른 형태는 캐리커처, 만화와 다채로운 시각예술 영역에 있다. "그것은 무의식적이고 비밀스러운 프로파간다 전쟁에서 선수를 치는 것이었다. 세계 최악의 테러리스트 공격의 제작자를 코믹하게 만드는 과정이었다"(≪데일리 텔레그래프≫, 2001년 11월 22일자). 유머로 빈라덴을 흠잡으려는 시도로 가득 차 있다. 예를 들어 널리 알려진 해리 벨러폰테 Harry Belafonte의 패러디가 있다("이봐, 텔레반 아저씨. 빈라덴을 넘겨. 공군이 와서 당신 집을 납작하게 만들 거라구"). 온라인 게임과 상업 장비 등도 있었다. 제2차 세계대전 당시의 유머, 즉 〈위대한 독재자 The Great Dictator〉 같은 영화나 도널드 덕이 등장하는 〈총통의 얼굴 Der Fuehrer's Face〉 같은 만화 모두 방어기제였다. 위협하는 이를 인기 있는 미디어 풍자만화의 별난 사람 집단에 넣어 무력화하는 것이다. 가공품과 이미지 모두가 우스운 것들은 아니다. 뉴욕 소방관들의 석고상은 천사와 함께 그려지기도 했다.

상징주의

치러야 할 전쟁이 있는 한편에는 장례를 지내야 할 망자들도 있었다. 떠나간 이들에 대한 의식과 상징은 사망자의 수에 따라 요구되는 수준이 달라진다. 주목할 만한 예는 ≪뉴욕 타임스≫가 9·11 희생자 모두의 이름 하나하나를 부고란에 넣기로 결정한 것이다. 또한 그러한 이미지들은 그 싸움을 지속할 수 있는 하나의 동기가 되었다. 이러한 모든 상징주의의 신비하고 음침한 장에서 한 사람이 단연 돋보이는 모습을 보여주었다. 줄리아니 시장은 사람들의 마음속 깊이 있는 것을 정확한 언어로 표현할 수 있었을 뿐 아니라 왜 그러한 시기에 의식과 상징이 그처럼 중요하며 왜 단지 바람직한 정도가 아니라 필수적인 것인지를 잘 알고 있었다. 그래서 소방대원들의 장례식에 꼭 참석하고 그라운드 제로에 찾아가며 자신이 활력과 희망의 인물로 비춰질 수 있도록 노력했던 것이다. 궁극적으로 그가 특별했던 것은 고차원적인 상징주의에 대한 감수성뿐 아니라 상징적 착상과 표현에 대한 상상력이 있다는 것이었다. 예를 들어 매장할 시체가 없는 지독한 현실에 처한 많은 유가족에게 그라운드 제로의 먼지를 담은 유골단지를 건네주는 것보다 더 나은 방법이 있을까?

검열

프로파간다는 정보를 확산하는 것일 뿐 아니라 통제이기도 하다. 그것은 과학자들의 이상적인 형태인 진실을 객관적으로 찾아서 설명하는 것의 반대 개념이다. 선전원들은 유일한 진실을 말하는 것이 아니라 하나의 진실을 말한다. 그들이 신봉하는 사실들은 아마도 완전히 그른 것은 아닐 것이다. 그들은 단지 사실들의 뒤범벅에서 끄집어낸 가장 호의적인 것일 뿐이다. 다른 데이터들은 무시되거나 적극적으로 억압된다. 즉, 프로파간다는 조작적일 뿐 아니라 고압적인 활동일 수 있다. 우리와 우리의 지도자 간 권력의 불균형은 최대까지 이용된다. 이것이 검열이라 불리는 것이다. 정부는 "그가 손을 흔드는 것, 코란의 특정 구절을 인용하는 것, 그가 하는 말과 행동은 무엇이든지 간에 어딘가의 누군가에게는 미국을 공격할 시기가 되었다는 신호일 수 있다"라고 주장한다(《가디언》, 2001년 10월 12일자). 이러한 통제의 또 다른 국면은 언론인들이 군대에 접근하는 것을 엄격하게 통제하는 것이다. 특수부대는 누구도 접근이 불허된다. 이런 상황에서 미디어는 평범한 기사만을 생산하는 상황에 처하고 대통령 비서들은 언론인들을 만나주는 데 인색하다. 이것은 하찮은 정보로 감질나게 하는 책략이다.

외부: 세계를 설득하려는 전략

2001년 9월에 이르면 한때 거대했던 미국의 선전 사업은 거의 소멸 상태가 된다. 냉전 종식은 신선한 분위기와 새로운 무관심을 낳았다. 라디오 자유유럽 Radio Free Europe은 예산의 절반 이상을 잃었다(《뉴욕 타임스》, 2001년 11월 11일자). 미국 정보부는 축소되다가 국무부와 통합되었다. CIA는 255명의 선전 요원을 유지할 수 없었고 결국 25명만 남겼다. 결과적으로 전쟁이 임박했을 경우에 행동에 착수할 조직된 체계가 없어진 것이다.

커뮤니케이션을 담당하고자 신설된 특별조직이 맞닥뜨리는 문제는 전쟁의 인명 피해에 대한 국제적인 반응이다. 민간인 희생자들은 미국에 대한 국제적 비난여론의 가장 중요한 의제이다. 그리고 미국이 기술력을 장악한 것은 양날의 칼이다. 첫째, 그것은 민간인들의 생명을 구할 수 있다. 둘째, 하지만 무적항공대라는 미국의 무기체계와 〈어느 벵갈 기병의 삶Lives of a Bengal Lancer〉(패러마운트, 1935)에서 곧바로 나온 듯한 모습의, 터번과 소총만을 지닌 이들 사이의 엄청난 이미지 괴리가 드러난다. 피해자인 미국이 지닌 파괴 이미지의 국제적 확산을 두려워하는 것이다. 그 대의가 얼마나 크든지 간에 세계에서 가장 부유한 나라가 가장 가난한 나라와 싸우는 그림은 곤혹스럽기 때문이다. 갈등의 의미를 지배하지 못하고 정당한 복수에서 '다윗과 골리앗의 싸움'이라는 구도로 변할 가능성이 항상 있는 것이다. 특히 탈레반이 매일같이 미국이 민간인들을 폭격했다는 주장을 퍼뜨리는 상황에서는 더욱 그렇다. 최소한 모든 군사 활동이 민간인의 피해를 피하기 위해 수행된다는 생각을 전하는 것이 중요해졌다. 컴퓨터로 정밀 조작이 가능한 기술의 힘이 강조되었다. 그러면서도 걸프전 때처럼 '부수적 피해'라는 인간미 없는 수사처럼 투박하게 표현되어서는 안 되었다. 스마트 폭탄은 피해자의 문에 먼저 노크를 하고 자신이 들어간다는 인상을 주었다. 이것이 다른 전쟁과는 달리 무고한 피해자를 내지 않을 것이라고 한 이 전쟁의 약속이었다. 그러면서도 모든 적을 파괴할 살생 기술을 보유하는 것이다. 심지어 물라 오마르의 자동차 번호판을 찍은 아프간 정찰위성사진을 보고 목표물에 폭격할 수 있는 정도였다.

제2차 세계대전 중의 전시 정보국에 비견되며 즉각적인 조작을 수행하는 이 합성 기계의 임무는 반격, 정보 및 만들어진 이미지를 이용해 알카에다와 그보다는 덜 잔인한 미국의 비평가들 모두와 공적 논쟁을 하는 것이다. 그 반응은 강력할 수는 있지만 전술적인 수준이다. "그들은 곧 파키스탄에 24시간 전쟁 뉴스 부서와 워싱턴, 런던과 이슬라마바드를 연결하는 작전실 네트워크를 설치해 '그날의 메시지'를 만들었다"(《뉴욕 타임스》, 2001년 11월 11일자). 광고업계 정상에 있는 중역이자 헤드 앤드 숄더Head'n'Shoulders와 엉클 벤스Uncle

Ben's 브랜드의 제작자인 샤를로테 비어스Charlotte Beers가 국무부로 스카우트되어 "미국의 가치를 맥도날드 햄버거 또는 아이보리 비누 같은 브랜드의 수준으로 만들고자" 했다. '전쟁을 팔기' 위해 국무부 차관으로 임명된 것이다. 그녀는 다음과 같은 활동들을 했다.

1. 아랍어를 할 줄 아는 대사인 크리스토퍼 로스Christopher Ross를 알자지라 방송에 내보냈다. 아랍계 공직자와 3,500만 시청자에게 그것은 상당한 영향력을 발휘했다.
2. 콜린 파월을 이집트 TV 방송에 내보냈다.
3. 부통령 체니가 영국의 대중 신문 ≪선≫과 인터뷰하도록 기획했다.
4. 미국이 의도적으로 민간인들을 폭격한다는 등의 탈레반 주장들을 논박하기 위해 파키스탄 신문들에 '거짓말 카탈로그'를 보냈다.
5. 외국 기자들만을 모아 회견을 하기 시작했다. 특히 무슬림 국가 출신이 대상이 되었다(≪뉴욕 타임스≫, 2001년 11월 11일자).

대통령 선거 캠페인에서처럼 메시지를 일치시키는 것은 가장 중요하다. 백악관의 새로운 '작전실'은 메시지 기획을 맡았다. 예를 들면 "알카에다가 평화로운 종교를 강탈했다"라는 메시지를 만들어냈다. 미국 정부는 대중의 기대를 관리하려 했다. 거기에는 미국인들로 하여금 더 많은 국민이 전투 중에 죽을 수도 있었다는 것을 받아들이게 하는 것이 포함되었다(≪데일리 텔레그래프≫, 2001년 11월 22일자).

그리고 무엇보다 싸움 대상, 즉 적이 있었다. 전쟁은 커뮤니케이션이고 미국이 사용한 기법들에는 전단뿌리기와 공중파 라디오 방송 같은 과거의 심리작전이 포함되었다. 군사행동은 본래부터 선전적이기 때문에 일부 임무는 오직 마케팅의 목적을 위해 수행된 것이었다. 한 설명에 따르면 아프간 전쟁 동안에 "전쟁 상황 설명은 모두 심리전의 일부일 수 있다. 한 브리핑에서 장교들은 육군 유격대가 아프가니스탄에 야간 공습하는 장면을 보여주었다. 이는 탈레반과 빈라덴의 테러 조직 알카에다에게 미국이 지상에도 군대를 상륙시킬 수 있으며 작전을 수행할 수 있다는 것을 보여주기 위함이기도 했다".

미국의 장기적인 세계전략: 문화적 프로파간다?

미국 지도자들은 프로파간다 전쟁을 선거 캠페인처럼 치러냈다. 그리고 그러한 방식의 장점과 한계를 보여주었다. 그들의 활동은 특히 영구적인 여론의 변화라는 깊은 문제를 맡았을 때 정치 마케팅적 접근이 얼마나 잉여적인지를 보여주었다. 주장과 반대주장이 이어지는 탈레반과의 논쟁은 필요했을지 모르지만 현상 유지책에 불과했다.

피상적?

장기적인 접근이 더 많이 필요했다. 미국이 이러한 문제를 인식했다고 하더라도 그에 대한 답을 지니고 있었는지는 상당히 의심이 된다. 국제사회와 아랍계의 분노를 그저 PR 캠페인의 수준에서 처리하려 했다. 하지만 이런 방법이 어떻게 파키스탄의 학생들 50만 명에게 이슬람을 가르치는 단체들의 영향력에 맞설 수 있겠는가? 태도와 심지어 그 저변의 가치관을 바꾸는 것은 장기적인 과제이다. 이 문제에서 성공하느냐 그렇지 못하느냐는 공공연한 논박이나 대중들이 점점 더 프로파간다와 관련시켜 생각하는 노골적인 상징체계로는 이룰 수 없는 것이다. '피상적인' 자극 - 반응 모델은 어떤 커뮤니케이션에도 적용되기 힘들다. 의미는 항상 기호적인 과정에서 교섭되기 때문이다. 하지만 이렇게 반감이 잠재적이고 소극적이지만 광범위하게 퍼져 있는 경우에 유일하게 논의할 만한 전략은 장기적이며 문화적인 이해가 깊은 것뿐이다.

할리우드가 전쟁에 참여하다?

그래서 이제 미국인들은 중동의 여론에 영향을 줄 수 있는 좀 더 근본적이고 더 지속적인 형태의 프로파간다를 생각하기 시작했다. 전 세계적으로 이미지를 상당 수준에서 독점하고 있는 할리우드의 협력을 얻자는 이야기와 움직임이 있었다. 왜 할리우드는 미국의 좋은 모습을 그리지 않고 물질만능주의, 섹스, 폭력과 타락 행위라는 이미지를 계속해서 만들었는가(≪뉴욕 타임스≫, 2001년 11월 11일자). 한 논평자는 "기업들이 회사마다 미국을 담당하는 브랜드 매니저를 배치해야 한다"라고 말했다. 미국 정부가 직접 할리우드에 접촉을 시도하기도 했다. 공무원들이 "이미지 조작의 전문가들인 뮤직 비디오 감독들뿐 아니라 유명한 액션 영화 작가들과도" 이야기를 나눴다(≪뉴욕 타임스≫, 2001년 10월 14일자). 조지 W. 부시의 수석 고문 칼 로브는 할리우드에 방문할 계획이었다. 할리우드가 미국의 좋은 점을 전하는 영화를 만들어야 하고 미국 기업들은 전 세계 가정에 팔리는 상품들에 가족과 공동체의 가치를 팔아야 한다는 요구가 있었다(≪뉴욕 타임스≫, 2001년 10월 14일자).

할리우드는 장기적인 태도 변화를 위한 노력과 실제로 관련될 수 있다. 할리우드는 항상 환상으로서의 미국을 그리기 때문이다. 처음에는 미국적 가능성의 하나로서 할리우드를 만든 망명자들의 소망을 만족시키다가 나중에는 강렬하게 퇴폐적인 미국적 디스토피아 미래상을 그린다. 두 가지 모두 진실은 아니다. 하지만 할리우드에서 계속 이어져 내려오는 주제는 통합의 프로파간다이다. 앞으로 나아갈 방법은 이처럼 다른 이들에게도 주어졌던 포용의 에너지를 무슬림에게 쏟는 것이다. 그리고 사실대로 이야기하자면 이것은 이미 시작되었다. 〈네이비 실Navy SEALS〉(1990)에서 그려진 으르렁거리고 총을 휴대하는 아랍 테러리스트의 모습은 좀 더 세련된 모습으로 교체되기 시작했다.

문화적 프로파간다

외국 언어로 다시 방송하는 것은 또 하나의 아이디어였다. "제2차 세계대전 당시에는 추축국에 대해, 냉전 시기에는 공산권에 대해 수행했던 선전 캠페인을 다시 하는 것이다." 한 논평자는 "에드워드 머로Edward R. Murrow*의 아이디어를 아랍어로 현대화해서 위성과 단파를 이용해 다시 보내야 할 때이다"라고 주장한다(≪뉴욕 타임스≫, 2001년 11월 11일자). 좀 더 긍정적인 미국의 이미지를 투영하는 작업이 급히 필요해졌다. 뉴스 조직들은 이렇게 말했다. "아랍인이 미국을 여행하며 나르시시즘과 자기방종의 고정관념을 뛰어넘는 보도를 해야 한다"(≪뉴욕 타임스≫, 2001년 11월 11일자). 국제정치에 새로운 윤리에 대한 헌신이 필요해졌다. "우리는 이 나라들에서 시민사회와 민주주의를 세울 수는 없다. 하지만 그것을 지지할 수는 있다. 그것은 우리 깃발의 일부가 되어야 한다. 우리는 기수가 되어야 한다."

이런 새로운 형태의 문화적 프로파간다에 관여하려는 몇몇 짧은 시도가 있었다. 냉전 시기 CIA의 가장 훌륭한 기획인 라디오 방송국, 메탈리카의 「실패한 신The God that Failed」 또는 ≪엔카운터 Encounter≫**를 지원했던 것이 다시금 관심을 받게 되었다(≪뉴 리퍼블릭≫, 2002년 5월 20일자). 실행되지는 않았지만 설립 계획이 있었던 펜타곤 전략정보국은 컴퓨터 및 이슬람 고등교육기관인 마드라사에 대항하기 위한 대안적 커리큘럼뿐 아니라 영어로 된 친서방적 교과서와 이슬람 신학 강좌 그리고 미국 저작의 아랍어 번역에 예산을 지원하고자 했었다. 아랍어로 진행하는 위성채널 제안은 연기되었다.

효과가 있었을까?

두 개의 다른 세계관이 충돌했을 때 현실적으로 커뮤니케이션이 얼마나 성과를 낼 수 있을까? 효과적인 정보 전달은 가치관과 관련을 맺게 된다. 하지만 가치들은 시간이 가면서 조금씩만 변화한다. 미국은 근대의 창시자이다. 그래

---

* 제2차 세계대전 당시 런던에 주재하며 독일과의 전쟁을 보도하던 CBS 앵커.
** 반공주의 지식인들의 국제조직인 문화자유회의의 영국 지부 기관지.

서 전통적인 사회에 미국은 그것이 근대성의 화신인 것만큼 위협이 된다. 이 외에도 중동의 무슬림과 도시적인 미국 사이에는 정치적·문화적 관점에서 엄청난 차이가 있다. 보스니아, 코소보, 구자라트의 카슈미르, 체첸 공화국의 아요디아와 서안지구의 무슬림들은 모든 곳에서 무능력과 이슬람의 대의 좌절을 목격하고 있으며 이를 이해하기 위해 일관성 있는 설명을 찾고 있다. 이 패배와 한때 우세한 문화였던 역사적 배경과는 다르게 1492년 서부 유럽에서 정치적으로 사라진 이후 점차 힘을 잃어가는 원인을 찾는 것이다. 미국이 바로 그런 설명이 되었다. 단일하면서도 포괄적인 설명이 급하게 필요했기 때문이다.

하지만 많은 아랍 세계에서 미국에 적대감을 고정하는 단순한 주문은 그들의 사적인 태도를 지독하게 단순화하는 것이다. '모순의 병존'은 그들의 불안이라는 특성을 좀 더 효과적으로 비춰주고 있다. 미국의 문화적 상징들은 중동 전역에 전시되고 있으며 미국에 대한 태도는 수용과 거부가 혼합되어 있다. 이 점은 프로파간다를 효과적으로 하더라도 아랍인들에게 미국의 시각을 갖게 할 수는 없지만 최소한 그들 대부분을 중립화할 가능성을 높인다. 하지만 이렇게 하기 위해서는 프로파간다만으로는 불가능하고 미국의 외교정책 변화와 함께 작동해야만 한다. 그 정책들은 일방주의보다는 다자주의에서 좀 더 완벽하게 근거를 갖출 수 있다.

대중을 속이는 무기
프로파간다, 미디어 그리고 이라크 전쟁
Weapons of mass deception:
propaganda, the media and the Iraq war

　이라크 전쟁에 참여한 틀을 갖춘 모든 종류의 프로파간다에 대한 전반적인 토의 안에서 이 장은 그 전쟁의 정보 전달이라는 측면에 개념적인 접근을 시도한다. 특히 신화, 환상, 수사, 기만, 적 만들기, 정부 조작의 부분적으로 겹치는 역할들을 논한다. 이라크 전쟁은 프로파간다의 무대가 되었다. 그리고 '부속'기자라는 발상과 같은 새로운 발전, 위성과 연결된 전화 및 카메라 같은 기술적 진보가 새로운 종류의 전쟁을 만들었다. 수백 개의 비디오 단편이 하나로 합쳐진 것이다. 그 전쟁은 대량살상무기와 사담 후세인과 오사마 빈라덴 간의 관계라는 두 가지 기본적인 신화에 의해 구성되었다. 이는 전쟁에 대한 혼성의 정당화였다. 그리고 초기 단계에서 프로파간다는 이러한 정당화를 윤색하는 역할을 맡았다. 수사와 상징은 그런 사태를 조직화하고 유지하는 데 핵심적인 역할을 했다. 사담에 대한 적대감을 만드는 것이 중요했다. 그래서 전쟁에 의해 명백하게 나타난 프로파간다에 대한 중요한 생각들에는 적대적 수사가 지속적으로 지닌 부분, 환상 및 프로파간다에 대한 적극적인 믿음의 역할, 일관성 있는 구성과 통합적인 시각의 중요성과 완결성, 신화의 지속적인 역할, 심중이라는 개념, 이미지 통제라는 문제, 사후적 정당화로서의 프로파간다 같은 것들이 포함된다. 미국과 영국이 보여준 프로파간다 전쟁은 한계가 있었다. 전시에 언론 활동이란 단지 영향을 줄 수 있을 뿐 절대 통제할 수는 없기 때문이다. 그리고 '전쟁 프로파간다'의 많은 부분은 사건이 벌어진 후에 내놓는 사건에 대한 해석이나 정의 또는 일관된 변명이다.

조작: 정부의 프로파간다 전쟁 — (1) 세계

영국과 미국 정부는 프로파간다 전쟁이 물리적인 전쟁만큼이나 중요할 수 있다는 사실을 인식했다. 국제적인 여론을 자신의 편으로 끌어들일 수 없다면 최소한 중립을 취하도록 만들어야 했다. "국내의 회의적인 이들과 맞닥뜨린 정부는 군사작전을 계획하는 것만큼이나 프로파간다 전쟁을 이기는 데에도 공을 들여왔다"(≪데일리 텔레그래프≫, 2003년 3월 20일자). 그 결과 선전 활동은 대규모가 되었고 일부의 눈에는 교활해 보이기까지 했다. 그 임무는 아프가니스탄의 경우보다 훨씬 더 어려웠다. 그곳에는 탈레반 정권이 있어서 진주만 이후 미국에 대한 최악의 공격을 하는 데 스스로 도약대가 되었던 것이다. 탈레반과 그들의 정권을 공격하는 것은 모두가 인정하지는 않았지만 — 특히 이슬람 국가들에서 — 상대적으로 변호하기 쉬운 것이었고 그런 공격을 옹호하는 화려한 수사가 따라붙을 필요는 없었다. 고통을 받은 피해자들과 그것이 주는 도덕적인 힘으로 그 공격을 상당 부분 정당화할 수 있었다.

이라크에서 선전원들은 가장 어려운 도전에 직면했다. 그들은 가장 좋게 말해 회의적이고 나쁘게는 매우 적대적인 사람들 앞에서 미국의 입장을 효과적이고 또 믿을 만하게 펼쳐보여야 했다. 미국의 입장은 여러 면에서 취약했다. 미국의 이익은 사담 정권에 의해서 실제적인 위협을 받고 있지 않았으며 UN 안전보장이사회의 지지가 없는 이 전쟁은 실질적으로 불법이었다. 미국은 압도적인 힘을 무면허로 사용하는 불량배였다. 정당한 이유는 없었다. 미국은 민간인 피해자들이 생기는 것에 무관심했고 9·11의 여파에서 압도적인 군사력을 보이는 것을 변명하기 바빴다. 일방주의적인 행동 패턴을 계속 보이는 국제사회의 이단아였다. 그래서 오만하고 이기적이며 그의 행동이 가져올 결과가 어떠할 것인지 이해하지 못했다. 타당한 증거 없이 거짓으로 사담 후세인을 국제 테러리즘의 대부로 그러내 공격할 적을 만드는 것을 정당화했다. 이러한 생각은 넓게 말해 일부 국가에서 미국에 대한 대다수의 생각이었고 최소한 중동에서는 보편적이었다. 또한 프랑스와 일부 다른 유럽 국가에서도 다수의 생각이며 영국에서도 상당한 세력을 지닌 소수파의 시각이었다. 그렇다면 프로파간다는 어디서 시작될 수 있었을까? 그런 적대적인 이들을 대상으로 무엇을 얻겠다고 바랄 수 있었을까? 한 논평자가 보기에 "미국의 가장 역사적이고 초당적인 전통 중 하나는 세계에 자신을 알리는 형편없는 실력이다. ≪포춘≫에 나오는 500대 회사들이 미국 정부가 해온 것보다 훨씬 더 자신들의 메시지를 해외에 정교하게 알린다"(니콜라스 D. 크리스토프, ≪뉴욕 타임스≫, 2003년 4월 8일자).

새로운 종류의 미디어 전쟁

강력하고 당파성이 강한 우파 미디어 폭스 뉴스는 지난 걸프전에는 미미했지만 이 전쟁에서는 대중적인 이해를 형성해갔다. 다른 눈에 띄는 변화들이 있었다. 전쟁에 대한 시각적 정보가 새로운 수준의 신속성과 명료함을 갖게 되었다. 과거 일반적인 공적 기록은 한 번도 그 정도로 실제 전쟁에 있는 것 같은 느낌을 주지 못했다. 아프가니스탄에서 처음 등장한 새로운 위성 비디오 - 전화기는 이 전쟁에서 자극적이고 단발적인 이미지들을 전 세계에 중계하면서 그 이름을 널리 알렸다. 카메라는 모든 곳에서 위성과 연결되었다. 기술적인 진보가 휴대하기 쉬운 카메라를 위성과 연결해 이미지를 즉각 중계할 수 있게 했다. 1차 걸프전에서 공격을 기록할 수 있는 로켓 탄두를 부착해 놀라움을 주었던 조명탄은 이와 비교하면 구식으로 보일 정도였다.

이 기술은 생생한 뉴스를 전달할 뿐 아니라 그 자체로 뉴스거리가 되었다. 깜짝 놀란 리포터의 진술이다.

> 폭스 뉴스는 움직이는 미국 장갑차에서 매우 생생한 영상을 전한다. 그들이 지나간 자리에 먼지 구름이 남는다. …… 수백 마일 떨어진 곳의 지휘관에 의해 공격이 지휘되는 것이 수백만 시청자들에게 실시간으로 방송된다. …… 위성통신을 휴대할 수 있게 되어 기자들이 이라크 사막을 통과하는 군대를 어디든 따라가 방송할 수 있다(≪데일리 텔레그래프≫, 2003년 3월 22일자).

≪선데이 타임스≫(2003년 3월 23일자)에서 사라 백스터 Sarah Baxter는 그 이미지들을 육군 공보처의 꿈이라고 묘사했다. "그들은 미 7기갑사단이 이전 전투로 생긴 이라크 탱크 잔해를 지나면서 바그다드로 진입하는 것을 생생히 보여줄 수 있다. …… 이것은 수천 마일 떨어진 나라를 침공하는 남편을 부인이 볼 수 있게 된 인류 전투역사상 최초의 사건이다."

미국의 프로파간다에 대한 생각에서 크게 발전한 것이 있다면 그것은 '부속' 기자들이다. 이는 물론 위험부담이 큰 전략이다. 쉽사리 기대에 어긋난 결과를 낳을 수 있다. 미군의 상급 지휘관은 베트남 전쟁에서 기자들이 해주었으면 했던 것과 달랐던 역할을 아주 잘 기억했다. 하지만 이번에는 매우 달랐다. 부속 기자단이라는 생각은 물론 많은 잠재적인 문제들 – 예를 들면 기자들이 군인들의 부도덕한 행동을 목격할 수 있다 – 을 지니고 있었지만 실제 상황은 달랐다. 전 세계의 대중들은 아랍기자들을 포함한 500여 명의 부속기자들이 만들어내는 구체적이고 편협한 단편 정보의 홍수를 봐야 했다. 그들은 전반적인 패턴을 가리고 전체적인 혼란을 가중하는 역할을 했을 뿐이다. 그런데도 부속기자라는 기획은 교묘하고 성공적인 프로파간다였다. 부속기자들은 자연스럽게 군대의 고난을 공유하고 그들과 함께 같은 경험을 하기 때문에 기자들의 성향이 결국 그 군대에 호의적으로 향하게 되는 것이다. 많은 영국 TV 기자들은 전투복을 입었고 그중 ITV 기자 빌 닐리Bill Neely는 영국 군인과 똑같이 입기도 했다. 그 단체의 유니폼을 입고 그들의 가치관을 받아들이는 것을 보여주는 작은 행동이었다. 마틴 벨Martin Bell에 따르면 다음과 같다.

> 부속기자들이 위험한 이유 중 하나는 그들이 그 군사행동의 용어와 의제를 받아들인다는 점이다. 군대에 기자들을 딸려 붙인다는 생각은 새로운 것이다. 그런 기자들은 비록 유니폼을 꼭 입어야 하는 것은 아니지만 많은 점에서 그들이 배치된 부대의 지원군과도 같다. 그들은 스스로 하는 검열을 포함한 여러 검열들 아래에서 일한다. 그들이 민감한 정보를 방송하면 연합군과 그들 자신을 이라크의 화력에 노출시킬 수도 있기 때문이다(≪데일리 텔레그래프≫, 2003년 3월 24일자).

벨은 1차 걸프전에서 어떻게 더 빈틈없는 검열이 행해졌고 이미지들이 3~4일 늦게 방송되었는지를 지적했다. 거기다가 다시 한 번 미국의 성공적 프로파간다로서 부속기자들은 그들의 자료를 다른 신문과 그 독자들과 공유하도록 되어 있다. 그들은 독자적으로 여행할 수 없었고 인터뷰는 기록으로 남겨야만 했다. 램프턴과 스타우버(Rampton and Stauber, 2003)는 펜타곤 또한 "자체로 전투원 중에서 기자들을 선발해 제작진도 갖추어 '전투 카메라'를 만들었다는 점을 상기시켰다. 제시카 린치를 극적으로 구해내는 장면은 전투 카메라의 독점 취재였다".

그래서 이는 새로운 종류의 미디어 전쟁이었다. 일부 논평자들은 실제로 부속기자들은 실수였다고 주장했다. 그중 하나는 이런 주장이다.

우리는 바그다드에서 오는 드문 소식을 목마르게 기다리다가 연합군에게서는 홍수처럼 쏟아지는 정보에 허우적댄다. 가장 큰 문제는 부속기자들이다. 그들은 쉽게 모인 한 팀처럼 모두 이라크 남부 지방에 퍼져 있고 다들 흥분한 채로 지껄인다. 이해할 수는 있지만 총이 발사될 때마다, 전장에 떠도는 루머가 있을 때마다 그에 반응한다. "그들은 모든 전투를 그것이 주요한 사건인 것처럼 보도하고 모든 상처를 치명적인 부상인 것처럼 보도한다"라고 중부사령부Centcom[*]의 미디어 매니저가 말했다. 그 결과는 쉽게 말해 하나하나 평가할 수 없는 엄청난 양의 보고들이 쌓이는 것이다. 사건이 중요할 수도 있고 사소할 수도 있는데 누가 알겠는가? …… 실제로 이것이 의미하는 것은 혼란, 불확실 그리고 심지어 기능 저하를 일으킴으로써 연합에 해를 끼치는 것이다. …… 부속기자들은 분명 빈틈없이 관리되지만 그들이 전송하는 보고의 효과는 군대의 통제력을 상당 부분 잃게 한다. 그들의 얇은 양의 보도는 미디어를 휩쓸고 자꾸 사령관들을 위험에 처하게 했다(브라이언 애플야드, ≪선데이 타임스≫, 2003년 3월 30일자).

카타르라는 무대

조지 앨리슨George Allison은 카타르의 본부에 20만 달러 규모의 무대를 만들도록 위탁받았다. 앨리슨은 미술가 데이비드 블레인David Blain과 일한 바 있는 할리우드의 일류 예술 감독이었다. ≪더 타임스≫(2003년 3월 11일자)에 따르면 이러하다.

이젤과 차트, 하나의 TV와 VCR 기계가 설치된다. 이것들을 통해 노먼 슈워츠코프 장군은 1991년 걸프전에서 사용된 흐릿한 스마트 폭탄 폭격 이미지들을 보

---

[*] 중동과 중앙아시아 일부, 아프리카 동북부를 관할하는 미군 사령부. 2003년 이라크 전쟁은 모두 중부사령부의 지휘 아래 치러졌다. 'U. S. Central Command'의 약어.

여주었다. 곧바로 알아볼 수 있는 세트에서는 장군들이 50인치 플라즈마 스크린과 70인치 TV 프로젝터 스크린 두 대로 장식된 무대로 나아가 지도와 그래픽 그리고 군사작전 영상을 보여주게 될 것이다. 그들 뒤에는 소프트 포커스로 늘였다 줄였다 할 수 있는 세계지도가 설치된다. 마치 세계가 그들 뒤에서 단결하고 있다고 말하는 것 같다.

≪더 타임스≫는 그 무대세트의 선전가치에 대해 상징적인 수준에서 논평했다. "TV에 잘 나오는 것 외에도 그 발표는 다른 메시지를 전달한다. 미국의 기술이 그 누구의 것보다 우수하며 이 브리핑을 아랍 방송 알자지라를 통해서 보게 될 이라크 인들이 지닌 모든 것을 훨씬 능가한다는 것이다. …… 이런 기술적 격차는 미디어가 선동하는 심리적 전투의 일부가 될 것이다." 그리고 ≪가디언≫(2003년 3월 26일자)의 로리 매카시Rory McCarthy는 이렇게 논평한다. "중앙 연단 위에 붙은 커다란 미군 중부사령부의 인장이 권위라는 명백한 메시지를 전하고 있다. 미국 국기 위에 앉은 독수리가 그 날개를 펼쳐 중동과 아랍 세계의 지도를 감싸고 있는 것이다."

상황 설명회

상황 설명회 자체는 프로파간다 작전에 중요한 부분이다. 이 작전에는 흑인 준장 빈센트 브룩스Vincent Brooks가 주요 대변인이다. 일부 논평자들은 매우 냉소적인 반응을 보인다. "메시지는 매우 엄격하게 통제된다. 카타르에서 미디어를 장악한 이들이 캠벨, 백악관 전략가들 그리고 펜타곤 공보담당관 빅토리아 클라크Victoria Clark와 계속적인 연락을 취하고 있다. 매일 아침 그들은 런던에서 어떤 정보가 발표될 것인지를 합의한다"(팀 시프먼Tim Shipman, ≪스펙테이터≫, 2003년 3월 29일자). 동일 저널리스트는 순종적인 많은 종군기자들에 대해서 불만을 털어놓는다. "미국인들은 정보를 공개하는 분위기를 만들지 못한다.

1950년대 BBC에서도 수치스러울 정도로 무기력한 질문들을 하는 것이다. '장군님, 현재 적들이 얼마나 타락했는지에 대해서 말씀해 주실 수 있나요?' 같은 질문을 듣기가 어렵지 않다." 그는 연합군이 까다로운 기자들에게는 압력을 가했으리라는 의견을 제시했다. 로리 매카시는 이렇게 논평했다.

> 카타르 사막에 위치한 중부사령부의 상황 보고실 첫째 줄은 대부분 미국 TV 방송기자들을 위한 자리이다. 하지만 가장 까다로운 질문들은 저 멀리 뒤에서 나오는 편이다. …… 일부 미국 종군기자들이 선호하는 더 부드러운 스타일은 미국 방송국 CBS의 뉴스 캐스터가 던진 질문에 반영되었다. 그는 토요일 첫 브리핑을 하는 프랭크 장군에게 이렇게 물었다. "군사작전이 지금까지 상당히 빠른 속도로 진행되었는데요. 이건 예상하신 정도인가요, 아니면 장군 자신도 놀랄 정도인가요?"(≪가디언≫, 2003년 3월 26일자).

미국 저널리스트 마이클 울프Michael Wolfe는 이렇게 썼다.

> 이 모든 것은 만들어진 가짜 조직이다. 이 안에서 모든 것이 어떤 보이지 않는 목적과 의제들을 위해 움직인다. …… 이와 관련해 나를 가장 놀라게 하는 것은 이 기자회견이 사실적이고 투명하며 공적인 정보를 제공한다고 잘못 판단하는 사람들이 많다는 것이 아니라 펜타곤이 이 사실을 이해할 정도로 미디어에 대해 빈틈없이 꿰고 있을 것이라는 사실이다(≪가디언≫, 2003년 4월 14일자).

러시 림보는 울프의 이메일 주소를 공개했고, "거의 곧바로 의분에 넘치는 3,000통의 이메일이 그에게 쏟아졌다".

조작: 정부의 프로파간다 전쟁 ― (2) 아랍세계 달래기

　브리핑은 아랍세계의 이해관계에 정치적으로 무관심하지 않았다. 브리핑은 아랍어로 동시통역되었고 알자지라는 상황 설명회의 맨 앞줄을 배정받았다. 아랍어가 가능한 외교관들을 국무부에서 데려와 "아랍인들에게 그들의 말로 정보를 제공한다". 또한 대변인 브룩스 장군은 아랍 억양을 코치 받는다. 좀 더 전체적으로는 "부시 대통령이 각료들을 부추겨 알자지라 TV와 인터뷰를 하게 하고 새로운 백악관 직원들은 외국 기자들에게 정보를 제공함으로써 아양을 떨었다. 그리고 미국은 라디오 사와Radio Sawa를 시작해 이라크인을 유혹했고, 제니퍼 로페스 같은 아름다운 가수로 그 외 다른 아랍 국가를 유혹했다. 미군에 편입된 부속기자라는 훌륭한 시스템에는 아랍 기자들이 포함되었다"(≪뉴욕 타임스≫, 2003년 4월 8일자). 이들 중 많은 부분은 아프간 전쟁 중에 설립된 백악관 소속 세계공보국의 후원 아래 진행되었다.

　연합군의 프로파간다 시도는 부자연스러워 보일 수 있었다. "거대한 지구적 연합을 만들려는 미국의 분투에서는 태평양의 미미한 나라들까지 끌어들이려는 민망한 노력이 엿보였다. 백악관은 솔로몬제도를 포함한 전쟁 지지국가들의 리스트를 자랑스레 내놓았다. 기자들이 솔로몬제도 수상에게 그 지지선언에 대해 물었을 때 그는 '전혀 아는 바가 없다'고 대답했다"(≪뉴욕 타임스≫, 2003년 4월 8일자). 영국 국방부는 걸프로 미디어 전문가 160명을 보냄으로써 그 노력에 힘을 실었다. 그들의 메시지는 알래스테어 캠벨Alastair Campbell[*]에 의해 조합되었다(≪선데이 타임스≫, 2003년 3월 23일자). 전쟁이 시작될 무렵 미국은 이미 라디오 사와를 설치했다. 이는 중동의 청취자들을 대상으로 한 대중적 라디오 방송국으로서 아랍의 논평자들에게서 강한 의심을 샀다. "커가는 세대

---

　[*] 영국 정보전략국Communications and Strategy 국장(1997~2003). 토니 블레어와 1994년부터 함께 일했다.

의 정신을 세뇌하고 미국의 사상들을 주입하려는 것이다." 2002년 의회는 이 방송국에 3,500만 달러의 재정 지원을 결정했다. 이곳의 목표는 연예오락으로서의 프로파간다를 제공하는 것이다. 이데올로기와 심지어 미국의 성향까지 완전히 보이지 않게 하는 것이다. 라디오 사와는 인기가 있어서 "대상 청취자들 중 50퍼센트 이상이 가장 선호하는 방송이다"(《더 타임스》, 2002년 11월 15일자).

타깃으로서의 이라크 국민들

우리는 먼저 연합 프로파간다의 타깃은 다양했고 그에 따라 각기 다른 설득 전략이 필요했다는 점을 알아야 한다. 매우 중요한 타깃 중 하나는 이라크인들로서 전체적으로 그 국민이고 특히 이라크 군대였다. 미국이 바란 이상적인 상황 전개는 국민들이 봉기해 그들의 지도자들을 괴멸하는 것이었다. 하지만 이는 환상에 불과하다는 것이 밝혀졌다. 또한 미국은 이라크인들이 그들의 군대를 그저 기쁜 마음으로 환영하고 미국 군대의 점거를 받아들이기를 바랐다. 미국이 이 특정 표적 시장에 사용한 방법은 전통적인 심리전 방법들로서 인쇄물과 라디오 방송을 활용하는 것이었다. 2월 하순에 800만 건 이상의 메시지가 이라크에 뿌려졌다(《뉴욕 타임스》, 2003년 2월 24일자). 그 전단들은 군대를 목표로 뿌려졌지만 일반 이라크인에게도 배포되었다. 그 전쟁이 정복전쟁이 아니며 이라크는 이라크인에 의해 또 이라크인을 위해 운영될 것이라는 것을 납득시키기 위한 것이었다. 이러한 6만 건의 영국발 텍스트가 매일같이 인쇄되었다. "전단에는 신노동당 프로파간다의 자취가 있었다. 새로운 이라크 정부가 공공서비스를 발달시키고 이라크의 재원을 궁전과 대량살상무기개발에 투자하지 않고 학교와 병원에 투자할 것이라고 블레어가 약속했다"(《데일리 텔레그래프》, 2003년 4월 5일자).

라디오는 특히 그런 민간인들에게 효과적인 도구였다. 이 수준에서 미국은 문화적인 선전을 활용했다. 아랍어로 "지역 라디오 방송 프로그램들의 스타일을 모방했으며 과거의 전쟁 시기 서투른 프로파간다보다 더 정교하게 만들어졌다. …… 예를 들어 군 고위관계자들은 군용비행기 EC-130 코만도에서 방송한 미국 라디오 쇼는 후세인 대통령의 큰아들 우데이Uday가 운영하는 이라크 인기 방송을 진행하는 젊은이의 목소리 포맷을 따랐"다고 말한다. 미국 프로그램이 아랍어 인사로 시작하고 유로팝과 1980년대 미국 록 음악으로 젊은 이라크 군인에게 어필하려 한다. 관계자들이 보기에 그들로 하여금 무기를 버리게 하는 데 가장 적합한 음악이라 생각한 것이다. 방송에는 전통적인 이라크 포크 음악도 포함해 다른 청취자들도 소외되지 않게 하려 한다. 그리고 노스캐롤라이나 포트 브래그Fort Bragg의 육군 심리전 전문가들이 준비한 아랍어 뉴스 프로그램도 있다. 이것들이 다 나오고 나면 당국에서 전하고자 하는 메시지가 나온다. "어떤 전투도 이라크 국민을 향한 것이 아닙니다. 그것은 후세인과 그의 정부를 무장해제하려는 것입니다"(≪뉴욕 타임스≫, 2003년 2월 14일자). 그곳에 가 있는 이유를 설명하는 것이 중요하다는 사실이 아프가니스탄에서 배운 가장 중요한 교훈이라고 주장하는 이들도 있다.

이라크군

만약 민간인을 대상으로 한 방송이 전체적으로 친선의 뜻을 전하고 있다면 이라크 군인들에게 전해지는 청각적·문예적 메시지는 좀 더 특수하다. 하나의 목표는 물론 그들이 탈영해 전투할 필요가 없게 하는 것이다. 또는 항복하게 하는 것이다. 만약 프로파간다가 실제로 적을 사라지게 하는 목표를 달성할 수 있다면 그것은 현대전에서 가장 힘 있는 자원으로 분류될 수 있다. 동시에 초강대국에 대항하는 이들 중에서까지도 사상자가 적게 나올 수 있는 가능성을 높이게 된다. 분명 미국 지도자 중에는 그들이 이라크에 들어가면 정말로 모든 저항이 허물어질 수도 있다고 생각한 이가 있었다. TV로도 방송될 이러한 의사 전달의 일부 목적은 후세인 정권을 옹호하는 이는 누구라도 가차 없는 공격을 받을 것이며 모든 전범은 재판에 회부되리라는 사실을 강조하는 것이었다. 이러한 과정에서는 군용 고주파 무선통신을 통해 이라크 야전 부대 지휘관들과 직접 통하려는 시도가 눈에 띈다. 그뿐 아니라 이라크군에 휴대폰으로 접촉하려는 시도도 있었다(≪선데이 텔레그래프≫, 2003년 3월 29일자). ≪뉴욕 타임스≫(2003년 2월 24일자)에 따르면 "미국 사이버전쟁 전문가들이 최근 이라크의 정치·군사·경제 지도자들에게 이메일로 사담 후세인의 정부와의 관계를 끊을 것을 종용했다. 펜타곤과 지역 중부사령부의 지휘관들에 따르면 이라크 내부에서 특별히 추려낸 관리들에게 개인 휴대폰으로 전화를 쏟아 붓기도 했다". 또한 미사일 시스템 기사들은 경고를 받았다.

프로파간다의 군사적 효용

미군 장교들은 이러한 방법에 대한 믿음이 대단하다. 마이클 모슬리Michael Moseley 대장의 발언(≪뉴욕 타임스≫, 2003년 2월 24일자)이다. "전단을 뿌릴 만한 가치가 있다. 그것은 대포병에게 직접 메시지를 전달하고 지휘계통에 바로 뜻을 전하는 것이다." 다른 군 지휘관들은 프로파간다가 예전에는 볼 수 없었던 방식으로 군사계획의 일부가 되었다고 주장한다. 물론 그들은 그것을 프로파간다라고 부르지는 않는다. 폴 레브라스Paul Lebras 장군의 말이다. "우리는 지금 경제 전쟁, 심리전 그리고 정보 전쟁이 그 준비부터 실행까지 모든 계획의 국면에서 하나로 짜이는 것을 보고 있다." ≪뉴욕 타임스≫(2003년 2월 24일자)는 "적의 작전을 마비시키는 많은 방법들이 있다"라면서 이 사실을 지적했다. 예를 들어 대공 레이더 기지는 공중에서 폭격하거나 지상에서 점령할 수도 있지만 "그 기지의 적군들을 설득해 그 시스템을 꺼버리고 집에 가게" 할 수도 있는 것이다. 미군은 그 안에 텍사스에 주둔한 합동정보본부를 두었으며 합동 중앙지휘 정보전팀 출신의 인원들을 배치하고 있었다.

마지막 계책이 있다. 전쟁이 끝나면 사냥은 시작된다. 결국 1945년 뤼네부르크 황야에서와 같은 공식적인 항복은 없었다. 과거의 바그다드 정권만 간단히 사라진 것이다. 이 시점에서 연합군은 프로파간다의 전체 역사에서 매우 기억에 남을 만한 전술 중에 하나로 기록될 조치를 취한다. 다시 말하면 후세인 정권의 고위 지도자 50명의 이미지를 그 중요도에 따라 스페이드, 하트, 클로버, 다이아몬드로 구분해 하나의 카드 세트로 발표한 것이다.

전쟁의 수사적 측면

콜린스 대령

'충격과 공포'라는 말은 그 자체만으로도 우리에게 이라크전이 신화를 만들 뿐 아니라 수사로 실행되었다는 것을 상기시켜준다. 양쪽에서 수사를 사용했고 그 목적은 인식의 방향을 결정하려는 것이었다. 수사와 달변에는 차이가 있는데 달변이 더 고상한 형식이다.

아일랜드 연대에 소속된 팀 콜린스Tim Collins 대령의 명성은 전투에서 얻은 것이 아니라 수사적 기술만으로 이룩한 것이다. 그는 "그의 부하들을 감동시켜 눈물 흘리게 한다"(≪데일리 미러≫, 2003년 3월 20일자). 사실 콜린스 대령의 연설은 이때까지 연구된 이중적 텍스트의 걸작 중 하나이다. 그래서 이는 특정 의미로 해석될 수도 있다. ≪데일리 미러≫ 머리기사 "존경을 표하라"의 일부이다.

당신이 전투에서 사나운 군인이라면 승리했을 때는 아량이 있어야 함을 기억하라. 만약 어떤 이가 항복을 하면 언젠가 그들은 집으로 돌아가 가족들을 볼 수 있을 것이라고 확신을 주어라. 우리는 정복하러 가는 것이 아니라 해방시키러 간다. 제군들은 현재의 이라크인들보다 더 점잖고 관대한 사람들을 찾으러 가기 위해 먼 길을 가야 할 것이다. 그들에게 경의를 표하라. 그들의 아이들은 가난하지만 장래에 그들은 해방의 빛이 여러분에 의해 전해졌음을 알게 될 것이다. 우리는 이제 북쪽으로 간다.

하지만 ≪선≫(2003년 3월 20일자)의 해석은 무척 달랐다. "영국군 대령의 힘찬 함성", "그들에게 동정을 보이지 마라. …… 그들의 영혼에 더러운 얼룩이 있다" 같은 제목이 달렸다. 그리고 여기에서 그 대령은 복수심에 불타오르는 것으로 보인다.

> 적들은 분명히 알아야 한다. 우리는 그들에 대한 천벌이며 우리가 당연한 파멸을 가져다주고 있다는 것이다. 영혼에 얼룩을 지닌 지역 지휘관이 많다. 그리고 그들은 사담을 위한 지옥에 불을 때고 있다. 그와 그의 군대는 지금까지 그들이 해왔던 짓들에 대한 대가로 우리 연합군에 의해 괴멸될 것이다. 그들은 죽으면서 그들의 행동이 이러한 지경까지 만들었음을 알게 될 것이다. 그들에게 동정을 보이지 마라.

연설의 다른 부분들은 정치적으로 올바르고 다문화적인 감수성을 드러내는 역작으로 평가받을 수 있다. "이라크는 역사로 충만하다. 그곳은 에덴동산과 대홍수가 있었던 자리이며 또한 아브라함의 탄생지이다. 그곳을 사뿐히 밟으라. 제군들은 인간이 값을 매길 수 없는 것들을 보게 될 것이다. …… 가진 것 없어도 너를 환대하는 이들 때문에 부끄럽게 될 것이다." 대령은 그의 부대원들과 적이 같은 인간이라는 것을 강조했다. "전쟁에서 사상자가 생긴다면 이 점을 기억하라. 그들이 아침에 일어나서 옷을 입을 때 그들에게는 오늘 죽을 계획이 없었다. 그들이 인간적인 품위를 갖고 죽을 수 있게 하라. 그들을 잘 묻고 무덤에 표지를 남겨라." 이러한 종류의 웅변에는 중요한 이유가 있다. 전우들을 형제처럼 여기는 가족 같은 환경의 연대 안에서 싸우는 이들은 적을 무자비하게 다루거나 까닭 없이 죽이려는 유혹을 느낄 수 있기 때문이다. 이런 점에서 이런 유창한 변설은 기강을 내재화하는 방법이다. 다시 콜린스 대령의 말이다.

다른 인간의 생명을 거두는 것은 중대한 일이다. 결코 가볍게 행해져서는 안 된다. 다른 전쟁에서 불필요하게 인명을 살상한 이들을 나는 알고 있다. 나는 그들이 카인의 낙인을 지고 살게 될 것이라는 것을 여러분에게 분명히 말할 수 있다. 누군가가 당신에게 항복을 한다면 그들이 국제법상의 권리를 지니고 있다는 사실을 기억하라. 끝까지 싸우려 하는 이들이 있다면야 그땐 원하는 대로 해줄 수 있다. 당신이 살인에 과도하게 열중하거나 비겁을 보임으로써 연대와 그 역사에 해를 끼친다면 고통을 겪게 될 것은 당신의 가족이라는 기억하라. 당신이 품위 있는 행동을 하지 않으면 사람들이 당신을 멀리할 것이다. 당신의 행동은 시간이 가도 당신을 따라다닐 것이기 때문이다. 우리는 우리의 제복에 부끄럽지 않게 행동할 것이고 국가에 치욕을 안기지 않을 것이다.

콜린스 대령만이 걸프전의 연설가였던 것은 전혀 아니다. 그의 웅변 외에도 주목을 끈 수사들이 있었다. 그런 달변 중 하나는 85세의 상원의원 로버트 바이어드Robert Byrd의 작품이었다. "나는 내 조국을 위해 눈물을 흘린다. 이제 미국의 이미지는 강하지만 박애적인 평화유지군의 그것이 아니다. 전 세계에서 우리 친구들이 우리를 신뢰하지 않고 우리의 말은 의심을 받으며 우리의 의도는 심문 받는다. 우리는 초강대국이라는 지위를 거만하게 과시하고 있다"(미 상원의원석에서의 연설, 2003년 3월 19일). 바이어드 상원에게서 로마시대와 같은 뭔가를 찾을 수 있었다.

연합군의 수사

반면에 연합군의 선전은 진부하거나 심지어 역효과를 내기도 했다. ≪뉴욕 타임스≫(2003년 4월 8일자)에 따르면 "부시 이하 모든 미국 정부 관계자의 브리핑은 모두 계획 중이라는 내용이었고 우리의 연합군들은 언제나 역사상 최대라고 했다". 동맹군을 과장하는 것은 많은 논평가를 짜증나게 했다. 그런데도 그것은 '악의 축'으로 시작되는 프로파간다의 중요한 국면이었다. 모든 이라크 준군사조직들은 '테러분자들'이 되어야 했다. 이 전쟁은 이름붙이기의 연속이었다. '충격과 공포'부터 '의지의 연합', '정권교체', '대량살상무기'까지 모든 경우 함축적이고 의뭉스러운 문구들을 강조했다. 이들이 대중의 무의식에 들어가서 자라고 증식되어서 공공의 장은 그런 문구들로 가득 차게 되었다. 마침내 그 사건들은 다른 방식이 아닌 바로 우리의 연극 감독들이 우리를 위해 만들어 놓은 말들을 통해 이해되었다. 효과적인 수사는 다른 가능한 인식 방법들을 배제하는 한 가지 방법을 제시하기 때문이다. 이는 우리의 여론 담당관들의 대단한 통찰력을 보여준다. 그리고 상황이 바뀌면 수사도 바뀔 수 있어서 '대량살상무기와 관련된 프로그램들'이라는 변이형을 낳기도 한다.

그리고 물론 그 자체로 수사전의 중요한 부분인 군사용어가 빠지지 않는다. 목표물들은 '처리'되고 폭격은 '동적인 전투'라 불리며 지휘관들은 '효율 중심 전투'에 대해 이야기한다. 그런데도 능변의 개념에서는 최대한 벗어난 가짜 기술용어들은 공식적인 수사의 강렬한 은유만큼 중요하다. 그것이 하는 역할은 전쟁을 인간적인 대참사라기보다는 기술적인 것으로 만드는 데에 있기 때문이다. 또한 그 용어들은 우리로 하여금 고통 받는 인간들의 울부짖는 소리에 귀멀게 한다. 그러므로 콜린스 대령의 영웅적인 연설에 보이는 멋진 영어는 효과적인 설득을 하는 수사의 오직 한 가지 측면에 불과하다. 컨텍스트에서 떨어진 언어와 기술적·관료적 언어 또는 일상 언어의 무분별한 전문용어는 수사를 잘 구사하는 것과 같은 효과를 낼 수 있다.

맥락이 제거된 언어는 예외적이고 정도에서 벗어난 일을 일상적인 일인 것처럼 자연스럽게 만들고 중화할 수 있다. 라디오 사와는 이런 일에 상당히 능숙했다. 그래서 ≪더 타임스≫(2002년 11월 15일자)는 라디오 사와와 라디오 다마스커스Radio Damascus의 기사들을 대조했다. 라디오 사와는 한 팔레스타인인의 죽음을 이렇게 묘사했다. "팔레스타인인이 나블루스에서 이스라엘의 총격으로 죽었다." 라디오 다마스커스는 이렇다. "이스라엘 점령군이 나블루스에 내린 야간 통행 금지조치가 100일 이상 이어졌는데도 이 지역의 긴장이 고조되어 팔레스타인 시민들과 점령군 간의 여러 대치 국면이 있었다. 이 상황에서 15세의 팔레스타인 소년이 죽임을 당했고 다섯 명이 부상을 당했다." 한 이라크 외교관의 공세에 대해 라디오 사와는 이렇게 묘사했다. "관계 당국에 따르면 이라크는 걸프만 연안의 국가들에 이라크를 공격하기 위한 미군의 임시 주둔을 허가하지 말아달라고 요구한 것 같다." 라디오 다마스커스는 이렇다. "미국이 이라크에 대한 공격을 고집하는 데 반대하는 외교적이고 정치적인 노력이 지속되고 있다. 이라크 외무장관 나지 사브리는 미국이 이 지역의 미래에 심각한 위협이 된다고 말했다." 또한 언어는 애매모호하게 만드는 행복한 직분을 다한다.

알려진 주지의 사실이란 없다. 우리가 안다는 사실을 아는 것들이 있다. 우리는 또한 모른다고 알려진 것이 있다는 것을 안다. 다시 말하면 우리는 우리가 모르는 뭔가가 있다는 것을 안다. 하지만 알려지지 않은 모르는 것도 있다. 그것은 우리가 모르고 있다는 인식조차 하지 못하는 것들이다. 그리고 우리와 다른 자유 국가들의 역사를 훑어보면 어려운 것들은 주로 후자에 속하는 것들이다(≪이코노미스트≫, 2003년 12월 6일자).

기만과 표리부동

위조

전쟁 준비부터 실행 단계까지 영국과 미국 정부가 사담 후세인과의 갈등을 조장하는 증거들을 꾸며내고 있다는 더욱더 강한 비난들이 있었다. 부시 자신이 사실 확인에 철저하지 못하다는 비판이 있었다. 2002년 10월 ≪월스트리트 저널≫은 이런 주장을 했다. "고위 관계자들이 사실 관계를 증명할 수 없는 첩보를 계속 인용하고 있다. 전직 CIA 고위 관리자와 ≪유에스에이 투데이≫ 모두 정부가 편향된 정보를 사용하고 있다고 비난했다"(폴 크루그먼의 인용, ≪뉴욕 타임스≫, 2002년 10월 25일자). 수상관저에서 사담 후세인에 대한 공식 조서를 만들기 위해 오래된 박사논문을 인용했다는 언급도 없이 많은 부분 사용한 것이 밝혀졌을 때 그런 교묘한 속임수가 만천하에 드러났다. 이 저작은 "1991년 걸프전 시기에 벌어진 사건들과 관련된 것이지만 정부는 최근 정보라고 말했다. 「제인의 첩보비평Jane's Intelligence Review」도 이 논문을 표절했다"(≪데일리 텔레그래프≫, 2003년 2월 8일자). 2003년 2월 5일 UN 안전보장이사회에서 있었던 자신의 발표 중 콜린 파월은 이 문서를 높이 평가했다. 그것은 글의 문법적 오류까지도 수정되지 않은 표절이었다.

그 문서는 그저 표절되기만 한 것이 아니라 마음대로 고쳐진 부분도 있었다(≪선데이 타임스≫, 2003년 2월 9일자). 예를 들면 "대립하는 단체를 돕는"이라는 구절은 "테러 집단을 지지하는"으로, "외국 대사관들을 모니터하는"은 "외국 대사관들을 정찰하는"으로 바뀌었다. 2003년 4월 27일 ≪인디펜던트≫ 주말판은 "폭로: 전쟁으로 가는 길은 어떻게 거짓으로 포장되었나"라는 표제의 기사를 실었다. 신문은 바그다드가 생화학, 핵 또는 금지 미사일 활동을 하고 있다는 증거가 전혀 없다고 주장했다.

대량살상무기를 없애기 위해 이라크를 침략한다는 주장은 출처가 과장된 첩보들을 선택적으로 사용한 것이었다. 사담이 대량살상무기를 사용할 가능성에 대한 CIA의 보고서는 부분적으로만 비밀제한이 해제되었다. 풀린 부분은 그 위험성이 커 보인다는 내용을 담고 있었다. 상원 정보위원회 의장인 밥 그레이엄의 압력 끝에 전체 보고서가 열렸다. 그리고 새로 해제된 그 보고서의 결론은 가까운 미래에 이라크가 화학무기를 사용할 가능성이 매우 낮다는 것이었다. 2월 UN 안전보장이사회에서 콜린 파월 국무부 장관은 생물학 무기에 대해 최대 18개의 이동 가능한 제조소가 이라크에 설립되었다고 말했다. 그는 이라크에서 온 망명자들에게서 나온 정보를 근거로 들었다. 하지만 바그다드 중심부의 사담 후세인 병원 지하에 비밀 생물학 무기 제조소가 있다는 주장을 포함한 그들의 여러 진술이 UN 무기조사관들에 의해 여러 차례 거짓으로 드러났다는 사실은 말하지 않았다.

기사의 또 다른 지적도 있다. 2002년 가을 토니 블레어가 발표한 보고서는 이라크가 45분 내로 생화학 무기들을 실전 배치할 수 있다고 주장했다. 하지만 국방부 장관 제프 훈Geoff Hoon은 그러한 무기들은 해체 후 매장되어 탐지조차 어려울지 모른다고 말한 것이다. 기사는 이런 결론을 내렸다. "일부 미국 관리들은 대량살상무기 캠페인이 단지 '미국의 군사력과 민주주의를 세계무대에 보여주는' 수단일 뿐이라는 것을 시인했다. 이는 미국 ABC 뉴스의 설명과 같다. 한 관리는 '우리가 거짓을 말한 것이 아니라 강조를 어떻게 하느냐의 문제였을 따름이다'라고 말했다." 아마도 이것이 프로파간다의 정의가 아닐까? 결국 전쟁의 진실과 그 환상들이 절망적으로 섞였다. 모든 것이 포함된 짧은 서사극 '제시카 일병 구하기'가 그 예이다.

적 만들기

만약 여론이 이라크와의 전쟁을 지지하려면 영미연합이 사담과 그의 정권을 완전히 악마처럼 그려내는 작업이 필수적이다. 실제로 사담은 완벽한 적이 되었고 짙은 수염과 페도라를 쓴 악당 역할을 맡게 되었다. 사담이라는 적을 만드는 데 가장 중요한 부분은 물론 그가 지닌 대량살상무기와 오사마 빈라덴과의 관계라는 혐의를 통해 서구의 안전에 직접적인 위협이 된다는 생각이다. 이런 거대한 위협이 사실로 드러난다면 사담은 어떤 짓이든 할 수 있는 진정 사악한 인간도 될 수 있었다. 우리는 사담을 싫어하는 법을 배워야 했고 이것은 어려운 일이 아니었다. 그래서 전쟁이 시작될 때 영국 외무부는 23면짜리 보고서를 작성해(≪데일리 텔레그래프≫, 2002년 12월 3일자) 사담의 하수인들이 오래된 방식으로 악랄한 고문을 한 내용을 자세하게 다루었다. 눈 도려내기, 전기 드릴로 손 뚫기, 천장에 매달기, 산성액 목욕, 성폭행, 전기고문 등이 포함되었다. 사담의 아들 우데이가 개인적인 고문실을 지니고 있었고 한 민병대 대원은 전문적인 강간범 역할을 했으며 죄수들은 죽거나 자백할 때까지 영안실 안 철궤에 갇혔다는 내용도 있다. 대통령을 모욕한 죄에 대해서는 혀를 잘랐다는 내용도 있다. 기자들이 이 보고 내용을 듣게 된 외무부 브리핑에서는 포로들을 때리고 처형하는 것과 쿠르드족 마을에 가스 공격을 한 직후의 잘 알려진 모습을 담은 영상도 제공되었다(≪데일리 텔레그래프≫, 2002년 12월 3일자). 이토록 지독하게 사악한 정권이라는 주제는 전쟁이 벌어지는 와중에도 계속 다뤄졌다.

전쟁 내내 대량살상무기를 바로 찾아낼 것이라는 기대가 끊임없이 자극되었다. '케미컬 알리'*의 이미지와 '케미컬 샐리'라 명명된 그의 여성 미니미 Mini-me 이미지가 신문에 선전되었다. 화학공격이 있을 것이라는 예상은 실재했다. 이러한 논쟁을 뒷받침하는 증거로 제시된 이라크군의 보호장구 발견은 빈약했지만 기사들은 "미군과 영국군은 잠재적인 생화학 공격의 늘어가는 증거들을 발견했다"라고 주장했다. 또 다른 기사들도 있었다. "CIA의 첩보가 사린, VX

---

* 알리 하산 알 마지드. 사담 후세인의 사촌으로서 1980년대 쿠르드족을 상대로 한 화학전을 주도해 이러한 이름이 붙었다.

신경제 또는 머스타드 가스를 장착한 다수의 포탄이 이미 배치되었음을 밝혔다. 그들은 현재 바그다드 남쪽에 주둔한 이라크 공화국 방위군 메디나 사단으로 갔다"(≪선≫, 2003년 3월 29일자).

사악한 정권의 비본질적인 징후인 이라크의 잔인한 행위에 대한 다른 많은 주장이 있었다. 사담의 민병대는 의도적으로 민간인의 집 옆에 머물렀다. 군사 방어시설은 교외지역에 설치되었다. 이라크군은 백기를 걸었다가 바로 발포했다. 이라크군은 도망가는 민간인에게 의도적으로 총격을 가했다. 이러한 진술 중에는 일부 진실들도 있다. 그러나 전쟁을 정당화하고 사담의 사악함을 보여주기 위해 잔악한 행위를 선전하는 것이 연합군에게는 매우 중요했다. 그리고 만약 잔악한 행위에 대한 증거를 찾지 못한다면 만들어낼 수도 있었다. 캠프 데이비드에서 부시와 함께 기자회견에 나선 토니 블레어는 두 명의 영국 군인들이 이라크에 잡혀 처형을 당했다고 주장했다. 그가 제시한 증거는 그들의 시체가 차 안이 아니라 뒤집힌 랜드 로버 옆에 뉘여 있었다는 것이었다. 블레어는 "죽은 영국 군인들의 사진들을 공개한" 알자지라에 "이해할 수 없이 무자비한 행동"이라고 비난했다. 죽은 군인의 가족은 이의를 제기했다. 육군이 그들에게는 교전 중에 사망했다고 전했다는 것이었다(≪데일리 텔레그래프≫, 2003년 3월 29일자).

전쟁의 신화들

두 가지 토대가 된 신화

우리는 신화를 만들어내는 것이 선전원 활동의 근본적인 특징이라고 논했다. 이라크 전쟁은 두 가지 기본 신화 위에 세워졌다. 첫째는 사담 후세인이 생화학 및 핵 대량살상무기를 비축하고서 이를 감추고 있다는 것이었다. 위협이 되는 점은 사담은 그것들을 아마도 과거 불운한 쿠르드족에게 했던 것처럼 이스라엘과 같은 어느 아랍권 국가에 사용할지도 모른다는 것이었다. 두 번째 초석이 된 신화는 사담 후세인과 오사마 빈라덴이 관계가 있다는 것으로서 첫 번째 것과 직접적으로 관련되었다. 만약 사담이 대량살상무기를 지니고 있고 빈라덴과 협력관계를 유지하고 있다면 빈라덴이 대량살상무기에 접근할 수 있다는 이야기가 된다. 자살 폭탄 테러범과 방사능오염폭탄? 생각이 여기에 미치면 등골이 오싹해진다. 하지만 그것이 사실인가? 많은 이에게 두 가지 모두는 처음부터 신화였다. 속된 말로 거짓을 의미하는 신화인 것이다. 하지만 이러한 신화들이 거짓이라는 것을 공공연하게 받아들이는 것은 영미 연합군의 침략을 떠받치는 바로 그 도덕적 토대가 무너지는 것이 된다. 그래서 교전이 끝난 후 수상은 그들이 분명 무기를 발견할 것을 믿는다는 점점 더 부자연스러워 보이는 주장을 끊임없이 했던 것이다.

심증이라는 개념

연합군 지도자들은 정말로 그들 자신의 신화들을 믿었을까? 이것은 대답하기 쉽지 않은 질문이다. 그리고 어느 정도 그들은 분명 그렇게 믿었다. 조금 다른 방식으로 질문을 던질 수 있다. "그들이 그 신화들을 완전히 믿었는가?"가 아니라 "그들은 모든 불확실한 것들과 불안정한 요인들에도 2,500만의 국민이 있는 나라를 침략할 만큼 충분히 그것들을 믿었는가?"이다. 이 질문에 대한 대답 역시 논리적 증거와는 다른 감정적 증거라는 개념에서 찾을 수 있을 것이다. 감정적인 증거는 어떤 사건이 발생하는 데 인과적 관계가 있다는 직관적인 느낌을 지니고 있지만 쉽게 파악할 수는 없다. 하지만 동시에 우리는 그것이 사실이어야 할 깊은 감정적인 필요가 있어서 사실이라고 믿는 것이다. 이는 사담 후세인이라는 악마를 몰아내려는 조지 W. 부시의 이상하리만치 단호한 결정을 설명할 수 있다. 어떤 의미에서 그는 옳았다. 오사마 빈라덴의 주요한 동기는 미군이 메카와 메디나라는 성스러운 도시들에 발을 붙이고 있으며 그로써 그 땅을 더럽히고 있다는 것이었다. 그 군인들은 사담 후세인을 견제하고자 그곳에 있는 것이었다. 그러므로 사담 후세인은 실제로 9·11의 간접적인 원인이었다. 그러므로 사담을 제거함으로써 빈라덴의 존재이유를 없애는 것이다. 실제로 도널드 럼스펠드Donald Henry Rumsfeld는 이라크전이 끝나는 즉시 사우디에서 미군을 철수할 것이라 발표했다. 이는 논리적인 증거라기보다는 감정적인 증거이다. 다시 말해 쿠웨이트의 침략이 9·11로 이어진 일련의 사건을 시작했다는 것이다. 연역적인 논리로는 분명 사담 후세인은 9·11에 대한 책임이 없다. 하지만 감정적인 증거를 들이대면 그는 책임이 있다.

걸프전의 다른 신화들

그러므로 이라크전에는 두 가지 기초적인 신화가 있었다. 하지만 이 거대한 신화들을 뒷받침하기 위해 다른 많은 신화가 등장했다. 하나는 이번 전쟁이 1차 걸프전에서는 충분히 달성하지 못한 약속을 채울 수도 있다는 것이다. 그것은 목표물만을 수술처럼 제거하고 단 한 명의 민간인 사상자도 내지 않는 깨끗한 전쟁을 할 수 있을 것이라는 신화이다. 현대의 컴퓨터로 조종되는 무기들의 정확도가 정말로 놀라운 수준인 반면 사망자 없는 전쟁이라는 생각은 민주주의 사회들이 자신을 속이기 위해 지니고 있는 매혹적인 신화 중 하나로 기록될 것이다. 그것은 현실의 고통을 잊으려는, 명랑하지만 진정성 없는 공상이다. 다른 신화들에는 이라크인들이 봉기해 그들의 통치자들을 스스로 괴멸시킬 수도 있다는 생각이 포함된다. 하지만 사실 그들이 그러기에는 너무 두려움이 많았다. 또 하나는 그들이 해방자를 따뜻하게 환영할 것이라는 신화이다. 이는 기껏해야 절반의 진실일 수밖에 없다. 미국에 대해 대부분의 이라크인들이 지니고 있던 양면적 감정 때문이다. 또한 전쟁 수행에는 사담이 이미 죽었다는 루머와 같은 허위정보의 도움도 컸다(≪선데이 텔레그래프≫, 2000년 3월 23일자).

기초 신화: (1) 사담과 빈라덴의 동맹

 빈라덴과의 관련이 있다는 혐의 역시 연합군에게 중요한 의미가 있었다. 물론 그들은 핵심적인 정당화 사유가 거짓으로 드러났을 때에도 다른 전쟁의 이유들을 부끄러움 없이 만들어낼 수 있었다. 사담이 저지른 죄악은 그를 대신할 변명거리로 손쉽게 만들어질 수 있었다. 실제로 이런 부분들을 더욱더 강도 높게 지적했다. 그래서 전쟁이 끝날 즈음에는 아랍 세계를 거대한 악에서 해방하는 것이 전쟁의 목적이 되었다. 그 악으로부터 우리 자신을 보호한다는 것은 오히려 묻혔다. 전쟁 전에는 빈라덴과의 관계를 증명하는 데 많은 노력을 쏟아 부었다. 그래서 딕 체니는 이라크가 알카에다 전사들을 훈련하고 있다고 주장했다. "바로 이것 때문에 이라크의 위협에 맞서는 것이 테러와의 전쟁에서 벗어나는 것이 아니다. 이것은 테러와의 전쟁을 이기는 데 매우 결정적이다. 이라크에서 대량살상무기를 완전히 없애고 이를 확인하지 않는 한 테러와의 전쟁에서 승리한 것이 아니다"(≪데일리 텔레그래프≫, 2002년 12월 3일자). ≪선데이 텔레그래프≫(2003년 4월 27일자)는 1면 머리기사에 "세계 단독보도: 사담이 빈라덴과 협력했다는 증거"를 실었다. 이 신문은 둘의 직접적인 관계를 증명하는 첩보문서를 바그다드에서 발견했으며 한 서구의 정보부 관리가 이를 놀라운 발견이라 말했다고 주장했다. 또 다른 헤드라인은 "부시는 전부터 사담을 9·11의 배후로 의심했다"라는 주장이었다. 이런 주장들의 문제점은 세계의 어떤 정권 사이에서도 관계는 어떤 식으로든 증명될 수 있으며 오고간 정보는 언제나 얼마간은 존재한다는 것이다. 중요한 문제는 "이것이 지닌 의미는 무엇인가?"이다. 어느 정도 수준으로 사담이 연루되어 있는가? 타블로이드판 신문들도 끈질기게 우겼다. 알카에다 테러리스트들과의 관계를 증명할 수 있다고 주장하며(≪선≫, 2003년 4월 6일자) 콜린 파월이 UN에서 연설한 내용을 그대로 반복하는 것이었다.

 모린 도드Maureen Dowd는 ≪뉴욕 타임스≫(2003년 3월 9일자)에서 조지 부시는 한 기자회견에서 9·11을 8번 언급했다고 주장했다. 그리고 그녀는 윌리엄 라이더William Ryder를 인용했다. "9·11을 기억하라는 말은 1898년 스페인 전쟁에서의 메인 주를 기억하라는 말이나 1964년 통킹만 결의 같은 거짓 슬로건들과 어깨를 나란히 한다." 도드는 덧붙여 말한다. "무서운 현실보다 얼빠진 리얼리티 TV쇼에 더 이성을 잃는 문화는 쉽게 오도될 수 있다." 도드는 ≪더 타임스≫와 CBS 뉴스의 조사 결과 응답자의 42퍼센트가 사담이 개인적으로 세계무역센터와 펜타곤 공격에 책임이 있다고 생각하며, ABC뉴스 여론조사에서는 55퍼센트가 사담이 빈라덴에게 직접적인 원조를 했다고 믿는다고 답했다는 사실을 지적했다. "전쟁에 대한 주장은 보수당원들이 사담을 없애고 싶어 하는 중복되는 이유들 때문에 모순을 안게 되었다."

기초 신화: (2) 대량살상무기

두 번째 토대가 된 신화는 대량살상무기의 신화로서 영국 내각의 합동정보위원회에 제출된 2002년 9월 24일자 문서에서 공식적인 입장이 되었다. 토니 블레어는 "그가 무기 프로그램을 지속하고 있으며 그 위협이 실제적이고 심각하며 지속될 것이라는 증거가 분명하다"(≪가디언≫, 2002년 9월 24일자)라고 주장했다. 블레어는 후세인이 "주변 나라에 공격을 가할 것"이라 했다고 덧붙였다. 2003년 2월 스카이Sky TV의 여론조사는 많은 영국인이 이 말의 진실성에 확신을 갖게 되었다는 것을 보여주었다. 79퍼센트가 사담이 대량살상무기를 가지고 있다고 생각하며 21퍼센트만이 확신이 없다고 답한 것이다(≪선≫, 2003년 2월 6일자). 대량살상무기의 신화는 분명 전쟁을 정당화한 주요한 변명이었다. 폴 월포비츠Paul Wolfowitz의 발언 중 일부이다. "필요한 경우 무력을 사용하겠다는 부시 대통령의 결단은 이라크의 대량살상무기가 지닌 위협 때문이다"(≪데일리 텔레그래프≫, 2002년 12월 3일자). 영국의 여론은 전쟁이 시작되고 자신들이 속았다는 것을 깨달았다(ICM 여론조사 결과, 2003년 8월 24일). 이라크가 대량살상무기를 45분 안에 배치할 수 있다는 블레어의 주장은 점점 더 웃기는 소리가 되었다. 수상부의 공보관이 지금은 수치스러운 서류를 당시에는 정말 '섹시하게' 만들었던 것인가? 그들의 괴롭힘이 권위 있는 생물학 무기 전문가인 데이비드 켈리David Kelly 박사를 자살로 떠밀었는가? 블레어 정부는 정치적인 수난에 처해 그 어떤 영국 행정부들보다 더 황폐한 상황에 처했다. 그에게 출구가 명확히 보이지 않는 것 같다.

당파적 견해: (1) 미디어 전쟁

인쇄물

출판 미디어는 활발하고 당파성이 강한 전쟁을 치렀다. 텔레비전도 그랬다. 대중매체는 두려움 없이 진실을 추구한다는 원래의 역할을 점점 더 잊고 그 대신 거대하고 얼마간 명백한 프로파간다 기계의 부록이 된 것처럼 보인다. 영국에서 타블로이드는 심하게 갈렸다. ≪데일리 미러≫의 편집장 피어스 모건은 프로파간다 성전이라고밖에 표현할 수 없는 저널리즘의 전체 역사상 가장 공격적이고 과장적인 일에 착수했다. 성향이 정반대인 ≪선≫은 그보다는 열기가 덜했고 ≪데일리 메일≫이 그 뒤를 바짝 쫓았다. 그가 초기에 조금 주저하는 기색을 보인 것은 상당한 수의 여성 독자를 의식한 탓이었다. 하지만 곧 ≪데일리 메일≫은 전쟁을 찬양했고 반전 진영을 비웃었다. ≪선≫은 자신만의 독특한 방법으로 애국심을 과장했다. 3월 4일과 20일에 약간의 조심성을 보이는 최소한의 보호 장치로서 조그만 전투복을 입은 거의 나체인 여성의 다양한 이미지들을 실은 것이다. 또 다른 ≪선≫의 포스터 "≪선≫은 우리의 딸들을 지지한다"(3월 18일자)는 국기 전면에 복장을 제대로 갖춰 입은 여군의 모습을 담았다.

1면 머리기사들은 그날의 상황을 알게 한다. ≪데일리 미러≫는 고전적인 것들을 내놓았다. 예를 들면 "매수된 놈, 거만한 놈, 눈먼 놈의 연합"(2003년 3월 22일자)이다. 이들은 거대한 B-52 폭격기 사진 위에 '하늘 위의 야수'라는 제목을 단 포스터 크기의 사진과 함께 실렸기 때문에 효과적이었다. 또 다른 기억에 남는 제목은 "불법적이고 비윤리적이며 막을 수 없는"*(3월 18일자)이었다. 그리고 ≪데일리 미러≫는 적국을 가볍게 여기지 않기로 결심했다. 사담이 어떻게 반격할 수 있는가를 보이기 위해 그가 사용할 수 있는 맹렬한 생화학 및 테러 무기들의 목록을 실었다. 그러한 관점들은 전쟁이 시작되고 곧 문제가 제기되어 신문이 비애국적인 방식으로 행동하고 있다는 비난을 샀다. ≪데일리 미러≫는 전쟁 중에도 반전 캠페인을 계속하기로 결정했다. 그리고 이 전략으로 독자들을 잃게 되었다. 이 신문은 한 효과적인 전략으로 배신이라는 비난에 맞섰다. 1면에 큰 토니 블레어 사진을 싣고 전단 헤드라인에 "그는 우리를 실망시켰다"라고 달았고 반대편에 영국군인의 모습을 싣고는 "그는 결단코 그럴 일이 없다"라는 멋진 대구를 썼다(2003년 3월 18일자). ≪데일리 미러≫는 전쟁 상대를 놀리는 궁여지책을 썼다. "건방진 로빈과 사임을 향한 고속행진."

일반 신문들은 이데올로기적으로 덜 일관적이다. 그들 모두 신문 논평란에서 주요한 관점에 반대하는 이들에게도 견해를 표출할 수 있게 했다. ≪더 타임스≫, ≪텔레그래프≫, ≪가디언≫이 확실하게 그런 입장이었다. 전쟁을 지지하는 매체에서도 일부 만평가들의 반전 감정을 억제할 수는 없었다. 예를 들어 ≪더 타임스≫는 역사상 가장 따분한 만평 중에 하나로 기억될 만한 것을 발행했다(토니 블레어는 지퍼를 올리고 조지 부시는 바지를 끌어올리는 장면). ≪스펙테이터≫는 1면에 "푸들 파워"라는 제목을 달았다(2003년 2월 1일자). 그것은 장식이 잔뜩 달린 텍사스 산 부츠를 신고 자랑스럽게 선 채 제2차 세계대전 파일럿 전투복을 입고 있는 작은 모형의 토니 블레어를 담은 그림이었다.

---

* 원문은 UNlawful UNethical UNstoppable이다. 이라크전은 UN의 동의를 받지 않은 침략 전쟁임을 비판하려는 의도가 담겨 있다.

텔레비전

TV 매체도 똑같이 당파적으로 보였거나 그렇게 인식되었다고 할 수 있다. BBC는 정부로부터 그 기자들이 편향되었다는 공격을 받았다. 하지만 이는 폭스 뉴스에 대한 비판과는 달리 정당하다고 인정하기 힘든 비난이었다. 자유주의자들은 이렇게 혹평했다. "이라크의 전선에 미국의 영웅 및 해방자들과 함께 하는 기자들부터 럼스펠드를 찬양하는 토크쇼의 진행자까지 '국기를 흔드는' 흔들림 없는 애국심을 보인다"(≪가디언≫, 2003년 4월 14일자). 이 시기 미국 TV의 광신적 애국주의 정신에 대해서는 램프턴과 스타우버(Rampton and Stauber, 2003)가 기술하고 있다.

네트워크들은 재빠르게 서로 앞다퉈 전쟁을 다뤘다. 방송에는 그에 맞는 시각적 작품이 3D 컬러와 분위기를 잡는 음악과 함께 쏟아져 나왔다. CBS는 〈교전 중인 미국〉을 선택했고 CNN은 〈이라크 공격〉을 내보냈다. CNBC는 〈전쟁의 가치〉라 하는 한편 NBC와 MSNBC는 모두 〈목표물: 이라크〉라고 했다. MSNBC는 폭스가 펜타곤의 전쟁 암호명 '이라크 자유작전'을 사용하자 금방 뒤따라서 바꿨다. 이 보도들은 휘날리는 미국 국기, 즉 빨간색, 흰색, 파란색이라는 모티프를 담았다. 폭스에서는 정기적으로 방송시간표가 갱신될 때마다 군악대 북소리가 나왔다. MSNBC의 선전광고는 미국 국가의 피아노 연주 위에 몽타주 기법으로 군인 사진을 내보냈다.

자유주의자들은 러시 림보 쇼나 올리버 노스와 로든 리디가 진행하는 쇼에 반격하기 위해 자유주의자들의 라디오 네트워크를 만들자고 제안하기도 했다. "림보는 그의 애완동물에 대한 지독한 사랑으로 1,500만 청취자들을 즐겁게 한다. 이 특정 맥락에서는 프랑스인들이 그 예다"(≪가디언≫, 2003년 2월 19일자). 논평자들은 자유주의 좌파에게 부족한 카리스마에 대해 이야기한다. 사실 모든 미디어의 본성은 10년 남짓 지난 1차 걸프전 이후 바뀌었다. 라디오 토크쇼가 인기를 끌고 폭스 뉴스가 떠오르면서 이런 매체들의 무게중심을 영구히 바꾸어놓았다. 빌 오레일리 Bill O'Reilly와 앤 코울터 Anne Coulter처럼 힘찬 성격의 거만하면서도 화를 잘 내는 우파 진행자들은 자유주의적 CBS 앵커들을 시대착오적으로 보이게 하거나 거의 역사의 한 장면으로 보이게 만들었다. 램프턴과 스타우버(Rampton and Stauber, 2003)는 반전의 뜻을 담은 편지를 쓴 교수를 욕하는 폭스 뉴스 앵커를 묘사했다. "그 교수는 재수 없이 거만을 떠는 얼간이다. …… 자기 생각에만 잠겨 겸손한 척하는 저능아다. …… 속 좁은 아이비리그의 지식인이다." NBC의 마이크 새비지 Mike Savage는 "세계의 똥덩어리 나라들"을 경멸했다. 우파는 다채로운데 좌파는 단색적이었다. 그리고 이라크전이 시작되자 이른바 우파의 권위자들은 자신들의 시끄러운 비책들을 통해 전쟁이라는 복음을 전파할 준비가 되어 있었다.

당파적 견해: (2) 개인적인 프로파간다

이라크 전쟁의 또 다른 특징은 개인적인 프로파간다 수준이다. 영국에서 100만 명의 거리행진을 가능하게 했던 '내 이름은 빼'라는 강한 주장이 담긴 포스터뿐 아니라 압력단체들의 사적인 발의와 심지어 시민 개개인의 제안이라는 형태로 다양하게 표출되었다. 미국에서는 전쟁에 반대하는 단체들이 고전적인 미국식 방법으로 그들의 반대 의사를 표출했다. 그들은 광고를 냈다. '부시가 미국을 좀먹고 있다 Bush Weakens America' 같은 단체는 신문에 빽빽한 내용의 원고를 실었다. 톰 페인 닷컴은 가장 효과적인 이미지 중 하나를 만들었다. 빈 라덴이 제1차 세계대전 신병모집 포스터에서의 엉클 샘과 키치너 경처럼 정면을 가리키는 포즈를 취하고 "난 당신이 이라크를 침략하길 원한다"라는 문구가 함께 적혀 있는 것이다. ≪매드 매거진 Mad Magazine≫은 "걸프전, 에피소드 2:

공격의 복제판"이라는 제목으로 전투기·군인·폭발 장면으로 장식되고 이번 전쟁의 다양한 극적 인물들을 늘어놓은 가짜 영화 포스터 사진을 만들었다.

　인터넷은 프로파간다 전쟁에서 개개인이 자신의 생각을 표면화할 수 있게 했다. 예를 들어 해병대 예비역 병장 에드 에번스는 자유주의자들의 배반을 비난하는 일종의 과장하는 시를 썼다. 개인들이 자신의 집에서 쓴 그러한 텍스트는 매우 널리 유포되어 경우에 따라서는 상당한 영향력을 행사할 수도 있다. 메일을 받은 사람들이 자신의 주소록에 있는 모든 사람에게 전달할 정도로 마음이 움직인다면 기하급수적인 메커니즘으로 인해 전국적으로 상당한 수의 사람에게 전해질 수 있다. 에번스 병장은 반복구를 사용해 이렇게 썼다.

　　　나는 속지 않을 것이다.
　　　나는 이해하는 척하지도 않을 것이다.
　　　나는 잊지 않을 것이다.

　이 시는 다음으로 이어진다. "나는 자유주의적 매체들이 언론의 자유를 이용해 국가가 위기에 처한 상황에서 반대했다는 것을 잊지 않을 것이다." 그는 적에 대해 이렇게 말한다. "그런 이들과는 어떤 협상도 가능하지 않다. 그런 테러 집단과는 어떤 이해도 어떤 접점도 찾을 수 없다. 단지 선택이 있을 뿐이다. 패배시키거나 패배당하거나. 그리고 우리는 반드시 그들을 패배시켜야 한다!"

　　　나는 이런 것들을 나 자신에게 강요할 것이다.
　　　울음소리를 듣고,
　　　그들의 무력함을 느끼고,
　　　공포를 상상하며,
　　　공황을 감지하고,
　　　타는 살 냄새를 맡으며,

손해를 경험하며,

적의를 기억하라.

나는 극장에 앉아 〈라이언 일병 구하기〉를 보며 나 자신에게 묻는다.

그들은 어디서 저런 용기가 났을까?

나는 이제 알 것 같다.

우리는 선택이 없다. 자유가 없는 삶은 삶이 아니다.

에번스 병장은 그의 독자들에게 "모든 살아 있는 미국인들이 이 메일을 읽고 기억해 우리가 같은 실수를 다시 하지 않을 때까지 계속 이어지게 해"달라고 설득한다. 또한 개인들은 극적인 반달리즘에 참여할 수도 있다. 그것은 이라크 전쟁이라는 맥락에서 프로파간다로 사용될 수 있다. 예를 들면 에타플에 있는 영국군 전쟁기념비에 써놓은 낙서가 그렇다. "쓰레기를 파내라. 우리 땅을 오염시키고 있잖아"와 "사담이 이길 것이고 너희들의 피가 흐르게 할 거야"(≪데일리 텔레그래프≫, 2003년 4월 4일자).

유명인들의 프로파간다

명사들이 전쟁 반대 의견을 내놓으면 대중들의 눈에 금방 띈다. 당연히 유명한 오스카에서의 마이클 무어가 빠지지 않는다. 마돈나의 비디오 〈미국인의 삶 American Life〉은 "고급패션의 전투복을 입은 모델들이 관중들에게 수류탄을 던지는 모습을 담았다. 이를 본 사람들은 그들의 우상이 전쟁에 반대하는 것인지 그저 밀리터리 룩과 사랑에 빠진 것인지 확신할 수 없게 했다". 외관상으로 그녀는 이 문제에 명확한 대답을 피했다. "사담을 지지하거나 그에 반대하지도 않지만 다만 논쟁을 일으키고 싶다는 주장을 내놓았을 뿐이다." 이라크와의 전쟁 위기 속에서 '전쟁 없는 승리를 위한 뮤지션 연합'과 같은 단체들은 자신들의 이름으로 신문에 광고를 실었다. 블러Blur와 매시브 어택Massive Attack은 그 캠페인에 참여했지만 예전의 것들을 교체할 새로운 반전 노래를 만들지는 않았다(닐 맥코믹, ≪데일리 텔레그래프≫, 2003년 3월 13일자).

환상과 프로파간다: 유럽, 아랍 그리고 이라크 미디어

미디어의 자기기만

미디어는 너무 많이 판매되었고 쉬운 승리를 약속했었다. 영국과 유럽의 일부 저널리스트들은 곧 의심을 품었다. 돌이켜 판단해보건대 그들의 논평들은 상당히 부조리해 보인다. "그들이 좋아하건 좋아하지 않건 …… 상당한 부분에 심리적·군사적 계산 착오가 있었고 영국과 미국의 유권자들 사이에서 해롭고 우울한 불안이 퍼져나갔다." 이 기사는 더 나아가 다음과 같이 주장한다.

> 수일 만에 이라크가 프로파간다 전쟁을 실제로 이기고 있는 것이 명확해졌다. 그들의 승리는 연합군과는 뚜렷한 차이를 보이는 단순한 스타일 때문이다. 그들은 메시지를 이렇게 전한다. 우리는 아직 여기 있으며 이길 것이다. 게다가 그들은 바그다드에 주재한 기자들에게 대체로 그들이 원하는 것을 말하도록 내버려둔다. 그들의 움직임을 제한함으로써 시청자들에게 보이지 않게 검열하는 것이다(브라이언 애플야드, ≪선데이 타임스≫, 2003년 3월 30일자).

BBC 국방부 통신원에게서 새어나온 메모는 이렇게 기록하고 있다.

> 나는 연합군에서 상당한 수의 사상자가 나오고 있다는 오늘의 헤드라인들을 보고서 몹시 놀랐다. 간단히 말해 이는 사실이 아니며 연합군이 게릴라들과 싸우고 있다고 말하는 것 역시 사실이 아니다. 게릴라전이라고는 할 수 있을지 몰라도

그들이 게릴라는 아니다. 그리고 연합군이 큰 대가를 치르면서 작은 승리를 하고 있다는 것은 또 누구의 창작인가? 진실은 정확히 그 반대이다. 그들이 얻는 것은 많고 그에 대한 대가는 상대적으로 적다. 이것은 실제 전쟁이고 일방적이기는 해도 전투로 인한 손실은 당연히 예상되는 것이다(≪선데이 텔레그래프≫, 2003년 3월 30일자).

언론매체들은 매우 비관적으로 변했는데 특히 영국에서 그랬다. "아무리 긍정적이라고 해도 신속하고 깨끗한 승리에 대한 희망은 피비린내 나는 고성능 폭탄의 폭발음과 유산탄의 애처로운 소리에 묻혔다"(≪선데이 타임스≫, 2003년 3월 30일자).

아랍 언론

다수의 아랍 언론이 사담 후세인을 호전적 반미주의를 대표하는 아랍의 구원자로 여기며 지지했다. 팔레스타인을 떠들썩하게 지지할 뿐 아니라 미국에 유일하게 대항하는 아랍 지도자로서의 지위를 인정하는 것이다. 하지만 이러한 승인을 철저하게 따져볼 필요가 있다. 많은 아랍인이 실제로 후세인 정권이 과도한 폭력을 행사한 것을 전혀 모르지는 않았기 때문이다. 그들은 사담의 대의를 충실히 지지했다기보다는 상징적인 반이스라엘 및 반미 행위에 지지 목소리를 냈던 것이다. 자진해 이라크로 가서 사담을 위해 싸우려고 했던 아랍인들은 이라크 국민들의 실제적인 적개심과 마주쳐야 했다.

이 전쟁이 벌어지는 동안 아랍 언론들은 거짓 생활을 하는 것으로 보였다.

아랍 언론들은 이라크가 이미 전쟁을 이긴 것 같은 인상을 준다. 분위기는 승리를 얻은 듯하고 연합군이 바그다드를 향해 다가오고 있다는 사실에는 거의 눈길 한 번 주지 않는다. "이라크는 연합군에 주요한 손실을 가했고 미국과 영국은 결코 잊지 못할 패배로 고통스러워한다"라고 시리아 TV의 논평자가 말한다. 카이로에서 일간신문 ≪알 아람≫의 사설은 이라크가 전쟁을 길고 지독한 것으로 만드는 데 성공했다고 말했으며 영국과 미국의 여론이 이에 적대적으로 돌아갈 것이라고 예상했다. …… 카타르의 일간 ≪알 레이≫는 이라크인들이 아랍의 명예를 회복했다고 치켜세웠다(≪데일리 텔레그래프≫, 2003년 3월 29일자).

이러한 의도적인 자기기만은 뒤돌아보면 측은해 보이지만 그들의 지정학적 관점을 고려하면 그리 놀라운 것은 아니다. 이것이 다시 한 번 프로파간다에서 환상과 자기기만의 역할을 생각하게 한다. 아랍 뉴스매체들만이 이라크에 대한 떠들썩한 지지를 보냈던 것은 아니다. 팝음악도 있었다. "대중들에게 서민적인 길거리 음악을 하는 샤반 압델-라힘의 새로운 비디오는 지난 걸프전 장면으로 플래시백하며 서구의 이중 잣대를 비난한다." 그는 과거에 "나는 이스라엘이 싫어"라는 구절이 담긴 노래로 이집트의 음악 차트 1위를 차지한 바 있다(≪데일리 텔레그래프≫, 2003년 3월 13일자). 전쟁이 끝나갈 무렵까지 일부 아랍 신문들은 연합군이 바그다드 근처에도 오지 못한 것처럼 가장했으며 이라크 공보장관 모하메드 사이드 사하프의 발언의 편력들을 중요하게 다루었다. 사담의 동상을 부수는 성상파괴 이미지들은 중동에서 진정으로 충격을 준 것으로 보인다. 그러한 사건들이 "아랍 세계에서 최근 역사상 가장 큰 거짓말을 전복했기 때문이다"(≪더 타임스≫, 2003년 4월 10일자).

이라크인들의 프로파간다

지금 이 단계에서는 실제처럼 보이지 않을 수 있지만 이라크 정부의 프로파간다에 감탄하는 서양인들이 얼마간 있었다. 거기에는 이라크가 실제적으로 프로파간다 전쟁을 이기고 있다고 말하는 이들이 포함된다. 그래서 할라 자베르Hala Jaber는 이라크 프로파간다가 그 국민들 사이에서 효과가 있었다고 주장한다.

> 그들은 이 전쟁을 모국을 지키는 성전이라고 생각했다. 사담은 애국심을 통해 국가의 힘을 모으려고 노력했다. 많은 이들은 그가 성공했다고 말한다. …… 외국의 침략에 직면해 내부의 정치적 차이들은 제거되었다. 아랍 부족들, 바스당원과 종교적 분파들은 애국심이라는 신념과 문화의 유일한 기치 아래 통합되었다(≪선데이 타임스≫, 2003년 3월 30일자).

실제로 이라크 프로파간다 기관은 그보다 더 서투를 수 없어 보였다. BBC 특파원 라게 오마르Rageh Omaar의 설명이다.

> 방송장비들을 어디에 설치할 것인지를 허락받아야 하는 심한 규제 속에서 이 정권은 우리가 기사를 모을 수 있게 도와주었으면서도 정작 기사 전송을 통제했다. …… 이라크 고위 공직자의 상당히 유용한 브리핑들이 있고 나서 우리는 그 기사들을 보낼 수가 없었다. …… 우리가 능수능란한 이라크 프로파간다 기관에 농락당하고 있다는 주장은 한참 잘못 짚은 것이다(≪선데이 텔레그래프≫, 2003년 3월 30일자).

이라크 정권의 가장 큰 잘못 중 하나는 알자지라를 적으로 돌려서 이라크를 떠나게 한 것이다(≪데일리 텔레그래프≫, 2003년 4월 4일자). 정부는 알자지라의 한 기자에게 추방명령을 내렸고 또 다른 한 사람에게는 취재를 금지했다. 이렇게 함으로써 이라크는 가장 효과적인 선전 통로를 사실상 중립으로 만들었다. 전쟁이 벌어지는 동안 알자지라는 전 세계 4,000만 시청자를 보유하고 있었으며 바스라에 주재하는 유일한 TV 방송이었다. 그리고 연합군에 반대하는 잔악한 행위에 대한 강력한 선전의 근거가 된 민간인들의 사망 사진을 거침없이 보여줄 수 있었던 방송이 알자지라였다.

물론 연합군이 전진함에 따라 이라크의 프로파간다는 결국 역효과를 냈다. 마지막 날들 동안 '코미컬 알리'인 공보장관 모하메드 사이드 사하프Mohamed Said Sahhaf는 무대 가운데로 나오게 되었다. 전쟁에 대한 뉴스들은 공보장관 자신의 성격에 초점을 맞추기 시작했다. 그의 과장된 낙관주의와 현실에 대한 빈약한 이해는 그만의 소름이 끼치는 수사와 합쳐져 자신을 몬티 파이튼Monty Python 같은 희극적 캐릭터로 만들었다. 그에게 주어진 명예는 '우리는 이라크 공보장관을 사랑해 닷컴'이라는 그 자신의 웹사이트였다(≪선데이 텔레그래프≫, 2003년 4월 13일자).

그는 컬트적 인물이 되었다. '그의 가장 엉뚱한 거짓말들'로 장식된 티셔츠가 나타나고 그의 웹사이트는 관심이 집중되어 일시적으로 다운되었다. 그날의 인용구 중에는 "나는 지금 당신이 현실에서 너무 동떨어졌다는 것을 알려준다" 같은 글들이 포함된다. "신은 그들의 위장을 지옥에서 구울 것이다" 또는 "내 기분은 평소처럼 그들을 모두 죽이고 싶을 뿐이야" 같은 정보조작의 경이적인 결과들을 앞치마에 싣고 있었다. 그 웹사이트에 따르면 "그는 진실보다 우월하다". 그가 어떤 사람들을 매료시키는 것은 그가 비현실적으로 보이기 때문이다. 만화 속 인물처럼 바그다드 공항이 점령되었다는 사실과 같은 현실을 그저 간단하게 부인하는 것이다. 또 다른 문구는 이렇다. "내가 지금 여기서 말하는데 우리에게는 스커드 미사일이 없어. 나는 왜 스커드 미사일이 쿠웨이트로 발사되었는지 몰라"(≪선데이 텔레그래프≫, 2003년 4월 13일자). 결국 그는 4월 10일까지 계속했다. 그는 그 정권에서 변하지 않은 마지막 일원이었으며 미군을 발견하고서는 이렇게 말하고 사라졌다. "아냐, 아냐, 아냐, 아마 탱크 두세 대일거야. 하지만 그들은 떠날 거야." 괴벨스처럼 그는 끝까지 변하지 않았다. 그의 행동이 보인 초현실성과 더불어 그 정권의 마지막은 어떤 종류의 군, 정부, 지도자들도 없는 순수한 프로파간다였다. 비전을 표현하는 정치체가 완전히 없어지고 나서 얼마 후까지도 작동하는 그런 프로파간다였다.

프로파간다의 한계: 통제

민주주의 사회에서 권력은 언론에 영향을 줄 수 있을 뿐 통제할 수는 없다. 정부의 정보는 하나의 해석을 받아들이도록 제안하는 것일 수밖에 없다. 그리고 이 제의는 거절될 수 있다. 2차 걸프전에서 미국이 지닌 문제는 너무나도 많은 외국 논평자들이 미국 정부의 관점을 전혀 받아들이지 않았다는 것이다. 이 비평가들 중 일부는 전쟁을 이른바 미국 예외주의라는 좀 더 넓은 정치적 문제의 일부로 인식했다. 예를 들어 ≪옵서버Observer≫(2003년 3월 23일자)의 헨리 포터 Henry Porter는 미국이 일부러 빠뜨리거나 저지른 일들의 목록을 작성했다. 대인지뢰관련 조약, 국제형사재판소, 교토의정서, 탄토탄요격미사일 협정, 1972년 생물무기 금지협약의 조사권한 계획, 철강수입에 관세 부여, 농부들에게 주는 보조금 등이다. "미국이 자신의 이익에 따라 많은 의제들을 교묘하게 다루는 것이 분명해졌다. …… 요즘 유행하는 표현을 쓰자면 미국은 너무도 많은 프로토콜, 합의서, 조약과 협정에 대해 계속 까칠하게만 나온다는 확신이 커지고 있다."

일관되고 통합적인 관점. 다른 적대적인 평자들에게 그들의 반대는 미국 문화에 대한 전반적인 거부의 일부이다. 그래서 이런 입장은 중동 비평가들에게만 국한되지는 않는다. 노벨상 수상자 마거릿 드래블 Margaret Drabble의 말을 들어보자.

나는 채널 4의 '호의적인 포화' 뉴스에 억제할 수 없는 분노를 느꼈다. 기사는 지금까지 영상으로 기록된 것 중 가장 소름끼치는 폭격의 하나였음이 분명했다. 하지만 가장 무서웠던 것은 그 뒤에 나온 열을 지은 미군 전투기들이 이죽대는 만화 캐릭터의 얼굴을 앞면에 그려 넣은 모습이었다. 그것은 크고 날카로운 이빨을 드러낸 만화 캐릭터의 얼굴이었다. 그로테스크하고 가증스럽다. 이 거대하고 강력한 나라가 그 도시들의 외국 시민과 국민을 폭격하는 데 만화에 나온 디즈니랜드 만화 전투기에서 폭탄을 떨어뜨린다. …… 다른 이들은 고상하게 미국이 그들의 대량살상무기에 붙여준 완곡하고 애정 어린 이름들 – 큰 아이, 작은 아이, 제초기 등 – 에 대해 고상하게 써놓았다. …… 하지만 장난처럼 웃고 있는 전투기의 얼굴에는 기만과 왜곡을 넘어 광기의 영역에 들어간 뭔가가 있다. 자기 나라의 비행기에 그러한 이미지를 그리게 하는 나라는 상상할 수 없을 정도로 무책임한 상태로 퇴행하는 것이다. 살인기계에 그런 얼굴을 그리는 나라는 분명 미친 것이다. 그렇다. 나는 분명 그렇게 말했다. 나는 지금까지 내가 알고 존경하는 많은 미국인을 떠올리며 나의 반미주의를 통제하려 애썼다. 하지만 나는 더는 그것을 억제할 수 없다. 나는 디즈니화를 혐오한다. 나는 코카콜라를 싫어하고 햄버거에 구역질이 난다. 나는 역사를 두고 거짓말을 하는 감상적이고 폭력적인 할리우드 영화들을 혐오한다. 나는 미국의 제국주의, 미국의 유치증, 심지어 이기지도 않은 것까지 승리했다고 하는 미국의 승리주의가 지독히도 싫다(≪데일리 텔레그래프≫, 2003년 5월 8일자).

이 비평은 오늘날 반미주의의 감정적인 핵심을 잘 표현해놓았다. 그것은 좌파에게만 국한되지 않은 생각이다. 이 통렬한 비난은 보수적인 ≪데일리 텔레그래프≫ 독자들에게서도 반향을 일으킬 만하다. 그리고 모든 신문 중 ≪데일리 텔레그래프≫가 내가 지금까지 읽은 것 중 가장 감명 깊은 전쟁 비판을 실었다는 점은 참 아이러니하다. 그 기사는 그녀의 논점을 구성하는 핵심 은유인 그 얼굴이 그려진 전투기의 이미지를 함께 실었기 때문에 특히 감명을 주었다. 페인트로 얼굴을 그린 전투기는 군사공격 및 기술적인 우세뿐 아니라 글에서 주장된 미국의 문화적인 결함에 대한 상징이다. 그러한 적대 행위에 반대할 때 프로파간다에는 그에 대항하는 프로파간다가 나올 수밖에 없다. 그리고 이러한 맥락에서 드래블 자신도 스스로 걸프전의 선전원 중 하나가 된 것이다.

그녀가 분노를 문학적으로 표현한 품격은 사람들을 거의 취하게 한다. 하지만 이 글 역시 미국의 행동에 대한 증거나 추론 과정에서 매우 선택적인 자세를 취했다. 이는 프로파간다에서 일관되고 통합적인 관점이 지니는 효율성을 보여준다. '미국의 제국주의'는 미국과 관련된 현상들과 그럴 듯하게 하나가 되어 보편적인 설명의 틀로 작동할 수 있다. 그러한 구조에서 벗어나는 보스니아, 소말리아 및 코소보의 갈등을 중재한 것과 같이 미국이 그러한 간섭으로부터 뚜렷한 이득을 취했다고 볼 수 없는 사건들은 편리하게 무시하거나 어색하게 뒤섞인다.

무정부 상태의 관리

전쟁 프로파간다의 문제는 선전원이 언론을 통제할 수 없고 단지 미디어를 통제하는 이들을 설득하는 노력을 할 수 밖에 없다는 것이다. 또한 우리는 우리 쪽 진영의 행동 역시 통제할 수 없다. 양쪽 모두 우리를 배신할 수 있고 실제로도 그런 경우가 있다. 베트남에서처럼 언론은 부정적인 여론을 보편적인 수준으로까지 만들 수 있다. 이와 비슷하게 수사에 최대한 공을 들이고 이미지를 관리하려고 하지만 우리의 군대는 가장 소심하고 멍청한 행동을 할 수 있다. 그들의 능력은 궁극적으로 그 병사들의 최소 공통 지성에 의해 한정되기 때문이다. 이슬람의 성지 이맘 알리 사원에서처럼 이것이 잘 작동하면 대의를 위한 효과적인 프로파간다가 될 수 있다. 그곳에서 "모두 미소를 보내라"라고 외친 미군 소대장은 "그의 어리둥절한 소대원들이 무릎을 꿇고 그들의 무기는 바닥을 향하게 하여 비현실적이지만 공손함을 보이게 했다"(≪데일리 텔레그래프≫, 2003년 4월 4일자).

이것이 나쁘게 되었을 때는 아주 정교한 선전기관이 만들어낸 정부의 입장 설명이 잔인하고 흉악하게 보이도록 만들 수 있다. 영국 근위 기병대의 제라드 하사의 말을 들어보자.

12세쯤 된 소년이 있었다. 그 양키가 발포를 시작했을 때 그는 20미터밖에 떨어져 있지 않았다. 그와 같은 민간인이 사방에 퍼져 있었다. 전차병은 인간의 생명에 대한 경의가 전혀 없었다. 나는 그가 무법자였다고 생각한다. 내가 보았을 때 너덧 명의 민간인이 있었는데 오로지 그만이 그런 공격을 한 것이다. 그는 지독하게 미쳐버렸다. 나는 그에게 무슨 일이 일어날 것인지가 궁금해졌다. 그는 내 친구 중 하나를 죽였는데 두 번째 공격에서였다(≪더 타임스≫, 2003년 3월 31일자).

이 두 이야기는 군인 개인들의 도덕적이고 전술적인 결정에 미국의 프로파간다가 얼마나 의존하고 있는지를 보여준다. 첫 번째 경우 중위는 문화적인 통찰력과 진지한 독창성을 발휘한 행동을 했다. 그 상황에서 상징이 지닌 영향력이 어느 정도이며 또 특히 어떤 상징적인 행동을 소대원들에게 명령해야 했는지를 직감적으로 알아챈 것이다. 두 번째 경우에 전차병은 전투의 강한 열망에 눈이 먼 것으로 보인다. 하지만 현대전에서는 정치적으로 매우 민감한 일들이 벌어진다. 이보다 훨씬 더 극적인 예가 바그다드에서 서쪽으로 30마일 떨어진 팔루자에서 벌어졌다. 그 지역 학교를 점령한 데 대한 시위 중에 2명의 소년을 포함해 총 15명이 사망한 것이다. "미군은 그들이 정당방위를 한 것이라고 말했고 실제로 그랬을 수도 있지만 분명 무장하지 않은 이라크인들이 도로에 누워 피를 흘리는 TV 장면은 서구의 시청자들에게 충격을 주었다"(≪선데이 텔레그래프≫, 2003년 5월 4일자).

사건들이 선전원에게 호의적으로 돌아갈 수도 있다. 그래서 다수의 사람들이 사담 동상의 머리를 제거하는 성상파괴의 상징은 반복 사용되며 그의 지배하에서 살해당한 이들의 집단묘지를 병적으로 찾는 것이다. 동상을 무너뜨리고 깨진 시멘트 두상은 이 전쟁이 역사에 남기는 이미지가 되어 반향을 일으키는 상징으로서 선전가치가 값을 매길 수 없을 만큼 크게 될 것이다.

미디어 독립

메시지를 만드는 이런 모든 노력이 고생스러운 것은 결국 프로파간다가 과학이 아니라 굉장히 불완전한 기술이기 때문이다. 우리는 결과를 미리 정할 수 없고 지적인 추측만을 할 수 있다. 예를 들면 런던 ≪더 타임스≫(2003년 4월 10일자)의 만평이 하나 있다. "예산안 처리일"이라는 제목에 두 사진이 실렸는데 한 사진 밑에는 '이득'이라는 단어가, 다른 하나에는 '그리고 손실'이라는 말이 적혔다. 첫 번째 사진은 베레모를 쓴 사담 후세인의 흑백 사진이다. 두 번째는 팔 없이 거의 몸통밖에 남지 않은 상태에서 피를 철철 흘리는 소년의 유명한 사진이다. 그러한 이미지는 여론을 조작하는 다수의 공보관들의 노력을 한순간에 마비시킬 수 있다. 민주주의 사회에서는 자유 언론이 개인적인 편견이나 경제적인 이득에 따라 활동하며 그러한 활동이 실제로 정부를 위한 선전 활동이 될 수도 있다. 하지만 미디어가 독립성이 없다고 하는 과격론자들은 지나치게 과장하는 것이다. 신문은 실제로 하나의 상품이라서 판매를 위해 기대에 따라 움직이기도 하지만 새로움을 팔기도 하는 것이다. 그래서 언론은 본래 보수적인 동시에 급진적이다. 온전히 보수주의만을 담고 있다면 가장 차분한 독자까지도 지루해할 수 있을 것이기 때문이다. 신문은 우리에게 놀라움을 줘야 한다. 이라크전이 벌어질 때 전쟁을 지지하는 신문까지도 만평 속의 그 소년과 같은 반전 메시지를 몇 차례 실을 정도로 유연한 모습을 보였다.

이 전쟁에서 특정 사건이 대중에게서 아주 멀어지는 계기가 되었다고 말하는 것은 꽤 정확한 말일 것이다. 최소한 신문에 편지를 쓰고 여론을 이끄는 그런 종류의 대중에 관한 한 분명히 그러했다. 그것은 이라크 국립 고고학 박물관이 조직적인 도둑들에 의해 명백히 약탈을 당한 사건이었다. 이는 전쟁 중 벌어진 어떤 일보다도 더 지식인 사이에서 반감을 불러일으켰다. 분명 이 모습은 국가의 문화 유산을 도둑맞은 것이었다. 인류 문명사에서 고대 메소포타미아의 중요성을 고려하면 이는 전 세계의 유산이 도난당한 것으로 확대해석될 수 있었다. 이런 맥락을 놓친 미군 지휘관들은 그저 임시방편으로 감시병들을 보냈고 이는 많은 이들에게 놀라움을 주었다. 이 경우와 같은 나태함은 미국을 적대하는 이들이 전파하는 '문화적인 디즈니랜드'라는 비난과 결합될 수도 있다. 전시 프로파간다의 수수께끼는 많은 핵심 이미지들이 선전원들의 통제에서 완전히 벗어나 있다는 것이다. 그들은 사건이 벌어진 상황을 수습할 뿐이거나 그저 세상 사람들이 잊어주기를 바라게 된다. 실제로 그런 경우가 많았다. 또한 이 사건들은 군인들의 교육에 대한 중요한 문제를 제기했다. 그들을 그저 기술자로만 교육하면 그 기술자들이 사회적·문화적으로 고려해야 할 사항이 많은 상황에서 또 다시 그러한 결과를 만들게 되어 있는 것이다.

이라크전 이야기는 조지 W. 부시의 전투기가 에이브러햄 링컨함에 착륙하면서 공식적으로 끝났다. 그것은 극적으로 매우 인상적인 장면이었다. 해가 지는 시각, '임무 완수'라는 거대한 플래카드, 조종실 밑에 페인트로 쓰인 '최고사령관', 그리고 100만 달러의 경비라는 요소가 어우러졌다(Rampton and Stauber, 2003). 결국에는 콜린 파월이 받아들인 것처럼 대량살상무기는 존재하지 않았다는 것을 인정하게 되었다. 그것은 마크 트웨인의 잠언을 다시 확인하는 사건이었다. 거짓이 전 세계의 절반을 돌고 올 동안에 진실은 그 자리에서 신발끈을 묶고 있는 것이다.

프로파간다의 영향력

프로파간다의 영향력이 크다는 주장은 많다. 하지만 그것을 정확하게 분석해 '증명'하기는 주장하는 것보다 훨씬 어려운 일이다. 분명히 반대하는 이들은 상대의 성공을 용기보다는 교묘한 능력 때문이라고 보는 경향이 있어왔다. 나폴레옹에 대한 영국의 시각이 그렇다. "그가 대포와 검으로 입힌 손해보다 파리의 신문 ≪모니퇴르Moniteur≫가 끼친 피해가 더 크다는 것은 신기한 사실이다"(Taylor, 1990).

분명 프로파간다의 주도권을 잡은 것이 결정적인 영향을 미친 역사의 특정 순간을 골라볼 수 있다. 이를테면 7월 암살 계획 이후 히틀러라는 신화를 다시 세우는 데 독일 뉴스영화의 중요한 역할이 예가 된다(Taylor, 1990). 1914년 키치너 경 Lord Kitchener의 호소*에 박자를 맞추었던 런던의 광고산업 캠페인은 지금까지 역사상 가장 성공적인 예이다. 키치너는 영국의 소규모 직업군인들이 게르만의 적수가 되지 못하리라는 것을 깨달았다(Pollock, 1994). 그래서 엄청난 수의 병사가 보충되어야 한다고 생각했지만 그 역시 징병제에는 반대하는 입장이었다. 그래서 300만 명의 지원자를 모집하기 위한 운동이 시작되었고 그는 이런 목표를 달성할 수 있었다. 이러한 캠페인을 묘사하기 위한 용어가 '프로파간다' 말고 또 있을까? 그것을 현재 아일랜드 공화국군의 규모에 해당하는 자원병들을 만들어낸 '정보 전달'이라고 하는 것은 그 정보 전달이 지닌 내재적 특징에 대해 아무것도 말해줄 수 없다.

누군가는 역사적 사건의 진행에 특정 선전원의 영향이 명백한 경우가 있다고 주장할 수도 있다. 그 예는 〈리골레토〉, 〈돈 카를로스〉, 〈아이다〉, 〈롬바르디〉, 〈레냐노의 전투〉 같은 오페라에 전제정치에 대한 열정적 반대를 담은 베르디와 이탈리아 통일운동의 관계이다. 그는 '저항 장르의 거장'이었다(Perris, 1985). 그리고 주목을 끌기 시작한 사회적 현상에서도 프로파간다의 힘을 엿볼 수 있다. 예를 들어 환경보호론자, 페미니스트 그리고 다른 당대의 의제들은 정당에 의해 발의된 것이 아니라 조직된 사적 단체들의 질서 없는 대중적 전도를 통해 이루어진 것이다(Richardson, 1995). 이 모든 경우에서 다른 요인들로부터 프로파간다의 영향을 제외시킬 수 없다. 이탈리아 통일운동은 베르디가 없이도 일어날 수 있었을까? 뉴스영화가 상영되지 않고서도 히틀러가 실추된 권위를 회복할 수 있었을까? 의학계 내부에서 낙태에 대한 윤리적 지위를 재평가하

---

* 제1차 세계대전에 참전할 병사를 모집하는 포스터를 가리킨다. 전쟁장관 키치너 경이 정면을 손가락으로 가리키는 모습과 함께 '영국은 당신을 원한다 BRITON WANTS YOU' 또는 '조국이 당신을 필요로 한다 YOUR COUNTRY NEEDS YOU'라는 문구가 담겼다.

는 것이 임신중절 반대자들의 열렬한 운동 없이도 일어날 수 있었을까? 물론 이런 차원에서 프로파간다의 영향력을 믿는 것은 설득력 있는 주장과 예를 통해 확신을 얻었기 때문이다.

하지만 다시 한 번 우리는 객관적인 증거라는 문제에 봉착한다. 그리고 이것은 해결할 수 없는 문제이다. 프로파간다가 20세기의 틀을 짜고 형성하는 데 유효했다는 것을 어떻게 '증명'할 수 있을까? 그 영향력을 인정한다 하더라도 이것은 힘든 일이다. 20세기의 중요한 혁명가들은 분명 그 효능에 대해 믿음을 지니고 있었다. 1918년 히틀러가 독일군의 사기가 해체되었다면서 했던 비판이 그 예이다. "점차적인 유혹이 만든 결과를 이제 볼 수 있을 것이다. 우리 병사들은 적이 그토록 원하는 방식으로 생각하게 된 것이다." 히틀러는 대부분의 사람이 정치에 무관심하며 "그들의 의견과 행동은 깊은 생각보다는 그들의 감각에 전해진 인상들에 따라 훨씬 더 자주 결정된다"라는 것을 간파했다(Blain, 1988).

믿음과 과학적 증거는 서로 다른 것이다. 20세기의 공산주의 및 파시스트 혁명에서는 자연스럽게 양쪽 모두 프로파간다의 효율성을 측정해볼 의지가 거의 없었다. 실제로 통제된 실험에서 측정해본 이는 독일 사민당의 세르게이 차코틴Serge Chakotin이라 불리는 발기인이다. 그는 헤센 지역 4개 도시에 나치스의 방법을 응용한 프로파간다를 적용했다. 그 실험에서 네 번 모두 나치가 졌으며 사민당이 전통적인 또는 '이성적' 설득 방법만을 썼던 다섯 번째 도시에서는 나치가 이겼다. 물론 이런 결과는 굉장한 생각을 하게 만든다. 나치를 그들의 방법으로 패배시킬 수도 있었다고? 사민당이 정말 프로파간다와 감정의 조종을 잘 이해했다면 제3제국은 세워지지 않을 수도 있었을까?

하지만 수사적인 표현 및 프로파간다의 힘과 설득력을 격하하려는 이들이 여전히 있다(May, 1982). 많은 역사가들은 연출의 수사라는 개념들을 피상적인 것으로 가볍게 보았다. 하지만 이성주의적 비평은 의사소통이 지도자에게 행사하는 핵심적 역할을 쉽게 간과할 수 있다. 참모대학에서 실제로 '프레젠테이

선'을 강의했던 버나드 몽고메리Bernard Montgomery도 그렇게 가르쳤다. 앤드루 로버츠Andrew Roberts는 자신의 훌륭한 저서『훌륭한 처칠의 방식Eminent Churchillians』(1994)에서 제2차 세계대전 중 동남아시아 연합군 최고사령관이었던 루이스 마운트배튼Louis Mountbatten 제독의 군사적 무능력을 혹평했다. 하지만 마운트배튼은 실제로 매우 뛰어난 선전가였다. 군의 사기가 피상적인 것이 아니라 핵심적인 문제인 미얀마에서 그런 모습을 보여주었다. 그는 전문 공보관을 기용한 첫 군인이었다.

다른 비평가들은 언어의 힘이라는 개념이 과장되었다고 주장하며 사회에서 언어가 지니는 힘은 그것이 기반을 두고 있으며 또 그것이 정당화하는 사회적 구조에서 나온다고 설명한다. 그러한 경제적·사회적 결정론은 실제로 프로파간다의 영향력을 부정한다. 예를 들어 프로파간다를 믿지 않는 이들은 히틀러와 처칠을 경제의 영향력을 이해하는 암호 정도로 볼 수 있다. 그들에게는 이 책 전체의 논제가 사실상 무의미한 것이다. 물론 히틀러는 이에 동의하지 않을 것이다. 그는 뮌헨 반란 후에 "중요한 것은 프로파간다이다"라고 선언했다. 다른 권위 있는 책들은 좀 더 타당한 주장을 내놓는다. 프로파간다의 영향력은 우리의 생각을 형성하는 데 있는 것이 아니라 우리의 의제를 설정하는 데 있다는 것이다(Kim et al., 1990). 김 등은 미디어가 "사람들에게 무엇을 생각하게 하는 데는 그리 성공적이지 못하지만 …… 그 독자들에게 무엇을 생각할지를 전하는 데는 놀랄 정도로 성공적이다"라고 주장한다. 그들은 자신들의 연구에서 영화 〈아메리카Amerika〉를 인용한다. 그 프로그램을 본 사람들은 보지 않은 사람들과는 다른 종류의 미소 관계 이슈들을 생각한 것이다. 의제 설정 가설은 여전히 중요한 매스컴 이론으로 남아 있다. 이 연구자들은 자신들이 수행한 조사의 결론을 이렇게 내렸다. "그 프로그램 자체에 노출된 것이 미친 영향은 …… 프로그램 이후 토론을 위한 의제를 결정하는 데는 크지 않아 보인다." 이것이 프로파간다의 연구에 시사하는 함축적인 의미는 흥미롭다. 미디어가 그 문제들에 대한 어떤 생각을 갖게 하느냐가 아니라 이슈들의 우선순위를 정하는 데 얼마나 영향을 미치는가에 주목하고 있기 때문이다.

효과적인 프로파간다의 예를 하나만 든다면 북아일랜드에서 그것을 찾을 수 있다(Demick et al., 1996). 대부분의 공공사업 캠페인과 달리 이것은 객관적인 잣대라는 장점이 있다. 기밀 전화로 연락해온 정보 제공자의 수가 그것이다. 첫 번째 광고는 젊은 남성이 테러리스트를 알고 있으면서 침묵을 지키다가 죄책감을 느끼고서 그의 저격을 목격한 후 핫라인으로 연락하는 모습을 담았다. 이후 비밀 전화로 연락해온 이들이 51퍼센트 증가했다. 2년 동안 지속된 이 광고는 실제로 범죄와 용감한 행동을 통한 속죄의 이야기이다. 광고의 일부 목적은 테러리스트들이 개인적인 관계를 만들기 전에 대중을 차단함으로써 그들의 사회적 네트워크를 파괴하는 것이다. 다른 광고들은 이 광고의 효율성을 따라오지 못했다. 1988년에서 1992년 사이 500퍼센트 또는 심지어 700퍼센트까지 놀랄 정도로 전화 건수가 증가한 것이다. 폭력이 멈추면 현재의 희망적인 이미지가 나오면서 그 젊은이와 공동체의 교류에 대한 과거의 공포와 대조된다. 콘크리트 벽이 화분들로 바뀌고 살상용 총이 출발신호용 총으로 바뀌는 그런 장면이다. 탄산음료 광고에서나 나올 것 같은 평범하고 진부해 보이는 문구가 새로운 의미를 얻게 된다("항상 이런 식이면 참 좋지 않겠어?"). 처음으로 '가톨릭'과 '프로테스탄트'라는 용어도 사용된다.

그보다 나은 증거는 캘리포니아에서 생겨났다. 이곳에서는 1988년 제안 99호가 발효된 이래로 8억 3,600만 달러를 금연광고와 교육에 투자했다. 하지만 질병통제예방센터는 이미 직접 의료비용 부문에서 30억 달러를 아꼈고 간접적인 비용에서는 54억 달러를 절감했다고 평가결과를 밝혔다. ≪이코노미스트≫(2000년 12월 9일자)의 주장이다. "1997년 가차 없는 TV 광고가 전파를 탄 후 많은 캘리포니아 여성이 담배를 끊고 있다. 데비라는 이름의 여성은 광고에서 그녀의 담배를 피우고자 하는 욕망을 억누를 수 없었다고 설명하려 했다. 그녀는 그녀의 목에 난 구멍을 통해 시청자에게 말했다. 그 구멍은 흡연 때문에 하게 된 후두절개수술의 결과였다." 이 기사에 따르면 캘리포니아의 성인 흡연율은

1998년 이후 32퍼센트 이상 감소했다. 청소년에게는 더욱 효과적이었다. 1998년에서 1999년까지 1년 사이에 청소년 흡연자의 수는 35퍼센트 감소했다. 이에 따라 12세와 17세 사이 청소년들의 흡연율이 6.9퍼센트까지 떨어졌다.

하지만 반대되는 예들도 쉽게 찾을 수 있다. 무감각하게 시행한 프로파간다가 실패하거나 심지어 역효과를 낸 경우들이다. 그래서 레이건 정부는 시대에 뒤처진 전시 프로파간다 '마법탄환' 이론을 믿고 반소비에트적 과장을 더욱 강화한 것이다(Nichols, 1984). 그 이론은 "선전가가 좋은 목적과 바른 공격수단을 지니면 외국의 대중을 쉽게 조종할 수 있을 것"이라는 설명이었다. 따라서 1984년 정부는 그런 선전에 7억 5,000만 달러를 쏟아 부었다. 이 선전은 더 영향력 있는 문화적이고 정보 중심의 프로그램들을 뒷전으로 밀어두었다. 미국의 선전은 뒷받침하는 증거가 없거나 만들어낸 증거와 경청하는 가공의 사람들만으로도 충분히 효과적이라고 단순하게 주장했다. 하지만 메시지는 상대가 받아야 하는 것이지 창작이 전부가 아니다. 그리고 청중들은 수동적이지 않고 적극적인 이들이다. 존 니콜스John Wasting Nichols의 말을 빌리자면 "국제적인 선전의 효과는 상당 부분 청중의 필요와 동기에 의한 것이지 선전가의 의도와 방법에 따라 결정되는 것이 아니다". 1983년 소련에서 성인 인구의 약 9.7퍼센트가 라디오 자유Radio Liberty를 한 달에 한 번 이상 들었다. 하지만 그 두 배가 좀 더 온건한 미국의 소리Voice of America를 들었다. 니콜스는 공격적인 방송은 소비에트의 외국인 혐오를 더욱 악화할 뿐이라고 결론을 내렸고 외국의 선전을 찾아보려는 이들은 이미 마음이 떠났다는 점을 시사했다.

하지만 소비에트의 논평자들은 그들이 서구의 '문화적' 프로파간다라고 부르는 것의 영향력에 감명을 받았다. 그래서 비평가 카르가노비치(Karganovic, 1974)는 이렇게 말한다.

하지만 서구의 프로파간다는 '사회학적인 전복'의 수단을 통해 사람들의 사회주의 의식을 해체하려고 한다. 이는 라디오 자유유럽의 구식방송보다 훨씬 정교한 무기이다. 사회적 전복은 생산적 활동에서 사람들의 관심을 전환하기 위해 서구 소비사회의 상당히 높은 기준의 지표인 영화, 음반, 담배, 자동차를 사용한다.

9·11 이후에 찾아온 미국 '대중외교'의 새로운 시대는 냉전 시기 범했던 오류의 일부를 반복해 보여준다. 매캔 에릭슨McCann Erickson이 쓰고 국무부 차관 샤를로테 비어스가 제작한 '공유된 가치' 광고는 국무부에 의해 한 달도 안 되어서 중단되었다.

무슬림은 미국적인 광고라고 부른다고 ≪뉴욕 타임스≫가 전했다. 공유된 가치라는 영상은 화면발 잘 받는 이슬람계 미국인들이 아이들과 시간을 보내거나 일하는 모습을 담았다. 한 TV 광고는 레바논에서 태어난 교사이며 현재 오하이오 톨레도에서 사는 이스마일을 보여주었다. 이슬람식 스카프를 머리에 쓴 그녀는 모든 것이 미국식 주방에서 방긋 웃는 아이와 함께 나왔다. 학교에서는 소프트볼 게임을 하고 있고 그녀는 교실에서 학생들에게 미국의 가치를 찬양한다. "9·11 이후에 내 주위 어디에서도 나는 어떤 편견도 볼 수 없었다"라고 그녀는 말했다(Rampton and Stauber, 2003).

역사에 미치는 힘

새로운 천년이 시작되고 지난 20세기에 대해서 평가해보려는 관심이 커진 것은 의심할 여지가 없다. 사람들은 혼잡한 20세기의 사건들을 해석할 수 있는 의미 있는 방법을 찾고 있다. 그리고 그것을 '프로파간다의 세기'라고 부르는 것은 다른 어떤 별명만큼이나 타당하다. 프로파간다는 그 역사의 주변적인 부분이 아니라 하나의 지주로서 이해되어야 한다. 과거에 정치 지도자의 자리는 위대한 장군들이나 귀족 그리고 물려받은 고귀한 신분에게 돌아갔지만 20세기는 전직 기자였던 베니토 무솔리니와 같은 대중의 인기를 얻은 사람 또는 선전가들의 차례이다. 프로파간다는 20세기 독재자들이 갖춘 선행 조건이었다.

역사적 판단에 필요한 다른 변인들과의 관계에서 프로파간다의 역할과 그 중요성을 정확하게 측정하기란 쉽지 않다. 예를 들어 제1차 세계대전이 끝났을 때 독일군의 사기가 땅에 떨어진 것에 대한 설명과 선전은 어느 정도까지 상관성이 있는가? 하지만 전쟁, 혁명, 자본주의와 공산주의의 갈등, 소비사회의 등장에서 그것의 역할은 의심할 여지없이 중요했다. 전쟁과 혁명은 자극적인 프로파간다의 활동 없이는 생각하기 어렵다. 그것들은 대중의 정서만으로는 만들어지지 않는다. 타당한 이유들을 갖추고 적, 지도자 그리고 희망이라는 요소들과 결합해 그 감정을 전달해야 한다.

또한 프로파간다는 국가사회당과 볼셰비키 혁명을 도발하고 유지하는 데 일정 역할을 수행했다. 나치즘과 마르크스-레닌주의는 모두 단순히 정치 이데올로기에만 그친 것이 아니라 사상적인 전향자를 필요로 하는 강령이었기 때문이다. 달리 말해 선전이라는 기풍이 그 교조적 믿음에 없어서는 안 될 부분이었다. 이데올로기와 선전보급은 혼동되었다. 그들의 성공은 그들 모두 정치이론체계이면서 동시에 행동 계획이었다는 사실에 기인한다. 그리고 히틀러처럼 레닌 자신도 제1차 세계대전의 프로파간다 전투들을 목격했고 그 중요성을 믿게 되었다(Taylor, 1990).

한때 프로파간다 분석 연구소라는 정규 단체가 프로파간다를 비판하는 기능을 이행했다. 그곳의 출판물과 발표자들이 미국 국내의 찰스 커글린 같은 선전가들과 전체주의 독재자들의 방식뿐 아니라 교육도구 toolkit라는 이름으로 위장한 미국 회사들의 프로파간다까지도 조사했었다. 그 단체는 미국이 제1차 세계대전에 참여하게 된 것은 선전 — 특히 윌슨의 크릴위원회와 그 '민병대'의 활동 — 때문이라는 강한 대중적인 믿음에 대한 응답으로 세워진 것이었다. 아이러니하게도 그 단체가 내놓은 일종의 분석이 너무 정치적으로 공정하지 못한 것이 되었기 때문에 단체는 문을 닫게 되었다. 전쟁에 뛰어든 국가는 자신이 프로파간다에 관여하고 있다는 사실을 누가 상기하는 것을 바라지 않는다. 더군다나 전문적인 프로파간다 비평가들은 그 폐쇄로 인해 해방되어 프로파간다 산업에 뛰어들 수 있었던 것이다. 그리고 실제로 바로 그런 일이 생겨났다.

하지만 오늘날 미국을 보면 제2차 세계대전 이래로 그에 대응하는 것을 찾을 수 없을 만한 프로파간다 전쟁을 목격하게 된다. 애국심이라는 주제를 눈물 흘리는 자유의 여신상 사진들과 미국 국기를 붙들고 있는 독수리 등 모든 곳에서 찾을 수 있다. 우파 논평자들은 자유주의자들을 몹시 비난하는 논쟁적 책을 쓰고 자유주의자들은 그에 응수한다. 또한 한편에서는 종교적인 편과 세속적인 편이 전국적으로 나뉘어 과거에 보기 힘들었을 뜨거운 논쟁을 하고 있다. 민주당원들은 공화당원들이 9·11을 악용하고 있다고 비난하고, 공화당원들은 그전에 민주당원들이 그런 일이 일어나도록 방치했다고 나무란다. 언론의 프로파간다는 '폭스효과'로 잘 표현된다. 1989년 이후 주류 언론과 뉴스에서 국제기사가 절반으로 준 것이다. 램프턴과 스타우버(Rampton and Stauber, 2003)는 "사람들이 TV를 많이 볼수록 아는 것이 줄어든다"라고 평했다. 그리고 의회에서 결의안 3969가 통과한 이후 프로파간다는 공식적인 정책이 되었다. 그 결의안은 국무부 장관에게 "미국 대외정책의 계획과 실행에 있어서 대중외교를 그 일부로 포함시키게" 한 것이다(Rampton and Stauber, 2003). 오늘날 미국에서 산다는 것은 프로파간다의 완벽한 감독을 받는다는 것을 의미한다. 아마도 공교육의 일부가 되어야 할지도 모르겠다.

선전가들은 비정상적인 것을 평범해 보이게 하고 비뚤어진 것을 자연스럽게 보이게 한다. 그것을 만드는 이들은 매우 파괴적인 것을 변형해 우리가 그 안에서 생활하며 의심하지 않는 사회적 특성들이라는 주어진 상황으로 만든다. 권력과 이데올로기의 부패는 전에 보지 못한 최신 의제가 된다. 그것들의 전제정치는 우리가 질문을 던지지도 않고 심지어 상황을 인지하지도 않기를 기대한다. 그것은 모두 현대 프로파간다 현상의 일부이다. 프로파간다는 오늘날의 인식적인 혼잡함과 우리가 거주하고 있는 안개 속 같은 지각의 세계가 지닌 문제를 그대로 보여준다. 그것은 이 소음을 몰아내고 안개를 뚫고 우리를 부른다. 그것이 만들어내는 눈에 띄고 극적인 장면은 매혹적이면서 동시에 역겨워서 무시할 수가 없다. 우리의 의식을 공격했다가 유혹하기를 반복하는 것이다.

하지만 프로파간다의 힘을 무시하는 것은 잘못된 것이다. 그것은 지난 200년 동안 변화를 이끈 주요한 힘을 가볍게 여기는 것이 되기 때문이다. 기업은 선전 대상이면서 동시에 주요한 선전 동력이다. 예를 들어 월마트는 저임금을 지불한다는 비난에 새로운 정책이 아니라 기업홍보 광고로 응수했다. 1930년대 이후로는 학생들에게 교묘한 조종의 기술을 교육하려는 명백한 시도가 없었던 것으로 보인다. 그리고 선전연구소의 프로파간다를 분석하는 10가지 포인트는 잊힌 지 오래이다. 하지만 그러한 교육이 정말로 성숙하고 독립적인 시민과 시민문화를 만들기 위해 필수적이라고 말하는 강렬한 변론이 나올 수 있는 상황이다. 사람들은 그들 삶의 많은 부분을 매체를 '읽는' 데 할애한다. 그래서 프로파간다에 비판적인 기술을 가르침으로써 미디어에 대한 해독력을 갖추게 하려는 목표는 사소하지 않다. 우리가 동의 — 아마도 '묵인'이 더 정확한 단어일 듯하다 — 를 만들어낸다고 말할 때 우리는 미국에서 여론은 구매하는 상품이라는 주장을 듣게 된다. 그러한 생각은 과장된 표현이지만 많은 풍자만화처럼 그 핵심에 중요한 진실을 담고 있다.

프로파간다는 어디에나 있다. 전체주의 정권에서 선전이 충만한 것은 명백하게 보이지만 민주주의에서는 좀 더 은밀하다. 그것은 보통 객관적인 대중매체의 일부로서 좀 더 정교하고 자연스러워야 하기 때문이다. 우리는 어떤 현상에 대해 부를 이름이 없으면 그들을 명확히 인식하지 못하는 경향이 있다. 그래서 뒤에 숨은 무수한 종류의 현대의 프로파간다는 무시된다. 그들은 그저 객관적인 특성들에 의해 정의 내려질 것이다. 예를 들면 '홍보'라는 이름이 주어질 수 있다. 프로파간다 매체의 넓은 폭도 충분히 인식되어야 한다. 이를테면 관료들의 프로파간다가 있고 심지어 군사전략의 몇몇 국면에서도 찾아볼 수 있다. 또는 '리서치 펠로'라는 직함처럼 혼성 모방된 이름을 사용하는 연구소와 같은 새로운 형태의 프로파간다도 나타났다. 언론은 이라크와의 갈등 국면에서 미국 대학들에 상근으로 일하는 중동학 전문가들은 굳이 잊어버리고 그 '연구원'들의 말을 인용했다(Rampton and Stauber, 2003). 심지어 프로파간다를 연구하는 학자들까지도 그 용어를 조심스럽게 취급한다. 새로운 형태의 프로파간다가 나타났으며 이전 양식이 여전히 남아 있다는 인식은 프로파간다에 대한 분석이 결코 완결되지 않았다는 점을 시사한다.

참고문헌

Aaker, David and John G. Myers. 1989. *Advertising Management*. Englewood Cliffs NJ.: Prentice Hall.

Adams, J. A. D. 1993. "1948 or 1984." *Times Literary Supplement*, 12 March.

Admas, William C. et al. 1986. "Before and after the day after: the unexpected results of a televised drama." *Political Communication and Persuasion*, Vol.3, No.3, pp. 191~213.

Albritton, James E. 1978. *Advertising as a Subsystem of Propaganda*. conference proceedings of the Southern Sociological Society.

Aldgate, Anthony and Jeffrey Richards. 1994. *Britain Can Take It*. Edinburgh: Edinburgh University Press.

Allen, Robert C.(ed.). 1995. *To be Continued ⋯: Soap Operas Around the World*. London: Routledge.

Altheide, D. and J. Johnson. 1980. *Bureaucratic Propaganda*. Boston MA: Allyn & Bacon.

Alubo, S. Ogoh. 1991. "Mass mobilization and legitimation crisis in Nigeria." *Political Communication and Persuasion*, Vol.8, pp.43~62.

Anderson, Jack. 1996. *Inside the NRA*. Beverley Hills CA.: Dove Books.

Ang, Ian and John Stattan. 1995. "The end of civilization as we knew it: chances and the postrealist soap opera." in Robert C. Allen(ed.). *To be Continued ⋯: Soap Operas Around the World*. London: Routledge.

Ansolabehere, S. and S. Iyengar. 1995. *Going Negative*. New York: Free Press.

Austin, J. L. 1962. *How to do Things with Words*. London: Oxford University Press.

Banker, S. 1992. "The ethics of political marketing practices: the rhetorical perspective." *Journal of Business Ethics*, Vol.11, pp.843~848.

Bateman, Thomas S., Sakono Tomoaki and Fujita Roger Makoto. 1992. "Me and my attitude: film propaganda and cynicism towards corporate leadership." *Journal of Applied Psychology*, Vol.77, No.5, pp.768~771.

Baudrllard, J. 1988. "Simulacra and simulation." in M. Poster(ed.). *Selected Writings*. Stanford CA.: Stanford University Press.

Bennett, Richard. 1995. *The Black and Tans*. New York: Barnes & Noble.

Bennett, W. Lance. 1996. *The Politics of Illusion*, third edtion. London: Longman.

Bennett, W. Lance and Jarol B. Manheim. 1993. "Taking the public by storm: information, cuing and the democratic process in the Gulf conflict." *Political Communication*, Vol.10, pp.331~351.

Binyon, Michael. 1986. "Reagan faces cool welcome on prairies." *Times*, 29 September.

Bird, Elizabeth S. and Robert W. Dardenne. 1988. "Myth, chronicle and story: exploring the narrative qualities of news." *Sage Annual Reviews of Communication Research*. London: Sage.

Blain, Michael. 1988. "Fighting words: what we can learn from Hitler's hyperbole." *Symbolic Interaction*, Vol.11, No.2, pp.257~276.

Blau, Peter M. 1964. *Exchange and Power in Social Life*. New York: Wiley.

Block, Robert. 1994. "The tragedy of Ruanda." *New York Review*, 20 October.

Blumenthal, Sidney. 1984. *The Permanent Campaign*. New York: Simon & Schuster.

Boardman, Philip C. 1978. "Beware the semantic trap: language and Propaganda." *Etcetera*, Vol.35, No.1, pp.78~85.

Bown, Matthew Cullerne and Brandon Taylor(eds.). 1993. *Art of the Soviets*. Manchester: Manchester University Press.

Branham, Robert James. 1991. "The role of the convert in eclipse of reason and 'The Silent Scream'." *Quarterly Journal of Speech*, Vol.77, No.99, pp.407~426.

Bryant, Sir Arthur. 1942. *The Years of Endurance*. London: Collins.

Burke, Kenneth. 1970. *A Grammar of Motives*. Berkeley CA.: University of California Press.

Butler, David and Dennis Kavanagh. 1995. *The British General Election of 1992*. Basingstoke: Macmillan.

Calder, Angus. 1991. *The Myth of The Blitz*. London: Jonathan Cape.

Cantril, Hadley. 1963. *The Psychology of Social Movements*. New York: Wiley.

Carnes, Mark C. 1996. *Past Imperfect: History according to the Movies*. London: Cassell.

Chagal, David. 1981. *The New Kingmakers*. New York: Harcourt Brace.

Chakotin, S. 1971. *The Rape of the Masses: The Psychology of Totalitarian Political Propaganda*. New York: Haskell House.

Chang, Jung. 1991. *Wild Swans*. London: Flamingo.

Cohen, Stephen P. 1990. *The Indian Army*. Bombay: Oxford University Press.

Cook, Guy. 1992. *The Discourse of Advertising*. London: Routledge.

Craig, Patricia. 1994. "The clash of symbols." *Times Literary Suppkment*, 16 December.

Crelinston, Ronald D. 1989. "Terrorism and the media: problems, solutions and counter-problems." *Political Communication and Persuasion*, Vol.6, pp.311~339.

Crofts, Stephen. 1995. "Global neighbours?." in Robert C. Allen(ed.). *To be Continued ⋯: Soap Operas Around the World*. London: Routledge.

Crofts, William. 1989. *Coercion or Persuasion: Propaganda in Britain after 1945*. London: Routledge.

Dallek, Robert. 1984. *Ronald Reagan: The Politics of Symbolism*. Cambridge MA.: Harvard University Press.

De Sousa, Ronald. 1990. *Rationality of Emotion*. Cambridge MA.: MIT Press.

Demick, D. H., D. Carson and J. Wilson. 1996. "A Chronology of public service advertising: a northern Ireland example." working paper, School of Management, University of Ulster at Jordanstown; 'Proceedings of the thirtieth Marketing Education Group Conference,' Strathclyde, July.

Department for Education. 1994. "Our Children's Education: The Updated Parents' Charter, 1994(Citizens' Charter)." London: Stationery Office.

Derrida, Jacques. 1981. *Dissemmation*. Chicago: University of Chicago Press.

Detweiler, John S. 1992. "The religious right's battle plan in the civil war of values." *Public Relation Review*, Vol.18, No.3, pp.247~255.

Diamond, E. and S. Bates. 1988a. *Hot Spots*. New York, 15 February.

_____. 1988b. *Hot Spots*. New York, 1 October.

Didion, Joan. 1994. "'Something horrible' in El Salvador." *New York Review*, 14 July.

Dobkin, Bethami A. 1992. "The rhetorical dimensions of narrative form in ABC News coverage of terrorism." *Western Journal of Communication*, Vol.56, pp.143~160.

Douglas, Mary. 1982. *Natural Symbols*. New York: Pantheon Books.

_____. 1996. *Thought Styles: Critical Essays in Good Taste*. New York: Sage.

Douglas, Mary and Baron Isherwood. 1979. *The World of Goods*. New York: Basic Books.

Dowling, Ralph. 1989. "Print journalism as political communication." *Political Communication and Persuasion*, Vol.6, pp.289~309.

Draper, Derek. 1997. *Blair's One Hundred Days*. London: Faber.

Drescher, David. 1987. "A typology of international political communication: factual statements, propaganda and noise." *Political Communication and Persuasion*, Vol.4, pp.83~91.

Edsall, T. B. 1994. "America's sweetheart." *New York Review*, 6 October.

Eliade, Mircea. 1991. *Images and Symbols*. Princeton NJ.: Princeton University Press.

Ellul, Jacques. 1973. *Propaganda: The Formation of Men's Attitudes*. New York: Vintage Books.

Emlyn-Jones, Chris. 1987. "Speech, the mighty ruler: persuasion and power in democratic Athens." in Jeremy Hawthorn(ed.). *Propaganda, Polemic and Persuasion*.

Stratford-upon-Avon Studies, second series. London: Edward Arnold.

Ewen, Stuart. 1988. *All-consuming Images*. New York: Basic Books.

Festinger, L. 1957. *A Theory of Cognitive Dissonance*. Stanford CA.: Stanford University Press.

Figes, Orlando. 1997. *A People's Tragedy*. London: Pimlico Books.

Fiske, John. 1984. "Popularity and ideology: a structuralist reality of Dr. Who." *Sage Annual Reviews of Communication Research*, Vol.12, No.7.

Foege, Alec. 1990. *The Empire God Built: Inside Pat Robertson's Media Machine*. New York: Wiley.

Foucault, M. 1975. *Discipline and Punish: The Birth of the Prison*. translated by A. Sheridan. Harmondsworth: Penguin Books.

Foulkes, A. P. 1983. *Literature and Propaganda*. London: Methuen.

Frankl, Victor. 1963. *Man's Search for Meaning*. New York: Simon & Schuster.

Franklin, Bob. 1998. "Civic free newspapers: 'propaganda on the rates'." *Local Government Studies*, Vol.14, No.3, pp.35~56.

Galanter, Marc. 1989. *Cults*. New York: Oxford University Press.

Gardiner, Juliet and Neil Wenborn. 1995. *The History Today Companion to British History*. London: Collins & Brown.

Geertz, Clifford. 1984. *Local Knowledge: further Essays in Interpretative Anthropotogy*. New York: Basic Books.

Geraghty, Christine. 1995. "Social issues and realist soaps: a study of British soaps in the 1980s/1990s." in Robert C. Allen(ed.). *To be Continued ···: Soap Operas Around the World*. London: Routledge.

Gibbs, R. W. 1994. *The Poetics of the Mind: Figurative Thought, Language, and Understanding*. Cambridge: Cambridge University Press.

Gold, Greg J. and Bertram H. Raven. 1992. "Interpersonal influence strategies in the Churchill-Roosevelt bases-for-destroyers exchange." *Journal of Social Behaviour*

And Personality, Vol.7, No.2, pp.245~272.

Goldberg, Vicki. 1991. *The Power of Photography*. New York: Abbeville Press.

Goodrich, Chauncey A. 1884. *Select British Eloquence*. New York: Harper.

Griffin, Alison. 1995. "National and cultural identity in a Welsh-language soap opera." in Robert C. Allen(ed.). *To be Continued ···: Soap Operas Around the World*. London: Routledge.

Griffiths, Richard. 1983. *Fellow Travelers of the Right*. Oxford: Oxford University Press.

Gronow, Jukka. 1997. *The Sociology of Taste*. London: Routledge.

Grunberger, Richard. 1991. *A Social History of the Third Reich*. London: Penguin Books.

Guillermoprieto, Alan. 1995. "The shadow war." *New York Review*, 2 March.

Gustainis, J. Justin. 1988. "Waist-deep in the Big Muddy: rhetorical dimensions of the Tet offensive." *Political Communication and Persuasion*, Vol.5, No.2, pp.81~82.

Harris, R and N. J. O'Shaughnessy. 1997. "BSE and marketing communication myopia: daisy and the death of the sacred cow." *Risk Decision and Policy*, Vol.2, No.1, pp.29~39.

Harrison, M. 1995. "Politics on air." in D. Butler and D. Kavanagh(eds.). *The British General Election of 1992*. Basingstoke: Macmillan.

Harrop, M. and M. Scammell. 1993. "A tabloid war." in D. Butler and D. Kavanagh (eds.). *The British General Election of 1992*. Basingstoke: Macmillan.

Hawthorne, Jeremy(ed.). 1987. *Propaganda, Persuasion and Polemic*. London: Edward Arnold.

Herzstein, Robert Edwin. 1978. *The War that Hitler Won: The Most Infamous Propaganda Campaign in History*. London: Hamish Hamilton.

Hiebert, Ray E. 1993. "Public relations, Propaganda and war: a book review and essay on the literature." *Public Relations Review*, Vol.19, No.3, pp.293~302.

Himmelfarb, Gertrude. 1994. "A sentimental priesthood." *Times Literary Supplement*, 11 November.

Hirschman, Albert O. 1991. *The Rhetoric of Reaction*. Cambridge MA.: Belknap Press of Harvard University.

Hodge, Robert and Gunthar Kress. 1988. *Social Semiotics*. Ithaca NY.: Cornell University Press.

Holbrook, Morris B. 1987. "The study of signs in consumer aesthetics: an ego-centric review." in Jean Umiker-Sebeok(ed.). *Marketing and Semiotics*. New York: Mouton de Gruyter.

Hovland, C. I. and I. L. Janis(eds.). 1959. *Personality and Persuadability*. New Haven CT.: Yale University Press.

Hudson, Liam. 1994. "The wretched connection." *Times Literary Supplement*, 2 December.

Huff, Darrell. 1981. *How to Lie with Statistics*. London: Pelican Books.

Huntington, Samuel P. 1996. *The Clash of Civilisations and the Remaking of the World Order*. New York: Simon & Schuster.

Jamieson, Kathleen Hall. 1988. *Eloquence in an Electronic Age*. Oxford: Oxford University Press.

Jenkins, Lord. 2001. *Gladstone*. London: Pan Books.

Johnson, Dennis W. 1997. "Political Communication in the Information Age." seminar on 'Political Communication in the Information Age'. Wissenschaftszentrum Berlin/Bertelsmann Stiftung, February.

_____. 2001. *No Place for Amateurs: How Political Consultants are Reshaping American Democracy*. New York: Routledge.

Jones, Nick. 1997. *Campaign 1997*. London: Indigo Books.

_____. 1999. *Sultans of Spin*. London: Orion Books.

Jowett, Garth S. 1987. "Propaganda and communication: the re-emergence of a research tradition." *Journal of Communication*, Vol.37, No.1, pp.97~114.

_____. 1993. "Propaganda and the Gulf War." *Critical Studies in Mass Communication*, Vol.10, pp.286~300.

Jowett, Garth S. and Victoria O'Donnell. 1992. *Propaqanda and Persuasion*, second edition. London: Sage.

Kammen, Michael. 1978. *A Season of Youth: The American Devolution and the Historical Imagination*. New York: Knopf.

Karganovic, S. 1974. "Consumer socialism or the socialist way of life?." *Literaturnaya Gazeta(Moscow)*, 13 March.

Kazin, Michael. 1995. *The Popuhst Persuasion: An American History*. New York: Basic Books.

Keen, Sam. 1986. *Faces of the Enemy*. New York: Harper & Row.

Kellner, Douglas. 1995. *Media Culture*. London: Routledge.

Kevles, Daniel J. 1994. "Greens in America." *New York Review*, 6 October.

Keynes, John Maynard. 1985. *Essays in Biography*. Basingstoke: Macmillan.

Kim, Jin K., Pirouz Shoor-Ghaffari and J. Justin Gustainis. 1990. "Agenda-setting functions of a media event: the case of Amerika." *Political Communication and Persuasion*, Vol.7, pp.1~11.

Klein, Gary. 1998. *Sources of Power: How People make Decisions*. Cambridge MA.: MIT Press.

Klein, Naomi. 2001. *No Logo*. London: Plamingo.

Klemperer, Victor. 1998. *I Shall Bear Witness: Diaries, 1933~1941*. London: Weidenfeld & Nicolson.

Knightley, Philip. 1995. *The First Casualty*. New York and London: Harcourt Brace.

Kraus, S. and D. Davis. 1976. *The Effects of Mass Communication on Political Behavior*. University Park PA.: Pennsylvania State University Press.

Kuhn, Deanna. 1991. *The Skills of Argument*. Cambridge: Cambridge University Press.

Kulik, Karol. 1975. *Alexander Korda*. London: W. H. Allen.

Kurz, Howard. 1998. *Spin Cycle*. New York: Touchstone Books.

Larson, C. U. 1995. *Persuasion: Reception and Responsibility*. New York: Wadsworth.

Lashmar, Paul and James Oliver. 1998. *Britain's Secret Propaganda War, 1948~1977*. London: Sutton.

Lasswell, Harold D. 1971. *Propaganda Techniques in World War I*. Cambridge MA.: MIT Press.

Leathers, D. 1986. *Successful Nonverbal Communication: Principles and Applications*. New York: Macmillan.

Le Carré, John. 2002. "The making of a master criminal." *Daily Telelegraph*, 14 October.

Lee, Alfred McClung and Elizabeth Briant Lee. 1979. *The Fine Art of Propaganda*. San Francisco: International Society for General Semantics.

_____. 1986a. "Whatever happened to 'propaganda analysis'?." *Humanity and Society*, Vol.10, No.1, pp.11~24.

_____. 1986b. "Coughlin and propaganda analysis." *Humanity and Society*, Vol.10, No.1, pp.25~35.

Levitin, Teresa E. and Warren E. Miller. 1979. "Ideological interpretations of Presidential elections." *American Political Science Review*. Vol.73, pp.751~771.

Lewin, K. 1947. "Group decision and social change." in T. M. Newcomb and E. L. Hartley(eds.). *Readings in Socicd Psychology*. New York: Holt.

Leymore, V. L. 1975. *The Hidden Myth*. New York: Basic Books.

Lidz, Victor. 1984. "Television and moral order in a secular age." *Sage Annual Review of Communication Research*, Vol.12, No.11.

Lieber, Tamar and Yossi Bar-Nachum. 1994. "'What a relief': when the press prefers celebration to scandal." *Political Communication*, Vol.11, No.1, pp.35~48.

Loewen, James W. 1995. *Lies My Teacher Told Me*. New York: Touchstone Books.

Lule, Jack. 1990. "The political use of victims: the shaping of the Challenger disaster." *Political Communication and Persuasion*, Vol.7, pp.115~128.

Lupia, Arthur. 1994. "Short cuts versus encyclopedias: information and voting behavior in California insurance reform elections." *American Political Science Review*, Vol.88, pp.63~76.

Lyne, John and Henry F. Howe. 1990. "The rhetoric of expertise: E. O. Wilson and sociobiology." *Quarterly Journal of Speech*, Vol.76, pp.134~151.

Maclntyre, Alasdair. 1981. *After Virtue: A Study in Moral Theory*. London: Duckworth.

Magnet, Julia. 2001. "His grasp of spin is chilling." *Daily Telegraph*, 16 November.

Marreco, Anne. 1967. *The Rebel Countess*. London: Weidenfeld & Nicolson.

Mason, Geoff. 1989. *Philosophical Rhetoric*. London: Routledge.

May, Jacob. 1982. "My Gain-Zero Profit in Language Use." International Sociological Association Conference, Odense University, DK-5230.

Mayhew, Leon H. 1997. *The New Public*. Cambridge: Cambridge University Press.

Mayrowitz, J. 1986. *No Sense of Place*. Oxford: Oxford University Press.

Mazrui, Ali A. 1976. "The political sociology of oratory: power and persuasion in black Africa." *Revista Mexicans de Sociologia*, Vol.38, No.3, pp.669~683.

McCloskey, Donald N. 1990. *If You're So Smart: The Narrative of Economic Expertise*. Chicago: University of Chicago Press.

Mckie, D. 1995. "'Fact is free but comment is sacred' or Was it the Sun wot won it?." in I. Crewe and B. Gosschalk(eds.). *Potitical Communication: The General Election Campaign of 1992*. Cambridge: Cambridge University Press.

Melder, Keith. 1992. *Hail to the Candidate: Presidential Campaigns from Banners to Broadcasts*. Washington DC.: Smithsonian Institute.

Meyer, Michael. 1994. *Rhetoric, Language and Reason*. University Park PA.: Pennsylvania State Universlty Press.

Mitchell, Greg. 1993. *Campaign of the Century*. New York: Random House.

Moloney, Kevin. 2001. "The rise and fall of spin: changes of fashion in the Presentation of UK politics." *Journal of Public Affairs*, Vol.1, No.2, pp.124~135.

Moore, R. Laurence. 1994. *Selling God: American Religion in the Marketplace of Culture*. New York: Oxford University Press.

Mussolf, Lloyd. 1991. "Congress, policy proposals arid the articulation of values." *Political Communication and Persuasion*, Vol.8, pp.93~108.

Nichols, John Wasting. 1984. "The propaganda dollar." *Foreign Policy*, Vol.56, pp. 124~140.

Nimmo, Dan. 1970. *The Political Persuaders*. Englewood Cliffs NJ.: Prentice Hall.

O'Shaughnessy, Andrew Jackson. 2000. *An Empire Divided*. Philadelphia PA.: University of Pennsylvania Press.

O'Shaughnessy, John. 1992. *Explaining Buyer Behaviour*. New York: Oxford University Press.

_____. 1995. *Competitive Marketing: A Strategic Approach*. London: Routledge.

O'Shaughnessy, Nicholas J. 1990. *The Phenomenon of Political Marketing*. Basingstoke: Macmillan.

O'Shaughnessy, John and Nicholas O'Shaughnessy. 2003. *The Marketing Power of Emotion*. New York: Oxford University Press.

_____. 2004. *Persuasion in Advertising*. London: Routledge.

Oliver, Nick. 1995. "Dedicated Followers of Fashion? Management Fads and the Case of Just-in-time." working paper. Judge Institute of Management Studies, Cambridge.

Orren, Gerry. 1985. "What's new about the Media." in Project on New Communications Technologies, Public Policy and Democratic Values. Cambridge MA.: Harvard University, December.

Orwell, George. 1969. *Nineteen eighty-four*. London: Penguin Books.

Overing, Joanna. 1997. "The role of myth: an anthropological perspective." in G.

Hosking and G. Schöpflin(eds.). *Myths and Nationhood*. London: Routledge.

Papademus, Diana. 1989. "Nuclear propaganda: a review essay." *Humanity and Society*, Vol.8.

Patterson, Gordon. 1990. "Freud's Rhetoric: Persuasion and History." *The 1909 Dark Lectures, Metaphor and Symbolic Activity*, Vol.5, No.4, pp.215~233.

Pennington, N. and R. Hastie. 1993. "A theory of explanation-based decision making." in C. Klein, J. Orasanu, R. Calderwood and C. E. Zsambok(eds.). *Decision Making in Action: Models and Methods*. Norwood NJ.: Ablex.

Perelman, Chaim. 1982. *The Realm of Rhetoric*. Notre Dame IN.: University of Notre Dame Press.

Perris, Arnold. 1985. *Music as Propaganda: Art to Persuade, Art to Control*. Westport CT.: Greenwood Press.

Perry, James M. 1968. *The New Politics*. London: Weidenfeld & Nicolson.

Petty, Richard and John Cacioppo. 1979. "Issue involvement can increase or decrease persuasion by enhancing message-relevant cognitive responses." *Journal of Personality and Social Psychology*, Vol.37.

_____. 1986. *Communication and Persuasion: Central and Peripheral Routes to Attitude Change*. New York: Springer.

Petty, R. E., J. T. Cacioppo and R. Goldman. 1981. "Personal involvement as a determinant of argument-based persuasion." *Journal of Personality and Social Psychology*, Vol.41.

Plimmer, Charlotte and Denis Plimmer. 1981. "Black ivory." *The British Empire*. London: Ferndale Editions.

Political Communication and Persuasion. 1988(5), pp.81~82.

Pollay, R. B. 1986. "The distorted mirror: reflection on the unintended consequences of advertising." *Journal of Marketmg*, Vol.50, pp.18~36.

Pollock, John. 1994. *Kitchener*. London: Constable.

Pratkanis, Anthony R. and Elliot Aronson. 1991. *The Age of Propaganda: The Everyday Use and Abuse of Persuasion*. New York: Freeman.

Prelli, Lawrence J. 1989. *A Rhetoric of Science*. Columbia SC.: University of South Carolina Press.

Preston, Paul. 1995. *Franco*. London: Fontana Press.

_____. 2000. *Comrades! Portraits from the Spanish Civil War*. London: Fontana Press.

Rakow, L. F. 1989. *Information and Power: Toward a Critical Theory of Information Campaigns*. Sage Annual Review of Communication Research 18. London: Sage.

Rampton, Sheldon and John Stauber. 2003. *Weapons of Mass Deception: The Uses of Propaganda in Bush's War on Iraq*. New York: Tarcher/Penguin.

Reich, Robert. 1987. *Tales of New America*. New York: Times Books.

Rentschler, E. 1996. *The Ministry of Illusion: Nazi Cinema and its Afterlife*. Boston MA.: Harvard University Press.

Rhodes, Anthony. 1993. *Propaganda, the Art of Persuasion: World War II*. Wigston, Leicester: Mayor Books.

Richardson, Jeremy. 1995. "The market for political activism: interest groups as a challenge to political parties." *Western European Politics*, Vol.18, No.1, pp.116~139.

Ridley, Jasper. 2001. *Bloody Mary's Martyrs*. London: Constable.

Roberts, Andrew. 2004. *Eminent Churchillians*. London: Weidenfeld & Nicolson.

Robins, K., E. Webster and M. Pickering. 1987. "Propaganda, information and social control." in Jeremy Hawthorn(ed.). *Propaganda, Polemic and Persuasion*. London: Edward Arnold.

Rohatyn, Dennis. 1990. "The (mis)information society." *Bulletin of Science, Technology and Society*, Vol.10, No.2, pp.77~85.

Rokeach, Milton. 1971. "The measurement of values and value systems." in Gilbert Abcarian and John W. Soule(eds.). *Social Psychology and Political Behaviour*.

Columbus OH.: Merrill.

Rothschild, Michael. 1978. "Political advertising: a neglected policy issue in marketing." *Journal of Marketing Research*, Vol.15, pp.58~71.

Rozin, Paul, L. Millman and C. Nemeroff. 1986. "Operation of the laws of Sympathetic magic in disgust and their domains." *Journal of Personality and Social Psuchology*, Vol.50, pp.703~712.

Rutherford, Ward. 1978. *Hitler's Propaganda Machine*. London: Bison Books.

Sabato, Larry. 1983. *The Rise of Political Consultants: New Ways of Winning Elections*. New York: Basic Books.

Salmon, Charles T. 1989~1990. "Campaigns for social 'improvement': an overview of values, rationales and impacts." *Sage Annual Reviews of Commumcation Research 18*. London: Sage.

Schick, Suzanne. 1985. "Propaganda analysis: the search for an appropriate model." *Etcetera*, spring, pp.63~71.

Schlesinger, E. and H. Tumber. 1994. *Reporting Crime: The Media Politics of Criminal Justice*. Oxford: Clarendon Press.

Schöpflin, George. 1997. "The function of myths and a taxonomy of myths." in G. Hosking and G. Schöpflin(eds.). *Myths and Nationhood*. London: Routledge.

Schudson, Michael. 1982. *Advertising: The Uneasy Persuasion*. New York: Basic Books.

Schumpeter, J. A. 1996. *Capitalism, Socialism and Democracy*. London: Allan & Unwin.

Schwartz, Tony. 1973. *The Responsive Chord*. New York: Basic Books.

Searle, John R. 1995. *The Construction of Social Reality*. London: Alan Lane The Penguin Press.

Segev, Tom. 2000. *One Palestine, Complete: Jews and Arabs under the British Mandate*. New York: Metropolitan Books.

Seymour-Ure, C. and S. Scott. 1995. "Characters and assassinations: portrayals of John Major and Neil Kinnock in the *Daily Mirror* and the *Sun*." in I. Crewe and

B. Gosschalk(eds.). *Political Communication: The General Election Campaign of 1992*. Cambridge: Cambridge University Press.

Simmons, Annette. 2000. *The Story Factor: Secrets of Influence from the Art of Storytelling*. New York: Perseus Publishing.

Simpson, John. 1994. "Not just a tribal war." *Spectator*, 23 July, pp.8~9.

Singh, Amardeep. 1989. "Social marketing and the AIDS crisis." *Sage Annual Review of Communication Research 18*. London: Sage.

Smith, B. L, H. D. Lasswell and R. D. Casey. 1946. *Propaganda, Communication and Public Opinion*. Princeton NJ.: Princeton University Press.

Sniderman, Paul M., Richard A. Brody and Philipe Tetlock. 1991. *Reasomngand Choice: Explorations in Political Psychology*. Cambridge: Cambridge University.

Snyder, Louis. 1976. *Encyclopedia of the Third Reich*. New York: McGraw-Hill.

Soley, L. S. and Michael Reid. 1978. cited in Michael Rothschild. "Political advertising: a neglected policy issue in marketing." *Journal of Marketing Research*, Vol.15, No.1, pp.58~71.

Sproule, J. Michael. 1987. "Propaganda studies in American social science: the rise and fall of the critical paradigm." *Quarterly Journal of Speech*, Vol.73, No.1, pp.60~78.

Stark, Frank M. 1980. "Persuasion and power in Cameroon." *Canadian Journal of African Studies*, Vol.14, No.2, pp.273~293.

Stern, Barbara B. 1988. "How does an ad mean? Language in service advertising." *Journal of Advertising*, Vol.17, No.2, pp.3~14.

Steuter, Erin. 1990. "Understanding the media/terrorism relationship: an analysis of ideology and the news in Time magazine." *Political Communication and Persuasion*, Vol.7, pp.257~271.

Stevens, Robert. 2001. "Eviscerating Oxford." Spectator, 14 July.

Tasker, Yvonne. 1993. *Spectacular Bodies: Gender, Genre and the Action Cinema*. London:

Routledge.

Taylor, Philip M. 1990. *Munitions of the Mind: War Propaganda from the Ancient World to the Nuclear Age*. London: Collins.

Thomas, Hugh. 1986. *The Spanish Civil War*. London: Penguin Books.

Thomas, Keith. 1994. "As you like it." *New York Review*, 22 September.

Thompson, Michael. 1979. *Rubbish Theory*. Oxford: Oxford University Press.

Thorburn, David. 1988. *Sage Annual Reviews of Communication Research*, chapter 2. London: Sage.

Tomaselli, Keyan. 1987. *The Cinema of Apartheid*. London: Routledge.

Tyrrell, Wm Blake and Frieda S. Brown(eds.). 1991. *Athenian Myths and Institutions*. Oxford: Oxford University Press.

Uklanski, Piotr. 1999. *The Nazis*. Zurich: Patrick Frey.

Umberson, Debra and Kristin Henderson. 1992. "The social construction of death in the Gulf War." *Omega: Journal of Death and Dying*, Vol.25, No.1, pp.1~5.

Vanderwicken, Robert. 1995. "Why the news is not the truth." *Harvard Business Review*, May~June, pp.144~150.

Vansittart, Sir Robert. 1941. *Black Record*. London: Hamish Hamilton.

Velleman, J. David. 2000. *The Possibility of Practical Reason*. Oxford: Clarendon Press.

Vickers, Brian. 1988. *In Defence of Rhetoric*. Oxford: Clarendon Press.

Warren, Donald. 1996. *Radio Priest: Charles Coughlin, the Father of Hate Radio*. New York: Free Press.

Webber, Anne. 1992. *Social Psychology*. New York: Harper Collins.

Webster, Duncan. 1988. *Look Yonder! The Imaginary America of Populist Culture*. London: Routledge.

Whyte, Kenneth. 1994. "The face that sank a thousand Tories." *Saturday Night*, February.

Wiener, Martin J. 1981. *English Culture and the Decline of the Industrial Spirit, 1850~*

1950. London: Penguin Books.

Williams, Gordon. 1987. "Remember the Llandovery Castle: cases of atrocity Propaganda in the First World War." in Jeremy Hawthorn(ed.). *Propaganda, Persuasion and Polemic*. London: Edward Arnold.

Zajonc, R. B. and H. Markus. 1991. "Affective and cognitive factors in preferences." in H. M. Kassarjian and T. S. Robertson(eds.). *Perspectives in Consumer Behavior*. Englewood Cliffs NJ.: Prentice Hall.

Zimmerman, Warren. 1995. "The capive mind." *New York Review*, 1 February.

찾아보기

가상실재 hyper-reality 172
가짜 경험주의 191
경찰국가 66
고든, 조지 George Gordon 36
공동생산 82
괴벨스, 파울 요제프 Paul Joseph Goebbels 12, 152, 245, 348
그라운드 제로 20, 167, 305
그레고리우스 15세 Grogory XV 31
기대이론 79

네거티브 선전 246, 248~249, 254~255, 261~262
노변정담 爐邊情談 272
뉘른베르크 Nurenberg 63
뉴라이트 75, 225

다우닝가 276
단일 쟁점 집단 single-issue group 88, 221~222, 227, 234
대테러 전쟁 284
대량살상무기 328, 332~333, 337~338, 354
더글러스, 메리 Mary Douglas 195
데리다, 자크 Jacques Derrida 48
동물 해방 전선 Animal Liberation Front 60

라디오 다마스커스 Radio Damascus 328~329
라디오 사와 Radio Sawa 321~322, 328~329
라디오 자유 Radio Liberty 360
래퍼 곡선 71
럼스펠드, 도널드 Donald Henry Rumsfeld 335, 340
레닌, 블라디미르 Vladimir Ilich Lenin 19
레이건, 로널드 Ronald Reagan 132, 159~160, 245, 268
로고스 Logos 111, 175
루스벨트, 프랭클린 Franklin Roosevelt 272
리프먼, 월터 Walter Lippmann 280

마이어, 마이클 Michael Meyer 33
몬티 파이튼 Monty Python 348
무솔리니, 베니토 Benito Amilcare Andrea Mussolini 362
무어, 마이클 Michael Moore 50, 177~178, 343
무차별 곡선 69
미국 총기협회 235
미국의 소리 Voice of America 360
밀, 존 스튜어트 John Stuart Mill 77
밀로셰비치, 슬로보단 Slobodan Milosevic 213, 216

바이어드, 로버트 Robert Byrd 327
반향 17, 127

찾아보기 **383**

반향이론 290, 295
발칸전쟁 217
베오그라드 216
보드리야르, 장 Jean Baudrillard 172, 280
부메랑 효과 40
부속기자 316~318, 321
부수적 피해 collateral damage 119, 131, 307
부시, 조지 H. W. George H. W. Bush 202
부시, 조지 W. George W. Bush 252, 259, 284, 286, 297, 304, 310, 330, 334, 339, 354
북아일랜드 359
브라운, 고든 Gordon Brown 277
블레어, 토니 Tony Blair 14, 126, 276, 331, 333, 339
빈라덴, 오사마 Osama bin Laden 289, 291, 293, 295~296, 298, 300, 304, 313, 332, 334, 336

사이비 과학 192
상징 정부 263~264, 275, 278, 281~282, 284~286
선전연구소 364
소비자 중심주의 227
수행발화 268
슘페터, 조지프 Joseph Schumpeter 30
시뮬라크르 91, 172
시오니스트 34
시카고 학파 67
싱클레어, 업튼 Upton Sinclair 246

악의 축 284
알 두라, 모하메드 Mohammad Al Dura 293~294, 297
알자지라 292, 308, 347

알카에다 304, 308
앙시앵 레짐 161, 170
에이젠슈타인, 세르게이 Sergei Eisenstein 19
에토스 Ethos 111, 175
엘륄, 자크 Jacques Ellul 39, 94, 179, 213
엘리아데, 미르체아 Mircea Eliade 74, 144, 168, 171
엘리자베스 1세 Elizabeth I 18, 37
역逆프로파간다 41
오웰, 조지 George Orwell 13, 124, 203~204
윌리엄스, 레이먼드 Raymond Williams 53
은자의 왕국 65
의미에의 의지 227
의지의 연합 Coalition of Willing 12, 284, 328
이라크 자유작전 Operation Iraqi Freedom 131
인지부조화이론 176

자기기만 80
잠재의식 TV 광고 252
적하滴河효과 71, 118
전시정보국 289
정보조작 spin 153, 263, 265, 271, 286
제이미슨, 캐슬린 홀 Kathleen Hall Jamieson 17, 132~133, 186, 266, 301
존스, 닉 Nick Jones 30

차티스트 운동 224
충격과 공포 Shock and Awe 131, 325, 328

카벨, 에디스 Edith Cavell 98, 122, 200
카슨, 레이철 Rachel Carson 74, 136~137
캘리포니아 359
커글린, 찰스 Charles Coughlin 134, 208, 225, 259, 362

코소보해방군 KLA 215
콜린스, 팀 Tim Collins 325, 327~328
크레티앵, 장 Jean Chretien 248, 250
키치너 경 Lord Kitchener 356

트웨인, 마크 Mark Twain 354

파스케스 fasces 162
파슨스, 탤컷 Talcott Parsons 172
파월, 콜린 Colin Luther Powell 330~331, 336, 354
파토스 Pathos 111, 175
페리클레스 Pericles 17
포크스, A. P. A. P. Foulkes 13, 30, 33
포토저널리즘 41
폭스효과 363

폰테코르보, 질로 Gillo Pontecorvo 46
퓰리처, 조지프 Joseph Pulitzer 89
프랑켄슈타인 식품 17, 70
프랑크푸르트 학파 47
프랭클, 빅터 Viktor E. Frankl 227
프로이트, 지그문트 Sigmund Freud 138~140
필로, 존 John Filo 42

하이퍼리얼리티 91
함족 이론 205
호튼, 윌리 Willie Horton 243, 250, 257~258
후세인, 사담 Saddam Hussein 313, 330, 333~336, 345, 353
흑색선전 12
히틀러, 아돌프 Adolf Hitler 55, 124, 296, 357

지은이

니콜라스 잭슨 오쇼네시 _Nicholas Jackson O'Shaughnessy

런던 대학교 경영학부 마케팅 전공 교수이다. 현재 '예술, 제조 및 상업의 장려를 위한 왕립학회(RSA)'의 펠로이며, 킬(Keele) 대학과 브루넬(Brunel) 대학에서 재직한 바 있다. ≪정치 마케팅 저널(Journal of Political Marketing)≫의 선임편집인으로도 활동하고 있다. 마케팅 분야에서 7권 이상의 저서와 여러 편의 논문을 냈다. 후기자본주의 사회에서 소비주의의 특징적인 표현형인 마케팅을 통해 현대 사회를 이해하기 위한 연구를 하고 있다. 국내에 번역된 다른 책으로『광고와 설득 커뮤니케이션: 광고는 어떻게 소비자를 설득하는가?』가 있다.

옮긴이

박순석

경희대학교 영어학부에서 영문학과 영어학을 전공했으며 문과대학을 차석으로 졸업했다. 같은 대학 평화복지대학원에서 대안정치 거버넌스 전공으로 정치학 석사를 취득했다. 졸업논문으로 "A Critical Analysis of Newspaper Discourse on Foreign-born Residents in South Korea"를 썼으며, 상기 논문으로 대학원 우수 논문상을 받았다. 현대사회에 대한 문화적 분석을 심화해가기 위해 박사과정 유학을 준비하고 있다.

한울아카데미 1202
정치와 프로파간다 대중을 유혹하는 무기

ⓒ 박순석, 2009

지은이 | 니콜라스 잭슨 오쇼네시
옮긴이 | 박순석
펴낸이 | 김종수
펴낸곳 | 도서출판 한울

편집책임 | 이교혜
편집 | 윤상훈

초판 1쇄 인쇄 | 2009년 10월 30일
초판 1쇄 발행 | 2009년 11월 10일

주소 | 413-832 파주시 교하읍 문발리 507-2(본사)
      121-801 서울시 마포구 공덕동 105-90 서울빌딩 3층(서울 사무소)
전화 | 영업 02-326-0095, 편집 02-336-6183
팩스 | 02-333-7543
홈페이지 | www.hanulbooks.co.kr
등록 | 1980년 3월 13일, 제406-2003-051호

Printed in Korea.
ISBN 978-89-460-5202-4 03300(양장)
ISBN 978-89-460-4190-5 03300(학생판)

* 가격은 겉표지에 표시되어 있습니다.
* 이 도서는 강의를 위한 학생판 교재를 따로 준비했습니다.
  강의 교재로 사용하실 때는 본사로 연락해주십시오.